多语种古籍与档案文献研究丛书

乌云毕力格 主编

清代满文《尚书》整理与研究

以国家图书馆藏摩青阁本《书经集注》为中心

张闶 著

辽宁民族出版社
·沈阳·

图书在版编目（CIP）数据

清代满文《尚书》整理与研究：以国家图书馆藏摩青阁本《书经集注》为中心：汉文、满文 / 张闶著. 沈阳：辽宁民族出版社，2024. 8. --（多语种古籍与档案文献研究丛书 / 乌云毕力格主编）. -- ISBN 978-7-5497-3018-6

Ⅰ. K221.04

中国国家版本馆CIP数据核字第2024PA2162号

清代满文《尚书》整理与研究：以国家图书馆藏摩青阁本《书经集注》为中心

QINGDAI MANWEN 《SHANGSHU》 ZHENGLI YU YANJIU: YI GUOJIA TUSHUGUAN CANG MOQINGGE BEN 《SHUJING JIZHU》 WEI ZHONGXIN

出版发行者：辽宁民族出版社有限公司
地　　址：沈阳市和平区十一纬路25号　邮编：110003
印 刷 者：辽宁新华印务有限公司
幅面尺寸：180mm×250mm
印　　张：31
字　　数：600千字
出版时间：2024年8月第1版
印刷时间：2024年8月第1次印刷
责任编辑：黄盛浩　杜璐珊
封面设计：杜　江
责任校对：王　荷

标准书号：ISBN 978-7-5497-3018-6
定　　价：198.00元

邮购热线：024-23284335
淘宝网店：http://lnmz2013.taobao.com
如有印装质量问题，请与出版社联系调换，联系电话：024-23284340

从书总序

中国人民大学国学院首任院长冯其庸先生提出了“大国学”理念，这是冯老教育思想和学术思想的结晶。“大国学”理念的核心在于，中国人文学术研究不应仅限于历史上传统的“汉学”，而应该是包括中国各民族的优秀传统文化，其研究的目的，应当是揭示统一多民族国家形成与发展的历史过程，展现其共有的精神和文化财富。冯老的“大国学”理念正与今天我们所建设的“中国古典学”契合。“中国古典学”就是历史之中国学，而历史之中国学的研究应该是一个多语种、多元文化的跨学科的研究，因为中国在历史长河中一直是一个多民族国家，中华民族是一个多元一体的文明共同体。历史上，中国各民族留下了丰富的多语言、多文种的珍贵文化遗产，欲了解中国古典历史文化的全貌和真相，必然要将多语种文献和汉语文献的研究相结合。我们认为，要建设健全的“中国古典学”学科，各民族历史、语言和文化的研究是不可或缺的，为此学者们利用多语种文献也是必然的。但是，尽管元明清时期多语种古籍与档案文献具有重要的学术价值，毋庸讳言，目前国内外学界的相关研究还比较薄弱。这主要是因为，相关古籍与档案文献收藏地十分分散，散布于世界各地，多数未经公开出版，搜集整理颇为不易。再加上限于学者的知识结构，以往对多语种古籍文献的研究，多局限于单一学科视角，多学科的深度协同与配合还需进一步加强。

基于这样的认识，自2007年中国人民大学国学院西域历史语言研究所成立以来，我们首先大力提倡学习掌握多种学科语言，综合利用多语种文献，做好语文学研究，并为此开设了梵文、藏文、蒙古文、回鹘文、西夏文、波斯文、察合台文、满文等语言课程，培养了一批掌握一两门甚至三四门古代民族语言文字的学子，为相关高校和科研机构培养了人才。今天，我们策划了“多语种古籍与档案文献研究丛书”，其旨就是要通过出版西域历史语言研究所师生和学界同仁有关藏文、蒙古文、满文、西夏文、汉文等多种语言古籍与汉文、满文、蒙古文、藏文档案文献，尤其是具有多语种合璧特征的儒家十三经、佛教经典和官方档案整理与研究的成果，以期更加全面、深入地了解元明清时期各民族的文化变迁，揭示不同民族之间交流互鉴的历史，从而为“中国古典学”的学科建设提供助力。本丛书将为相关领域的研究者提供宝贵的原始资料与研究成果，推动相关学科的学术进步与理论创新。

辽宁民族出版社在多语种民族古籍与档案文献的出版方面具有深厚积累和独特优势，一直与西域历史语言研究所有着密切的学术交流。本丛书的出版，即是双方合作成果的体现。期待以此为契机，共同推动多语种古籍与档案文献研究进一步深入发展。

是为序。

乌云毕力格

2024年5月于中国人民大学国学馆206室

前 言

本书的写作缘于参与中国人民大学重大规划项目“西域多语种文献整理与研究”。我所供职的中国人民大学国学院，自2005年创建以来，一直秉持冯其庸先生的“大国学”理念，既注重研究中国古代的汉语经典，也密切关注满、蒙古、藏、西夏等中国古代少数民族文献。近年来，学院尤为重视整合研究力量，在学科交叉中寻找新的学术增长点。在这样的背景之下，杨庆中教授作为首席专家，申报了中国人民大学重大规划项目“西域多语种文献整理与研究”。

文字是文化存续的首要记忆符号，文献是文化传承的主要物质载体，而文献互译则是文化传播与交流的基本途径。该项目以“学科交叉、知识融通、技术赋能、国际视野”为学术理念，遵循“文字、文献、文本、文化”相结合、文献整理和专题研究相结合的研究思路，以汉、藏、西夏、蒙古、满诸语言“十三经”作为研究重点。这些多语种“十三经”文本，透露了中国古代各民族译者基于自身文化对原始经典的独特理解，深刻影响了我国古代各民族的政治、文化、社会与思想，是中华优秀文化传播、交流、融合、传承、发展的生动范例。其中，又以清代满文“十三经”译本数量最多，版本最为丰富，涉及除《周礼》《仪礼》《尔雅》以外的十种经典，反映出清代多民族在文化上交往交流交融的深度与广度，具有十分重要的研究意义。

我以清代满文档案文献为主要研究领域，在该项目中自然主要承担清代满文译本“十三经”的研究工作。在梳理相关文献，特别是《尚书》的过程中，我偶然发现国家图书馆古籍馆普通古籍阅览室收藏有一部清代摩青阁本蔡沈《书经集注》，其天头处抄写有满文，内容恰是《书经集注》正文部分的满文翻译，因此，该书实际上是一部特殊形式的满汉合璧文献。或许正是因为收藏于普通古籍阅览室，该书至今未被任何满文文献目录工具书收录，尚不为学界所知。我在阅读的过程中，愈发感到该书有别于一般满文文献的独特价值，便萌生了将其整理、研究并出版的想法，经过一段时间的努力，遂形成了本书，作为中国人民大学重大规划项目“西域多语种文献整理与研究”的阶段性成果。

感谢中国人民大学国学院杨庆中教授、华建光副教授在我研究中提供的指导和帮助；感谢国家图书馆古籍馆萨仁高娃副馆长在复制摩青阁本蔡沈《书经集注》高清图片时提供的支持；感谢我的导师乌云毕力格教授积极为我联系出版事宜，将本书纳入“多语种古籍与档案文献研究丛书”，同时提供中国人民大学国学院西域历史语言研究所“西域历史语言研究”专项资金予以出版资助；感谢辽宁民族出版社时任副社长吴昕阳，编辑黄盛浩、杜璐珊老师在编辑本书过程中付出的辛劳。

最后需要说明的是，包括《尚书》在内的清代满文“十三经”牵涉的领域十分广泛，研究尚处于起步阶段，限于笔者学力，本书必有不少疏漏之处，祈请各位专家、读者指正。

张　阅

2024年5月于中国人民大学国学馆

目 录

研究篇

明朝万历年间，东北的建州女真崛起，杰出领袖努尔哈齐（即努尔哈赤）建立了金国。明万历二十七年（1599），清太祖努尔哈齐为服务于政权建设，指授额尔德尼和噶盖二人仿照蒙古文创制了满文：

> 太祖欲以蒙古字编成国语。巴克什额尔德尼、噶盖对曰："我等习蒙古字，始知蒙古语。若以我国语编创译书，我等实不能。"太祖曰："汉人念汉字，学与不学者皆知。蒙古之人念蒙古字，学与不学者亦皆知。我国之言写蒙古之字，则不习蒙古语者不能知矣。何汝等以本国言语编字为难，以习他国之言为易耶？"噶盖、额尔德尼对曰："以我国之言编成文字最善。但因翻编成句，吾等不能，故难耳。"太祖曰："写阿字下合一玛字，此非阿玛乎？阿玛，父也。额字下合一默字，此非额默乎？额默，母也。吾意决矣。尔等试写可也。"于是自将蒙古字编成国语颁行，创制满洲文字自太祖始。[①]

满文的创制，对推动满洲共同体的形成和满洲文化的发展都起到了重要作用。不过，此时的满文字形和蒙古文非常接近，没有圈点，因此又称"无圈点满文"或"老满文"，存在一字多音等诸多弊端。因此，天聪六年（1632），清太宗皇太极令达

① 辽宁省档案馆编：《满洲实录》卷3（上册），己亥年二月，辽宁教育出版社，2012年，第234–238页。

海改进“老满文”：

> 十二字头，原无圈点，上下字无别，塔达、特德、扎哲、雅叶无所区别，尽皆雷同。其寻常语言文字，视其文义，易于通晓。至于人名、地名，必致错误。故于金国天聪六年春正月，达海巴克什奉汗命加圈点以区分之。[①]

达海改进满文的主要方式是增加圈和点，因此经过改进后的满文又称作“加圈点满文”或“新满文”。崇德元年（1636），皇太极改国号为清，赋予了满语文“国语”“国书”的地位，这一地位终清一代都没有改变。因此，在长达约300年的时间中，形成了大量满文档案和文献。

清朝覆灭后，满文档案和文献历经劫难，仍大量保存至今。据不完全统计，满文档案现存约300万件（卷），其中约200万件（卷）收藏于中国第一历史档案馆。满文文献按种类计算近2000部，按版本计算近3000部，主要收藏于包括中国第一历史档案馆、故宫博物院和中国国家图书馆在内的北京等地区各机构。满文档案和文献，具有重要的史料价值。但长期以来，学界更为关注作为“遗留性史料”的满文档案，特别是步入21世纪以来，满文档案的整理、公布速度大大加快，成绩斐然，为清史研究注入了不竭动力[②]。相对而言，满文文献的整理、公布速度

① 中国第一历史档案馆编：《内阁藏本满文老档》第8函第45册，天聪六年正月，辽宁民族出版社，2009年，第604-605页，汉译文见第20册。

② 满文档案整理、公布的进程，主要可参考吴元丰：《近百年来满文档案编译出版综述——以中国大陆为中心》，《满语研究》2011年第2期；吴元丰、李刚：《中国满文档案工作70年——以中国第一历史档案馆为中心》，《满语研究》2019年第2期。

要滞后于满文档案①。

其实，满文文献蕴含着多方面的学术价值，值得进行系统深入的研究。清代满文的原创性文献为数不多，主要有曾寿《随军纪行》、图理琛《异域录》、松筠《百二老人语录》和穆齐贤《闲窗录梦》等几部，绝大多数都是汉文典籍的翻译作品，翻译从清初持续到清末，从未间断，内容涉及经、史、子、集四部。满文翻译持续的时间之长，涵盖的范围之广，形成的版本之多，在中国历史上，特别是民族文字翻译史上，都是独一无二的，这一过程本身就具有非常多元的文化内涵和诠释空间。正如吴元丰、徐莉所指出的那样："现存的满文古籍，无论从内容来讲，还是从文种

① 目前，读者主要通过相关的目录工具书了解满文文献的收藏概况。著录国内单位收藏情况的主要有：

李德启编、于道泉校：《国立北平图书馆、故宫博物院满文书籍联合目录》，国立北平图书馆、故宫博物院图书馆，1933年；富丽主编：《世界满文文献目录初编》，中国古文字研究会，1983年；黄润华、屈六生主编：《全国满文图书资料联合目录》，书目文献出版社，1991年；卢秀丽、阎向东主编：《辽宁省图书馆满文古籍图书综录》，辽宁民族出版社，2002年；杨丰陌、张本义主编：《大连图书馆藏少数民族古籍图书综录》，辽宁民族出版社，2006年；北京市民族古籍整理出版规划小组办公室满文编辑部编：《北京地区满文图书总目》，辽宁民族出版社，2008年；黄润华主编：《国家图书馆藏满文文献图录》，国家图书馆出版社，2010年；何砺砻主编：《内蒙古自治区图书馆满文古籍图书综录》，广西师范大学出版社，2022年；黄润华、屈六生编：《满文文献知见录》，辽宁民族出版社，2022年；等等。

著录国外单位收藏情况的主要有：

W. Simon and H. G. H. Nelson, *Manchu Books in London: A Union Catalogue*, The British Library, 1977; Tatiana A. Pang, *A Catalogue of Manchu Materials in Paris: Manuscripts, Blockprints, Scrolls, Rubbings*, Harrassowitz Verlag, 1998; *Descriptive Catalogue of Manchu Manchuscripts and Blockprints in the St.Petersburg Branch of the Institute of Oriental Studies Russian Academy of Sciences*, Harrassowitz Verlag, 2001; K. S. Jachontov, *Katalog Mandjurischer Handschriften und Blockdruke in den Sammlungen der Bibliothek der Orientalischen Fakultät der Sankt-Petersburger Universität*, Harrassowitz Verlag, 2001; Nicholas Poppe, Leon Hurvitz, and Hidehiro Okada, *Catalogue of the Manchu-Mongol Section of the Toyo Bunko*, The Toyo Bunko and The University of Washington Press, 1964；河内良弘、赵展编：《天理图书馆藏满文书籍目录》，天理图书馆，1985年；松村润编：《美国议会图书馆所藏满洲语文献目录》，东北亚细亚文献研究会，1999年；王敌非根据部分已出版的欧洲国家满文文献目录，撰写了《欧洲满文文献总目提要》（中华书局，2021年），提供了整合度更高的欧洲满文文献收藏情况。特别值得一提的是，黄润华、屈六生编《满文文献知见录》，是2022年12月出版的最新成果，该书在上述国内外满文图书目录工具书的基础上，共收录全国50余家单位和其他8个国家16家单位收藏的满文图书2000余种，内容最为丰富全面。除了少数文献以外，绝大多数满文文献尚未影印出版。

上看，都充分反映了清代多民族在文化上交往交流交融的广度和深度。”[①]

在经、史、子、集四类典籍之中，又以经部文献翻译的数量最多、最为集中。经部文献主要指的是儒家经典，以《周易》《尚书》《诗经》《周礼》《仪礼》《礼记》《春秋左氏传》《春秋公羊传》《春秋穀梁传》《论语》《孝经》《尔雅》《孟子》等十三种著作为核心，又称十三经。在十三经之中，除了《周礼》《仪礼》《尔雅》以外，其余十种均曾被系统地翻译成满文。众所周知，十三经是儒家思想的核心载体，其主体部分被翻译为满文，这就使得儒家经典的影响超越了汉语文化圈，不仅深刻影响了清代政治文化的发展路径，还深刻影响了满族、蒙古族等诸少数民族的思想文化，成为中华优秀传统文化融合发展的生动范例。

2022年，中国人民大学国学院重大规划项目“西域多语种文献整理与研究”获批立项。该项目以“学科交叉、知识融通、技术赋能、国际视野”为学术理念，遵循“文字、文献、文本、文化”相结合、文献整理和专题研究相结合的研究思路，满文十三经文献的整理和研究就是其中的重要着力点。本书作为该项目的子课题，聚焦于十三经之一的《尚书》，对中国国家图书馆藏摩青阁本满文蔡沈《书经集注》（以下简称为“摩青阁本《书经集注》”）进行全面整理和研究。

一、满文十三经研究与刊布概况

蔡沈《书经集注》为研究《尚书》的一部著作，《尚书》为十三经中的一部经典，因此在研究满文《书经集注》之前，有必要首先了解满文十三经的研究与刊布概况。总体而言，国内外学界对满文十三经的研究与刊布尚处于起步阶段，现梳理如下。

学界对满文十三经的先行研究，大致可分为以下几类：

第一类为部分有关满文文献的宏观介绍性文章会涉及十三经。关嘉录、佟永功《中国满文及其文献整理研究》，简要介绍了满文图书和碑刻的编目情况[②]。黄润华

① 吴元丰、徐莉：《满文古籍印证清代多民族文化交融》，《中国社会科学报》2022年7月22日。

② 关嘉录、佟永功：《中国满文及其文献整理研究》，《清史研究》1991年第4期。

《满文官刻图书述论》和《满文坊刻图书述论》两文，分别介绍了满文官刻本和坊刻本文献，对十三经文献的论述占有一定篇幅[①]。叶高树《满文翻译的汉籍及其相关研究》，概述了汉文典籍的满文翻译史，并列表整理了海峡两岸公藏清代官方刊刻汉籍的满文译本，其中不少为十三经文献[②]。季永海《清代满译汉籍研究》，概述了汉文著作系统翻译为满文的原因、满译重要汉籍介绍、译著特点及其蕴含的重要意义，并指出“四书五经类图书不易翻译，以致到乾隆年间（1736—1795）才达到翻译的高潮。这时的满族知识分子已精通汉语，对汉族传统文化也有了深刻的了解，所以这些译本多是满汉合璧的刻本，而且也很精良”[③]。吴元丰《满文与满文古籍文献综述》和吴元丰、徐莉《满文古籍丛谈》两文，介绍了满文图书的种类、版本、特色和编目等内容，并概述了儒家经典四书在清代被多次翻译为满文的情况[④]。

第二类主要从清代文书翻译制度的角度切入，探讨满文译书的翻译过程与应用，其中亦有部分内容涉及儒家经典。Stephen Durrant 的 *Sino-Manchu Translations at the Mukden Court*（《盛京朝廷的汉满翻译》）主要介绍了达海等人对汉文经典的翻译，并强调了入关前翻译内容的多样性[⑤]。Laura E. Hess 的 *The Manchu Exegesis of the Lúnyǔ*（《〈论语〉的满文译本》）主要研究了《论语》中“仁义礼智信”等概念的满文译法及其词源，特别强调了元代甚至辽金时期的经典翻译传统对清朝翻译的影响[⑥]。章宏伟《清朝初期的满文教育与满文译书出版》，从清朝入关前后满文教育的发展角度，强调了汉文文献翻译对于满文教育的重要性，并介绍了顺治十一年（1654）满文《诗经》的两个版本[⑦]。乌云格日勒、宝玉柱《清代民族语文翻译研

① 黄润华：《满文官刻图书述论》，《文献》1996年第4期；《满文坊刻图书述论》，《文献》1999年第2期。

② 叶高树：《满文翻译的汉籍及其相关研究》，《近代中国史研究通讯》1998年第26期。

③ 季永海：《清代满译汉籍研究》，《民族翻译》2009年第3期。

④ 吴元丰：《满文与满文古籍文献综述》，《满族研究》2008年第1期；吴元丰、徐莉：《满文古籍丛谈》，《满语研究》2015年第1期。

⑤ Stephen Durrant, “Sino-Manchu Translations at the Mukden Court,” *Journal of the American Oriental Society*, Vol.99, No.4（1979）: 653-661.

⑥ Laura E. Hess, “The Manchu Exegesis of the Lúnyǔ,” *Journal of the American Oriental Society*, Vol.113, No.3（1993）: 402-417.

⑦ 章宏伟：《清朝初期的满文教育与满文译书出版》，载武斌编《沈阳故宫博物院院刊》第5辑，中华书局，2008年，第44-51页。

究》从清代译馆制度入手，研究了译官的来源和选拔制度，重点介绍了蒙古文翻译课，指出乡试、会试要求以蒙古文译满文四书、章奏各一道[①]。

第三类为集中探讨十三经中最具代表性的经典四书的文章。庄吉发是较早开展此项研究的学者，他的《清高宗敕译〈四书〉的探讨》一文，将乾隆年间《御制翻译四书》与康熙年间译本《日讲四书解义》进行对比，列举满文译文差异之处，研究翻译过程中用词、文法等方面的变化。后又撰文《翻译四书——四书满文译本与清代考证学的发展》，进一步指出满文为保存儒家思想的重要文字[②]。徐莉围绕中国第一历史档案馆所藏四书满文重译稿本，撰写了系列论文。《满文〈四书〉修订稿本及其价值》和《乾隆朝钦定四书五经满文重译稿本研究》两文介绍了中国第一历史档案馆藏满文四书修订稿本，指出它不仅展现了清代对汉文著作的满文译本的修订情况，还反映出满汉民族语言文化的融合。《乾隆皇帝御批满文四书》一文，通过发掘乾隆帝御批满文四书的档案，进一步探讨了满文四书的改译过程。此后又研究了满文四书的版本问题[③]。晓春、春花《科举视角下〈四书〉满文本翻译始末》，着重介绍了故宫博物院藏几种四书满文版本，并指出通过经筵、科举考试这些渠道，满族知识阶层逐渐被儒家文化所熏陶[④]。曲强《从满文四书五经政治类词汇译法的演变看清朝官方意识形态的变迁》，概述了满文四书五经的翻译史，并对比了康熙年间"旧译"与乾隆年间"新译"四书五经在"古帝王名""华夏四夷名称"等政治类词汇上的不同译法，最后指出这一变化透露出清朝官方政治观念和意识形态的变迁[⑤]。宋以丰《"崇儒重道"与"四书"的满文翻译》，从清代基本文化政策入手，指出"四书"的翻译一开始便具有思想统制和教化旗人的政治动机，通过翻译，不仅促进

① 乌云格日勒、宝玉柱：《清代民族语文翻译研究》，《满语研究》2010年第1期。

② 庄吉发：《清高宗敕译〈四书〉的探讨》，载《清史论集（四）》，文史哲出版社，2000年；《翻译四书——四书满文译本与清代考证学的发展》，《故宫文物月刊》2017年第412期。

③ 徐莉：《满文〈四书〉修订稿本及其价值》，《满语研究》2008年第1期；《乾隆朝钦定四书五经满文重译稿本研究》，《民族翻译》2010年第1期；《乾隆皇帝御批满文四书》，《中国档案》2015年第6期；《清代满文四书版本研究》，《民族翻译》2015年第4期。

④ 晓春、春花：《科举视角下〈四书〉满文本翻译始末》，《故宫博物院院刊》2017年第3期。

⑤ 曲强：《从满文四书五经政治类词汇译法的演变看清朝官方意识形态的变迁》，载乌云毕力格主编《西域历史语言研究集刊》第12辑，社会科学文献出版社，2019年，第162-179页。

了民族交流，还实现了以“译”求“治”的基本目的[①]。

近年来，开始出现以满文四书为选题或主要探讨对象的学位论文。斯钦巴特尔《〈四书〉满蒙文文本研究》，搜集了多种清代四书的满文本和蒙古文本，如康熙年间满文《四书章句集注》、康熙三十年（1691）《新刻满汉字四书》、乾隆六年（1741）《满文四书》和乾隆二十年《御制翻译四书》等，进行了详细的比勘，考证了不同版本的渊源关系，并在此基础上指出，四书的满文和蒙古文译本，反映出多民族的文化交流交融现象。其主要观点以《清代满文〈四书〉版本及相关问题研究》为题发表于《西域历史语言研究集刊》上[②]。王硕《清中叶以降儒学典籍满译研究》，较为全面地梳理了乾隆以前的儒家典籍满译及其相关问题，讨论了乾隆帝重译儒家典籍及其成就，考察了乾隆帝以先后两次厘定满文四书为始展开经典重译工程的过程，揭示出其宣示自己对经典的解释权和宣扬国语优越论的目的，同时指出作为乾隆朝“同文”工程的重要组成部分的儒家经典重译，实现了对满语的规范，同时加强了对经典的解释权。该文还讨论了士人群体对儒学典籍的自发满译以及儒家典籍满译对旗人社会的影响，并以达呼尔新满洲为例，讨论了满译儒学典籍在其满化与儒化中的作用。在论文的附录部分，还对满文《大学》的不同译本进行了对勘[③]。

第四类是对十三经中其他经典满文译本进行的个案研究，但成果相对分散，不如四书那样集中，主要围绕在《诗经》《孝经》两部经典，《左传》《尚书》亦有零星涉及，其他经典的专题研究尚不多见。

《诗经》为中国最早的诗歌总集，共305篇，位列五经之一。满文《诗经》刊印于顺治十一年（1654），是最早翻译的儒家经典之一，因此引起后来的研究者较多注意。叶高树以《诗经》中的《周南》《召南》两篇为例，仔细对比了顺治朝满文《诗经》和乾隆朝《御制翻译诗经》，指出两者在名词、叠字、用字、语法等方面均有不

① 宋以丰：《“崇儒重道”与“四书”的满文翻译》，《中国文化研究》2022年秋之卷，第97–107页。

② 斯钦巴特尔：《〈四书〉满蒙文文本研究》，博士学位论文，中央民族大学，2021年。斯钦巴特尔《清代满文〈四书〉版本及相关问题研究》，载黄维忠主编《西域历史语言研究集刊》第15辑，中国藏学出版社，2021年，第187–198页。

③ 王硕：《清中叶以降儒学典籍满译研究》，博士学位论文，东北师范大学，2021年。

少区别，最后指出两个版本各自的特色与地位[①]。山崎雅人《満文〈詩経国風〉における押韻について》（《关于满文〈诗经·国风〉中的押韵》），通过大量的例子对比了满文《诗经》旧译与新译之间押韵的差异。后又携中文论文《论满文〈诗经〉新旧翻译之差异》参加了1999年的第二届国际满学研讨会，次年收入《满学研究》，该文主要通过对比不同的《诗经》译本探究译法的差异[②]。王敌非《民族文化在文学翻译中的体现——以满译〈诗经·关雎〉为例》主要探究了满文译本中的用词以及背后的文化因素[③]。徐莉《清代满文〈诗经〉译本及其流传》，介绍了顺治朝、康熙朝和乾隆朝不同的《诗经》满文译本及其流传情况[④]。

满文《孝经》比较有代表性的成果为陈虹《满文〈孝经〉研究》，该文对以顺治十三年（1656）刻本和雍正五年（1727）内府刻本为代表的满文《孝经》进行录文转写及汉译，在此基础上进行多版本内容对勘，探究不同时期的翻译特点以及翻译事业发展轨迹，最后从政治思想史角度探讨在不同的历史条件下清朝对《孝经》进行翻译、刊刻的政治原因以及历史影响，展现了清廷“多元一体”政权背景下的治国方略。该论文的主要内容，经修改后以《清代满文〈孝经〉研究》为题发表于《西域历史语言研究集刊》第15辑上[⑤]。

有关满文《左传》的研究，目前主要有王敌非《满译〈左传〉词语研究——以〈郑伯克段于鄢〉为例》，该文利用中央民族大学图书馆藏《合璧古文》文宝堂刻本，节选了《左传》中的名篇《郑伯克段于鄢》，对其进行满汉文对译及注释，指出满文《左传》的词语多为意译，但能够忠实于原文，且具有独特的满文诗歌韵律特点[⑥]。

---

① 叶高树：《〈诗经〉满文译本比较研究——以〈周南〉〈召南〉为例》，《台湾师范大学历史学报》1992年第20期。

② ［日］山崎雅人：《満文〈詩経国風〉における押韻について》，大阪市立大学大学院文学研究科编51（8分册），1999年，第763-789页；［日］山崎雅人：《论满文诗经新旧翻译之差异》，载阎崇年主编《满学研究》第6辑，民族出版社，2000年，第246-261页。

③ 王敌非：《民族文化在文学翻译中的体现——以满译〈诗经·关雎〉为例》，《黑龙江民族丛刊》2012年第4期。

④ 徐莉：《清代满文〈诗经〉译本及其流传》，《民族翻译》2009年第3期。

⑤ 陈虹：《满文〈孝经〉研究》，硕士学位论文，中国人民大学，2019年；陈虹：《清代满文〈孝经〉研究》，载黄维忠主编《西域历史语言研究集刊》第15辑，第155-186页。

⑥ 王敌非：《满译〈左传〉词语研究——以〈郑伯克段于鄢〉为例》，《满语研究》2012年第1期。

有关满文《尚书》的研究，目前主要有简成禾《〈五子之歌〉中的君臣责任及其相关问题——以汉、满文本〈日讲书经解义〉为考察对象》，该文以《尚书》中《五子之歌》篇为例，指出满文《日讲书经解义》虽译自汉文，但仍有部分用字的不同，其中或多或少有训诫满洲子弟在战事之际，必须安分守己的意味①。

先行研究介绍了满译儒家经典十三经的基本情况，揭示了其主要特色，部分经典如四书等还有相对集中的成果。但总体而言，满文十三经的研究尚处于起步阶段，仍有许多问题有待深入，后续拓展空间十分广阔。特别是十三经中占据十分重要地位的经典《尚书》，仅在上述研究中有过一些介绍和个案研究，迄今尚无整体探讨，故本书拟以满文《尚书》为研究对象，希冀以此带动满文十三经的整体研究。

再来看一下满文十三经的刊布情况。满文十三经主要收藏于中国第一历史档案馆、故宫博物院、中国国家图书馆、辽宁省图书馆、俄罗斯科学院东方文献研究所、法国国家图书馆等国内外机构中，长期未能得到系统整理出版。不过近年来，这种情况有所改观，先后有两种大型丛书问世，其中就有不少涉及满文十三经。

（1）国家图书馆古籍馆编，全桂花、朱志美、萨仁高娃主编《国家图书馆藏满汉文合璧古籍珍本丛书》（25册）

该丛书共影印国家图书馆藏满汉合璧文献10种，其中7种为满文十三经，现将其基本信息胪列如下：

表1 《国家图书馆藏满汉文合璧古籍珍本丛书》中满文十三经信息②

序号	书名	卷数	责任者	版本	原册数
1	周易	4	清高宗敕译	乾隆三十年（1765）殿刻本	4
2	书经	6	清高宗敕译	乾隆二十五年北京瑞锦堂刻本	4
3	诗经	8	清高宗敕译	乾隆三十三年殿刻本	5
4	礼记	30	清高宗敕译	乾隆四十八年殿刻本	12

① 简成禾：《〈五子之歌〉中的君臣责任及其相关问题——以汉、满文本〈日讲书经解义〉为考察对象》，载彭林主编《中国经学》第10辑，广西师范大学出版社，2012年，第147–172页。

② 国家图书馆古籍馆编，全桂花、朱志美、萨仁高娃主编：《国家图书馆藏满汉文合璧古籍珍本丛书》第1–24册，学苑出版社，2017年。

续表

序号	书名	卷数	责任者	版本	原册数
5	春秋	64	清高宗敕译	乾隆四十九年（1784）殿刻本	48
6	孝经	不分卷	清世宗敕译 清文宗厘定	咸丰六年（1856）殿刻本	1
7	四书	不分卷	清高宗敕译	乾隆二十年殿刻本	6

（2）吴元丰主编《清代满汉合璧国学丛书》（8册）

该丛书影印辽宁省图书馆藏有关国学的满汉合璧文献8种，其中3种为满文《十三经》，现将其基本信息胪列如下：

表2 《清代满汉合璧国学丛书》中满文《十三经》信息①

序号	书名	卷数	责任者	版本	原册数
1	书经	6	清高宗敕译	乾隆二十五年殿刻本	4
2	诗经	8	清高宗敕译	乾隆三十三年殿刻本	4
3	四书	6	清高宗敕译	乾隆二十年殿刻本	6

《国家图书馆藏满汉文合璧古籍珍本丛书》和《清代满汉合璧国学丛书》的出版，无疑给予相关读者极大便利，将为清代满文文献特别是十三经的研究注入新的动力。但毋庸讳言，清代十三经版本众多，以上两种丛书影印公布的只是其中一两种，可谓冰山一角，绝大多数版本仍深藏于国内外各机构中，很多尚未公开，读者难以寓目，只能依赖已出版的目录工具书窥其一二。且即使是这些目录工具书，由于种种条件的限制，著录仍存在不少缺漏②，未来发现满文十三经新版本的空间依

① 吴元丰主编：《清代满汉合璧国学丛书》第1–3册，辽宁民族出版社，2019年。

② 以北京大学图书馆收藏的满文文献为例，李雄飞、顾千岳：《北京大学图书馆藏满文古籍述略》（《满语研究》2020年第2期）指出，《全国满文图书资料联合目录》著录北京大学图书馆藏满文古籍65条，《北京地区满文图书总目》著录62条，但据最新统计，截止到2016年，北京大学图书馆业已完成馆藏古籍编目900余条，再行计入新近发现的近400部未编的满文古籍，北京大学图书馆藏满文古籍量已达1300余条（部），可见已著录于目录工具书的仅占北京大学图书馆藏满文文献的很少一部分。

然很大。

二、满文《尚书》的版本系统

《尚书》在清代曾两次由官方主导，被系统翻译为满文。它的流传非常广泛，不仅有官方刻本，还有为数众多的坊刻本和抄本。因此，满文《尚书》的版本流传情况比较复杂，需要做一番全面梳理。也只有在这一基础上，方能更明了摩青阁本《书经集注》的版本学地位及其独特价值。

满文《尚书》收藏于国内外图书馆、档案馆等单位，部分收藏信息曾为各目录工具书著录，兹以黄润华、屈六生编《满文文献知见录》的著录为基础，结合其他工具书及实地调查，将相关信息整合为下表。为避免烦琐，收藏单位采用代号：

表3　收藏单位代号表[①]

代号	收藏单位
0101	中国国家图书馆
0102	首都图书馆
0141	北京大学图书馆
0142	清华大学图书馆
0150	中央民族大学图书馆
0161	中国科学院文献情报中心
0168	中国社会科学院民族学与人类学研究所图书馆
0181	故宫博物院图书馆
0185	中国第一历史档案馆
0186	中国民族图书馆
0201	上海图书馆
0601	内蒙古自治区图书馆

①《满文文献知见录》，收藏单位代号表，第1–3页。

续表

代号	收藏单位
0641	内蒙古大学图书馆
0661	内蒙古社会科学院图书馆
0701	辽宁省图书馆
0703	大连图书馆
0802	长春市图书馆
0804	吉林师范大学图书馆
0903	齐齐哈尔市图书馆
1681	南京博物院
2102	台北故宫博物院
W311.1	蒙古国立中央图书馆
W313.2	日本东洋文库
W313.3	日本天理大学图书馆
W512.1	俄罗斯东方文献研究所
W516.1	德国国家图书馆
W561.1	英国国家图书馆
W561.2	英国剑桥大学图书馆
W565.1	法国巴黎图书馆
W712.1	美国国会图书馆
W712.2	美国哈佛大学哈佛燕京图书馆
W712.3	美国加州大学伯克利分校东亚图书馆

表4　满文《尚书》版本及收藏信息[①]

序号	书名	语种	卷数	版本	册数	收藏单位
1	新刻满汉字书经	满汉合璧	6	雍正十一年（1733）精一斋刻本	6	0150、0185（存4册）、0701、0703

①《满文文献知见录》，第331–334页。

续表

序号	书名	语种	卷数	版本	册数	收藏单位
2	书经	满汉合璧	6	乾隆三年（1738）文锦二酉堂合刻本	4	0150、0601、0701、0703
3	书经	满汉合璧	6	乾隆二十五年殿刻本	4	0102、0141、0161、0168、0181、0185、0186、0201、0641、0661、0701、0703、1681、2102、W313.2、W512.1、W516.1、W561.1、W561.2、W565.1、W712.1、W712.2、W712.3
4	书经	满汉合璧	6	乾隆二十五年瑞锦堂刻本	4	0101、0168、0601、0661（存1册）、0903、W313.3
5	书经	满汉合璧	6	乾隆二十五年京都文盛堂刻本	4	0102、0802、0903、W313.3
6	书经	满汉合璧	6	乾隆三十三年殿刻本	4	0150
7	书经	满汉合璧	6	光绪二十二年（1896）荆州驻防翻译总学刻本	6	0101、0150、0601、W313.3
8	书经	满汉合璧	6	刻本	4	0185
9	书经	满汉合璧	6	刻本	6	W311.1
10	书经	满汉合璧	10	内府精写本	10	0181
11	书经	满汉合璧	6	乾隆二十五年抄本	4	0150
12	御制翻译书经	满文	6	清抄本	4	0601
13	书经	满汉合璧	—	抄本（经折装）	30件	0185
14	书经	满汉合璧	6	抄本	4	0185
15	书经	满汉合璧	6	抄本	4	0161
16	书经	满汉合璧	6	抄本	4	0186
17	书经	满汉合璧	6	抄本	5	0661
18	书经	满汉合璧	6	汉文刻本，满文抄本	4	0101
19	书经	满文	6	抄本	1	0142

续表

序号	书名	语种	卷数	版本	册数	收藏单位
20	日讲书经解义	满文	13	康熙十九年（1680）内府刻本	13	0101、0181、0185、0186、0601、0641、0661、0669（存3册）、0701、0703、2102、W311.1、W313.3、W512.1、W565.1、W712.2
21	日讲书经解义	满文	13	抄本	13	0141、0186、0701
22	日讲书经释义	满文	13	抄本	11	0141
23	书经讲章	满汉合璧	—	抄本	1	0102
24	书经讲章	满汉合璧	—	抄本	1	0804
25	书经集传	满汉合璧	6	刻本	4	0102
26	书经成语	满汉合璧	4	抄本	4	0101

从上表可以看出，满文《尚书》版本繁多。但由于还有很多国内外机构的满文文献收藏尚无公开出版的著录工具书，已出版的工具书信息亦未必齐全，所以必然会有遗漏。还有很多版本尽管著录于工具书，但由于种种原因，原文献尚不对外开放，研究者难以寓目。因此，只能以已影印出版的满文《尚书》版本、带有书影的《辽宁省图书馆满文古籍图书综录》《大连图书馆藏少数民族古籍图书综录》《国家图书馆藏满文文献图录》《内蒙古自治区图书馆满文古籍图书综录》《满文文献知见录》为基础，并参阅开放程度比较高的国家图书馆、首都图书馆等单位收藏的满文版本，将满文《尚书》大致分为四个版本系统：

（1）康熙十九年（1680）《日讲书经解义》版本系统

康熙帝十分重视儒家经典的学习，亲政以后，命令日讲官进讲四书五经等经典，形成定制。《尚书》作为古代政治伦理的经典著作，对治国理政的参考意义更为直接，因而是康熙帝和讲官频繁学习交流的对象。《起居注》中对此有许多记录，例如：

辰时，上御保和殿，举行经筵大典。讲官常鼐、徐元文进讲《大学》

所谓平天下一节，折库纳、宋德宜进讲《书经》后克艰厥后一节。讲毕，赐宴如例。

巳时，上御保和殿，举行经筵大典。讲官常鼐、徐元文进讲《论语》宽则得众一节，折库讷、梁清标进讲《书经》惟天地万物父母一节。讲毕，赐宴如例。

巳时，上御保和殿，举行经筵大典。讲官折库讷、徐元文进讲《大学》大学之道一节，明珠、王熙进讲《书经》无教逸欲有邦一节。讲毕，赐宴如例。①

康熙帝还计划将这些经典系统翻译为满文，供满人学习使用。一日，在日讲结束后，康熙帝和侍臣聊天的时候说：

此时满洲朕不虑其不知满语，但恐后生子弟渐习汉语，竟忘满语，亦未可知。且满汉文义照字翻译可通用者甚多，今之翻译者尚知辞意酌而用之，后生子弟未必知此，不特差失大意，抑且言语欠当，关系不小。②

足见康熙帝的未雨绸缪。正是因为康熙帝的推动，最终促成了四书五经等经典在较短时间内都完成了满文翻译。

康熙十二年（1673）底，“三藩之乱”爆发，在军务繁忙之余，康熙帝也没有忘记《尚书》的学习③。至康熙十九年四月初十日，讲官库勒纳上奏《尚书》应进讲者已毕④。经过多年的持续进讲，成果积累越来越多，康熙十七年二月，康熙帝命库勒纳、叶方蔼等待《四书讲章》刊刻完毕，即可刊刻《书经讲章》，作为教材，颁

①《清圣祖起居注》卷1，康熙十一年八月十八日庚辰；卷2，康熙十二年二月十三日癸丑；卷2，康熙十二年八月二十二日己未。

②《清圣祖起居注》卷2，康熙十二年四月十二日辛亥。

③《清圣祖起居注》卷3，康熙十三年八月二十八日己未；卷3，康熙十四年二月十七日乙巳；卷4，康熙十四年八月二十九日甲申；卷4，康熙十五年二月二十九日辛巳；卷5，康熙十六年二月二十八日乙亥；卷5，康熙十六年八月十五日己未；卷6，康熙十七年二月十八日己未；卷7，康熙十八年五月十七日庚戌；卷7，康熙十八年五月二十日癸丑。

④《清圣祖起居注》卷8，康熙十九年四月初十日己巳。

行天下[①]。进讲完毕后，教材旋即定稿，取名为《日讲书经解义》。

《日讲书经解义》共有汉文本和满文本两个版本，满文本系从汉文本翻译而来，两者均于康熙十九年（1680）由内府刊刻完成。康熙帝将满文本和汉文本分赐王公贵族和满汉群臣，据《起居注》记载：

> 是日，领满文《日讲书经解义》，赐诸王、贝勒、贝子、公、内大臣、都统以下，阿思哈哈番以上，大学士、学士、九卿、詹事、国子监祭酒各一部。
>
> 是日，颁汉文《日讲书经解义》，赐汉大学士、学士、九卿、詹事、国子监祭酒各一部。[②]

《日讲书经解义》的满、汉文本都颁赐完毕以后，各王公贵族、满汉群臣还举行了隆重的谢恩仪式[③]。可见清廷对《日讲书经解义》这部书的重视。

满文《日讲书经解义》，从版本学角度具有如下几个特点：

首先，它是《尚书》最早的满文译本。顺治、康熙时期，满文翻译的特点是大多采取直译方式，对汉文经典的结构不进行大的调整和改动，遇到专有名词时，一般采用音译方式。《日讲书经解义》成书于康熙十九年，亦遵循这一普遍性特征。后文还将进行详细举例分析，此不赘述。

其次，它是清代唯一纯满文形式的《尚书》刻本。满文文献的语种形态主要有纯满文、满汉合璧、满蒙合璧、满蒙汉合璧这几类，部分辞书和佛教经典还有满蒙汉藏四体合璧、满蒙汉藏察（察合台文）五体合璧和满蒙汉藏察托（托忒文）六体合璧等形态。具体到满文《尚书》，绝大多数为满汉合璧本。满文《日讲书经解义》译自汉文。但内府在刊刻时，满文本和汉文本没有刻在一起，而是各自独立成书，因此就语种形态而论，为纯满文本（参见图1）。

---

① 库勒纳、叶方蔼：《日讲书经解义进呈疏》，载库勒纳等撰《日讲书经解义》，故宫博物院藏康熙十九年内府刻本。

②《清圣祖起居注》卷9，康熙十九年十一月二十日己亥；卷9，康熙十九年十二月初二日丁亥。

③《清圣祖起居注》卷9，康熙十九年十二月十五日庚子。

还有一点需要注意，满文本和汉文本《日讲书经解义》虽然同时刊刻，但版本特征仍有差别。汉文本版框 18.5cm×14.5cm，而满文本版框 26.5cm×18.6cm[①]，满文本版框比汉文本更大。

16　内蒙古自治區圖書館滿文古籍圖書綜錄

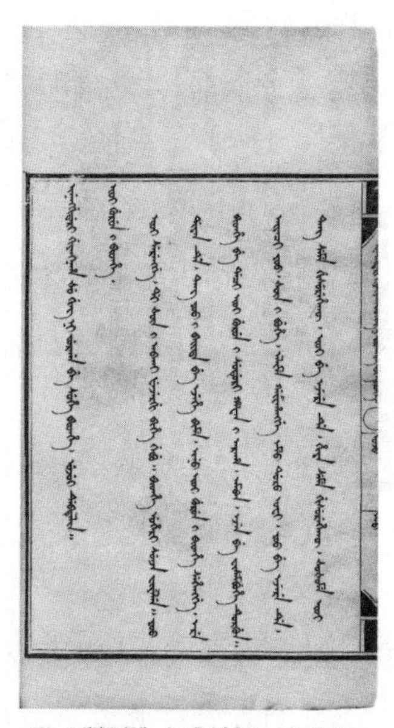

008　日講書經解義　十三卷（清康熙十九年內府刻本）

图 1　内蒙古自治区图书馆藏满文《日讲书经解义》

再次，它是清代唯一的具有“解义”的满文《尚书》版本。《日讲书经解义》的编纂方式为先以大字顶格列出经文，其后以小字低一格做释文，释文取自汉宋[②]以来诸家对《尚书》的研究注释，侧重于引申治国安邦、驭服人心的道理，与一般的儒生注重训诂、音义的注释方法不同。释文虽少原创性贡献，但对探讨清代特别是康熙朝君臣的政治思想理念、对《尚书》的官方解读水准不无裨益。但在康熙朝以后的满文《尚书》中，只选取《尚书》正文的汉文原文和满文翻译，释文部分没有再出版过。

---

① 《内蒙古自治区图书馆藏满文古籍图书综录》，第 16–17 页。

② 汉代和宋代经学家的不同学术理路，常“汉宋”并称。

最后，它的传布非常广泛，对后出版本的《尚书》影响深远。前引《起居注》记载，满文《日讲书经解义》在刊刻完成后，颁赐诸王、贝勒、贝子、公、内大臣、都统以下，阿思哈哈番以上，大学士、学士、九卿、詹事、国子监祭酒各一部，囊括了当时的宗室贵族和满族重臣，数量非常庞大，因此有多部得以流传至今，中国国家图书馆、故宫博物院、中国第一历史档案馆、中国民族图书馆、辽宁省图书馆、内蒙古自治区图书馆等单位均有收藏。

属于这一版本系统的还有三种同名抄本，分藏于北京大学图书馆、中国民族图书馆和法国国家图书馆等单位[①]。值得一提的是，首都图书馆收藏的满汉合璧《书经讲章》，题名（清）吴世桓撰，为清康熙年间抄本，从著录信息来看亦应属于此版本系统[②]。笔者近期曾前往首都图书馆古籍阅览室查阅，工作人员告知《书经讲章》残损比较严重，正处于修复之中，目前尚不能提供借阅，笔者推测《书经讲章》可能属于《日讲书经解义》的节本。

乾隆朝曾重译《尚书》，但重译并非另起炉灶，而是以《日讲书经解义》的翻译为基础进行修改的，多数译文仍然相同或接近，这充分说明《日讲书经解义》的深远影响。

（2）雍正十一年（1733）满汉合璧《书经》版本系统

满文《日讲书经解义》并非只在宫廷和官员群体中传布，而是在北京的旗人社会中都有广泛流通。在雍正朝和乾隆朝前期，出现了新的流通形式，以雍正十一年满汉合璧《书经》为代表。

该版本的基本信息为：雍正十一年精一斋刻本，四册（中央民族大学图书馆藏本为六册），线装，白口，版框23.7cm×14.3cm，版心依次为汉文书名、篇名、单黑鱼尾、汉文卷次、页码。现藏于中央民族大学图书馆、中国第一历史档案馆和大连图书馆，藏于大连图书馆的版本间有朱笔圈点、批校，书名页镌满汉文“精一斋藏本”[③]（图2）。

---

① 《北京地区满文图书总目》，第5-6页。法国国家图书馆藏满文《书经》，索书号Mandchou6。

② 首都图书馆藏满汉合璧《书经讲章》，索书号（丙一）593。

③ 《大连图书馆藏少数民族古籍图书综录》，第7页。

經部

新刻滿漢字書經六卷

清　舜代虞譯

清春卿精一齋刻本

四冊　綫裝　滿漢合璧本

書名據書名頁題名

兩節版。上下單邊，左右雙邊，半葉十行，滿文行字不等，漢文行九字，版框高二十三點七厘米，寬十四點三厘米。白口。版心依次爲漢文書名、篇名、單黑魚尾、漢文卷次、頁碼。間有朱筆圈點、批校。多處鈐「福富堂印」朱文方印。書名頁鐫滿漢文「精一齋藏本」。

卷前有雍正十一年（1733）方泰序，云：「春卿弟從事翻譯，留心於經學有年，爰遵《四書》合璧之例，手録《尚書》《周易》二經，較其句讀，酌其點畫，數閱月而始竣。今乃付剞劂氏而刊布之。」

舜代虞，瓜爾嘉氏，内閣中書。

索書號：M2218—1

007

图2　大连图书馆藏精一斋刻本满汉合璧《新刻满汉字书经》

该版本的主要特点亦非常鲜明：

首先，该版本译文特点与《日讲书经解义》一致，仍是对汉文原文采取直译方式，遇到专有名词时采用音译方式。该版本题名译者为内阁中书瓜尔佳氏舜代虞，卷前有方泰所作的序，云：“春卿弟（舜代虞）从事翻译，留心于经学有年，爰遵《四书》合璧之例，手录《尚书》《周易》二经，较其句读，酌其点画，数阅月而始竣。”从这条记载看，该满文本为舜代虞的新译。但通过文字对比可以看出，该版本与《日讲书经解义》并无不同，并非个人新译（“舜代虞”也不是常见的满人名字，更像是一个笔名而已），说明是直接借用了《日讲书经解义》的翻译，可以看作《日讲书经解义》的另一种流传版本，但只保留了《尚书》正文，没有保留释文。

其次，该版本为坊刻本，且版权与其他书坊共享。根据现有信息，可明确判断京都鸿远堂、文锦堂、二酉堂都曾刻印过，属于同一版本系统。鸿远堂梓行的《新刻满汉字书经》，未见于工具书著录，现收藏于中国印刷博物馆，内封牌记镌有汉文“新刻满汉字书经”和对应的满文“ice foloho manju nikan hergen i šuging.”，汉文和满文中间“乾隆三年春镌/精读鸿远堂梓”[①]（图3）。乾隆三年（1738），文锦、二酉堂又利用了鸿远堂的版权，两家书坊出了合刻本，卷前写有“乾隆三年满汉文鸿远堂书经序”，内封牌记镌有“（满汉）新刻满汉字书经/乾隆三年春镌”[②]（图4）。分享版权的现象，在当时的书坊中比较常见。黄润华指出：“这种现象反映了在当时的刻书业中已有一定规模的联手经营，尽管在市场占有额上受一定影响，但这样做的结果可以降低成本，出版的又是发行量较大的畅销书，总体还是合算的。”[③]文锦、二酉堂合刻本流传亦比较广泛，中央民族大学图书馆、内蒙古自治区图书馆、辽宁省图书馆、大连图书馆等单位均有收藏。

图3　中国印刷博物馆藏京都鸿远堂版《新刻满汉字书经》

最后，版式与一般的满汉合璧文献不同。常见的满汉合璧文献，为一列满文对应一列汉文，满文居左，汉文居右，文字顺序照顾满文阅读习惯，为从左至右，和当时的汉文文献恰好相反。该版本的版式却是分为两截，上半部分为满文，下半部

① 京都鸿远堂梓行《满汉字书经》图片见 https：//www.kepu.net.cn/gb/civilization/printing/evolve/evl632.html。

②《内蒙古自治区图书馆满文古籍图书综录》，第9页。

③ 黄润华：《满文坊刻图书述论》，《文献》1999年第2期。

分为汉文，且满文阅读顺序为从右至左，和汉文顺序保持一致，属于不太常见的一种满汉合璧文献。

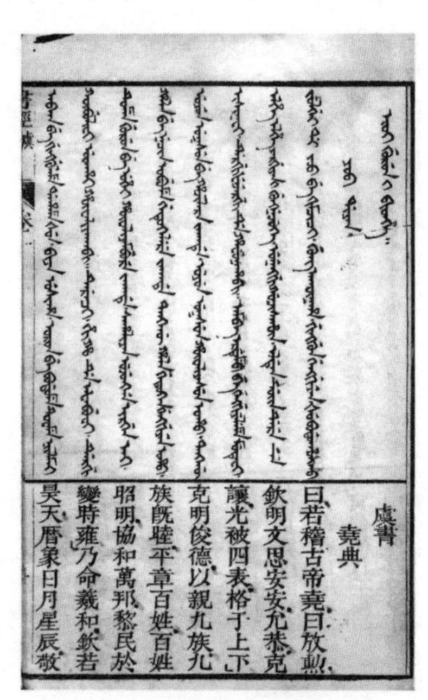
8 內蒙古自治區圖書館滿文古籍圖書綜錄

虞書
堯典
曰若稽古帝堯曰放勳欽明文思安安允恭克讓光被四表格于上下克明俊德以親九族九族既睦平章百姓百姓昭明協和萬邦黎民於變時雍乃命羲和欽若昊天曆象日月星辰敬

004 書經 六卷（清乾隆三年京都文錦二酉堂刻本）

图4 内蒙古自治区图书馆藏京都文锦、二酉堂合刻满汉合璧《书经》

（3）乾隆二十五年（1760）《御制翻译书经》版本系统

康熙十九年《日讲书经解义》刊刻后，康熙帝对《尚书》的学习并未告一段落，仍然令儒臣持续进讲。雍正帝继位以后亦如此。乾隆帝继位后，秉持着“敬天法祖”的政治理念，完全继承了祖、父两代皇帝的传统，对《尚书》的学习更为重视，不仅经常同儒臣交流讨论汉文《尚书》，还仔细研读过满文《日讲书经解义》。只是乾隆帝认为，满文《日讲书经解义》的翻译尚有未尽之处，故命儒臣重加参订。

这次重译以乾隆帝颁布的“钦定新清语”为指导原则。至乾隆朝前期，满人入关已约百年，满汉文化交融日益加深，随之而来的就是满语文中出现了越来越多的音译汉语借词，这令乾隆帝极为不满：“清语乃我朝根本要务，近见清语中杂以汉语，语熟成风，遂将可以翻清者亦仍用汉语，而书于奏章者，往往有之。朕随所见，即为改正。”[①]为了消除这种现象，乾隆帝下令颁布“钦定新清语”共1700余条，主要特色是将满语文中大量音译汉语借词改为意译汉语借词[②]。

乾隆帝对《尚书》的重译工作十分重视，每完成一帙，都要随时进呈，经乾隆帝披阅后方能定稿[③]。至乾隆二十五年（1760），《尚书》重译完成，定名《御制翻译书经》，交付武英殿刊行，这是该版本系统的祖本。

乾隆二十五年武英殿本满汉合璧《御制翻译书经》，版框18.8cm×13.8cm，四周双边，满汉文各七行，版心从上到下依次为汉文书名、单黑鱼尾、汉文卷次、篇目和页码。共由四部分组成。第一部分是乾隆帝撰写的《御制翻译书经序》，第二部分是南宋学者蔡沈撰《书集传序》，第三部分为《尚书》六卷五十八篇的目录，第四部分为正文。

该版本的主要特点为：

首先，翻译原则由音译转为意译，译文与上述两个版本系统有较大差别。前文征引的先行研究对此已有述及，本书下文也将举例，此不赘述。

其次，殿刻本迅速与各书坊共享版权。《御制翻译书经》是乾隆帝主导的一系列重大官方文化工程之一，交付武英殿刊刻，印制是十分精良的。但乾隆帝认为《尚书》作为“古帝王心法治法之全皆在焉”[④]的经典，对普通民众有重要的教化作用，认为不应仅在宫廷中流传，而是应公开于天下。因此，当年就将书版分享给了北京的各书坊，很快就出现了瑞锦堂、文盛堂等坊刻本，宫廷内外流传均十分广泛，今天的收藏情况也证明了这一点。殿刻本现藏于首都图书馆、北京大学图书馆、中国科学院图书馆、中国社会科学院民族学与人类学研究所图书馆、故宫博物院、中国第一历史档案馆、中国民族图书馆等单位，坊刻本现藏于国家图书馆、中国社会科学院民族学与人类学研究所图书馆、首都图书馆等多家单位。

最后，版本传布最为丰富。《御制翻译书经》是代表清廷官方的最为权威的《尚

---

① 《钦定八旗通志》卷首之十一，乾隆十二年正月初七日上谕。

② 佟永功、关嘉禄：《乾隆朝“钦定新清语”探析》，《满族研究》1995年第2期。

③ 据徐莉：《乾隆朝钦定四书五经满文重译稿本研究》（《民族翻译》2010年第1期）介绍，中国第一历史档案馆藏有重译四书五经的稿本，但《尚书》稿本未能全部保存下来，仅存满汉合璧《御制翻译书经序》1件，未见内容部分。

④〔清〕弘历：《御制翻译书经序》。

书》译本，在长达100多年的时间里，不断得到出版。殿本方面，乾隆三十三年（1768），武英殿曾再次刊刻《御制翻译书经》，修《四库全书》的时候，该书又作为《钦定四书五经》中的一种，纳入《四库全书》之中。坊刻本方面，清末光绪二十二年（1896）荆州驻防翻译总学刻本，版式特点和乾隆二十五年刻本一致，乾隆二十五年坊刻本应是其直接来源。此外，该版本还有诸多抄本流传。尤为值得一提的是，国家图书馆藏有一部满汉合璧《书经成语》，顾名思义，《书经成语》指的是汇集《尚书》中词句的满汉对照工具书，供满人练习翻译时参考。该书共4册4卷，按照汉字的偏旁部首进行编排[①]。经过比对，可知《书经成语》的满文译文与《御制翻译书经》相同。

（4）国家图书馆藏摩青阁本《书经集注》

近来，笔者在国家图书馆古籍馆普通古籍阅览室发现了一部全新的摩青阁本《书经集注》，此前未经任何满文文献目录工具书著录，它与上述三个版本系统都有明显差别，可独立作为第四个版本系统，下文将对其版本学价值进行详细介绍。

满文《尚书》的版本系统，大致可用如下示意图表示：

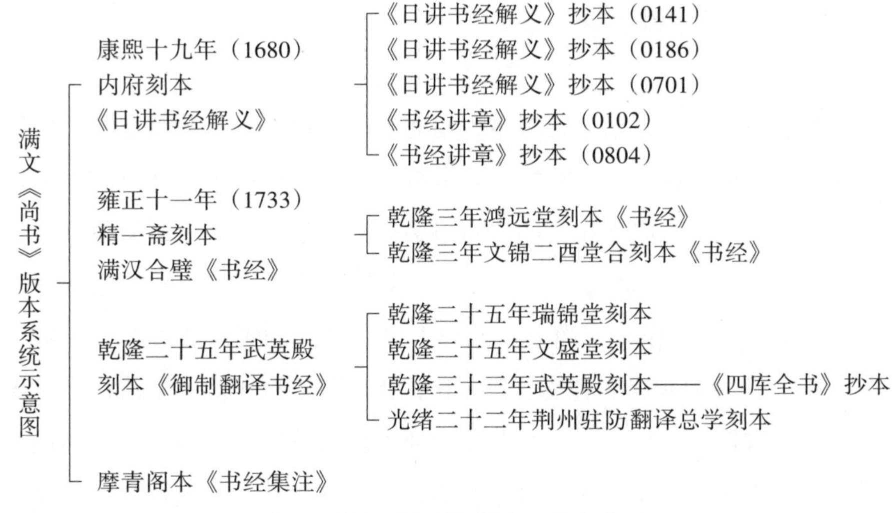

图5　满文《尚书》版本系统示意图

① 国家图书馆藏满汉合璧《书经成语》，索书号man0540。

三、满文《书经集注》的独特版本学价值

摩青阁本《书经集注》，在国家图书馆官方网站检索系统的信息如下：

> 题名与责任：书经［普通古籍］：六卷/（宋）蔡沈集传
> 版本项：刻本
> 出版项：摩青阁，清［1644—1911］
> 载体形态项：6册
> 一般附注：序题书经集注
> 　　9行17字小字双行同白口四周单边，有墨笔批注，天头有满文译文
> 著者：蔡沈 宋 集传
> 索书号：/1629
> 馆藏：古籍馆普通古籍阅览室

目前，国家图书馆的古籍分为善本古籍和普通古籍两种，分藏总馆南区善本阅览室和文津街古籍馆普通古籍阅览室，区分标准大致为乾隆六十年（1795）以前的版本为善本古籍，乾隆六十年以后的为普通古籍。此外，所有有关少数民族文字（如蒙古文、藏文、满文、彝文、东巴文等）文献均归入善本古籍。蔡沈《书经集注》（又名《书集传》）作为《尚书》学史上里程碑式的集大成之作，流传十分广泛，仅宋刻本、元刻本就有多种[①]。相较于早出的宋元珍本，一个清代摩青阁的坊刻本，确实难以称得上稀见善本，收藏于普通古籍阅览室似理所应当。然而，这部摩青阁本《书经集注》并非一般的普通古籍，天头处抄写的满文译文，恰是《书经集注》正文部分的满文翻译。因此，该版本应作为满文文献，入藏善本阅览室。由

① 蔡沈《书经集注》版本情况，参见蔡安定：《蔡沈〈书集传〉及其版本》，载福建省炎黄文化研究会、中共南平市委宣传部编《武夷文化研究》，海峡文艺出版社，2003年，第377-384页；王春林：《〈书集传〉版本源流》，《中国哲学史》2010年第2期。

于国家图书馆将该版本归入普通古籍之中，使得它未被著录于善本阅览室的满文文献卡片目录，也没有收入《北京地区满文图书总目》《满文文献知见录》等工具书，长期鲜为人知，其价值未能得到发掘。

摩青阁本《书经集注》是一部非常特殊的满文文献，与一般的满文文献迥然不同，具有十分独特的版本学价值。具体而言，它具有以下三方面突出特点：

（1）汉文刻本与满文抄本的结合

一般意义上的满汉合璧文献，均同为刻本或同为抄本，多数为一列满文对应一列汉文，少数如乾隆三年（1738）满汉合璧《书经》那样，版式分为上下两截，上半部分为满文，下半部分为汉文。

摩青阁本《书经集注》，汉文部分为清代坊刻本，满文部分直接写在书上对应汉文的天头处，为抄本形式，同时结合了汉文刻本与满文抄本，属于满汉合璧文献的稀见形式。不仅如此，满文在书写时，没有按照常规的从左至右，而是从右至左，完全按照汉文的书写和阅读方式，这也是不太多见的。

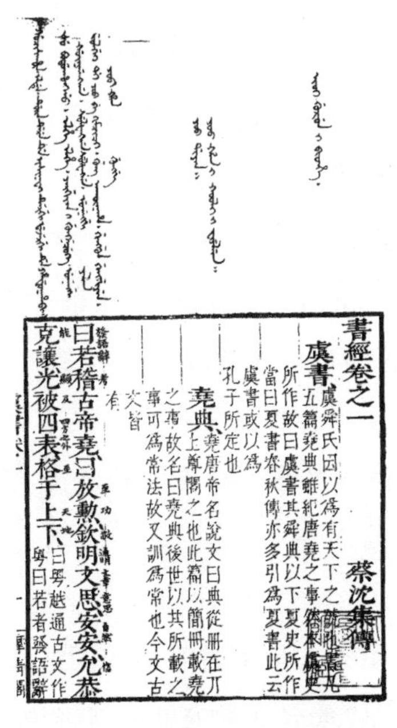
書經卷之一　蔡沈集傳

虞書　虞舜氏因以爲有天下之號也書凡五篇堯典雖紀唐堯之事然本虞史所作故曰虞書其舜典以下夏史所作當曰夏書春秋傳亦多引爲夏書此云虞書或以爲孔子所定也

堯典　堯唐帝名說文曰典從册在丌上尊閣之也此篇以簡册載堯之事故名曰堯典後世以其所載之事可爲常法故又訓爲常也今文古文皆有

曰若稽古帝堯曰放勳欽明文思安安允恭克讓光被四表格于上下　曰粤越通古文作粤曰若者發語辭

图6　摩青阁蔡沈《书经集注》卷一

（2）满文翻译与汉文批注的结合

该版本除了在天头处书写满文译文外，还在书中的大字正文部分做了大量汉文批注，内容为原文字词的注释。兹以卷一《虞书·尧典》第一段为例说明。标下划线者为原文中被注释的字词，[ ] 中者为满文译者在其旁做的汉文批注：

曰若［发语辞］稽［考］古帝尧，曰放［至］勋［功］，钦［敬］明［通明］文［文章］思［意思］，安安［自然］，允［信］恭克［能］让，光［显］被［及］四表［四方之外］，格［至］于上下［天地］。

汉文批注并非译者原创，而是取材于大字正文后面附的小字集注：

曰、粤、越通，古文作“粤”。“曰若”者，发语辞，周书“越若来三月”，亦此例也。稽，考也。史臣将叙尧事，故先言考古之帝尧者，其德如下文所云也。曰者，犹言其说如此也。放，至也，犹孟子言“放乎四海”是也。勋，功也，言尧之功大而无所不至也。钦，恭敬也；明，通明也，敬体而明用也。文，文章也；思，意思也，文著见而思深远也。安安，无所勉强也。言其德性之美，皆出于自然，而非勉强，所谓“性之”者也。允，信；克，能也。常人德非性，有物欲害之，故有强为恭而不实、欲为让而不能者，惟尧性之，是以信恭而能让也。光，显；被，及；表，外；格，至；上，天；下，地也。言其德之盛如此，故其所及之远如此也。盖放勋者，总言尧之德业也。钦明文思安安，本其德性而言也。允恭克让，以其行实而言也。至于被四表、格上下，则放勋之所极也。孔子曰：“惟天为大，惟尧则之。”故书叙帝王之德莫盛于尧，而其赞尧之德莫备于此，且又首以“钦”之一字为言，此书中开卷第一义也，读者深味而有得焉，则一经之全体不外是矣，其可忽哉！

《尚书》是中国形成最早的历史文献，保留了大量上古时期的词汇和语法，语言古奥，兼之形成过程复杂，素来号称难读。唐代著名文学家韩愈就曾说：“周诰、殷盘，佶屈聱牙。”[①]《尚书》对学问功底深厚的韩愈来说都有如此难度，对一般的满

①〔唐〕韩愈：《进学解》，载《昌黎先生文集》卷12，宋蜀本。

人读者而言，显然更不容易读懂。摩青阁本的满文抄写者，显然对汉文正文的很多内容理解存在困难，必须借助蔡沈的集注，才能更准确把握。摩青阁本满文翻译与汉文批注的结合方式，在满汉合璧文献中也是稀见的，这为我们提供了清代满人是如何学习、理解儒家经典的宝贵范例。

（3）满文“旧译”与“新译”的结合

满文十三经文献，从翻译原则的角度，可以分为两大系统，前者主要为顺治、康熙年间的翻译，以音译为主，称为“旧译”；后者为乾隆年间“钦定新清语”之后的翻译，以意译为主，称为“新译”或“重译”。两种翻译方式，一般不会在某一版本中同时出现。但摩青阁本恰恰与众不同，打破了“旧译”和“重译”井水不犯河水的一般规律，两者出现在了一起。

摩青阁本的满文主体内容，用黑色笔抄写，字体为楷体，非常工整，经比对后可发现是抄自康熙年间“旧译”，覆盖了《尚书》正文的全部内容。在楷体行间，又增加了部分内容，用朱红色笔抄写，字体为行体，内容为对应字词或语句的乾隆年间“新译”。

兹以卷一《舜典》的篇名和第一段为例进行说明。满文［］内为“新译”。

舜典

曰若稽古帝舜，曰重华［光］协［合］于帝。浚［深沉］哲［有智］文［文理］明［光明］，温［和辞］恭允［诚信］塞［笃实］，玄［幽潜］德升［上］闻，乃命以位［职］。

šūn diyan.［šūn han i kooli i fiyelen.］

julgei di šūn［šūn han］be kimcici. dabkūri elden［eldengge］. di de［yoo han de］acanahabi. šumin mergen［sultungga］šu genggiyen. nemgiyen［nesuken］gungnecuke. unenggi yargiyan. somishūn erdemu. wesihun donjinafi. tereci soorin be afabuhabi.

此段中，“舜典”一词，旧译音译“šūn diyan”其旁的新译为“šūn han i kooli i fiyelen”（舜汗之典章）；“帝舜”一词，旧译音译“di šūn”，新译为“šūn han”（舜汗）；“华”一词，旧译为“elden”（名词，光），新译为“eldengge”（形容词，有光的）；“于帝”短语，旧译为“di de”（帝+方向格助词de），新译为“yoo han de”（尧汗+方向格助词de）；“文”字，旧译为“šu”（名词，文章、文采），新译为“sultungga”（形容词，聪颖的）；“温”字，旧译为“nemgiyen”（形容词，温柔），新译为“nesuken”（形容词，温和）。主要区别为专有名词音译改为意译，部分译文的用词更为考究、准确。

但是，“旧译”旁的“新译”内容并未覆盖全书，只截止到卷三《仲虺之诰》篇，从《汤诰》篇开始至全书结束，满文只有楷体“旧译”，再未出现行体“新译”。这说明，满文抄写者是利用《御制书经集注》的“新译”来对读“旧译”，但工作只进行了不足一半，就由于某些原因，未能持续下去。摩青阁本《书经集注》作为较晚出现的版本，满文主体部分没有抄自乾隆二十五年（1760）《御制书经集注》的“新译”，而是抄自“旧译”，这恰恰说明“旧译”的强大生命力。尽管乾隆帝颁布“钦定新清语”，改变了以往满文翻译的原则，新制造了许多词，花费很大力气推行，但在相当长的时间中仍未能完全取代“旧译”。

摩青阁本《书经集注》中同时出现满文“旧译”与“新译”，这在满汉合璧文献特别是满文十三经文献中都是罕见的。

综上所述，摩青阁本《书经集注》此前未著录于目录工具书，为新发现的满文文献。它同时结合了汉文刻本与满文抄本、满文翻译与汉文批注、康熙“旧译”与乾隆“新译”，和一般的满文文献有很大不同，为我们揭示了清代满人学习、理解儒家经典的方式，具有十分独特的版本学价值。

四、满文《尚书》所见清代文化之交融

包括摩青阁本《书经集注》在内的满文《尚书》文献，除了是珍贵的古籍善本外，还是清代满汉民族在文化上深度交往、交流、交融的重要见证。

（1）满文《尚书》是清朝统治者对汉文化了解程度加深的具体体现

清朝诸帝无一不高度重视学习汉文化，将大量汉文典籍译为满文，从中汲取文化思想和治国经验。在不同的历史时期，学习、翻译的典籍侧重有所不同，大体经过了“小说—史书—经书”的阶段，这反映了清朝统治者学习了解汉文化的程度不

断走向深入。

入关前的清太祖努尔哈齐和清太宗皇太极，对明代小说《水浒传》和《三国演义》极感兴趣，时常令人讲解。特别是对《三国演义》，将其视为兵书方略，这对清朝立国及入主中原发挥了重要作用[①]。天聪三年（1629），皇太极正式将文馆分作两值，其中达海、刚林等负责翻译汉文书籍，目的就是“以历代帝王得失为鉴”[②]。因此，这一时期翻译的重点由小说转向了更为实用的史书《通鉴》《辽史》《金史》《元史》，兵书《素书》《三略》《六韬》和明朝政书《刑部会典》等著作。天聪五年，皇太极取得了大凌河之战的胜利，但明军表现出的坚韧不拔的战斗精神，却深深震撼了他。皇太极认为，明军之所以能有如此表现，是因为“读书明道理，为朝廷尽忠”，故而命令满洲贵族子弟读书[③]。皇太极身边的儒生亦不失时机向皇太极进谏，引导皇太极学习经史名著。如书房秀才王文奎曾奏称：“汗尝喜阅三国志传，臣谓此一隅之见，偏而不全。其帝王治平之道，微妙者载在四书，显明者详诸史籍。宜于八固山读书之笔帖式内，选一二伶俐通文者，更于秀才内选一二老成明察者，讲解翻写，日进四书两段，通鉴一章，汗于听政之暇，观览默会，日知月积，身体力行，作之不止，乃成君子。”[④]在这种思想的熏陶下，皇太极愈发重视儒家经典的学习，令达海负责翻译《孟子》，唯因达海的突然去世，未能告成[⑤]。

清入关后，顺治帝和康熙帝均受到了良好的儒学教育，开始以儒家思想作为治国的主导思想，同时借助经筵日讲，大规模将儒家经典翻译为满文。顺治时期完成了《诗经》和《孝经》的翻译，康熙时期首先完成了《日讲四书解义》的翻译，此后又完成了五经中较为重要的《日讲尚书解义》和《日讲易经解义》的翻译。四书是儒家思想的最核心载体文献，地位高于五经，因此康熙帝和乾隆帝都是首先翻译四书。康熙帝在《日讲四书解义》的序言中说：“盖有四子，而后二帝三王之道传；

① 李光涛：《清太宗与三国演义》，载《中央研究院历史语言研究所集刊》第12本，1948年，第251–272页。

②《清太宗实录》卷5，天聪三年四月丙戌。

③《清太宗实录》卷10，天聪五年闰十一月庚子。

④ 罗振玉辑：《天聪朝臣工奏议》王文奎条陈时宜奏，载潘喆等编《清入关前史料选辑》（第2辑），天聪六年九月，中国人民大学出版社，1989年，第24页。

⑤《清太宗实录》卷12，天聪六年七月庚戌。

有四子之书，而后五经之道备。"[①]乾隆帝在《御制翻译四书》序中也说："国家肇立文书，六经史籍次第翻译，四子之书首先刊布传习。"[②]而在五经中，又以《尚书》最为重要，故继四书其后的就是翻译《尚书》。正如乾隆帝在《御制翻译书经》序言中所言："《尚书》五十八篇，古帝王心法治法之全皆在焉。自精一著训，而后一推降衷，再阐阴骘，莫不本天命，原物则。上之人非是无以为敷锡，下之人非是无以为会归。所由日星明而江河流，为经世大训也。我朝以国书翻译，向有缮本，朕几余披览，务益研精。……爰命在馆诸臣于四子书讫事，取是编重加参订，每分帙进呈。"[③]

康熙朝和乾隆朝两次《尚书》翻译工程，还是清朝"同文之治"的重要组成部分。先行研究指出，"同文"是最早见于《中庸》的概念，最直接的含义是规范或统一文字。不过，元朝建立后，面对前所未有的多语文政治以及传统夷夏秩序的易位，"同文"旧说已窒碍难通，元朝一些士人完成了理论更新。到了清代，"同文"之说在前代基础上，由皇帝进行了重新演绎，顺治帝首先提出，康熙帝多次论及，而系统化于乾隆帝[④]。具体而言，"同文之治"是清朝以"天下一统"为前提的统治统一多民族国家的重要国策，也是清朝将其对多族群统治合法化的极其关键的理论与实践[⑤]。在"同文之治"国策下，清朝组织了大量多语种合璧图书的编撰，用以整齐文教，彰显清朝统治的合法性和正统性，《尚书》作为"古帝王心法治法之全皆在焉"的经典，在"同文之治"国策中占据突出地位，通过康熙时期的翻译，乾隆时期的重译，清朝以儒家思想治国的理念得以不断深化和巩固。

（2）满文《尚书》是蔡沈《书经集注》经典化历程的延续与发展

蔡沈（1167—1230），字仲默，学者称九峰先生，南宋建宁府建阳县（今福建建阳）人，为大儒朱熹晚年之高足。朱熹的学问极为淹博，所注之书甚多，但恰恰对《尚书》关注较少。在朱熹的晚年，将注解《尚书》的任务交给了蔡沈。蔡沈在朱

① 《清圣祖实录》卷70，康熙十六年十二月庚戌。

② 《国朝宫史》卷27《书籍六·御制翻译四书》。

③ 《国朝宫史》卷27《书籍六·翻译书经》。

④ 马子木、乌云毕力格：《"同文之治"：清朝多语文政治文化的构拟与实践》，《民族研究》2017年第4期。

⑤ 乌云毕力格、张闶：《同文之盛：〈西域同文志〉整理与研究》，上海古籍出版社，2022年，第5页。

熹、同时代学者和朱门其他弟子的研究成果基础上，完成了《书经集注》（又名《书集传》《书经集传》）。

《书经集注》是宋代《尚书》学的代表作，也是《尚书》学史上里程碑式的著作，对后世影响甚大。刘起釪分析了《书经集注》影响力大的原因：

> 《蔡传》其所以获得如此成功，大抵是由于下列诸点：一是总结了宋学的成就，把众多的宋儒经说择其精华融入自己书中，使人有胜义纷纭之感，觉得它是朱熹嫡派的代表作；二是以“理”为断，把字句内容作合“理”的解释，比起汉唐经说中许多牵强的、陈腐的、勉强比附于圣道王功的解释，使人耳目一新，感到切情餍理；三是文字功夫较好。①

不过，蔡沈《书经集注》的经典地位并非从一开始就奠定的，而是经过了一个漫长的历程。在初成之时，朱门不以为正统，学林亦不甚重视，其流行与地位的上升，始终与官学脱不了关系。南宋淳祐七年（1247），蔡沈之子蔡杭上书宋理宗，得到了皇帝赞赏，此后由上饶郡学刊刻，获得了传播上的有利地位，至宋末元初，提升到了“朱学代表”的位置。元朝延祐开科取士，程式以朱学为主，兼用古注疏，从此《书经集注》拥有了朝廷开科取士时指定用书的官方地位。到了明代，明成祖朱棣即位以后，基于为帝位赋予正当性以及平抚文人愤懑的双重考量，令胡广等人编纂了《五经大全》，其中的《书传大全》完全站在了尊蔡的立场，删去各家的反对意见。自《五经大全》颁布以后，悬为功令，使得《书经集注》无论在学校还是科举方面，都到了“独尊”地位②。

清朝建立后，以理学为治国的主导思想，继续尊崇蔡沈《书经集注》。皇帝与大臣讨论学习时，都以《书经集注》为根本。例如，康熙十七年（1678）二月的一次日讲结束后，康熙帝和讲官陈廷敬、叶方蔼等聊天，透露出无论是《尚书讲章》还是《尚书大全》，都是发明“蔡传”之意：

① 刘起釪：《尚书学史》，中华书局，1989年，第245页。

② 参见许育龙：《蔡沈〈书集传〉经典化的历程——宋末至明初的观察》，台北万卷楼，2018年。

上问："所撰《尚书讲章》与《大全》诸说不同。"

廷敬对："《大全》一书杂引诸儒之说，《讲章》专主蔡传。其大全精要处俱已该括在内。"

方蔼对："《大全》以外尚有注疏，蔡沉作集注时，其可取者俱已采入，《大全》一书亦发明蔡传之意而已。"①

再如，乾隆七年（1742）十月，左春坊左中允孙人龙在为乾隆帝准备进讲《尚书·君牙》篇，首先引用的就是蔡沈"艰者饥寒之艰，易者衣食之易"的论述，然后才是发挥的个人见解②。

正是由于康熙帝和乾隆帝奉《书经集注》为圭臬，使得《尚书》在翻译为满文时，均以《书经集注》为根据。现今可以寓目的超过20个版本的满文《尚书》，翻译的均是《书经集注》，而没有选择其他历代《尚书》学著作。在《书经集注》被译为满文的同时，也意味着《书经集注》从汉语文化圈进入了满语文化圈，经典化历程得到了延续与发展，既扩大了《书经集注》的跨文化影响力，又深刻影响了清代满人的精神世界。

（3）满文《尚书》的阅读方式

满文《尚书》的翻译，绝不仅是清廷的"面子工程"，刊刻完毕后即束之高阁。相反，出于各种目的，清代各阶层的满人广泛阅读该书，使满文《尚书》在潜移默化中对满人的知识结构和文化心理产生了重大影响。

满文《尚书》翻译最初的策划者、推动者和最高层次的阅读者，是康熙帝和乾隆帝。康熙帝通过经筵日讲的方式，每次学习《尚书》的部分篇目，待讲授完毕后，命令大臣汇集为《日讲书经解义》，翻译一部分即进呈一部分。乾隆帝命令根据"新清语"的规范重新厘定四书五经，对翻译工作时时予以具体指导，待《御制翻译书经》完成后，更是亲撰序言，颁行天下。两位皇帝翻译满文《尚书》，最重要的政治目的就是要了解儒家文化的精髓，进而探索出有效统治中原内地的方式。

满文《尚书》第二层次的阅读者，为皇帝颁赐的对象——满洲王公贵族和京内

---

①《清圣祖起居注》卷六，康熙十七年二月二十一日壬戌。

②〔清〕孙人龙：《奏为抄录进呈书经讲章事》，［乾隆七年十月］，中国第一历史档案馆藏，档号03-0335-023。

外高官。康熙十九年（1680），满文《日讲书经解义》刊刻完成后，康熙帝赐诸王、贝勒、贝子、公、内大臣、都统以下，阿思哈哈番以上，大学士、学士、九卿、詹事、国子监祭酒各一部。乾隆二十五年（1760），《御制翻译书经》刊刻完成后，乾隆帝赐予和硕康亲王永恩、和硕显亲王衍潢、和硕庄亲王允禄等宗室及在京各部院高官，在外各省督抚、驻防将军。皇帝将满文《尚书》颁赐宗室王公和内外高官，目的是令宗室王公、内外臣工在阅读中领会皇帝对《尚书》的学习感悟，进而能够规训满汉贵族子弟，并对施政有所裨益。例如，乾隆三十七年，致仕刑部左侍郎钱陈群获赐《御制翻译书经》和《御纂春秋直解》两部著作，在谢恩折中，钱陈群表示："以《尚书》为体国之典要，研味宜深。"①

满文《尚书》第三层次的阅读者，为广大的普通满人，他们主要阅读的是各种坊刻本及抄本。普通满人阅读《尚书》，很重要的一个功利性目的是应付翻译科举的考试。雍正元年（1723）雍正帝设立翻译科，标志着翻译科举开始制度化，这是八旗士子专有的进身之阶②。雍正《大清会典》规定：

> 凡翻译乡试，雍正元年定，礼部照例咨取满洲由清汉字出身之大臣官员职名并汉大臣职名开列具题，钦点满正副主考各二员，满同考官四员，礼部满洲侍郎一员为监临官，会同顺天府提调官管理乡场内外之事。其应考之人不拘满汉字贡监生员及现任笔帖式能翻译者，俱照例考试马步箭，咨送入场。头场将《四书解义》《易经解义》《书经解义》《性理精义》《孝经衍义》《大学衍义》《古文渊鉴》《资治纲目》等书，限二百字内，出题三篇。③

可见，在翻译科举乡试中，《书经解义》被纳入头场考试的命题范围，这必然会

①〔清〕钱陈群：《奏为恩赏御制翻译书经等谢恩事》，［乾隆三十七年］，中国第一历史档案馆藏，档号04-01-13-0104-039。

② 有关翻译科举的研究，可参见叶高树：《清朝的翻译科考》，《台湾师范大学历史学报》2013年第49期；马子木：《论清朝翻译科举的形成与发展（1723—1850）》，《清史研究》2014年第3期。

③ 雍正《大清会典》卷74《礼部·贡举三·翻译科举通例》。

驱使试图参加翻译科举的满人学习《尚书》。除了翻译科举以外，清朝还有正途科举，身份不拘旗民，皆可应试。在正途科举中，四书五经亦是命题范围。可以想见，如果一个满人想参加正途科举，必须要熟悉五经中的《尚书》，他们亦可能是满文《尚书》的阅读群体。除了功利性目的，《尚书》作为重要经典，在满汉交流日益频繁的背景下，满人也会自然而然地主动阅读，受其浸润与滋养。

从现存坊刻本及抄本来看，普通满人阅读《尚书》的方式多样。

第一种方式，购买满汉合璧《尚书》的坊刻本或常见的官刻本，并在上面做笔记。笔记又可分为汉文笔记和满文笔记。前者如内蒙古自治区图书馆乾隆二十五年（1760）京都瑞锦堂刻本，天头处及书中部分汉文原文之后，都有读者所作的解释性文字。例如，天头处有“钦，恭敬也”“明，通明也”等，原文“曰放勋”之后有“言尧之德业也”等，说明读者凭借这些汉文注释加深对《尚书》的理解[①]。后者如国家图书馆藏乾隆二十五年京都琉璃厂瑞锦堂刻本，书中有一些用红笔和黑笔书写的满汉文内容。有些内容是有关满文翻译的，如“平秩南讹”的满文对译“julergi ergici kūbulirengge be teisulebume banjibufi”的“teisulebume”上面，用红笔书写“teisulebumbi 相称之称”。另“异哉”的满文对译“eicibe”处，用红笔书写“eicibe 总之口气，到底凭你怎样”[②]。这说明读者对满文比较精通，对具体用词的意思比较考究。读者用红笔在书中标了大量圆圈，以作句读。但这样的红色圆圈仅存于第四卷《旅獒》篇之前，此后的篇目没有，说明读者未阅读完毕全书便束之高阁。有趣的是，还有些书写的内容荒诞不经，如首页《御制翻译书经序》的天头处，阅读者书写满汉文“cai 茶”和“dambangku 烟”[③]，在《书集传序》倒数第三页的天头处，阅读者书写汉文“洗玻璃”三字等。这些内容和《尚书》毫无关系，笔者推测，读者应是在阅读《尚书》时开了小差，脑中想的是“吸烟吃茶”一类的事，读书不甚认真。

第二种方式，购买汉文《尚书》的坊刻本，并在天头处或汉文旁抄写对应的满文。如首都图书馆藏雍正国子监刻本《书经集传》，半叶9行，行17字，正文旁附有

---

①《内蒙古自治区图书馆满文古籍图书综录》，第10页。

②《国家图书馆藏满汉文合璧古籍珍本丛书》第2册，第37、41页。

③《国家图书馆藏满汉文合璧古籍珍本丛书》第2册，第3、19页。

用红笔写的满文译文，夹在汉文行间[①]。满文为蝇头小楷，字迹十分工整，是不可多得的珍本。唯因首都图书馆仅允许现场阅览，不允拍摄，故未能获得照片。值得注意的是，该版本为雍正年间汉文刻本，满文却为乾隆《御制翻译书经》的译文，说明该读者是在至少乾隆二十五年（1760）以后，才得到的这个版本。再如国家图书馆藏满汉合璧《书经》，为汉文刻本，满文抄本，题名益谦抄录[②]。该版本为蔡沈《书经集传》的汉文坊刻本，天头部分抄写对应的满文翻译，首先写的是四个字“益谦抄录”，满文为楷体，非常工整，从右往左书写，遵循汉文习惯，译文为《御制翻译书经》的抄录。另外值得注意的是，读者在原刻本之前，加了两页纸，补全了乾隆帝撰《御制翻译书经序》，满汉合璧，亦从右往左书写，遵循汉文习惯，从满文字体来看，为行书体，应为比较晚期的抄本。最为典型的就是国家图书馆藏摩青阁本《书经集注》，不仅在天头处抄写满文，还在汉文原文旁做了很多注释，表示该读者从满文、汉文两方面都进行了深入的学习理解。

第三种方式，借阅满汉合璧《尚书》的坊刻本，另行抄写一遍。满文《尚书》的众多抄本，多是如此形成的。如内蒙古自治区图书馆藏满文抄本《御制翻译书经》，从字体看为清晚期抄本[③]。

满人对《尚书》多种多样的阅读方式，体现出汉文文献和满文文献之间的交流与互动。在这样的阅读过程中，满人无论是对汉文经典的理解，还是对满文翻译的认识，都有所加深。

结　论

满文十三经既是十三经文献的重要组成部分，又是满文文献的重要组成部分，具有重要的研究价值和多元的阐释空间。目前，学界有关满文十三经的研究尚处于起步阶段，主要集中于满文四书，满文五经特别是《尚书》的研究还比较少见，还有着很大的拓展空间。

---

① 首都图书馆藏《书经集传》，索书号（乙一）13。

② 国家图书馆藏《书经》，索书号man0537。

③《内蒙古自治区图书馆满文古籍图书综录》，第18页。

满文《尚书》藏于中国国家图书馆、故宫博物院、中国第一历史档案馆、内蒙古自治区图书馆、法国国家图书馆等国内外多家机构，版本众多，借助已有的满文文献目录工具书，并结合中国国家图书馆、首都图书馆等机构的馆藏，统计出满文《尚书》目前至少有23个版本。随着国内外各机构满文文献编目工作的持续开展，未来发现新版本的可能性依然存在。现存的26个版本，大致可以归纳为4个版本系统，分别为康熙十九年（1680）内府刻本《日讲书经解义》系统、雍正十一年（1733）精一斋刻本满汉合璧《书经》系统、乾隆二十五年（1760）殿刻本《御制翻译书经》系统和摩青阁本《书经集注》系统，前三个版本系统内，又各自拥有若干刻本和抄本。这说明满文《尚书》在清代流传十分广泛。

在现存的26个版本中，以国家图书馆藏摩青阁本《书经集注》最为特殊。它现收藏于国家图书馆古籍馆普通古籍阅览室，此前未被任何满文文献工具书著录，鲜为人知。它是一部非常特殊的满文文献，与一般的满文文献迥然不同，具有十分独特的版本学价值。具体而言，它是汉文刻本与满文抄本的结合、满文翻译与汉文批注的结合、满文“旧译”与“新译”的结合，这为我们揭示了清代满人学习、理解儒家经典的新方式。

满文《尚书》文献除了具有珍贵的文物属性、版本属性以外，还是清代满汉民族在文化上深度交往、交流、交融的重要见证。它的翻译成书是清朝统治者对汉文化了解程度加深的具体体现，是清朝“同文之治”国策的重要组成部分，还是《尚书》学里程碑式著作南宋蔡沈《书经集注》经典化历程的延续与发展。满文《尚书》无论是在宫廷中，还是在民间社会，都有庞大的阅读群体，有非常广泛的传布，而且阅读的方式多种多样。通过阅读多种版本《尚书》内留下的笔记可以发现，满文《尚书》的刻本，汉文《尚书》的刻本，都可以成为满人学习《尚书》经典的方式，他们同时通过满文笔记和汉文笔记加深理解，这样的过程一直从清前期持续到清末。经过长期的文化浸润交流，以《尚书》为代表的儒家思想深入满人社会，反映出清代满汉民族在文化上的交往、交流、交融不断走向深入。满文《尚书》中蕴含的丰富内涵，是取之不尽的。

文献篇

凡 例

一、本篇汉文部分的录文，来自国家图书馆藏摩青阁本《书经集注》。个别有明显错误处，参照王丰先点校《书集传》[①]，以注释的方式标注。

二、摩青阁本《书经集注》的正文内容有大量汉文批注，被批注的正文字、词，加下划线表示；批注的内容置于其后方括号［］中。例如：

> 曰若［发语辞］稽［考］古帝尧，曰放［至］勋［功］，钦［敬］明［通明］文［文章］思［意思］，安安［自然］，允［信］恭克［能］让，光［显］被［及］四表［四方之外］，格［至］于上下［天地］。

三、本篇以转写的方式录入摩青阁本《书经集注》天头处的满文译文。转写时采用国际通行的穆麟德转写方案。参见P. G. Möllendorff，*A Manchu Grammar: with Analysed Texts*，Shanghai，1892.

四、卷一至卷三《仲虺之诰》篇，满文译文“旧译”和“新译”并存，“新译”写在“旧译”之旁。在转写时，对应的“旧译”词、句加下划线表示，“新译”的内

① 王丰先点校：《书集传》，中华书局，2018年。

容置于其后方括号［］中（“旧译”没有，“新译”增加的个别词语也置于方括号［］中，并在其前标注加号+），斜线/代表换行。例如：

julgei di yoo［yoo han］be kimcici. gung［gungge］akūnaha. ginggun genggiyen. / šu bodohonggo［gūnigangga］. elhe elhe［sulfangga sulfangga］.

书经卷之一

蔡沈集传

虞书

ioi gurun i bithe.

尧典

yoo diyan.［yoo han i kooli i fiyelen］

曰若［发语辞］稽［考］古帝尧，曰放［至］勋［功］，钦［敬］明［通明］文［文章］思［意思］，安安［自然］，允［信］恭克［能］让，光［显］被［及］四表［四方之外］，格［至］于上下［天地］。

julgei di yoo［yoo han］be kimcici. gung［gungge］akūnaha. ginggun genggiyen. / šu bodohonggo［gūnigangga］. elhe elhe［sulfangga sulfangga］. yargiyan［unenggi］i gungnecuke. unenggi［yala］/ gocishūn. elden. duin dere de isinafi dergi fejergi de hafunahabi.

克［能］明俊［大］德，以亲九族［高族至元孙之亲］；九族既睦［亲而和］，平［均］章［明］百姓；百姓［畿内民］昭明，协［合］和万邦［国］，黎［黑］民於［叹美辞］变［改］时［是］雍［和］。

amba［wesihun］erdemu be genggiyeleme mutefi［+ereni］uyun uksun be hajila-ra/ jakade. uyun uksun hūwaliyasun［hūwangga］oho. tanggū hala［halai irgen］be necin/ obume getukelere jakade. tanggū hala［halai irgen］getuken genggiyen［iletu getuken］oho. tumen/ gurun be uhei hūwaliyambure jakade. sahaliyan ujungga irgen. ai./ kūbulifi uthai hūwaliyakabi.

乃命羲和［二氏，历官］，钦［敬］若［顺］昊［广大］天，历［书］象［器］

日月星辰［日月所会］，敬授［与］人时［耕稼之候］。

tereci hi. ho de afabufi ［afabuhangge］. dergi abka be gingguleme dahame. šun./ biya. usiha. oron be bodome tuwame. niyalmai erin be gingguleme/ ulahabi.

分命羲仲，宅［居］嵎夷［地名］，曰旸谷［官次之名］。寅［敬］宾［礼接］出日［方出之日］，平［均］秩［序］东［春月］作［起］。日中星鸟［南方星］，以殷［中］仲春。厥［其］民析［分散］，鸟兽孳［乳化］尾［交接］。

hi jung de dendeme afabufi ［afabuhangge］. ioi i de tebufi. yang gu sehebi ［yang gu sere ioi i i bade tebufi］. tucire/ šun be gingguleme okdome ［okdoko］. dergi ergici deriburengge be banjibume/ teisulebumbi ［teisulebume banjibufi］. inenggi teherehe be. niyoo usiha be ［fulgiyan gasha usiha i inenggi dulin de teisulehe be］ tuwame./ niyengniyeri dulin be acabumbi ［toktobuha］. irgen sargiyan ombi ［irgese ilgašambi］. gasha gurgu/ fusembi. acambi ［acambi. fusembi.］.

申［重］命羲叔，宅南交［南方交阯之地］，平秩南［夏月］讹［化］。敬致，日永［长］星火［东方星］，以正［极阳］仲夏。厥民因［析而又析］，鸟兽希［少］革［易］。

geli hi šu de afabufi ［afabuhangge］. nan giyoo de ［ming du sere nan giyoo i bade］ tebufi. julergi ergici/ kūbulirengge be banjibume teisulebumbi ［teisulebume banjibufi］. gingguleme isibumbi ［ten be gingguleme］./ inenggi golmin be. ho usiha be tuwame. juwari dulin be tob/ obumbi ［sindubi usiha i inenggi golmin de teisulehe be obuha.］. irgen beri beri ombi ［irgese sargašambi］. gasha gurguingge ［gurgu gūn. gisan］ seri ome halambi.

分命和仲，宅西，曰昧［暗］谷［以日入名］。寅饯［礼送］纳日［方入之日］，平［均］秩［序］西［秋月］成［就］，宵［夜］中星虚［北方宿］，以殷［中］仲秋。厥民夷［平］，鸟兽毛毨［鲜好］。

ho jung de dendeme afabufi. wargi de tebufi. mei gu sehebi ［afabuhangge. mei gu sere wargi bade tebufi］./ tuhere ［dosire］ šun be gingguleme fudeme ［fudehe］. wargi ergici šanggara be banjibume/ teisulebumbi ［šanggarangge be teisulebume banjibufi］. dobori teherere be. hioi usiha be ［hinggeri usiha i dobori dulin de teisulehe be］ tuwame./ bolori dulin be acabumbi ［toktobuha］. irgen ［irgese］ nesuken ［icangga] ombi. gasha gurgu i/ funiyehe gilataršambi [beilecinembi].

申命和叔，宅朔方［北荒之地］，曰幽都。平［均］在［察］朔［冬月］易［改易］，日短星昴［西方宿］，以正［阴极］仲冬。厥民隩［室内］，鸟兽氄［耎细］毛。

geli ho šu de afabufi [afabuhangge]. šo fang de tebufi. io du sehebi [io du sere amargi bade tebufi]./ amargi ergici halara be kimcime teisulebumbi [halarangge be teisulebume kimcifi]. inenggi foholon be/ mao usiha be [moko usiha i inenggi foholon de teisulehe be] tuwame. tuweri dulin be tob obumbi [obuha]. irgen [irgese] / daniyalambi. gasha gurgu i funiyehe funggala [funggaha] nunggari [luku] ombi.

帝曰："咨［嗟］！汝羲暨［及］和，期［周年］三百有［又］六旬［十］有六日，以闰月定四时，成岁。允［信］厘［治］百工［官］，庶［众］绩［功］咸［皆］熙［广］。"

di hendume [han hese wasimbume]. ai. hi ho suwe barun [donji] de ilan tanggū ninju/ ninggun inenggi bi. anagan bi biya sindame. duin erin be/ toktobuha de. aniya banjinambi. tanggū baitangga be akdun [unenggi] i/ dasaci. eiten yabun [gungge] gemu yendembi [badarambi].

帝曰："畴［谁］咨［访问］若［顺］时登庸［用］?"放齐［臣名］曰："胤［嗣］子朱［尧子］启［开］明。"帝曰："吁［叹其不然］！嚚［言不忠信］讼［争辩］，可乎?"

di hendume [han hese wasimbume]. yaka erin de acaburengge be baisu. tukiyefi/ baitalaki. fang ci hendume [wesimbume]. in dzi [ahūngga jui] ju ulhisu genggiyen./ di hendume [han hese wasimbume]. ai. oshon anggalinggū [+kai]. ombio.

帝曰："畴咨若予采［事］?"驩兜［臣名］曰："都［叹美辞］！共工［官名］方［且］鸠［聚］僝［见］功。"帝曰："吁！静［未事之时］言庸［用］违［背］，象［貌］恭滔天［心狠］。"

di hendume [han hese wasimbume]. yaka mini baita de acaburengge be baisu./ hūwan deo hendume [wesimbume]. mujangga. gung gung. jing faššame gung [gungge] / iletulembi. di hendume [han hese wasimbume]. ai. baibi [baisin] de gisurembi./ baitalaci jurcembi. arbun gungnecuke. akba de deserekebi [gungnecuke arambime abkai ari kai].

帝曰："咨！四岳[官名]。汤汤[水盛貌]洪[大]水方割[害]，荡荡[广貌]怀[包]山襄[出其上]陵[大阜]，浩浩[大貌]滔[漫]天，下民其咨[嗟]，有能俾[使]乂[治]?"佥[众]曰："於[叹美辞]！鲧[崇伯名]哉！"帝曰："吁！咈哉[甚不然之辞]，方命[逆而不行]圮[败]族[类]。"岳曰："异哉[强举之意]！试[姑用]可[可治水]乃已[犹而已]。"帝曰："往[往治水]，钦[敬]哉！"九载[年]，绩[功]用弗成。

di hendume [han hese wasimbume.]. ai sy yo [duin colhon i amban. bilteke]. bilteke amba muke jing jobobumbi. hūwai [+hūwai] seme/ alin be hūsime [hefeliyeme]. munggan be dabahabi. hoo [+hoo] seme abka de abka de deserekebi./ fejergi irgen gasambi. muterengge bici. dasabuki. geren hendume [wesimbume]./ gun sain kai. di hendume [han hese wasimbume]. ai. murtashūn kai. hese [hesebun] be jurcembi./ duwali be efulembi. yoo hendume [colhon i amban wesimbume]. eicibe cendefi nakacika [nakaci ojoroo]./ di hendume [han hese wasimbume]. gene. ginggule sehe. uyun aniya otolo/ gung ni faššan be mutebuhekū [gungge be mutebuhekū].

帝曰："咨！四岳。朕[自称]在位七十载，汝能庸[用]命巽[同逊]朕位?"岳曰："否[不]德忝[辱]帝位。"曰："明[显用]明[已显之人]扬[举]侧陋[微贱之人]。"师[众]锡[与]帝曰："有鳏[无妻之名]在下，曰虞[氏]舜[名]。"帝曰："俞[应许之辞]！予闻，如何?"岳曰："瞽[无目]子，父顽[心非德义]，母嚚，象[舜弟名]傲[慢]，克[能]谐[和]以孝，烝[进]烝乂[以善自治]。不格[至]奸[恶]。"帝曰："我其试哉！"女[以女与人]于时[是]，观[看]厥刑[法]于二女[尧女娥皇、女英]。厘[治装]降[下嫁]二女于妫[水名]汭[水北]，嫔[为妇]于虞。帝曰："钦哉！"

di hendume [han hese wasimbume.]. ai. sy yo [duin colhon i amban]. bi soorin de tefi nadanju aniya oho./ si. hese be dahame muteci. mini soorin be anabuki. yo/ hendume [colhon i amban wesimbume]. erdemu eberi. di [han] i soorin be gūtubumbi. hendume [hese wasimbume] / iletungge be iletule. buya fusihūn ningge be tucibu./ geren. di i baru hendume [han de wesimbume]. g'ugin ofi fejergi de bisire ioi/ šūn serengge bi. di hendume [han hese wasimbume]. inu. bi donjiha. antaka. yo/ hendume [colhon i amban wesimbume]. gu [gu seo] i jui. ama mentuhun. eme oshon. siyang cokto [+bime]./ hiyoošun i hūwaliyambume mutefi. ulhiyen ulhiyen i dasabufi./ ehe de isinahakūbi. di hendume [han hese wasimbume]. bi cendeme [cendeki]. sargan/ jui be tede bufi [holbofi]. juwe sargan jui be. terei alhūdabure be [terei tuwancihiyara be juwe sargan jui deri] / tuwaki sefi. dasatafi juwe sargan jui be fusihūn gui žui bade./ yui de sargan bume [gui šui mukei ebergi ba i ioi halangga de urun ebubume] unggire de. di hendume [han hese wasimbume]. ginggule sehe.

舜典

šūn diyan. [šūn han i kooli i fiyelen.]

曰若稽古帝舜，曰重华［光］，协［合］于帝，浚［深沉］哲［有智］文［文理］明［光明］，温［和辞］恭允［诚信］塞［笃实］，玄［幽潜］德升［上］闻，乃命以位［职］。

julgei di šūn [šūn han] be kimcici. dabkūri elden [eldengge]. di de [yoo han de] / acanahabi. šumin mergen [sultungga] šu genggiyen. nemgiyen [nesuken] gungnecuke./ unenggi yargiyan. somishūn erdemu. wesihun donjinafi. tereci/ soorin be afabuhabi.

慎徽［美］五典［常］，五典［即五伦］克从［顺］。纳［入］于百［官名］揆［度］，百揆［即冢宰］时叙［以时而叙］。宾［礼接］于四门［四方之门］，四门穆穆［和之至］。纳于大麓［山足］，烈［迅疾］风雷雨弗迷［错］。

sunja kooli be ginggulеme [olhošome] dasabuha de. sunja kooli dahasu [yala dahashūn] oho./ be kui de sindaha de. eiten bodogon giyan giyan i ilgabuha [eiten nashūn de dalabuha de. eiten nashūn erileme teksilebuhe]. duin/ duin de boigojilabuha de. duin duin hūwaliyasun [cibsonggo cibsonggo] oho./ amba buten [weji] de unggihe de. ehe edun. akjan aga de fambuhakū.

帝曰："格［来］汝舜，询［谋］事考言，乃［汝］言底［致］可绩［功］，三载，汝陟［升］帝位。”舜让于德［有德之人］，弗嗣［继位］。

di hendume［han hese wasimbume］. šūn si jio. baita i cendeme［be fonjime］. gisun de acabuci［kimcici］. sini/ gisun de acanafi gung ohobi［gungge ofi］. ilan aniya oho［ohobi］. si di i［han i］/ soorin de wesi. sūn erdemungge de anahūnjame sirarakū［šūn sirarakū. erdemungge de anahūnjafi］.

正月上［朔］日，受终［终帝位之事］于文祖［尧始祖］。

aniya biyai dergi inenggi. wen dzu［han i juktehen］de duben be alime gaiha.

在［察］璿［美珠］玑［机］玉衡［横管］，以齐七政［日月五星］。

siowan gi ioi heng de［nicuhei šurdehen. gu i cincilan de］kimcime. nadan dasan be teksilehe.

肆［遂］类［祭名］于上［天］帝，禋［祭名］于六［六者之神］宗［尊］，望［祭名］于山［岳］川［渎］，遍［周遍］于群神［众神］，

tereci dergi di de songkoi wecehe［abkai han de dursuleme metehe］. ninggun wesihun［wesihungge］de hing/ seme wecehe［juktehe］. alin bira be hargašame wecehe. geren enduri be［de］/ bireme wecehe［akūnaha］.

辑［敛］五［五等诸侯］瑞［信符］。既［尽］月乃日［每日］，觐［见］四岳［四方诸侯］群牧［九州之牧伯］，班［颁还］瑞于群后［即众侯牧］。

sunja šui be bargiyame. biyai manashūn［temgetungge gu be acabufi. biya otolo.］. inenggidari sy yo. geren mu be/ acabufi. šui be geren heo de［duin colhon i ambasa. geren beise be acame. temgetungge gu be geren beise de］salame buhe.

岁二月，东巡守［巡视所守］，至于岱［泰山］宗，柴［燔柴事天］。望秩［次第］于山川，肆［遂］觐［见］东［东方］后［诸侯］，协［合］时［四时］月、正日，同律［十二律］度［丈尺］量［斗斛］衡［秤］，修五礼［吉凶军宾嘉］、五玉［即五瑞］、三帛［币帛］、二生［羔雁］、一死［雉］贽［相见之仪物］，如五器［五礼之器］。卒［事毕］乃复［转］。五月，南巡守，至于南岳［衡山］，如岱礼。八月，西巡守，至于西岳［华山］，如初［东巡之始］。十有一月朔［北］，巡守至于北岳［恒山］，如西礼。归格［至］于艺祖［祖庙］，用特［一牛］。

aniya.［+i］juwe biya de. dergi ergi be giyarime kedereme［baicaname］. dai dzung de［tai šan alin de］/ isinjiha manggi. orho［giyariha］be deijime wecehe.

alin bira be jergi/ banjibufi hargašame wecehe [juktehe]. tereci dergi ba i ejete be acabuha [beise be acanjibuha]./ sunja gu ilan suje. juwe weihun. emu bucehengge be jafaha [gu sunja hacin suje ilan hacin ergengge juwe hacin budehengge emu hacin be jafan gaiha.]. erin/ biya be acabume. inenggi be tob obuha. lioi [alioi] kemun hiyase gin [miyalin ginggin] be emu obuha./ sunja dorolon be dasaha [tuwancigiyaha]. sunja baitalan be teisulebuhe. wajiha manggi/ marifi [mariha]. sunja biya de. julergi [+ergi] be giyarime kedereme [baicaname]. julergi yo [colhon] de/ isinaha [isinafi.]. dorolon dai dzung ni [tai šan alin i] songko. jakūn biya de. wargi [+ergi] be/ giyarime kedereme [baicaname]. wargi yo [colhon] de isinaha [isinafi.]. tuktan i songko. omšon/ biya de. amargi [+ergi] be giyarime kedereme [baicaname]. amargi yo [colhon] de isinaha [isinafi]. dorolon/ wargi [+i] songko. bederefi i dzu de genefi. emu ulha i wecehe [han i juktehen de weceme. emteli ulha be baitalaha.].

五载一［一年］巡守［天子出巡］，群［诸］后［侯］四朝［分四年来朝］。敷［陈］奏［进］以言，明试［考］以功，车服［赐物］以庸［有功］。

sunja aniya emgeri baicaname genembi [giyarime baicanambi]. geren ejete [beise] duin jergi/ hengkilenjimbi [hargašanjimbi]. gisun be tucibume wesimbubufi. gung [gungge] be getukeleme/ yargiyalambi [cendembi]. gung [faššan] bisirengge de [be] sejen etuku bumbi [i iletulembi].

肇［始］十有二州，封［表］十有二山，浚［开导］川。

tuktan juwan juwe jeo obufi. juwan juwe alin be fungnehe. bira be/ hafumbuha.

象［如天垂象］以典［常］刑，流［使远去］宥［宽］五刑，鞭［皮鞭］作官刑［官府之刑］，扑［打］作教刑，金作赎［赎罪］刑。眚［过误］灾［不幸］肆［纵］赦，怙［有恃］终［再犯］贼［杀］刑。钦［敬］哉！钦哉！惟刑之恤［怜惜］哉！

toktoho erun be tuwabufi. sunja erun ci oncodome [oncodohongge be] falabumbi. / šusiha be yamun i erun obuha [obumbi]. moo [undehen] be tacikū i erun obuha [obumbi]. aisin [ulin] be/ jooligan [joligan] i erun obuha [obumbi]. endebuhe tušahangge be guwebume sindambi. ertuhe/ halarakūngge be wambi erulembi. gingguleci acambi [ginggule]. gingguleci acambi [ginggule]./ damu erun de jilaci acambi [jila sehe].

流共工于幽洲[北荒地]，放[禁置不得去]驩兜于崇山[南荒之山]，窜[驱逐]三苗[国名]于三危[西极地名]，殛[拘囚]鲧于羽山[在东方]，四罪而天下咸[皆]服。

gung gung be. io jeo [+i bade] de falabuha. hūwan deo be. cung šan [šan alin] de/ sindaha [bašaha]. san [ilan] miyoo be. san [ilan] wei de bošoho. gun be. ioi šan [šan alin] de/ horiha. duin [ehelinggu] be weile arara jakade. abkai fejergi [fejergingge] gemu/ dahaha.

二十有八载，帝乃殂落[魂升魄降而死]，百姓如丧考[父]妣[母]，三载，四海遏[绝]密[静]八音[不作乐]。

orin jakūci [jakūn] aniya [+ofi]. di wesike wasika [yoo han teni urihe]. tanggū hala [halai irgen] ama/ emei adali [+sinagalaha]. ilan aniya sinagalaha [otolo]. duin mederi jakūn/ mudan be cib seme nakaha [mederingge. jakūn mudan cib seme nakaha].

月正[正月]元[初一]日，舜格[至]于文祖[尧始祖庙]。

uju biyai sucungga inenggi. šūn. wen dzu de genefi wecehe [han i juktehen de wecehe].

询[谋]于四岳，辟[开]四门，明四目[目见四方]，达[通]四聪[聪听四方]。

sy yo [duin colhon i amban] de fonjifi. duin duin be neihe. duin tuwakū be/ genggiyelehe. duin donjin be hafumbuha.

"咨十有二牧，曰："食[足民食]哉惟时[农时]，柔[宽抚]远能[熟习]迩[近民]，惇[厚]德[有德之人]允[信]元[仁厚之人]，而难任人[包藏凶恶之人]，蛮夷率[相率]服[服从]。"

juwan juwe mu i baru hendume [sejilefi. juwan juwe beise de hese wasimbume]. jeku damu erin de bi. gorokingge be/ gosire [bilure]. hancikingge be tacibure. erdemungge be ujelere. sain/ ningge [saingge] de akdara. ehe niyalma be lashalara ohode. man. i gurun gemu/ dahambi [tulergi aiman guilendufi dahanjimbi].

舜曰："咨四岳，有能奋［起］庸［功］熙［广］帝［尧］之载［事］，使宅［居］百揆［冢宰之官］，亮［明］采［众事］惠［顺］畴［类］。"佥曰："伯禹［即大禹］作司空［官名］。"帝曰："俞［许辞］！"咨禹："汝平水土，惟时［是百揆］懋［勉］哉！"禹拜稽首［首至地］，让于稷［官名名弃］契［臣名］暨［及］皋陶［臣名］。帝曰："俞，汝往哉。"

šūn. sy yo i baru hendume. gung be yendebume. di i baita be［šūn han hese wasimbume. ai. duin colhon i amban. faššan be yendebume. han i baita be］/ badarambume muterengge bici. be kui obufi［eiten nashūn de dalabufi.］. baita be getukeleme./ eiten be ijishūn obuki sembi［eiten be ijishūn obuki］. geren hendume［wesimbume］. be ioi. sy kung［weile be aliha amban］/ ofi bi. di hendume［han hese wasimbume sefi.］. inu. ioi baru si［ai. ioi si］muke boihon be/ necihiyembime. erebe kicen. ioi dorolon hengkilefi. ji. siyei./ jai g'ao yoo de anahūnjara de. di hendume［han hese wasimbume］. inu. si gene.

帝曰："弃［即稷］，黎［黔首］民阻［厄］饥，汝后［君］稷［官名］，播［布］时［是］百谷。"

di hendume. ki. geren irgen［han hese wasimbume. ki sahaliyan ujungga irgen］yuyure de hafirabuhabi. heo/ ji. si tanggū hacin i jeku be taribu［si jeku i baita be ejelehebi. tanggū hacin i jeku be taribu.］.

帝曰："契［臣名］，百姓不亲［亲睦］，五品［五伦等级］不逊［顺］，汝作司徒［掌教之官］，敬敷［布］五教，在宽［宽裕］。"

di hendume［han hese wasimbume］. siyei. tanggū hala［halai irgen］haji akū. sunja jergi/ dahashūn［ijishūn］akū. si. sy tu ofi［boigon i baita be alihabi］. sunja tacihiyan be/ gingguleme selgiye. onco oso.

帝曰："皋陶，蛮夷猾［乱］夏［中国］，寇［劫人］贼［杀人］奸［在外］宄［在内］。汝作士［掌刑之官］，五刑有服［服其罪］，五服三就［所在］，五流［五刑当宥者流之］有宅［处其罪］，五宅三居［所在］，惟明［详察］克［能］允［信］。"

di hendume［han hese wasimbume］. g'ao yoo. man. i hiya be kūthūre. hūlha/ ebderneku［tulergi aiman. dulimbai gurun be kūthūre hūlhara ebderere］jalingga koimali bici［ojorongge bi.］. si. ši ofi［beidere amban inu］. sunja erun i/ teisulebu [tuhebu]. sunja teisulebun [tuhebun] de. ilan gaman bi. [ilan hacin i gama] sunja/ falabun de ba bi. sunja bade ilan teku bi [ilan hacin i teku]. damu genggiyen oci/ akdambi [akdabume mutembi].

帝曰："畴[谁]若[顺理而治]予工[百工]?"佥[众]曰："垂[臣名]哉!"帝曰："俞[许辞]!"咨垂："汝共工。"垂拜稽首[首至地]，让于殳[臣名]、斨[臣名]暨[及]伯与[臣名]。帝曰："俞，往哉!汝谐[和其职]。"

di hendume [han hese wasimbume]. we mini weilere [weile] be acambi. geren hendume [wesibume]. cui dere./ di hendume [han hese wasimbume.]. inu cui baru. si. gung gung oso [sefi. ai. cui si weilen i amban oso]. cui dorolome/ hengkilefi. šu. ciyang. jai be ioi de anahūnjara de. di/ hendume [han hese wasimbume]. inu. gene si acambi.

帝曰："畴[谁]若[顺]予上[山林]下[泽薮]草木鸟兽?"佥[众]曰："益[臣名]哉!"帝曰："俞!"咨益："汝作朕[我]虞[掌山泽之官]。"益拜稽首，让于朱、虎、熊、罴[四臣名]。帝曰："俞[然辞]，往哉!汝谐。"

di hendume [han hese wasimbume]. we mini dergi fejergi orho moo gasha gurgu be acabumbi./ geren hendume [wesimbume]. i dere. di hendume [han hese wasimbume]. inu. i baru. si. mini ioi/ oso [sefi. ai. i si mini buthai amban oso]. i dorolome hengkilefi. ju. hū. hiong. pi de./ anahūnjara de. di hendume [han hese wasimbume]. inu. gene. si acambi.

帝曰："咨!四岳，有能典[主]朕三礼[祭天、地、鬼之礼]?"佥曰："伯夷[臣名]。"帝曰："俞!"咨伯："汝作秩[序]宗[祖庙]。夙[早]夜惟寅[敬畏]，直[心无私曲]哉惟清[洁清无欲]!"伯拜稽首，让于夔、龙[二臣名]。帝曰："俞，往钦[敬]哉!"

di. sy yo i hendume [han hese wasimbume ai. duin colhon amban]. mini ilan dorolon be kadalame muterengge bio./ geren hendume [wesimbume]. be i kai. di hendume [han hese wasimbume]. inu. be i baru. si jyi. dzung oso [sefi. ai be i si dorolon i amban oso]./ yamji cimari damu ginggun. sijirhūn de bolho [bolgo] oso. be i dorolon/ hengkilefi. kui. lung de anahūnjara de. di hendume [han hese wasimbume]. inu. gene ginggule.

帝曰："夔，命汝典［主］乐，教胄［长］子，直［无私曲］而温［和］，宽［宽厚］而栗［庄敬］，刚［坚强不屈］而无虐［暴］，简［略］而无傲［骄］。诗言志［心之所之］，歌永言，声［人声］依［随］永，律［十二律管］和声。八音克［能］谐［和］，无相夺［侵乱］伦［次］，神［郊庙之神］人［朝廷之人］以和。"夔曰："於！予击石拊石，百兽率舞。"

di hendume [han hese wasimbume]. kui. simbe kumun be kadalabume. ahūngga juse be/ tacibure de afabuha [afabumbi]. sijirhūn bime nemgiyen [nesuken]. onco bime ginggun [olhoba]./ dacun [ganggan] bime oshon akū. kemungge bime cokto akū obu. gūnin be ši i/ gisureme. gisun be ucun i sireneme. sirenereci jilgan banjiname./ jilgan be lioi i hūwaliyambume [irgebun i mujin be gisurembi. ucun i gisun be sirenembi. jilgan i sirenehengge de acabumbi. alioi i jilgan de hūwaliyambumbi]. jakūn mudan acanafi. giyan be/ ishunde gūtuburakū [gaisilaburakū] ohode. enduri niyalma hūwaliyasun ombi.

帝曰："龙［臣名］，朕堲［疾恶］谗［谮人］说、殄［伤绝］行［善人之行］，震［动］惊［骇］朕师［众］。命汝作纳言［官名］，夙［早］夜出纳［入］朕命［命令］，惟允［信］！"

di hendume [han hese wasimbume]. lung. bi encuhiyan gisun i yabun be efuleme. mini geren be/ ancinggiyame geleburengge be ubiyambi. simbe na yan obuha [simbe gisun hafumbure amban obumbi]. yamji/ cimari mini hese be tucibure dosimbure de damu akdun [unenggi] obu.

帝曰："咨！汝二十有二人，钦［敬］哉！惟时亮［明］天功［职皆天事］。"

di hendume [han hese wasimbume]. ai. suweni orin juwe niyalma. ginggule. damu/ erin de acabume [erileme]. abkai baita be genggiyele.

三载考［察实］绩［功］，三考［九年］，黜［降］陟［升］幽［不明］明［贤］，庶［众］绩［功］咸［皆］熙［广］，分比［背而去］三苗。

ilaci aniya gung [gungge] be simnehe. ilan jergi simnefi. genggiyen/ farhūn be wesimbuhe wasimbuha [ningge be wesimbuhe wasimbuha]. eiten gung [gungge] gemu badaraka./ san [ilan] miyoo be ilgafi faksalaha.

舜生三十征［召］庸［用］，三十在位［帝位］，五十载，陟［升天］方乃死。

šūn [šūn han] i gūsin se de gajifi baitalaha [wesihuleme baitalabuha]. gūsin aniya [+ofi] soorin de/ bihe [tehe]. susai aniya ofi. bade wesifi [giyarire bade isinafi] teni akū oho [urihe].

大禹谟

da ioi mo [amba ioi i bodonggo i fiyelcn].

曰若稽[考]古大禹，曰："文命[教]敷[布]于四海，祗[敬]承于帝[舜]。"

julgei amba ioi be kimcici. šu hese. duin mederi de/ selgiyebuhebi. di [han] de ginggun i acabuhabi.

曰："后[君]克[能]艰[难]厥[其]后，臣克艰厥臣，政乃乂[治]，黎民敏[速]德[化于善]。"

hendume [wesimbume]. ejen. ejen i mangga be mutere. amban. amban i mangga be mutere oci/ dasan teni dasabufi. geren irgen erdemu de ojorongge hahi [sahaliyan ujungga irgen erdemu de kicembi].

帝曰："俞！允[信]若[如]兹[此]，嘉[善]言罔[无]攸[所]伏[隐藏]，野[草野]无遗[弃]贤，万邦咸[皆]宁[安]。稽[考]于众，舍己从人，不虐[暴害]无告，不废困穷，惟帝时[是]克[能]。"

di hendume [han hese wasimbume]. inu. unenggi uttu ohode [oci]. saišacuka gisun/ gidaburengge akū. [daliburakū] bigan de waliyabure [membuhe] saisa akū. tumen gurun/ gemu elhe [nikton] ombi. geren de kimcime. beyeingge be waliyafi. niyalma be/ dahara. alara ba akūngge be oshodorakū. hafirabuha [oitobuha] / mohohongge be waliyarakū [waliyarakūngge] be. damu di [yoo han erebe] mutembihe.

益曰："都[叹美]！帝德广[大无外]运[行不息]，乃圣[大而化]乃神[不可晓]，乃武[有威严]乃文[有文采]。皇天[上天]眷[顾]命，奄[尽]有四海，为天下君。"

di hendume [wesimbume]. mujangga. di [han] i erdemu badarafi forgošome enduringge/ ferguwecuke [šengge] horonggo šu ofi. dergi abka gosime hese bufi [hesebufi]./ duin mederi be yooni bahafi. abkai fejergi de/ ejen ohobi.

禹曰："惠［顺］迪［道］吉，从逆［反道］凶，惟影［随形］响［随声］。"

ioi hendume［wesimbume］. doro be dahaci［songkoloci］sain ojoro. fusasihūn be/ dahaci ehe ojorongge. helmen uran i adali.

益曰："吁！戒哉！儆［惧］戒无虞［度］，罔［勿］失法［则］度［制］，罔游于逸，罔淫［过］于乐，任贤勿贰［间以小人］，去邪勿疑［不果］，疑［心不安］谋［图为］勿成［就］，百志［虑］惟熙。罔违［逆］道以干［求］百姓之誉［称誉］，罔咈［逆］百姓以从己之欲［私心所好］。无怠［惰于心］无荒［惰于事］，四夷来王［世一朝见天子］。"

i hendume［wesimbume］. ai. targaci acambi. jobocun akū de seremšeme/ targame. fafun kemun be ume ufarabure. jirgacun de ume dosinara./ sebjen de ume dufedere. saisa de afabure de ume juwedere./ miosihūn be unggire［ashūbure］de ume kenehunjere. kenehunjere hebe be ume/ šanggabure. tanggū gūnin［mujin］be genggiyen obu. ume doro be jurceme/ tanggū halai［+irgen i］maktacun be baire. ume tanggū hala［halai irgen］be fudarame./ beyei buyecun de acabure. heolen akū. sartacun akū oci. duin/ ergi i. wang seme jimbi［aiman seme han de dahambi］.

禹曰："於［叹美］，帝念［深思］哉！德［君德］惟善政［政事］，政在养民，水火金木土谷［此为六府］，惟修［治］，正德［正民之德］、利用［便利民用］、厚生［富厚民生］，惟和［此事当理不乖］，九功［合六与三］惟叙［顺理有次］，九叙惟歌［民乐而歌］，戒［谕］之用休［美］，董［督责］之用威［使知畏］，劝之［鼓舞之］以九歌，俾［使］勿坏［久存不败］。"

ioi hendume［wesimbume］. ai. di［han］gūnici acambi. erdemu.［+damu］dasan be sain obure de/ bi. dasan. irgen be ujire de bi. muke. tuwa. aisin. moo. boihon./ jeku be dasambi. erdemu be tob obure［obume］. baitalan be tusa obure［de acabume］./ banjire be jiramin obure be hūwaliyambumbi［obume hūwaliyambumbi］. uyun gung dasabumbi［gungge be teksilembi］./ uyun dasabuha be uculembi. tacibure［teksilen be irgebumbi. targabure］de saišara be baitalambi./ kadalara de horoloro be baitalambi. uyun ucun［irgebun］i huwakiyebumbi./ efujeburakū obumbi［efujerakū de isibu］.

帝曰："俞！地平［水土治］天成［生物功成］，六府［财用之府］三事［人事］

允［信］治［修和］，万世永［长］赖［倚借］，时［是］乃［指禹］功。”

di hendume［han hese wasimbume］. inu. na necin ofi. abka šanggaha. ninggun fu［haša］. ilan baita/ yargiyan［unenggi］i dasabufi. tumen jalan enteheme akdambi. ere sini gung［gungge］.

帝曰：“格［来］，汝禹！朕宅［居］帝位，三十有三载，耄［九十］期［百年］倦［老而衰］于勤［劳］，汝惟不怠［勉力］，总［率］朕师［众］。”

di hendume［han hese wasimbume］. ioi. si jio. bi di［han i］soorin de tefi. gūsin ilan/ aniya oho.［+se］tulifi boljohon hamifi. kicere de bancuka.［+damu］si/ heolederakū. mini geren be uherile.

禹曰：“朕德罔［无］克［能］，民不依［归］。皋陶迈［勇往］种［布］德，德乃降［下］，黎民怀［归服］之。帝念哉！念兹［此指皋陶］在兹，释［舍］兹［此］在兹，名言［显言于口］兹在兹，允出［信出于心］兹在兹。惟帝念功。”

ioi hendume［wesimbume］. mini erdemu muterakū ofi. irgen daharakū. g'ao yoo［+i］/ erdemu be colhorofi badarambume［colhoropi fulu］erdemu wasinafi［silgiyebufi］. geren［sahaliyan ujungga］irgen hefeliyehebi./ di［han］gūnici acambi. erebe gūnihai oci ede seci［gūniha seci］. erebe waliyaci / kemuni［joocina seci］ede. erebe gebuleme gisureci ede seci［gisurehe seci］. erebe unenggi ci/ tucici kemuni［tucinehe seci］ede. di［han］damu gung［gungge］be gūni［gūnireo］.

帝曰：“皋陶，惟兹臣［众官］庶［百姓］，罔或干［犯］予正［政］。汝作士［士师之官］，明于五刑［五等之刑］，以弼［辅］五教［五伦之教］，期［望］于予治，刑期于无刑，民协［合］于中［无过不及之道］，时乃功。懋［勉］哉！”

di hendume［han hese wasimbume］. g'ao yoo. ere hafan irgen. mini tuwancihiyan be/ umai necirakū ohongge. si. ši［beidere amban］ofi. sunja erun be/ genggiyelefi. sunja tacihiyan de aisilame. mimbe taifin de/ isibuki. erun be. erun akū de isibuki sehe be dahame［turgunde］./ irgen［irgese］dulimbade acanahabi. ere sini gung［gungge］kice.

皋陶曰：“帝德罔［无］愆［过］，临下以简［不烦］，御［统治］众以宽。罚弗及嗣［子］，赏延［远及］于世［后世］。宥［宽］过［误犯］无大，刑故［知而故犯］无小。罪疑［疑心未决］惟轻，功疑惟重。与其杀不辜［罪］，宁失不经［常］。

好生之德，洽于［深入如水之浸渍］民心，兹用不犯于有司［掌理之官］。"

g'ao yoo hendume [wesimbume]. di [han] i erdemu de endebuku akū. fejergi [fejergingge] be enggelere de/ kemungge. geren be kadalara de onco. weile be enen de isiburakū./ šang [šangnaha] be jalan halame isibumbi. endebuhe be guwebure [endebuhengge be guweburengge] de. amba be/ bodorakū [de akū]. jortai [jortaingge] be weile arara [ararangge] de. ajigen be ilgarakū [ajige de akū]./ kenehunjere weile be weihuken [+i] gamambi. kenehunjere gung [gungge] be ujen [+i] / gamambi. sui akūngge be wara anggala. an akū de ufaraci/ ufarakini sembi. banjibure de amuran erdemu. irgen [irgesei] i mujilen de/ hafunafi [yumbufi]. tuttu kadalara [tušan i] hafan be necihekūbi.

帝曰："俾［使］予从欲［如所愿欲］以治，四方风动［如风之动物］，惟乃［汝］之休［美］。"

di hendume [han hese wasimbume]. mimbe [mini] buyere de isibume [acabume] dasabufi. duin ergi/ edun de aššara adali ohongge. tere sini sain.

帝曰："来！禹。洚水［洪水］儆［惧］予，成允［信践其言］成功，惟汝贤。克［能］勤［劳］于邦［王国之事］，克俭［节用］于家，不自满［足］假［宽］，惟汝贤。汝惟不矜［夸能］，天下莫与汝争能。汝惟不伐［夸张］，天下莫与汝争功。予懋［盛大之意］乃德，嘉［美］乃［汝］丕［大］绩［功］。天之历数［帝王相继之次第］在汝躬［身］，汝终陟［升］元［大］后［君］。

di hendume [han hese wasimbume]. ioi jio. bilteke mukei mimbe serebure de./ yargiyan [unenggi] be mutebuhe. gung [gungge] be mutebuhe [mutebuhengge]. damu si sain. gurun de/ kicere [kiceme] be mutecibe. boode malhūšara [malhūšame] be mutecibe. beyebe jalu/ sula obuhakū [obuhakūngge]. damu si sain. si demsilerakū [tukiyecerakū] ofi./ abkai fejergi [fejergingge] sini emgi mutere [baru muten] be temšerengge akū. si/ tukiyecerakū [geogederakū] ofi. abkai fejergi [fejergingge] sini emgi [baru] gung [gungge] be/ temšerengge akū. bi sini erdemu be wesihulembi. sini/ amba gung [gungge] be saišambi. abkai forgon ton. sini beyede/ ohobi. si amala uheri ejen ome wesimbi [jiduji amba ejen oso].

人心［发于形气之私心］惟危，道心［发于义理之公心］惟微，惟精［细察］

惟一［专守］，允［信］执厥［其］中［无过不及］。

niyalmai mujilen dembei tuksicuke. doroi mujilen dembei/ narhūn. damu geterembume［geterembu］. damu emu ome ohode［obu］.［+tere］/ dulimba be unenggi jafambi［teng seme jafa］.

无稽［不考于古］之言勿听，弗询［不咨于众］之谋［计事之谋］勿庸［用］。

yargiyalahakū［kimcihakū］gisun be ume donjiha. hebešehekū bodogon be ume baitalara kimcihakū.

可爱非君？可畏非民？众［即民］非元［大］后［君］何戴［奉］？后非众，罔与守［保］邦［国］？钦哉！慎［谨］乃有位［人君之位］，敬修其可愿［可愿欲之善］，四海困穷，天禄［君所享之天禄］永终［绝］，惟口［言］出好［善］兴戎［兵］，朕言不再［无他说］。”

hairacukangge［hargašarangge］ejen wakao. olhocukangge irgen wakao. geren./ uheri［amba］ejen akū［waka］oci. we be hukšembi［hukšembi］①. ejen. geren akū［waka］oci./ gurun be emgi tuwakiyarangge［wei emgi gurun be tuwakiyambi］akū ombi. gingguleci acambi./ sini soorin bisire be olhošo. buyecukengge be gingguleme dasa./ duin mederi hafirabuha mohoho［oitobume mohoci］de. abkai fengšen/ enteheme wajimbi. damu angga ci sain tucimbi. dain/ dekdembi［dekdembi］②. mini gisun［hese］jai akū.

禹曰：“枚［历］卜［占］功臣［有功之臣］，惟吉之从。”帝曰：“禹！官［掌占卜之官］占，惟先蔽［断］志［己之志向］，昆［后］命［令］于元［大］龟。朕志先定，询［问］谋佥［众］同，鬼神其依［顺］，龟［卜］筮［蓍］协［合］从。卜不习［重］吉。”禹拜稽首，固辞［再辞］。帝曰：“毋！惟汝谐。”

ioi hendume［wesimbume］. gungge ambasa be aname tuwabufi［foyodofi］. sain sehengge be/ dahaki［dahacina］. di hendume［han hese wasimbume］. ioi hafan de tuwabure［foyodobure］de. neneme/ gūnin［mujin］be lashalafi［toktobufi］. teni

① hukšembi一词，转写相同，但满文写法不同。“旧译”的“k”为阳性写法，“新译”的“k”为阴性写法。

② dekdembi一词，转写相同，但满文写法不同。“旧译”的“k”为阳性写法，“新译”的“k”为阴性写法。

amba gui [eihume] de tuwambi. mini gūnin [mujin] / aifini toktoho. fujurulame hebešeci. geren emu songko. hutu/ enduri dahambi. gui. ši acabume dahasu ombi [eihume šengkiri songko acabumbi]. tuwabure [foyodoro] de/ sain be dahūrakū [dahirakū]. ioi dorolome hengkilefi jing [hing seme] marara de./ di hendume [han hese wasimbume]. ume. damu si acambi.

正月朔旦，受命［受摄位之命］于神宗［尧庙］。率［总率］百官，若帝之初。

aniya biyai ice [šongge] inenggi. šen dzung ni miyoo [han i juktehen] de hese be alime/ gaiha. tanggū hafasa be kadalarangge. di [han] i sucungga songko.

帝曰："咨［嗟］！禹。惟时［是］有苗［即三苗国］弗率［循教命］，汝徂［往］征［正其罪］。"禹乃会［征集］群［诸侯］后，誓［戒］于师［众］曰："济济［和整众盛之貌］有众，咸［皆］听朕命［令］。蠢［无知貌］兹有苗，昏［暗］迷［惑］不恭［敬］，侮慢［轻亵于人］自贤［妄自尊大］，反［戾］道［正道］败［坏］德［常德］。君子在野［不用］，小人在位，民弃不保，天降之咎［罪］，肆［故］予以尔众士，奉辞［帝辞］伐罪，尔尚［庶几］一乃心力，其克［能］有勋［功］。"

di hendume [han hese wasimbume]. ai. ioi. damu ere io miyoo daharakū. si tuwancihiyame/ gene. ioi tereci geren ejete [beise] be isabufi. cooha be fafulame/ hendume [de fafushūn selgiyeme]. dur [far far] sere geren. gemu mini fafun be donji. ere/ mentuhun io miyoo. farhūn hūlhi gungnerakū. oihorilame/ heoledeme. beye be mergen arame. doro be fudarame. erdemu be/ efuleme. ambasa saisa bigan de. [+bisire] buya niyalma tušan de ofi [be ejelere jakade]./ irgen waliyafi wehiyerakū [karmarakū]. abka jobolon wasimbuhabi. tuttu/ bi suweni geren be gaifi. hese be alifi weilengge be dailanambi./ suwe. suweni mujilen hūsun be emu obu. gung [gungge] be mutebuci ombi.

三旬［三十日］，苗民逆命［顽不从命］。益赞［佐］于禹，曰："惟德动［感动］天，无远弗届［至］。满［自足］招［致］损，谦［虚］受益，时［是］乃天道。帝［舜］初于历山［舜耕田之所］，往于田，日［每日］号［呼］泣［哭］于旻天［仁覆闵下之天］，于父母负罪［自负其罪］引慝［引恶于己］。祗［敬］载［事］见瞽瞍［长者之称］，夔夔［齐栗之容］齐［庄敬］栗［战栗］，瞽亦允［信］若

[顺]。至诚[诚]感[格]神[神明]，矧[况]兹[此]有苗。”禹拜昌言[盛德之言]曰：“俞！班[还]师振[整]旅[众]。”帝乃诞[大]敷[布]文[文命]德[德教]，舞干羽[舞者所执之器]于两阶[宾主之阶]。七旬[七十日]，有苗格[至而服]。

gūsin inenggi otolo. miyoo i irgen. hese be fudarame ofi. i./ ioi i baru jombume hendume. damu erdemu. abka be acinggiyaci/ ombi. goro [+seme] isinarakūngge akū. jalu oci ekiyembi. gocishūn/ oci nonggibumbi. ere abkai doro. di [han] neneme li šan [lii šan alin] de bisire de/ usin de genefi. inenggidari jilara [dergi] abka. ama eme be hūlame/ songgome. weile be alime. ehe be yarume [unume]. ginggun i weileme [uileme]. gu/ seo de acambihede [acanaha de]. olhošome targame [dar dar seme olhošome] šurgere de. gu seo inu/ unenggi [+i] dahahabi. umesi hing sere [yargiyangga] de enduri acinggiyabumbi kai./ ere io miyoo be ai hendure. ioi wesihun gisun de dorolofi hendume [dorolome]./ inu sefi. faidan be teksilefi cooha bederehe. di [han] tereci šu/ erdemu be ambula selgiyeme. juwe terki de. g'an ioi i [terkin de kalka dethe i] / maksibuha [+de]. nadanju inenggi ofi [ome]. io miyoo jihe [dahanjiha].

皋陶谟

g'ao yoo moo [g'ao yoo i bodonggo i fiyelen].

曰若稽古皋陶，曰：“允[信]迪[蹈]厥[其]德，谟[谋]明弼[辅]谐[和]。”禹曰：“俞[许辞]！如何？”皋陶曰：“都[叹美]！慎[致谨]厥身修思永[长久]，惇[厚]叙九族，庶明[众官之明者]励[勉]翼[辅]，迩[近]可远在兹[此]。”禹拜昌言[盛德之言]曰：“俞！”

julgei g'ao yoo be kimcici. hendume. erdemu be yargiyan i yabuci [unenggileme songkoloci]./ bodogon [bodonggo] genggiyen. aisilarangge [wehiyerengge] acanambi. ioi hendume. inu./ adarame. g'ao yoo hendume. mujangga. beyebe dasara be gingguleme [beye tuwancihiyara de olhošome] enteheme ojoro be gūni [gūnire oci]. uyun uksun jiramin dasabumbi [jiramilame teksilebumbi]./ geren saisa huwekiyefi aisilambi. hanciki ci goroki de isibuci/ ojorongge ede bi [bikai]. ioi wesihun gisun de [seme] dorolofi hendume. inu.

皋陶曰："都！在知人，在安民。"禹曰："吁[未深然]！咸[皆]若[如]时[是]，惟帝[尧]其难之。知人则哲[智之明]，能官人；安民则惠[仁之爱]，黎民怀[思念]之。能哲[明哲]而惠[恩惠]，何忧[虑]乎驩兜？何迁[徙窜]乎有苗？何畏[惧]乎巧[好]言令[善]色、孔[大]壬[包藏凶恶之人]？"

g'ao yoo hendume. mujangga. niyalma be sara de bi. irgen be elhe/ obure de bi. ioi hendume. ai. gemu uttu oburengge [oci]./ di de inu mangga [+kai]. niyalma be sara oci mergen [saci sultungga ombi]. niyalma be/ baitalame mutembi. irgen be elhe obure oci [obuci] fulehun [+ombi]. geren irgen [sahaliyan ujungga] / hefeliyembi. mergen [sultungga] bime fulehun be muteci. hūwan/ deo de ainu jobombi [jobošombi]. io miyoo be ainu guribumbi./ faksi gisun. araha cirangga [cira]. amba [aburi] ehe de ainu olhombi.

皋陶曰："都！亦[总]行有九德。亦[总]言其人有德。"乃言曰："载[行]采[事]采。"禹曰："何？"皋陶曰："宽[弘]而[转语辞]栗[庄]，柔[顺]而立[植]，愿[谨]而恭，乱[治]而敬，扰[驯]而毅[果]，直[径]而温[和]，简[易]而廉[隅]，刚[健]而塞[笃实]，强[1][勇]而义。彰[著于身]厥有常[始终如一]，吉[吉士]哉！

g'ao yoo hendume. mujangga. yabun de inu uyun erdemu bi. tere/ niyalma de erdemu bi seme [seci]. inu gisurecibe. yabuhangge tere/ baita tere baita se [seme gisure]. ioi hendume. adarame. g'ao yoo hendume./ onco bime olhoba. uhuken [genggen] bime ilingga. nomhon bime gungnecuke./ mutembime [mutengge bime] ginggun. dahasu bime dacun [fili]. sijirhūn bime nemgiyen [nesuken]./ kemungge bime hanja. mangga [ganggan] bime jingji. etenggi bime jurgangga./ terei iletulerengge enteheme oci. sain ningge kai.

日宣[明]三德，夙[早]夜浚[治]明有家[大夫]。日严[谨]祗敬六德，亮[明]采[事]有邦[诸侯]。翕[合]受敷[布]施，九德咸事[任事]，俊[千人之才]乂[百人之才]在官。百僚[同官]师师[交相师法]，百工[官]惟

① 原刻本作"疆"，应作"强"。

时［及时］，抚［顺］于五辰［木火金水土］，庶［众］绩［功］其凝［成］。

inenggidari ilan erdemu be getukelerengge be［getukeleme muteci］. boo bisire be/ yamji cimari［yamji cimari bahafi boo be］genggiyeleme dasabumbi. inenggidari ninggun erdemu be/ olhošome ginggulerengge be［ginggulеme muteci］. gurun bisire［bahafi］be getukeleme icihiyabumbi［icihiyambi］/ uheri［acabume］bargiyafi selgiyeme baitalaci. uyun erdemungge［+be］gemu faššame［yabubume］./ jiyūn. i se［giltungga nergingge］tušan de ombi［bifi］. tanggū hafasa alhūdanume［alhūdame alhūdame］./ tanggū baitangga erin de［erileme］acabume. sunja feten be dahame［dahaha de］. eiten/ gung mutembi［gungge mutebumbi］.

无［禁止辞］教［引导］逸欲有邦［诸侯］，兢兢［戒谨］业业［危惧］，一日二日万［极多］几［微指事］。无旷［废］庶［众］官，天工［天所付之职］人其代之。

ume jirgacun buyen be gurun bisirengge de tacibure. olhome/ olhome geleme geleme［olhošo olhošo ginggule ginggule］. emu inenggi juwe inenggi tumen tulbin bi. / ume geren tušan be sartabure. abkai baita be niyalma funde/ alihabi［+kai］.

天叙［伦次］有典［五常］，敕［正］我五典五惇［厚］哉！天秩［品秩］有礼，自我五礼有庸［常］哉！同寅［畏］协［合］恭［敬］和衷［心即典礼］哉！天命有德，五服五章［显］哉！天讨［罚］有罪，五刑五用哉！政事懋［勉］哉！懋哉！”

abkai banjibuha an［teksilehe kooli］bifi. muse sunja an［kooli］be tob obume. sunja/ jergi be［hacin i］ujelembi. abkai ilgaha［banjibuha］dorolon bifi. muse ci sunja［muse sunja］/ dorolon be［ci］enteheme［an］obumbi. uhei ginggulеme. sasa gungneme./ dulimba be hūwaliyambumbi. abka. erdemungge be tukiyeme［de afabume］/ ofi. sunja etuku i sunja hacin i temgetulembi. abka./ weilengge be isebume［tuwancihiyame］ofi. sunja erun be sunja hacin i/ baitalambi. dasan i baita［+de］kiceci acambi. kiceci acambi.

“天聪明，自我民聪明；天明［显其善］畏［威其恶］，自我民明威。达［通而无间］于上［天］下［民］，敬哉有土［有民社之君］！”

abkai sure genggiyen. musei irgen i sure genggiyen ci. abkai/ getukelere geleburengge [horonggo]. musei irgen i getukelere horoloro ci./ dergi fejergi [fejergingge] hafukabi. ba bisirengge. gingguleci acambi.

皋陶曰："朕言惠［顺理］可底［致］行。"禹曰："俞！乃言底可绩［功］。"皋陶曰："予未有知，思曰赞［助］赞襄［成］哉！"

g'ao yoo hendume. mini gisun ijishūn. yabure de baitalaci [acanaci] / ombi. ioi hendume. inu. sini gisun be baitalaha [de acanaha] de gung [gungge] ombi./ g'ao yoo hendume. bi ainambihafi sara. aisilafi aisilame/ mutere be gūnime hendumbi dere [inenggidari aisilame aisilame mutebure be gūnimbi dere].

益稷

i ji [i ji i fiyelen].

帝曰："来！禹，汝亦昌言。"禹拜曰："都！帝，予何言？予思日孜孜［勉力不怠］。"皋陶曰："吁！如何？"禹曰："洪［大］水滔［漫］天，浩浩［盛大貌］怀［包］山襄陵［出其上大阜］，下民昏［瞀］垫［溺］，予乘四载，随［循］山刊［除］木，暨［及］益［臣名］奏［进］庶［众］鲜［血食］食。予决九川［九州之川］，距［至］四海，浚［深］畎浍［田间水道］距［至］川；暨稷播［布种五谷］奏庶［众］艰［难］食鲜食。懋［勉］迁［移徙］有无化居［交易变化居积之货］，烝民［众民］乃粒［米食］，万邦作乂［兴起治功］。"皋陶曰："俞！师［法］汝昌言。"

di hendume [han hese wasimbume]. ioi jio. si inu wesihun gisun be gisure. ioi/ dorolofi hendume [wesimbume]. mujangga. di [han]. bi ai be gisurere. bi/ inenggidari [+sithūre] sithūre be gūnimbi. g'ao yoo hendume. ai./ adarame. ioi hendume. amba muke de deserefi [deserepi]. hūwai [hoo hoo] / seme alin be hūsire [hefeliyeme] mujangga be dabafi [dabara jakade]. fejergi irgen/ liyeliyefi iruha bihe. bi duin teku be baitalame [hacin i teku de teme]. alin be/ dahame [alirame] moo be sacime. i i emgi geren buthai jeku ulebuhe [buthašafi jemengge bahara be geren de tacibuha]. bi/ uyun bira be sendelefi duin mederi de isibuha. kiowan kuwai [ulga yohon] be fetefi bira de isibuha. ji i emgi tarime geren haji jeku./ buthai jeku ulebuhe. hacihiyafi bisire akū be guribume [tarifi jemengge bahara fusembufi jemengge bahara be geren de tacibuha. hacihiyame bisire akūngge be hūyušeme]./ isabuhangge be hūlašabure jakade. geren irgen teni belhe [buda] / dahafi. tumen gurun yendefi dasabuha. g' ao yoo hendume. inu./ sini wesihun gisun be durun obuki [alhūdaki].

禹曰："都！帝，慎乃在位。"帝曰："俞！"禹曰："安[相适不危]汝止[心所止之善]，惟几[事将发]惟康[安]。其弼[辅臣]直[不阿]，惟动[作]丕[大]应徯[待]志。以昭[显然]受上[天]帝，天其申[重]命用休[美]。"

ioi hendume [wesimbume]. mujangga. di. sini [han i] soorin de bisire be ginggule [olhošoro]./ di hendume [han hese wasimbume]. inu. ioi hendume [wesimbume]. sini [han i] ilin de toktofi./ tulbin be kimcire. [+nelhe ojoro be kimcire] aisilakū [wehiyerengge] sijirgūn ohode [ojoro]. aššaci [aššahadari] / ambula acabume. gūnin be aliyambi [mujin i songkoi ombi]. erei dergi di [abkai han] de/ genggiyen i alici. abka dabtame gosime [afabume] sain be isibumbi.

帝曰："吁！臣哉邻[左右辅弼]哉！邻[以职言]哉臣[以人言]哉！"禹曰："俞。"

di hendume [han hese wasimbume]. ai. amban kai. adaki [aisilarangge] kai. adaki [aisilarangge] kai. amban kai. ioi/ hendume [wesimbume]. inu.

帝曰："臣作[为]朕股[足]肱[手]耳目，予欲左右[辅翼]有民，汝翼[辅助]。予欲宣力[宣布其力]四方，汝为[有为]。予欲观古人之象[物象]：日、月、星辰、山、龙、华[雉]虫，作会[绘画]；宗彝[虎蜼]、藻[水草]、火、粉米、黼、黻，絺绣[紩以为绣]；以五采[青黄赤白黑]彰[显布]施于五色，作服，汝明[辨其差等]。予欲闻六律[阳律]、五声、八音，在[察]治忽[治之反]，以出[自上达下]纳[自下达上]五言[诗歌有五声]，汝听。

di hendume [han hese wasimbume]. amban [+serengge] mini gala bethe šan yasa. bi irgen be/ tuwamgiyame bargiyatambihede [karmatame hūwašabumbihede]. si aisilambi. bi duin dere [ergi] de/ hūsun tucimbihede. si yabubumbi [faššambi]. bi julgei niyalmai/ dursulehe be tuwame. šun. biya. usiha oron. alin. muduri./ boconggo gasha [ulhūma] be nirume. dzung i. dzoo [tashangga malu. huingge malu. sokji]. tuwa. šanggiyan [šanyan] bele./ suhe. fu [furutu] be šuleme. sunja boco be baitalafi. sunja fiyan/ tucibume etuku arambihede. si getukelembi. bi ninggun lioi./ sunja jilgan. jakūn mudan be donjime dasabuha heoledehe be/ kimcime. sunja gisun be tucibume alibubumbihede [hafumbubihede]. si donjimbi.

予违［戾］，汝弼［辅导］。汝无面从［当面顺从］，退［背后］有后言。钦四邻！

bi jurceci. si aisilambi [wehiyembi]. si ume dere de dahafi [dahacame]./ bederehe manggi anggici gisurere. duin adaki oho [ergici aisilara] be ginggule.

庶［众］顽［愚］谗［谮］说，若不在时［是］，侯［射侯］以明之，挞［扑］以记［使不忘］之，书［写于册］用识［志］哉，欲并［共］生哉！工［乐官］以纳言［所入之言］，时而飏之，格［改过］则承［荐］之庸［用］之，否［不改］则威［刑以威之］之。”

ere mentuhun acuhiyadame gisureme. aikabade ede akūngge be aigan i yargiyalambi [gabtabume ilgambi]. tantafi ejebumbi. bithe [dangse] de arafi/ ejembi [dedubumbi]. sasa hūwašakini sembi [sere gūnin]. alibuha [hafumbuha] gisun be kumun i [kumuci] / erindari acabubufi [algimbufi]. hafuci wesimbumbi [wesibumbi]. baitalambi. akū/ oci horolombi.

禹曰：“俞哉［口然而心不然之辞］！帝光天之下，至于海隅［角］苍生［指民言，苍苍然而生也］，万邦黎献［贤］，共惟帝臣。惟帝时［是］举［用］，敷［下陈］纳［上纳］以言，明庶［明其众庶］以功［成功］，车服［衣］以庸［表其功］，谁敢不让？敢不敬应［应上］？帝不时［如是］，敷同［远近通同］日奏［进］罔［无］功。

ioi hendume. inu bicihe. di [han] i elden. abkai fejergi/ mederi hošoi [tun i] sor seme banjihangge de isinaha [akūnaha] de. tumen/ gurun i irgen i saisa [ferkingge]. gemu di [han] de amban ombi. di [han i] damu/ erindari tukiyefi. tucibure gaijara de gisun be tuwara./ geren be getukelere de gung be tuwara [erileme tukiyere be aliyambi. gisun i tucibume hafumbu gungge i geren de getukele]. sejen etuku be faššaha [i faššahangge] be/ tuwara [iletulere] ohode. we gelhun akū anahūnjarakū. [+we] gelhun akū/ ginggguleme acaburakū [+ni]. di [han] uttu akū oci. gemu emu/ songkoi ulhiyen i gung [gungge] akū de dosinambi.

无若丹［尧子封于丹］朱傲［骄］，惟慢游是好，傲虐［暴］是作。罔昼夜额额［不休息之状］，罔水行舟，朋［比火］淫［乱］于家，用殄［绝］厥世［世尧之天下］。予创［惩戒］若时［是］，娶于涂［国名］山，辛壬癸甲［娶四日即往治水］，启［禹子］呱呱［泣声］而泣，予弗子［不暇顾子］，惟荒［大］度土功［相度平治水土之功］。弼［辅］成五服［甸侯绥要荒］，至于五千。州十有二师［诸侯之师］，外薄［迫近］四海，咸建［立］五长，各迪［蹈行］有功。苗顽［慢］弗［不肯］即［就］工，帝其念哉!”帝曰：“迪［蹈行］朕德，时乃功惟叙［有次第］。皋陶方祗［敬承］厥叙，方施象刑［显设之刑］惟明。”

ume dan ju i gese cokto ofi. damu heiledere sarašara/ canggi de ［de canggi］ amuran. cokto gejureku canggi be ［be canggi］ yabume./ dobori inenggi akū ［+dalhidame］ dalhidame. muke akū de cuwan ［jahūdai be］ / yabume ［yabubure adali］. hokilafi boode dufedeme. ini jalan be lakcaha/ adali ojoro. bi enteke be targafi. tu šan de ［šan halangga i sargan］ gaifi/ ［+arkan］ šahūn. sahaliyan. sahahūn. niowanggiyan de bihe ［ere duin inenggi duleke］. ki gar/ gar seme songgocibe. bi jui sehekū. damu boihon i/ gung ［weile］ be ambula bodome. sunja fu ［jecen］ be aisilame mutebufi. sunja/ minggan ［+ba］ de isibuha. jeo tome juwan juwe ši ［juwete beise］. tulesi/ duin mederi de niketele. gemu sunja ［sujata］ da ilibuha. yooni/ dahafi gung ［gungge］ mutehe. mentuhun miyoo weileme jihekū. di ［han］ / gūnici acambi. di hendume ［han hese wasimbume］. mini erdemu be daharangge. sini/ gung dasabuha ［gungge teksilehe］ de kai. g' ao yoo. jing sini dasaha ［teksilehe］ be/ gingguleme. jing tuwabure erun be baitalame genggiyen obumbi ［genggiyelebuhebi］.

夔曰：“戛［考］击鸣球［玉磬名，石音］、搏［至］拊［循］琴［丝音］瑟，以咏［歌声］。”祖考来格［感而至］，虞［丹朱］宾在位［助祭位］，群［诸侯］后德让［以德相让］。下［堂下］管［竹音］鼗［革音］鼓，合［始合］止［终止］柷［木音］敔［土音］，笙［匏音］镛［金音］以间［迭奏］。鸟兽跄跄［行动貌］，箫韶［舜乐总名］九成［犹九变］，凤凰来仪［来舞有容仪］。

kui hendume ［wesimbume］. ming kio ［gu i kingken］ be toksime forime. kin še ［kituhan šentuhen］ be fitheme gidame./ uculere de. ［+han］ mafa ［+han］ ama ebunjihe. ioi ［+gurun］ i antaha soorin ［jergi］ de/ bifi. geren ejete ［beise］ erdemu i anahūnjaha. fejergi de ficakū [sihakū]./ lasihikū tungken. ju. ioi [toksin karkakū] i deribume nakabure. šeng./ yung ni [baksangga ficakū. jungkeni] jalaktalara de. gasha gurgu debsitehe. miyehudehe./ siyoo šoo [sirabungga kumuni] uyun jergi šanggame. fung hūwang [garudai gerudei] maksinjiha.

夔曰："於！予击[重击]石[磬]拊[轻击]石，百兽率舞，庶尹[众官之长]允[信]谐[和]。"

kui hendume. ai. mini wehe be forire. wehe be toksire de./ tanggū gurgu gūyanduha. geren in [dalaha hafasa] unenggi hūwaliyasun/ oho.

帝庸[用]作歌[请歌]曰："敕[戒敕]天之命，惟时[时时戒敕]惟几[事之微]。"乃歌曰："股肱[手足，指臣]喜[乐于趋事]哉！元首[头，指君]起[治兴起]哉！百工[百官之功]熙[广]哉！"皋陶拜手[首至手]稽首[又至地]，飏言[大声疾言]曰："念哉！率[总率]作[振作]兴[兴起]事，慎乃宪[法]，钦[敬]哉！屡[数]省[考]乃成[成功]，钦哉！"乃赓[续]载[成]歌曰："元首明哉！股肱良[善]哉！庶[众]事康[安]哉！"又歌曰："元首丛脞[烦琐细碎]哉！股肱惰[懈怠]哉！万事堕[废坏]哉！"帝拜曰："俞！往，钦哉！"

di gaifi [han tereci] ucun arame hendume [uculeme]. abkai hese be ginggulerengge./ damu erin de [+bi]. damu tulbin de bi sefi. tereci [geli] uculeme/ hendume. gala bethe urgun i oci. uju da mukdembi. tanggū/ baita badarambi. g'ao yoo dorolome hengkilefi. den jilgan i/ hendume [wesimbume]. gūnici acambi. yarhūdafi huwekiyebume baita be/ yendebure de. sini [han i] durun be kimci [olhošoroo]. ginggulei acambi. kemuni/ terei šanggara be baica [baicarao]. ginggulei acambi sefi. sirame/ šanggabume uculeme hendume. uju da genggiyen oci. gala/ bethe sain ombi. eiten baita dasabumbi [nelhe ombi]. geli uculeme/ hendume. uju da facuhūn buya [largin subsi] oci. gala bethe banuhūn ombi./ tumen baita efujembi. di dorolofi hendume [hese wasimbume]. inu. gene [ereci julesi] / ginggulei acambi.

书经卷之二

[dasan i nomun jai debtelin]

夏书

hiya gurun i bithe.

禹贡

ioi gung [ioi i albabun i fiyelen].

禹敷[分]土，随山刊[除]木，奠[定]高山大川。

ioi babe dendefi. alin be dahame [alirame]. moo be sacime. den alin. amba/bira be toktobuha.

冀[州名]州

gi jeo [gi jeo i ba bici].

既载[始治]壶口[山名]，

hū keo ci deribuhe [alin ci deribufi].

治梁[吕梁山]及岐[山名]。

liyang. jai ki be dasaha [lioi liyang alin. jai ho ki alin be jafame].

既修太原[广平]，至于岳[大岳①]阳[山南]。

tai yuwan [+i ba] be dasatafi. yo i [tai yo i alin i] antu de isibuha.

覃怀[平地]厎[致]绩[功]，至于衡漳[水名]。

tan hūwai i gung [ba i gungge] mutefi. heng jang [hetu jang šui muke] de isibuha.

厥[其]土惟白[色]壤[无块]，

tubai boihon šanggiyan [šahūkan]. fusur sembi.

① 《集注》为“太岳”。

厥赋惟上上［一等］，错［杂］。厥田惟中中［五等］。

tubai alban ujui uju. jurembi［dergi i dergi. suwaliyagajahabi］. tubai usin jai i jai［dulimba i dulimba］.

恒、卫［二水名］既从［从其道］，大陆［高平］既作［可耕作］。

heng. wei dahashūn oho. da lu weileci oho［heng. šui muke. wei šui muke dahashūn ofi. amba tala i ba tarici oho］.

岛［海曲］夷皮服，

tun i i sukū i etuku［tun i aiman i jafarangge. furdehe isu］.

夹右碣石［山］入于河。

giyei ši be ici ergi de sindafi./ hūwang ho de dosimbi［giyai ši alin be biturame. hūwang ho birai deri dosinjimbi］.

济、河［二水名］惟兖［州名］州。

ji bira［jilan muke］. hūwang ho［+bira oci］. yan jeo i ba.

九河既道［顺其道］，

uyun bira. golo be dahaha［jafame eyehe］.

雷夏［泽名］既泽［蓄水］，

lei hiya.［+ba i muke］biltan oho.

灉、沮［二水名］会［合］同［一］，

yung. jioi acafi uhei oho［yung šui muke. jioi šui muke acafi emu oho.］.

桑土［宜桑之土］既蚕［可养蚕］，是降［下］丘［高地］宅［居］土［平地］。

nimala i boihon. ts'an［boihon de nimala tebume. biyoo］ujici oho. teni munggan［tereci muhu］ci wasifi necin de［bade］tehe.

厥土黑［色］坟［性坟起］，厥［其］草惟繇［茂］，厥木惟条［长］。

tubai boihon sahaliyan［sahahūkan］. dukdurhun. tubai orho luku oho［fik seme］. tubai/ moo šunggayan［šalar seme］oho.

厥田惟中下［六等］，厥赋贞［正］，作［九等耕治］十有三载［年］乃同。

tubai usin. jai i ilaci［dulimba i fejergi］. tubai alban unenggi. weilefi［giyangga. tarifi］juwan ilaci aniya./ teni［+gūwa de］adali oho.

厥贡［献土物］漆丝，厥篚［竹器］织文［织成文锦］。

tubai benjirengge [albabun]. ci [šugin]. se sirge. tubai šulhū de tebuhengge [tebuhe]./ jodoho ilganggangge [ilgangga suje].

浮[舟行水上]于济、漯[二水名]，达[通]于河[黄河]。

ji. to ci dekdehei hūwang ho de hafurambi [juwebure de. jilan muke. to šui muke ci hūwang ho birai deri hafunjimbi].

海岱[泰山]惟青[州名]州。

mederi. dai [+šan] alin [+oci]. cing jeo i ba.

嵎[登州地]夷既略[定经界]，

ioi i [+ba] be dasataha [toktobuha].

潍、淄[二水名]其道[水循道]。

wei. jyi ini golo de oho [wei šui muke. jyi šui muke. golo be jafame eyehe].

厥土白[色]坟[性]，海滨[涯]广[广汉]斥[咸]。

tubai boihon šanggiyan [šahūkan] dekdurhun. mederi jakarame šehun hūjuri [bade hūjiri] oho.

厥田惟上下[三等]，厥赋中上[四等]。

tubai usin ujui ilaci [dergi i fejergi]. tubai alban jai i uju [dulimba i dergi].

厥贡盐絺[细葛]，海物惟错[杂不一种]。岱畎[山谷]丝、枲[麻]、铅、松[木名]、怪[异]石。莱[山]夷作牧[放畜]，厥篚[匣盛]檿丝[山桑之丝]。

tubai benjirengge [albabun] dabsun. cyi [jodon] mederi i hacingga jaka. dai holoi se/ sirge. sišari [jaka suwaliyahajahabi. tai šan alin i tala de]. tarcan jakdan. ferguwecuke. [aldungga] wehe. lai i i adulara/ baingge [tucimbi. lai šan alin i aiman adulaci ombi]. tubai šulhū de tebuhengge [tebuhe] yan sirge [namuri].

浮于汶[水名]，达于济[水名]。

wen ci dekdehei. ji de hafunjimbi [wen šui muke ci. jilan muke deri hafunjimbi].

海[水]岱[山]及淮[水名]惟徐[州名]州。

mederi dai [+šan] alin. jai hūwai bira [+muke oci]. sioi jeo i ba.

淮、沂[二水名]其乂[治]，

hūwai. i dasabuha [hūwai šui muke. i šui muke dasabuha].

蒙、羽［二山名］其艺［可耕种］。

meng. ioi weileci oho ［meng šan alin. ioi šan alin tarici oho］.

大野［泽名］既猪［蓄而流］，

da ye omo oho ［bilten toktoho］.

东原［东平国地］底［致］平［水平］，

dung yuwan ［+i ba］ necin oho.

厥土赤［色］埴［黏腻］坟，草木渐［进长］包［丛生］。

tubai boihon fulgiyan ［fulahūka］. yeye dukdurhun. orho moo ulhiyen i wasin ［jajurinaha］ oho.

厥田惟上中［二等］，厥赋中中［五等］。

tubai usin ujui jai ［dergi i dulimba］. tubai alban. jai i jai ［dulimba i dulimba］.

厥贡惟土五色，羽［山名］畎［谷］夏翟［五色雉羽］，峄［山名］阳［山南］孤［特生］桐［木名］，泗［水名］滨［涯］浮磬［石露水边可为磬］。淮夷蠙［蚌］珠暨［及］鱼，厥篚玄［赤黑色］纤缟［皆缯帀］。

tubai benjirengge ［albabun］. sunja boconggo ［hacin i bocoi］ boihon. ioi holoi hiya di funggala. i antui/ emteli tung moo. sy i dalin i dekdehe king. hūwai i i ban nicuhe./ jai nimaha. tubai solhū de tebuhengge. yacin. siyan. g′ao ［šan alin i tala. i boconggo ulhūma i i šan alin i antui emteli banjiha urangga moo. sy šui mui i dalin ci tucike kingken. hūwai ba i aiman i taharara i nicuhe. jai nimaha. tubai fulahū de tebuhe. yacin fulenggi šanyan bocoi suje］.

浮于淮［水名］、泗［水名］，达于河。

hūwai bira. sy muke ci dekdehei hūwang ho de hafunjimbi ［juwebure de hūwai šoi muke. sy šui muke ci hūwang ho birai deri］.

淮海惟扬［州名］州，彭［泽名］蠡［即鄱阳湖］既猪，

hūwai bira ［šui muke］. mederi ［+oci］. yang jeo i ba. peng li ［lii］ / omo oho ［bilten toktoho］.

阳鸟［随阳鸟，即雁］攸居［得其居止］，

yang niyoo gasha tomoro babe baha ［bigan i niowanggiyaha. tomoro ba baha］.

三江［松江、娄江、东江］既入［入海］，

ilan giyang［ula］dosinaha.

震泽［大湖］底定［底于定而不震荡］。

jen je bitlen toktoho.

篠［箭竹］簜［大竹］既敷［布］，厥草惟夭［少长］，厥木惟乔［高］，厥土惟涂泥［水湿泥泞］。

siyoo. tang selgiyebuhe［narhūngga cuse moo. muwa cuse moo fuldun fuldun.］. tubai orho mutume deribuhe［ler seme］. tubai/ moo amba oho［šuwai seme］. tubai boihon lebenggi lifaha［niyari］.

厥田惟下下［九等］，厥赋下上［七等］、上错［杂出六等］。

tubai usin. ilaci i ilaci［fejergi i fejergi］. tubai alban ilaci i uju［fejergi i dergi］./ wesihun jurcembi［suwaliyagayahabi］.

厥贡惟金［总名］三品［金、银、铜］，瑶琨［石似玉］，篠簜，齿［象牙］、革［犀兕皮］、羽［鸟羽］、毛［兽毛］，惟木。岛夷卉［草］服［衣］，厥篚织贝［贝文锦］，厥包［裹］橘柚［小橘、大柚二果］锡贡［命之贡］。

tubai benjirengge［albabun］. aisin ilan hacin. yoo kun. siyoo. dang［ilan hacin i aisin. guyoo gukung. narhūngga cuse moo muwa cuse moo］./ weihe sukū. funggala［funggaha］. funiyehe. moo. tun i i hūi i［aiman i jafara jodon］etuku./ tubai šulhū de tebuhengge［tebuhe］. ubiyoo ilhai［ilgangga suje］jodohongge. tubai/ gioi. ioi be hūsifi［jancuhūn jofohori. jofohon be uhufi］. hese be tuwame benjimbi［benjibumbi］.

沿［顺流而行］于江海，达于淮泗。

giyang ci mederi［ula ci usume］de wasifi［isibufi］. hūwai bira. sy muke de［šui muke. sy šui mukei deri］/ hafunjimbi.

荆［山名］及衡［南岳］阳［山南］惟荆［州名］州。

ging［+šan］alin. heng［+šan］alin i antu［+oci］. ging jeo i ba.

江、汉［二水名］朝［诸侯春见］宗［夏见］于海［喻水势归海］，

giyang［ula］. han.［+šui muke］mederi de acaname genehe［eyehe］.

九［即洞庭］江孔［甚］殷［正］。

uyun giyang [ula] umesi toktoho.

沱[江别流]潜[汉别流]既道,

to [+šui muke]. ciyan [+šui muke]. golo ba dahaha [jafame eyehe].

云[泽名]土[见土]梦[泽名]作乂[可耕治]。

yūn [+tenggin de] na tucike. meng weileci [tenggin de tarici] oho.

厥土惟涂泥,厥田惟下中[八等],厥赋上下[三等]。

tubai boihon lebenggi lifaha [niyari]. tubai usin ilaci i jai [fejergi i dulimba]./ tubai alban ujui ilaci [dergi i fejergi].

厥贡羽毛、齿革,惟金三品,杶干[杶木可为弓干]栝柏[二木名],砺砥[皆磨石]砮[石可为矢镞]丹[丹砂],惟箘簵[竹名]楛[木名],三邦[地名]底[致]贡厥名[有名者]。包[裹]匦[匣]菁茅[祭时缩酒之具],厥篚玄纁[绛色币]玑[珠不圆者]组[绶]。九江纳[下进上]锡[与]大龟[尺有二寸者]。

tubai benjirengge funggala [albabun funggaha]. funiyehe. weihe. sukū. aisin ilan hacin. jun i/ giru. g'u mailasun. li. jyi. u. dan. damu giyūn. lu. hū be ilan bang ci/ gebungge be isibume benjibumbi. uhufi tebuhengge. jing mao orho. tubai/ šulhū de tebuhengge. yacin. fulaburu suje. gi. dzu. gio giyang ci/ amba gui be jafanjime benjibumbi [ilan hacin i aisin. kituhangga moo i giru. jaksun. mailasun. narhūn muwa i an wehe. selmin wehe. cinuhūn. damu yacingga cuse moo. sirdangga cuse moo. šajilan. ilan aiman baci gebu be jorime benjibumbi. uhufi tebuhe. gencehengge elben. tubai šulhū de tebuhe yacin. fulaburu bocoi suje. nicuhe. suihe. uyun ula ci amba eihume be. hese be tuwame benjibumbi.].

浮于江、沱、潜、汉[皆水],逾[越]于洛,至于南河[冀南面之河]。

giyang. to. ciyan. han ci dekdefi. lo be dulefi. julergi hūwang ho de isinjimbi [juwebure de ula. to šui muke. ciyan šui/ muke. han šui muke ci lo šui muke be duleme. julergi hūwang ho birai deri jimbi.].

荆[山]河[水]惟豫[州名]州。

ging [+šan] alin. hūwang ho [+bira oci]. ioi jeo i ba.

伊、洛、瀍、涧[四水名],既入于河,

i. lo. can. giyan muke. hūwang ho de dosika [i šui muke. lo šui muke. can šui muke. giyan šui muke. hūwang ho bira de dosika].

荥、波［二水名］既猪［蓄而复流］，

ing bo omo oho [bilten toktoho].

导［引］菏［泽名］泽，被［及］孟［泽名］猪。

g'u je be dasafi [bilten be yarume]. meng ju [+bilten] de isibuha.

厥土［高土］惟壤［无块］，下［低土］土坟［起］垆［粗疏］。

tubai boihon fusur sembi. uhaliyan ba i boihon dukdurhun sula.

厥田惟中上［四等］，厥赋错［杂出一等］上中［二等］。

tubai usin jai i ujui [dulimba i dergi]. tubai alban ujui jai. jurcembi [dergi i dulimba. suwaliyagajahabi].

厥贡漆、枲［麻］、絺［细葛］、纻，厥篚纤纩［细绵］，锡贡［锡命后贡］磬错［治磬之错］。

tubai benjirengge ci [albabun šugin] sišari. cyi. ju [jodon kima]. tubai sulhū de tebuhengge/ siyan kuwang. king ni [tebuhe. fulenggi bocoi suje kubun kingken] mudun be. hese be tuwame benjimbi [benjibumbi].

浮于洛，达于河。

lo ci dekdefi [juwebure de.lo šui muke ci]. hūwang ho de [birai deri] hafunjimbi.

华［西岳］阳［山南］、黑［水名］水惟梁［州名］州。

hūwa šan alin i antu. he šui muke [kara muke oci]. liyang jeo i ba.

岷、嶓［二山名］既艺［可耕种］，沱［江别流］、潜［汉别流］既道［此在梁州者］，

min. bo tarici oho. to. ciyan golo be dahaha [min šan alin. bo šan alin suksalaci oho. to šui muke. ciyan šui muke golo be jafame eyehe.].①

蔡、蒙［二山上合下开］旅［祭山］平，

ts'ai. meng. necin ofi wecehe [ts'ai šan alin. meng šan alin. necin oho de juktehe.].

---

①“岷、嶓既艺”和“沱潜既道”两句，汉文本分开，满文本合在了一起。

和［地名］夷底［致］绩［功］。

ho i i gung mutehe［ba i gungge mutebuhe］.

厥土青黎［黑］，厥田惟下上［七等］，厥赋下中［八等］三错［杂出七等、九等］。

tubai boihon yacin sahaliyan［yacikan sahahajikan］. tubai usin. ilaci i uju［fejergi i dergi］./ tubai alban ilaci i jai［fejergi i dulimba］. ilan de jurcembi［jergi suwaliyagajahabi］.

厥贡璆［玉磬］、铁［柔铁］、银［白金］、镂［刚铁］、砮［石矢镞］、磬［石磬］，熊、罴、狐、狸［四兽名］织皮［兽毛织罽皮为裘］。

tubai benjirengge kio［albabun gui kingken］. sele. menggun. leo. nu. king［g'an. selmin kingken］. lefu. nasin./ dobi. malhi. sukū［funiyesun］i jodohongge.

西［山名］倾因［依傍］桓［水名］是来，浮于潜［水名］，逾［越］于沔［水名］，入于渭［水名］，乱［横渡］于河。

si king［+alin］ci. hūwan［+šui muke］be dahame jime［+juwebure de］. ciyan ci dekdefi［+šui muke ci］/ miyan［+šui muke］be dulefi. wei［+šui muke］de dosifi［dosime］. hūwang ho［+bira］be doombi.

黑水、西河［冀之西河］惟雍［州名］州。

he šui［kara］muke. wargi hūwang ho［+bira oci］. yung jeo i ba.

弱水［无力之水］既西［西流］，

žo šui muke wargi baru oho［wasihūn eyehe］.

泾［水名］属［连属］渭［水名］、汭［水名］，

ging. wei. žui［ging šui muke oci. wei šui muke. žui šui muke］de acaha.

漆、沮［二水名］既从［从于渭］，

ci. jioi［ci šui muke. jioi šui muke］dahashūn oho.

沣［水名］水攸同［同于渭］。

fung šui muke uhei［emu］oho.

荆、岐［二山名］既旅［祭告］，终南［山名］、惇物［山名］，至于鸟鼠［山名］。

ging. ki be wecefi. jung nan. dun u. niyoo šu de isinaha［ging šan alin. ki šan alin be juktefi. jung nan alin dun u alin ci cecike singgeri uhei jurun i alin de isinaha].

原［广平］隰［下湿］底［致］绩［功］，至于猪［泽名］野。

necin nuhaliyan ba i gung be mutebufi［gungge mutebufi］. ju ye［+bilten］de isinaha.

三危［地名］既宅［安居］，三苗丕［大］叙［有功］。

san wei［+alin i ba］teci oho. san miyoo ambula dasabuha.

厥土惟黄［色］壤［性］，

tubai boihon suwayan［sohokon］. fusur sembi.

厥田惟上上［一等］，厥赋中下［六等］，

tubai usin ujui uju［dergi i dergi］. tubai alban jai i ilaci［dulimba i fejergi］.

厥贡惟球琳［美玉］琅玕［石似玉］。浮于积石［山］，至于龙门［山名］、西河［冀之西河］，会于渭、汭［二水名］。

tubai benjirengge［albabun］. kio lin. lang g'an. ji ši ci dekdefi［gukio gulin gulan. gugen juwebure de ji ši alin ci］/ lung men［+alin］. wargi hūwang ho［+bira］de isinjimbi. wei. žui［isibume. wei šui muke žui šui muke］de acambi.①

织［毛织罽］皮［表］昆仑、析支、渠搜［三国名］，西戎［总上三国］即［就］叙［功叙］。

jodoho sukū［funiyesun jodofi］benjirengge kun lun［+gurun］. si jyi［+gurun］. kioi seo［+gurun］. wargi/ žung［+aiman tereci］dasabuha.

导［顺势而引］岍［山］及岐［山］，至于荆山［皆雍州山］，逾［越而过］于河；壶口［山］、雷首［山］，至于太岳［山］；底柱［河中山］、析城［山］，至于王屋［山］；太行［山］、恒山［山，皆冀州山］，至于碣石，入于海。

kiyan. ki be dasafi. ging šan de isinaha. hūwang ho be dulefi./ hū keo. lei šeo ci. tai yo［kiyan šan lin. ki ,šan alin ci yarume. ging šan alin de isibuha. hūwang ho bira be dulekengge. hū keo alin lei šeo alin ci tai yo alin］de isinaha. di ju

① “厥贡惟球琳琅玕”和“浮于积石，至于龙门、西河，会于渭汭。”两句，汉文本分开，满文本合在了一起。

[+alin]. si ceng [+alin] / ci. wang u [+alin] de isinaha. tai hang [+alin]. heng šan [+alin] ci. giyei/ ši [+alin] de isinafi. mederi de dosimbuha [dosika].

西倾［山］、朱圉［山］、鸟鼠［山］，至于太华［山皆雍州］；熊耳［山］、外方［山］、桐柏［山］，至于陪尾［山皆豫州］。

si king [+alin]. ju ioi [+alin]. niyoo šu ci. tai hūwa de isinaha. hiong el./ wai fang. tung be ci. pei wei de isinaha [cecike singgeri uhei jurun i alin ci tai hūwa alin de isinaha. hiong el alin wai fang alin. tung be alin ci bei wei alin de isinaha.].

导嶓冢［山在梁州］，至于荆山［山］；内方［山］，至于大别。

bo jung be dasafi [alin ci yarume]. ging šan de isinaha [alin de isibuha]./ nei fang [+alin] ci. da biyei [+alin] de isinaha.

岷山［山在梁州］之阳，至于衡山［山在荆州］，过九江［九水合为洞庭］，至于敷浅原［山在扬州］。

min šan [+alin] i antu ci. heng šan [+alin] de isinaha. uyun giyang [ula] be dulefi [dulekengge] / fu ciyan yuwan [+i bade] de isinaha.

导弱水，至于合黎［山名］，余波入于流沙［地在西极］。

žo šui muke be dasafi [yarume]. ho li [lii alin] de isibuha. funcehe muke./ lioi ša de dosinaha [dubei eyen g'angtiša i bade dosika].

导黑［水色黑］水，至于三危［山］，入于南海。

he [kara] šui muke be dosifi [yarume]. san wei de isinafi [+alin i bade isibufi]. julergi/ mederi de dosimbuha.

导河积石，至于龙门，南［向南流］至于华阴［山北］，东［向东流］至于底柱［山在河中］，又东［向东流］至于孟［地名］津［渡处］，东过洛、汭［二水名］，至于大伾［山名］；北［向北流］过洚水［水名］，至于大陆［高平之地］；又北播［分］为九河，同［合］为逆河［海水逆潮，故名］，入于海。

hūwang ho [+bira]. be ji ši [+alin] ci dasame [yarume]. lung men [+alin] de isibufi./ julesi hūwa in [šan alin i boso] de isibuha. wesihun [dergi] di ju [+alin] de isibufi [isinafi]./ geli wesihun [dergi] meng jin de isibuha. wesihun lo žui [dogon de isinaha. dergi lo šui muke. žui šui muke] be dulefi./ da pi [+alin] de isibuha [isinafi]. amasi giyang šui [+muke] be dulefi. da/ lu [amba tala] de isibuha [isinaha]. geli amasi uyun bira obume faksalafi./ acabufi ni ho [okdongno] bira obufi. mederi de dosimbuha.

嶓冢[山出汉水]导漾[即汉水]，东[向东]流为汉，又东为沧浪之水，过三澨[水名]，至于大别[山名]，南[向南]入于江。东汇[回水成泽]泽为彭蠡[湖名]，东为北江，入于海。

bo jung [+alin] ci. yang be dasafi. wesihun [šui muke be yarume. dergi baru] eyehengge. han [+šui muke] ohobi. geli/ wesihun [dergi] ts'ang lang muke ohobi. san ši [+muke] be dulefi [dulekengge]. da biyei/ [+alin] de isibufi [isinafi]. julesi giyang [ula] de dosimbuha [dosika]. wesihun [dergi ergide] toktofi [toktonofi] / bilten ofi. peng li [lii bilten] ohobi. wesihun be giyang ofi mederi de/ dosinaha [dergi baru eyehengge. amargi ula ofi mederi de dosika].

岷山[山出江水]导江，东[向东流]别为沱[分出沱水]，又东[向东]至于沣[水名]，过九江，至于东陵[巴陵]。东迤[迤逦而行]北[北向]，会[合]为汇，东为中江，入于海。

min šan [+alin] ci. giyang [ula] be dasafi [yarume]. wesihun [dergi] fakcahangge to [+šui muke] ohobi./ geli wesihun li de isibufi [dergi lii šui muke de isinafi]. uyun giyang [ula] be dulefi. dung/ ling de isibuha. wesihun genefi [ni bade isinaha. dergi baru eyefi]. amasi acafi toktofi [eyeme toktonofi]./ wesihun jung giyang [dergi baru eyehengge. ula] ofi. mederi de dosimbuha [dosika].

导沇[即济源]水，东流为济，入于河，溢[满]为荥[泽]，东出于陶[地名]丘北，又东至于菏[泽]，又东北会于汶[水名]，又北，东入于海。

yan šui [+muke] be dasafi [yarume]. wesihun eyefi [dergi baru eyehengge] ji ohobi. hūwang ho [+bira] de dosifi./ biltefi [bisarame] ing [+šui muke] ofi. wesihun [dergi] too kio [+ba] i amargi be tucifi. geli/ wesihun g'u [dergi g'u je bilten] de isinafi. geli dergi amargi baru wen [+šui muke] de acafi./ geli amargi dergi baru mederi de dosinaha [dosika].

导淮[水名]自桐柏[山名]，东会于泗、沂[二水名]，东入于海。

hūwai [+šui] muke be. tung be [+alin] ci dasafi. wesihun sy. i de/ acafi [yarume dergi sy šui muke. i šui muke de acabufi]. wesihun [dergi] mederi de dosinaha [dosimbuha].

导渭自鸟鼠同穴[山]，东会于沣[水名]，又东会于泾[水名]，又东过漆、沮[二水名]，入于河。

wei [+šui] muke be. niyoo šu tung hiowei ci dosifi. wesihun [cecike singgeri uhei jurun i alin ci yarume. dergi] fung [+šui muke] de/ acabufi. geli wesihun ging de acabufi [dergi ging šui muke de acabuha.]. geli wesihun [dergi] ci/ [+šui muke]. ioi [+šui muke] be dulefi. hūwang ho de dosimbuha.

导落[水名]，自熊耳[山名]，东北会于涧、瀍[二水名]，又东会于伊[水名]，又东北入于河。

lo [+šui] muke be. hiong el [+alin] ci dasafi [yarume]. dergi amargi baru gi-yan [+šui muke] / can [+šui muke] de acabufi. geli wesihun [dergi] i [+šui muke] de acabufi. geli/ dergi amargi baru hūwang ho [+bira] de dosimbuha.

九州攸同，四[四海]隩[近水之涯]既宅[安居]，九山[九州之山]刊[除道]旅[祭告]，九川[九州之川]涤[浚]源[泉]，九泽[九州之泽]既陂[障]，四海会同[合一]。

uyun jeo emu adali oho [emu oho]. duin dalin [ergi dalirame] teci oho. uyun/ alin sacifi wececi [i moo be ergiyafi jukteci] oho. uyun birai sekiyen dasabuha. uyun/ bilten toktoho. duin mederi acafi uhei [emu] oho.

六府[水、火、金、木、土、谷]孔[大]修[治]，庶土[生杂物之土]交正[比较]，底[致]慎[谨]财[杂赋]赋[上所取]，咸[皆]则[品节]三[上、中、下]壤[地]，成赋[田赋]中邦[中国]。

ninggun fu [haša] umesi dasabuha. geren [ba ba i] boihon be acabume tob obuha. ulin/ alban be ginggun i akūmbuha. gemu ilan jergi usin be kemun obufi./ dulimbai gurun de alban be toktobuha.

锡[与]土[国土]姓[姓氏]，

ba. hala be buhe [na hala buhe.].

祗[敬]台[我]德先[倡先]，不距[违]朕行。

mini erdemu be ginggulefi nendehede. mini yabun be [ci] jurcerakū/ ombi

[sehe].

五百里甸［畿内田］服［事］：百里赋纳［下进上］总［禾本全］，二百里纳铚［半藁］，三百里纳秸［生米去皮］服［任转］，四［输］百里粟［谷］，五百里米。

sunja tanggo baci diyan fu obuha [ba be. kemungge jecen sembi]. tanggo baci alban isihai/ bumbi [baingge be hethe nisihai alban afabubumbi]. juwe tanggo baci/ meitefi bumbi [baingge be hadufi afabubumbi]. ilan tanggo baci hūwakiyafi bumbi benjibumbi [baingge be fatafi afabubumbi]. duin tanggo baci jeku [baingge be. je]. sunja/ tanggo baci. bele [baingge be bele afabubumbi].

五百里侯服［侯国之服］：百里采［卿大夫邑地］，二百里男［小国］邦，三百里诸侯［大国］。

sunja tanggo baci heo fu obuha [ba be golonggo jecen sembi]. tanggo babe [ba oci] saligan [+i ba]. juwe/ tanggo babe nan i [ba oci. buyasi] gurun [+i ba]. ilan tanggo babe geren heo [ba oci. goloi beise ba obuha].

五百里绥［安］服：三百里揆［度］文教，二百里奋［用力］武卫［护］。

sunja tanggo baci sui fu obuha [ba be. bilungga jecen sembi]. ilan tanggo babe [baingge be] bithei/ tacihiyan i acabumbi [acabubuha]. juwe tanggo babe [baingge be] coohai dalire [karmatara] be/ huwekiyebumbi [huwekiyebubuhe].

五百里要［约束］服：三百里夷，二百里蔡［放罪人］。

sunja tanggo baci yoo fu obuha [ba be. siderilengge jecen sembi]. ilan tanggo babe [ba oci aiman i ba] i. juwe/ tanggo babe ts'ai [ba oci. icihiyame tebure ba obuha].

五百里荒［荒野］服：三百里蛮，二百里流［流罪人］。

sunja tanggo baci hūwang fu obuha [ba be. lampangga jecen sembi]./ ilan tanggo babe man [ba oci. goyokin i ba]. juwe tanggo babe lio [ba oci. falabure ba obuha.].

东渐［浸］于海，西被［覆］于流沙，朔［北］南暨［及］，声教［风声教化］讫［尽］于四海。禹锡［与］玄圭，告厥成功［治水功成］。

dergi mederi de hafunaha. wargi lio ša de [g'angtiša i bade] isinaha./ julergi amargi de isitala. elgin tacihiyan duin mederi de/ akūnaha [akūnafi]. ioi. yacin gui be jafafi [temgetungge gu be jafame]. ini gung [gungge] mutehe be/ alaha.

甘誓

g'an ši [g'an i bade fafushūn fiyelen].

大战于甘［地名］，乃召六卿［六乡之卿］。

ambarame g' an i bade [g'an i bade ambarame] afandure de. [+tereci] ninggun king [saitu] be gajiha [gajifi].

王曰："嗟！六事［有事六军之人］之人，予誓［命辞］告汝。

wang hendume [han hese wasimbume]. ai. ninggun baifi niyalma [baita de afaha niyalma]. bi suwende fafulame alara [fafushūlame selgiyere].

有扈［国名］氏威［暴殄］侮［轻忽］五行，怠［慢］弃［废］三正［子丑寅正朔］，天用勦［杀］绝其命［国命］，今予惟恭［敬］行天之罚。

ioi hū ši [hū gurun]. sunja feten be efuleme oihorilahabi. ilan tob be/ heoledeme waliyahabi. abka terei ergen be jocibume lashalara be/ dahame. te bi. damu abkai fafun be gungneme yabumbi.

左［车左］不攻［治］于左，汝不恭命［令］；右不攻于右，汝不恭命；御［御车人］非其马之正，汝不恭命。

hashū ergingge. hashū ergi be [de] kicerakū oci. suwe hese be/ gungnerakūngge. ici [+oci] ergingge. ici ergi be [de] kicerakū oci. suwe hese be/ gungnerekūngge. jafarangge [sejesi]. morin be tob oburakū oci. suwe/ hese be gungnerakūngge.

用命赏于祖［迁庙主］；不用命戮［杀］于社［社主］，予则孥［子］戮汝。"

hese be dahaci [daharangge be]. mafari [+i] juleri šangnambi. hese be daharakū oci [daharakūngge be]./ še [boihoju] i juleri wambi. bi [+kemuni] suweni juse [enen] be suwaliyame wambi.

五子之歌

u dzi jyi g'u [sunja jusei ucun i fiyelen].

太康［启之子］尸位［居位不治其事如尸也］，以逸［安］豫［乐］灭［失］厥德［君之仁德］，黎民［黑首之民］咸［皆］贰［贰心］，乃盘［盘桓］游无度［节］，畋［猎］于有洛之表［外］，十旬［十日曰旬，此百日也］弗反［不归］。

tai k'ang［+han］. oren i adali［gese］soorin de tefi［bifi］. jirgara sebjelere de ini［jirgame sebjeleme. beyei］/ erdemu be efulefi［efulere jakade］. geren irgen［sahaliyan ujungga irgen］gemu fakcashūn ocibe［oho bime］. kemuni/ sirgedeme sarašame kemun akū. lo［+šui muke］i cargi de abalanafi tanggo/ inenggi otolo bederehekū.

有穷［国名］后［君］羿［名］，因民弗［不堪命］忍，距［以兵阻绝］于河。

kiong ni ejen［gurun i beise］i. irgen i hamirakū anagan de bira de heturehe.

厥［其指太康］弟五人，御［侍］其母以从，徯［待］于洛之汭［水北］。五子咸［皆］怨，述［称］大禹之戒以作歌。

terei deo sunja niyalma. ini eme be gamame dahame［eršeme dahalame］genefi. lo/ de aliyaha bihe［šui muke i ebele aliyame bisire de］. sunja juse［jui］gemu gasandume. amba/ ioi［+han］i targabun be tucibume［fisembume］ucun irgebuhebi.

其一曰："皇［大］祖［指禹］有训［辞］，民可近［亲］不可下［疏而卑之］。民惟邦［国］本［根］，本固［坚］邦宁［安］。

uju de henduhengge. han mafa i tacihiyan de bisirengge./ irgen be hanci obuci acambi. fusihūšaci ojorakū. irgen/［+serengge］gurun i fulehe. fulehe akdun ohode. gurun elhe［nikton］ombi sehebi.

予［五子自称］视天下，愚夫愚妇，一能胜予，一人三失［言失之众］。怨［民怨］岂在明［显见］，不见［事未形时］是图［谋］。予临兆民［十亿，言其众］，凛［心惧之意］乎若朽［腐］索之驭［驾］六马。为人上者，奈何不敬？"

bi［be］tuwaci. abkai fejergi［+i］mentuhun haha mentuhun hehe/ seme. gemu mimbe［muse be］eteci ombi. emu niyalma ilan jergi/ ufaraci. gasacun ainahai iletu de bisire［bifi］. serebure/ onggolo kiceci acambi. mini［musei］geren irgen de eng-gelehengge/ gelecuke uthai niyaha［uthai gesejehe］futa i ninggun morin be holboho adali［+olhocuka kai］./ niyalmai dele ohongge. ainu gingguleraküni.

其二曰："训［禹训］有之：内作色［女色］荒［迷乱］，外作禽［游猎］荒，甘［不厌］酒嗜［好］音，峻［高大］宇［栋宇］雕［刻画］墙，有一于此，未或不亡。”

jai de henduhengge. tacihiyan de bisirengge. dorgi de [oci] boco de/ dufedere. tulergi de [oci] aba de dufedere. nure de amtangga [doosi]./ jilgan de amuran. boo be den obure. fajiran be nirure [yangselara]. ere/ emu hacin bihede. gukurakūngge akū [gukurakūngge akū] sehebi.

其三曰：“惟彼陶［尧都］唐［国号］，有此冀方。今失厥道，乱其纪［小法］纲［大法］，乃底［致］灭亡。”

ilaci de henduhengge. tere too tang [+gurun i fun] ci. ere gi fang ni [jeo i] ba/ bihebi. te terei doro be ufarafi [ufarara]. terei hešen hergin be/ facuhūrara jakade. uthai [teni] mukiyere gukure de isinahabi sehebi [isinaha].

其四曰：“明明［明而又明］我祖［禹］，万邦之君。有典［章］有则［法］，贻［遗］厥子孙。关［通］石［百二十斤］和［平］钧［三十斤］，王府则有。荒［乱］坠［废］厥绪［基业］，覆［倾］宗绝祀！”

duici de henduhengge. mini [musei] mafa genggiyen i dade genggiyen [genggiyen oci]./ tumen gurun i [de] ejen [+oho]. kooli durun bifi. juse omosi de/ werihebi [tutabuhabi]. hafumbure ši [gingnehen]. neigenjere giyūn. wang ni ku de bi [nemegin oci. han. haša de bibuhengge]./ tere [tenteke] doro be heodelefi [waliyame] efulere jakade. mafari miyoo [juktehen] / ungkebuhe [unggebufi]. jukterengge [wecen] lakcaha [lakcaha] sehebi.

其五曰：“呜呼，曷［何］归？予怀［心］之悲［哀］。万姓仇予，予将畴［谁］依［倚］？郁［哀思］陶乎予心，颜［面］厚有忸怩［愧心之发］。弗慎厥德，虽悔可追。”

sunjaci de henduhengge. ai. absi bederere [bederembi]. mini dolo [musei gūnin] akambi/ tumen hala minde kimulere de [halai irgen. musede kimulehe]. bi [muse] wede nikere [nikenere]. mini [musei] mujilen/ gingname ališambi. dere sorocome girume yertembi. ere/ erdemu be ginggulehekū bade. udu aliyaha seme amcambio/ sehebi.

胤征

in jeng [yen gurun i beise i tuwancihiyan i fiyelen.].

惟仲康[太康弟]肇[始]位[即位]四海，胤[国名]侯命掌六师[天子六军]。羲和废厥职，酒荒于厥邑。胤后承[奉]王命徂[往]征。

jung k'ang [+han]. duin mederi [+i] soorin de tuktan teme jaka. in/ heo de ninggun cooha be [yen gurun i beise de gubcingge cooha be] kadalabuhabi. hi ho. ini tušan be/ sartabume. ini hecen de nure de dufedere jakade [dufedembi seme]. in heo/ wang ni [yen gurun i beise. han i] hese be alifi tuwancihiyame genehebi [genehe].

告于众曰："嗟！予有众，圣有谟[谋]训[词]，明征[验]定[安国]保[守业]。先王克[能]谨[修省]天戒[天之变异]，臣人克有常宪[法]，百官修[修职]辅[辅君]厥后惟明明。

geren i baru alame hendume. ai. mini geren [+donji]. enduringge de/ bodogon [bodonggo] tacihiyan bi. getuken yargiyan [temgetungge]. toktobume/ karmaci ombi. nenehe wang [han]. abkai targacun be/ gingguleme mutefi. amban oho niyalma toktoho/ fafun be tuwakiyame mutefi. tanggo hafasa dasafi/ aisilara jakade. tere ejen genggiyen i dade genggiyen ohobi [genggiyen ohobi].

每岁孟春[正月]，遒人[宣令之官]以木铎[金口木舌之器]徇[循]于路。官[以职言]师[以道言]相规[正]，工[百工]执艺[技]事以谏。其或不恭[不规谏]，邦有常刑。"

aniyadari niyengniyeri ujui biya de. cio žin [selgiyesi] / singgilakū acinggiyame jugūn de yabume [selgiyeme]. hafan sefu/ ishunde tuwancihiya. faksisa weilere weile [baita] be/ jafafi tafula. aikabade gungnerakū oci [gungnerakūngge bici]. gurun de/ toktoho fafun bi sembi [sehebi].

"惟时羲和，颠覆厥德，沈[溺]乱于酒，畔[违]官[职]离次[位]，俶[始]扰[乱]天纪[天时节次]，遐[远]弃厥司[所司之事]。乃季秋[九月]月朔[初一日]，辰[日月会次]弗集[和辑]于房[宿名]，瞽[乐官]奏[进]鼓[救日]，啬夫[小臣]驰[趋]，庶人走[奔]，羲和尸[居位不治]厥官，罔[无]

闻知，昏［暗］迷［惑］于天象［天之垂象］，以干［犯］先王之诛。《政典》［政治之典籍］曰：‘先时者，杀无赦［宥］；不及［后时］时者，杀无赦。’

ere hi ho. ini erdemu be fudarame efuleme. nure de dosifi/ facuhūrame [suihume] tušan be cashūlafi. jergi ci aljafi. abkai/ hergin be deribume facuhūrafi [turulafi facuhūrame]. ini afaha babe aldangga [cingkai] / waliyahabi. bolori dubei biyai ice [šongge] inenggi. šun biya. fang de/ acuhūn akū de [falmahūn usin i teisu biyade dalibuha turgunde]. dogo tungken dume [tūme]. še fu hafasa [afahasi] burgišame./ geren niyalma surtenure [surtenumbime] de. hi ho tere tušan te oren [tušan de ūren] i gese bifi./ umai donjihakū sahakūbi. abkai arbun de hūlhi farhūn ofi./ nenehe wang ni [han sai] wara be necihebi. dasan i kooli de henduhengge. [+tere] erin/ ci endehe de [okjoslahangge be] wambi. guweburakū. [+tere] erin ci tuwaha de [sartabuhangge be] wambi./ guweburakū sehebi.

今予以尔有众，奉将［行］天罚。尔众士同力王室［王家］，尚［庶几］弼［辅］予，钦［敬］承天子威命［讨罪之命］。

te bi suweni geren be gaifi. abkai fafun be dahame yabumbi./ suweni geren niyalma [cooha] uhei wang ni [han i] boode hūsutuleme. minde aisilame/ abkai jui i horon hese be [de] gingguleme ali [acabu].

火炎崑［出玉山名］冈［山脊］，玉石俱焚［烧］。天吏逸［过］德，烈［害甚］于猛火。歼［尽除］厥渠［大］魁［首恶］，胁［制］从［党与］罔治。旧染［渐］汙［浊恶］俗［习］，咸与维新［自新］。

tuwa kun alin i ninggu be [kun šan alin i ninggude tuwa] dara ohode. guwehe yooni dulembi [darimbi sehebi]. abkai/ hafan erdemu be ufaraci. badaraka [horonggo] tuwa ci gelecuke. terei ujulaha/ da be wambi. ergelebufi dahahangge be weile ararakū. fe icebuhe/ ehe demun be. gemu icemlebumbi [icemlebuki].

呜呼！威［严明］克［胜］厥爱［姑息］，允［信］济［事必成］。爱克厥威，允罔［无］功。其尔众士，懋［勉力］戒［戒惧］哉！”

ai. horon [horokongge]. gosire be eteci. yargiyan i [kemuni] tusa ombi. gosirengge/ horon [horoloro] be eteci. yargiyan i gung [kemuni gungge] akū ombi. suweni geren niyalma [cooha]./ kice targa.

书经卷之三

[+dasn i nomun. ilaci debtelin.]

商书

+šang gurun i bithe.

汤誓

tang ši. [han i fafushūn i fiyelen.]

王曰:"格[至]尔众庶,悉[皆]听朕言。非台[我]小子,敢行称[举]乱,有夏多罪,天命殛之。

wang hendume. [han hese wasimbume.] suweni geren jio. mini gisun [hese] be yooni donji. mini ajige/ beye. gelhun akū facuhūn be deriburengge waka. hiya [+gurun] de weile/ ambula ofi. abkai hesei jocibumbi [hese de acabume gukububumbi.].

今尔有众,汝曰:'我后[君]不恤[爱惜]我众,舍我穑[收获]事而割[断]正夏。'予惟闻汝众言。夏氏[桀]有罪,予畏上帝,不敢不正。

te suweni geren i hendurenge. musei ejen. muse [musei] geren be gosirakū. musei/ bargiyara [usin i] baita be waliyafi. hiya be lashalame tuwancihiyanambi sembi sere [gurun be tuwancihiyame dailanambi sere]./ bi suweni geren i gisun [leolendure] be donjiha. hiya [+gurun] de weile bifi. bi dergi/ di de geleme. gelhun akū tuwancihiyanarakū oci ojorakū [abkai han de geleme. ai gelhun akū tuwancihiyanarakū ni].

今汝其曰:'夏罪其如台?'夏王率[尽]遏[绝]众力,率割[戕害]夏邑,有众[夏民]率怠[慢于奉上]弗协[不和于国],曰[民言]:'时[是]日曷[何]丧[亡],予及汝皆亡。'夏德若[如]兹[此],今朕必往。

te suweni hendurengge [suwe ainci]. hiya [+gurun] i ehe muse be ainambi sembi [seme hendumbi dere]. hiya/ wang kemuni [gurun i han urui] geren hūsun be mohobume. kemuni [urui] hiya i hecen [gurun i niyalma] be/ jobobure de

[+tere]. geren gemu heolendeme hūwaliyasun akū ofi. hendurengge/ ere šun atanggi gukumbi [gukure]. bi sini emgi sasa buceki sembi [sehebi]. hiya i/ erdemu uttu de. te bi [bi te] urunakū genembi [dailanambi.].

尔尚[庶]辅予一人，致天之罚。予其大赉[赏]汝，尔无不信，朕不食言[言出及吞]。尔不从誓言[誓戒之词]，予则孥[子]戮[杀]汝，罔[无]有攸[所]赦。”

suwe [+kemuni] mini emu niyalma de aisilame. abkai fafun be akūmbu [isibu]. / bi suwende ambarame šangnara. suwe akdarakū ojoro. bi/ gisun be aifurakū [bufaliyarakū]. suwe fafulaha [fafushūn i] gisun be daharakū oci./ bi suweni juse [enese] be suwaliyame wambi. guweburengge akū.

仲虺之诰

jung hūi jyi g'ao [i ulhibun i fiyelen].

成汤放[置]桀于南巢[地名]，惟有惭德[自愧其德不如古]，曰：“予恐来世[后世]以台[我]为口[借口]实[作证据]。”

ceng tang [+han]. giyei be. nan coo [+i bade jailabuha turgunde] de sindaha manggi. erdemu de/ yertecun bifi. hendume [hese wasimbume]. bi amga jalan mimbe angga de [anggai] / anakū arafi [obufi] gisurere de olhombi [+sehe manggi].

仲虺[臣名]乃作诰[告]曰：“呜呼！惟天生民有欲[嗜]，无主[君]乃乱。惟天生聪明时[是]乂[治]。有夏昏[暗]德，民坠[陷]涂[泥]炭。天乃锡[与]王[指汤]勇[有为]智[有谋]，表正[立表端正]万邦，缵[继]禹旧服[行]，兹[此]率[循]厥典[常]，奉若[顺]天命。

jung hūi tereci g'ao arame hendume [ulhibun arafi wesimbume]. ai. abka [+banjire] irgen be [de] / banjibufi. buyen bi. ejen akū oci. facuhūn ombi. abka/ sure genggiyen [genggiyengge] be banjibufi dasabumbi. hiya i farhūn erdemu [gurun i erdemu facuhūn] de/ irgen boihon yaha de tuhenehebi [tuhenere jakade]. abka tuttu wang [han] de/ baturu mergen be bufi [salgabufi]. tumen gurun de durun obufi/ tuwancihiyabume. ioi [+han] i fe yabuha be sirabuha. ere [te] terei/ kooli be songkolome [songkolohongge]. abkai hese be gingguleme dahahangge [dahārangge kai].

夏王有罪，矫[诈托]诬[罔]上天，以布[施]命[令]于下。帝用不臧[善]，式[用]商受命，用爽[明]厥师[众]。

hiya wang [gurun i han] de weile bi. dergi abka be holtome eitereme. fejergi de/ hese selgiyere jakade. di saišarakū. šang de hese bufi. terei/ geren be getukelebuhebi. [fafun selgiyehe be. abkai han urušerakū ofi tuttu šang gurun de hesebufi. terei geren be salibuhabi.]

简[略]贤附[依]势，实繁[多]有徒[众]。肇[始]我邦于有夏，若苗之有莠[害苗草]，若粟之有秕[不成粟]。小大战战[恐惧貌]，罔不惧于非辜[陷于无罪]。矧[况]予[汤]之德言足听闻。

[+tere] saisa be oihorilame. horon de dayanahangge. yargiyan i duwali [duwali yargiyan i] / ambula. dade musei gurun. hiya de. [neneme hiya gurun. musei gurun be tuwara de] uthai jeku de hara bisire/ bele de wekji bisire adali ofi [bisire adali]. amba ajige šurgeceme [+šurgeceme]. sui/ akū ojoro de olhorakūngge akū bihe. musei erdemu [+i] / gisureme donjici ojoro be ai hendure. [leolehe de. donjire ai dalji.]

惟王不迩[近]声色，不殖[聚]货利，德懋懋[茂盛繁多]官，功懋懋赏。用人惟己，改过不吝[顾惜迟回]。克宽克仁，彰[明显]信兆民。

wang jilgan boco be damburakū. ulin aisi be hihalarakū./ erdemu wesihun de. wesihun hafan bumbi. gung wesihun de/ wesihun šang bumbi. niyalmaingge be baitalara de beye i/ adali. endebuku be halara de jibgešerakū. onco be/ mutefi. gosin be mutefi. akdun be geren irgen de selgiyehe.

乃葛[国名]伯仇饷[馈食者]，初[始]征自葛，东征西夷怨；南征北狄怨，曰：'奚[何]独后予?' 攸[所]徂[往]之民，室家相庆[欣幸]，曰：'徯[待]予后，后来其苏[复生]。' 民之戴[爱戴]商，厥惟旧[久非一日]哉!

g'u be. jeku bonggihangge de kimulehe manggi. tuktan g'u ci/ tuwancihiyahabi. dergi be tuwancihiyanaci wargi i/ gasame. julergi be tuwancihiyanaci. amargi di gasame. ainu/ damu membe teile amala obumbini sehebi. genehele ba i/ irgen. boo tome ishunde urgunjenume hendume. musei ejen be/ aliyaha bihe. ejen jidere jakade. aituha sehebi. irgen/ šang be hukšehengge. aifini ci kai.

佑［助］贤辅德，显忠遂［成］良［善］，兼弱攻昧，取乱侮［伤］亡，推亡固存，邦乃其昌。

mergen be karmame. erdemungge be wehiyeme. tondo be/ iletuleme. sain be selabume. yadalinggūngge be kamcibume./ farhūn be kiceme. facuhūn be gaime. gukure be jocibume./ gukurengge be anara. taksirengge be akdulara oci. gurun/ mukdembi.

德日新，万邦［极广］惟怀［心归］；志自满［足］，九族［极亲］乃离。王懋［勉］昭［明］大德，建［立］中［中道］于民［为民观法］，以义制［节］事，以礼制心，垂［流传］裕［有余］后昆［子孙］。予闻曰：‘能自得师者［自知不足而顺从师训］王，谓人莫己若者亡。好问则裕［有余］，自用［用己见］则小。’

erdemu inenggidafi icemlebuci. tumen gurun hefeliyembi. gūnin/ jalu oci. uyun uksun fakcambi. wang amba erdemu be/ kiceme getukelefi. irgen de dulimba be ilibu. jurgan i/ baita be toktobume. dorolon i mujilen be toktobume./ amga jalan de elgiyen i tutabu. mini donjihangge. beye sefu/ bahame muterangge wang ombi. niyalma be beye de isirakū/ serengge gukumbi. fonjire de amuran oci elgiyen ombi./ beyeingge be baitalaci ajigen ombi sehebi.

呜呼！慎厥终，惟其始。殖［封殖］有礼，覆［覆亡］昏暴，钦［敬畏］崇［崇奉］天道［即上二句］，永［长］保天命。”

ai duben be ginggulerengge. duribun de bi. dorolon bisirengge be/ hūwašabumbi. farhūn doksin ningge be ungkebumbi. abkai/ doro be ginggulemе wesihuleci. abkai hese be enteheme karmambi.

汤诰

tang g’ao.

王归自［从］克［胜］夏，至于亳［汤都］，诞［大］告万方。

wang. hiya be etefi bedereme. bo de jifi. tumen gurun de ambarame/ alaha.

王曰：“嗟，尔万方有众，明听予一人诰。惟皇［大］上［天］帝，降衷［中理］于下民，若［顺］有恒［常］性，克［能］绥［安］厥［其指民］猷［遗］惟后。

wang hendume. ai suweni tumen gurun i geren. mini emu niyalmai/ alara be getuken i donji. amba dergi di. fejergi irgen de/ dulimba be salgabufi. dahara entehemc banin bi. terei doro be/ bahabume muterengge damu ejen.

夏王灭［丧失］德作威［刑杀］，以敷［布］虐于尔万方百姓。尔万方百姓，罹［被］其凶害，弗［不］忍［堪］荼［苦］毒，并［共］告无辜［罪］于上下神祇。天道福善祸淫［不善］，降灾［异］于夏，以彰［明］厥［其］罪。

hiya wang erdemu be efulefi. horon sindame. oshon be suweni tumen gurun i/ tanggo hala de isibure jakade. suweni tumen gurun i tanggo hala./ ehe gejureku de tušafi. gosihon horon de hamirakū. gemu sui/ akū seme. dergi fejergi enduri weceku i baru alaha. abkai/ doro sain de hūturi isibume. dufe de jobolon isibume ofi./ hiya de gashan wasimbufi. terei weile be iletulehe.

肆台［我］小子，将［奉］天命明威，不敢赦。敢用玄牡［牲］，敢昭［明］告于上天神后，请罪有夏，聿［遂］求元圣［伊尹］，与之戮力［同尽其力］，以与尔有众请命［请求再生之命］。

tuttu ofi mini ajige beye. abkai hesei genggiyen horon be dahame./ gelhun akū guwebuci ojorakū ofi. gelhun akū sahaliyan tukšan be/ baitalafi. gelhun akū dergi abka. enduri heo de getukeleme/ alafi. hiya be weile araki seme. uthai amba endduringge be baifi./ emgi hūsutuleme. suweni geren i jalin hese be baiha.

上天孚［信］佑［助］下民，罪人黜［窜亡］伏［屈服］。天命弗僭［差］，贲［灿然有文］若草木，兆民允［信］殖［生］。

dergi abka unenggi fejergi irgen be gosime ofi. weilengge niyalma/ burlafi dahaha. abkai hese tašarakū. orho moo i saikan/ oho adali. geren irgen yargiyan i hūwašaha.

俾［使］予一人，辑［和］宁［安］尔邦家。兹朕未知获［得］戾［罪］于上下，慄慄［恐惧意］危惧，若将陨［坠］于深渊。

mini emu niyalma be. suweni gurun boo be acabume elhe obubure de./ te bi dergi fejergi de waka bahara be sarkū ofi. dar seme/ tuksiteme olhome. šumin dunggu de tuhenere adali.

凡我造邦［新造之邦］，无从匪［非］彝［法］，无即［就］慆［慢］淫［逸］，各守［保］尔典［常］，以承天休［休命］。

yaya mini toktobuha gurun. ume waka fafun be dahara. ume heolen/ dufe de latunara. suwe meni meni an be tuwakiyame. abkai hūturi be/ ali.

尔有善，朕弗敢蔽［阻抑］；罪当朕躬［身］，弗敢自赦，惟简［阅］在上帝之心。其尔万方有罪，在予一人。予一人有罪，无以尔万方。

suwende sain ba bici. bi gelhun akū daldarakū. weile mini beye de/ bici. gelhun akū beye be guweburakū. damu dergi di i mujilen de/ bulekušehebi. suweni tumen gurun de weile bici. mini emu niyalma de/ bi. mini emu niyalma de weile bici. suweni tumen gurun de daljakū.

呜呼！尚［庶几］克［能］时［是］忱［信］，乃亦有终。”

ai. erebe hing seme mutehede. ainci inu duben bici ombidere.

伊训

i hiyūn.

惟元祀［年］，十有二月乙丑，伊［姓］尹［字］祠［告祭］于先王［汤］。奉嗣王［太甲］祗［敬］见厥祖，侯［服］甸［服］群［诸］后［侯］咸［皆］在，百官总己，以听冢［长］宰［相］。伊尹乃明言烈［功］祖［指汤］之成德，以训于王。

sucungga aniya. jorgon biyai niohon ihan inenggi. i in nenehe wang de/ weceme. siraha wang be gaifi. gingguleme mafari de acabure de. heo./ diyan i geren ejete gemu bihe. tanggo hafasa beyebe uherilefi./ jung dzai de donjimbi. i in. gungge mafari šanggaha erdemu be/ getukeleme tucibufi. wang be tacihiyaha.

曰：“呜呼！古有夏先后，方懋［茂盛］厥德，罔有天灾。山川鬼神，亦莫不宁［安］；暨［及］鸟兽鱼鳖咸［皆］若［顺］。于其子孙弗率［循］，皇天降灾，假［借］手于我有命，造攻［可攻之端］自鸣条［夏所宅］，朕哉［始］自亳［汤所宅］。

hendume. ai. julgei hiya gurun i nenehe ejen. ini erdemu be sithūha/ fonde. abkai gashan bihe ba akū. alin bira hutu enduri seme. inu/ elhe akūngge akū. gasha gurgu nimahan aihūma ci aname/ gemu ijishūn oho bihe. terei juse omosi daharakū ojoro/ jakade. dergi abka gasha wasimbufi. musei hese bisirengge de/ gala be baihabi. dailara be baihangge ming tiyoo ci. musei/ deribuhengge bo ci.

惟我商王，布［敷］昭［明］圣武［德威］，代虐以宽，兆民允［信］怀［归心］。

musei šang gurun i wang. enduringge horon be selgiyeme iletulefi./ oshon be onco i halara jakade. geren irgen unenggileme hefeliyehebi.

今王嗣［继］厥德，罔不在初［即位之初］。立［植］爱［为人之法］惟亲［亲吾亲］，立敬惟［de］[1]长［长吾长］，始于家邦，终于四海。

te wang tere erdemu be sirarangge. sucungge de akūngge akū./ gosire be iliburengge niyaman de. ginggulere be iliburengge ungga de/ boo gurun ci deribufi. duin mederi de tuhembu.

呜呼！先王肇［始］修人纪［伦常］，从谏弗［不］咈［逆］，先民［老成人］时［是］若［顺］。居上［为国君］克［能］明，为下［在天子之下］克忠，与人不求备［全］，检［制］身若不及，以至于有万邦。兹惟艰［难］哉！

ai. nenehe wang deribume niyalma i hergin be dasara de. tadulara be/ dahame fudararakū. nenehe irgen be dahahabi. dergi de tefi/ genggiyen be mutehebi. fejergi de ofi tondo be mutehebi./ niyalma be saišara de yongkiyara be bairakū. beyebe dasara de/ amcarakū i adali ofi. tumen gurun be bahabi. uttu mangga/ bihebi kai.

敷［广］求哲［贤］人，俾［使］辅于尔后嗣［子孙］。制官刑［官府之刑］，儆［戒］于有位。曰：'敢有恒［常］舞于宫，酣［沉醉］歌于室，时谓巫风［巫觋事神者］。敢有殉［以身从物］于货色，恒于游［出游］畋［田猎］，时谓淫［过而无度］风。敢有侮［慢］圣言，逆忠直，远［疏］耆德［老成有德］，比［昵］顽童，时谓乱［悖理］风。惟兹三风［风化］十愆［过］，卿士有一于身，家必丧；邦君有一于身，国必亡。臣下不匡［正］，其刑墨［墨刑］，具［详悉］训于蒙士［童蒙始学之士］。'

---

① 在“惟”字旁写有满文“de”。

mergen niyalma be ambula baifi. suweni amga enen de aisilabuha. hafan i/ erun be toktobufi. soorin bisirengge de targabuha. henduhengge. gelhun/ akū urkuji gung de maksire. soktofi boode uculere be. saman i demun/ sembi. gelhun akū ulin. boco de dosire. urkuji sarašara. abalara be./ dufe i demun sembi. gelhun akū enduringgei gisun be oihorilara. tondo/ sijirhūn be fudarara. sengge erdemungge be aldangga obure. mentuhun/ buya de hajilara be. facuhūn i demun sembi. ere ilan demun. juwan/ ufaran. king. ši i beye de emke bici. boo urunakū efujembi. gurun i/ ejen i beye de emke bici. gurun urunakū gukumbi. fejergi ambasa/ tuwancihiyarakū oci. sabsire erun isibumbi. dulba juse de/ hafukiyame tacibu sehebi.[①]

呜呼！嗣王祗［敬］厥身，念哉！圣谟［谋］洋洋［至大］，嘉［美］言孔［甚］彰［明］。惟上帝不常［去就无定］，作善，降之百祥［福］；作不善，降之百殃［祸］。尔惟德罔小，万邦惟庆［福祥］；尔惟不德罔大，坠［失］厥宗［宗祀］。”

ai. siraha wang beye be ginggule. gūni. enduringge bodogon umesi amban./ ferguwecuke gisun ambula iletu. damu dergi di de enteheme akū./ sain be yabuci. tanggo hūturi isibumbi. sain akū be yabuci./ tanggo jobolon isibumbi. si ume erdemu be ajige sere. tumen/ gurun de urgun ombi. si ume erdemu akū be amba akū sere./ mafari miyoo efujembi.

太甲上

tai giya i dergi.

惟嗣王［太甲］不惠［顺］于阿衡［商之官名］。

siraha wang. o heng be daharakū oho manggi.

伊尹作书曰：“先王顾［常目在之］諟［是］天之明命［显然之理］，以承［奉］上下神［天神］祇［地祇］，社稷宗庙，罔不祗［敬］肃［严］。天监［视］厥德，用集大命，抚［循］绥［安］万方。惟尹躬［身］克［能］左［辅］右［翼］厥［其］辟［君］宅［居］师［众］，肆［故］嗣王丕［大］承［受］基［业］绪［统系］。

---

① 此段汉文分开，满文合在一起。

i in bithe arame hendume. nenehe wang ere abkai genggiyen/ hese be tuwame. dergi fejergi enduri weceku. še ji. mafari/ miyoo be alifi. gingguleme olhošorakūngge akū ofi. abka/ terei erdemu be bulekušefi. amba hese be bufi. tumen gurun be/ bilume elhe obuha. i in mini beye. ejen de aisilame. geren be/ toktobume mutere jakade. tuttu siraha wang. doro ten be/ ambarame aliha.

惟尹躬先见于西邑［夏都在西］夏，自周［忠信］有终，相亦惟终。其后嗣王罔克有终，相亦罔终，嗣王戒哉！祇尔厥辟［君］，辟不辟，忝［辱］厥祖。”

i in mini beye. neneme wargi hecen i hiya be sahangge. beye/ akūmbuha de duben be bahara jakade. aisilakū inu duben be/ bahabi. amala siraha wang duben be mutehekū ojoro jakade./ aisilakū inu duben be bahakūbi. siraha wang targa. sini/ ejen oho be gingguleme. ejen ofi ejen i doro akū oci. tere/ mafa be gūtubumbi.

王惟庸［常］，罔念闻。伊尹乃言曰：“先王昧［晦］爽［明］丕［大］显［明］，坐以待旦［早］，旁［广］求俊彦［美士］，启［开］迪［导］后人，无越［颠］厥命以自覆［自取覆亡］。

wang kemuni gūnirakū donjirakū ojoro jakade. i in/ tereci hendume. nenehe wang gersi fersi de ambarame/ genggiyelefi. tehei gerendere be liyambi. saisa mergese be/ akūmbume baifi. amga niyalma be neime yarhūdahabi./ ume terei hese be fudarame beye be efulere.[1]

慎乃俭［约］德，惟怀［思］永［久］图［谋］。

sini malhūšara erdemu be ginggule. enteheme bodogon be gūni.

若虞［猎人］机［弩牙］张，往省［视］括［久指］于度［法］，则释［发］。钦厥止［心所止］，率［循］乃祖攸［所］行，惟朕以怿［慰悦］，万世有辞［名誉］。”

buthai niyalma songgiha de tabufi. wen be kemun de/ acabume tuwafi sindara adali. sini ilin be ginggule./ sini mafa i yabun be alhūdaci. bi urgunjembi. tumen/ jalan de maktacun bi.

王未克变［改旧］。伊尹曰：“兹乃不义，习与性成。予弗狎［习］于弗顺［不

① 此段汉文分开，满文合在一起。

顺义理之人]，营［作宫］于桐宫［汤墓地]，密［亲］迩［近］先王其训［诲]，无俾［使］世［终身］迷［惑]。"

wang halame mutehekū. i in hendume. ere jurgan akūngge. tacin./ banin i gese ohobi. bi ijishūn akūngge de dayaburakū./ tung ni bade gung arabufi. nenehe wang de umesi hanci/ obufi tacibume. dubentele hūlimburakū obumbi.[①]

王徂［往］桐宫居忧，克终允德［信有其德]。

wang. tung ni ba i gung de genefi sinagalame tefi./ unenggi erdemu be dubembume mutehe.

太甲中

tai giya i dulimba.

惟三祀，十有二月朔［初一日]，伊尹以冕［冠］服［衮］奉［迎］嗣王归于亳［商都]。

ilaci aniya. jorgon biyai ice de. i in. miyan etuku be/ gamame genefi. siraha wang be. bo de bederebuhe.

作书曰："民非后［君]，罔克胥［相］匡［正］以生；后非民，罔以辟［君］四方。皇天眷［顾］佑［保］有商，俾［使］嗣王克终厥德，实万世无疆［穷］之休［美]。"

bithe arame hendume./ irgen. ejen waka oci. ishunde tuwancihiyame banjime/ muterakū. ejen. irgen waka oci. duin hošo de ejen/ oci ojorakū. dergi abka. šang gurun be gosime/ wehiyeme ofi. siraha wang ni erdemu be dubembume/ mutebuhengge. yargiyan i tumen jalan i jecen akū hūturi kai.

王拜手稽首曰："予小子，不明于德，自底［致］不类［犹不肖]，欲败度［事之法]，纵［肆］败礼［身之仪]，以速［居之急］戾［罪］于厥躬。天作孽［灾]，犹可违［背去]；自作孽，不可逭［逃]。既［已］往背［不依］师保之训，弗［不］克［能］于厥初，尚［庶几］赖［借］匡［正］救之德，图［谋］惟［思］厥终。"

wang dorolome hengkilefi hendume. mini ajige beye. erdemu be/ genggiyelehekū

① 此段汉文分开，满文合在一起。

ofi. beye dursuki akū be yabume. beye./ kemun be efuleme. balai. dorolon be efuleme. beye de sui be/ hūdulabuha. abka i araha gashan de hono jurceci/ ombi. beyei araha gashan de guweci ojorakū./ neneme ši boo i tacibure be urgedefi. tuktan be/ mutebuhekū. kemuni tuwancihiyara aisitubure erdemu de/ akdafi. duben be kiceki sembi.

伊尹拜手稽首曰："修厥身，允德［信有实德］协［和］于下，惟明后。

i in dorolome hengkilefi hendume. beye be dasafi. unenggi/ erdemu fejergi de acanarangge. damu genggiyen eyen.

先王子惠［如己子而惠爱之］困穷，民服［从］厥命［令］，罔有不悦［欢心］。并［并］其有邦厥邻，乃曰：'徯［待］我后，后来无罚。'

nenehe wang. mohoho yadahangge be. jusei adali gosire/ jakade. irgen terei hese be dahafi. urgunjerakūngge/ akū bihe. teherešehe adaki gurun ci aname/ henduhengge. musei ejen be aliyambi. ejen jihede/ weile akū ombi sehebi.

王懋［勉］乃德，视［监］乃烈祖［成汤］，无时［顷刻］豫［逸］怠［惰］。

wang sini erdemu be sithū. sini gungge mafa be alhūda./ emu erin seme ume jirgara heoledere.

奉先［祖］思孝，接［待］下［臣］思恭［不敢忽］，视远惟［思］明，听德惟［思］聪。朕承王之休［美］，无斁［厌］。"

nenehe be ginggulere de hiyoošun be gūnire. fejergi be acara de/ gungnecuke be gūnire. goroki be tuwara de genggiyen ojoro./ erdemu be donjire de sure ojoro oci. bi wang ni sain be/ alire be eimenderakū kai.

太甲下

tai giya i fejergi.

伊尹申［重］诰于王曰："呜呼！惟天无亲，克敬［敬而不慢］惟亲。民罔常怀，怀于有仁［爱民］。鬼神无常享，享于克诚［心专一］。天位［君位］艰［不易］哉！

i in dabtame wang de alame hendume. ai. abka i hajilarangge/ akū. ginggun be mutehengge de hajilambi. erin enteheme hefeliyerengge/ akū. gosin bisirengge be hefeliyembi. hutu. enduri i enteheme/ alime gaijarangge akū. unenggi be mutehengge be alime gaimbi./ abkai soorin mangga kai.

德惟治，否［不有］德乱。与治同道，罔不兴；与乱同事，罔不亡。终始慎厥与，惟明明［明而又明］后。

erdemu oci taifin ombi. erdemu akū oci facuhūn ombi./ taifin de acanara. doro adali oci. mukderakūngge akū./ facuhūn de acanara. baita adali. gukurakūngge akū. duben/ deribun de terei acanara be ginggulerengge. damu genggiyen i dade/ genggiyen ejen.

先王惟时［是］懋［勉］敬［克敬］厥德，克配［合］上帝。今王嗣［继］有令［善］绪［基业］，尚监［视］兹［此］哉！

nenehe wang ini erdemu be erindari sithūme ginggulefi. dergi di de/ acabume mutehebi. te wang sain doro be sirha be dahame. erebe/ bulekušeci acambi.

若升高必自下［卑处］，若陟［升］遐［远］必自迩［近］。

den be tafure de. urunakū fejergi ci. goro be yabure de. urunakū/ hancihi ci adali.

无轻［忽］民事，惟难。无安［逸］厥位，惟危。谨终于始。

ume irgen i baita be weihukelere. mangga ara. ume soorin be elhe sere./ tuksicuke ara. duben be olhošorongge. deribun de bi.①

有言逆［不顺］于汝心，必求诸道。有言逊［顺］于汝志，必求诸非道。

gisun sini mujilen ci fudarakangge bihede. urunakū doro be kimci./ gisun sini gūnin de icanggangge bihede. urunakū doro/ waka be kimci.

呜呼！弗虑［思］胡［何］获［得］？弗为［力行］胡［何］成？一人元［大］良［善］，万邦［国］以贞［正］。

ai. seolerakū oci eide bahambi. faššarakū oci eide/ mutembi. emu niyalma amba sain oci. tumen gurun tob ombi.

君罔［无］以辩［巧佞］言，乱旧政［先王旧日政事］；臣罔以宠［恩厚］利，［禄］居成功，邦其永［长］孚［信］于休［美］。”

① 此段汉文分开，满文合在一起。

ejen faksidara gisun de. fe dasan be facuhūrarakū. amban. doshon/ aisi jalin. šanggaha gung be memererakū oci. gurun enteheme/ sain de akdambi.

咸有一德

hiyan ioi i de.

伊尹既复［还］政厥［其君太甲］辟，将告［告老］归［归私邑］，乃陈戒于德。

i in dasan be ejen de bederebufi. alafi geneki seme. erdemu be/ tucibume targabuhabi.

曰："呜呼！天难谌［信］，命靡［无］常，常厥德，保［守］厥位。厥德靡常，九有［九州］以亡。

hendume. ai. abka de akdaci mangga. hese enteheme akū. sini/ erdemu enteheme oci. sini soorin be karmaci ombi. sini/ erdemu enteheme akū oci. uyun ba gukumbi.

夏王［桀］弗［不］克［能］庸［用］德，慢［不敬］神虐［害］民，皇天弗保［佑］，监［视］于万方，启［开］迪［导］有命，眷［顾］求一德，俾［使］作神主［百神之主］。惟尹躬［身］暨［及］汤，咸［皆］有一德［统一之常德］，克享［当］天心，受天明命，以有九有之师［众］，爰［于是］革夏正［改建寅而为建丑］。

hiya gurun i wang. erdemu be enteheme obume mutehekū. enduri be/ oihorilara. irgen be oshodoro jakade. dergi abka karmarakū./ tumen gurun de bulekušefi. hese bisirengge be neime yarhūdame. hing/ seme emu erdemungge be baifi. enduri de. ejen okini sere de./ damu ni in mini beye. jai tang de. gemu emu erdemu bifi./ abkai mujilen de acabume mutehe be dahame. abkai genggiyen/ hese be alifi. uyun ba i geren be bahafi. hiya gurun i aniya be/ halaha.

非天私我有商，惟天佑［助］于一德。非商求于下民，惟民归于一德。

abka. musei šang be dosholohongge waka. abka. emu erdemu be/ gosihangge. šang. fejergi irgen de baihangge waka. irgen./ emu erdemu de dahahangge.

德惟一，动罔不吉。德二三［不一］，动罔不凶。惟吉凶不僭［差］，在人。惟天降灾祥，在德。

erdemu emu oci. aššahadari sain akūngge akū. erdemu juwedere/ iladara oci. aššahadari ehe akūngge akū. sain ehe niyalma de/ jurcerakūngge. abka i gashan hūturi wasimburengge. erdemu de/ bisire turgun.

今嗣王新服［行］厥命［天子之命］，惟新厥德，终始惟一，时［是］乃日新。

te siraha wang. hese be ice aliha be dahame. damu sini erdemu be icemele/ deribun duben be emu obuci. ere inenggidari icemelerengge kai.

任［用］官惟贤才，左右［辅弼大臣］惟其人。臣［臣职］为上［在上］为德［君德］，为下［在下］为民，其难［未用不轻用］其慎，惟［既用］和［相济］惟一［一心］。

hafan be baitalaci. damu saisa mergese. hashū ici ergi de. damu/ tenteke niyalma. amban. dergi de oci erdemu i jalin. fejergi de/ oci irgen i jalin. manggaša olhošo. hūwaliyasun oso. emu oso.

德无常［不执一］师［法］，主善为师。善无常主，协［合］于克一［会于一原］。

erdemu de toktoho sefu akū. sain be sa arara be sefu obuhabi./ sain de toktofi da ararangge akū. emu de acabume mutere de bi.

俾［使］万姓咸［皆］曰：‘大哉王言。’又曰：‘一［统一不杂］哉王心。’克绥［安］先王之禄［天禄］，永底［定］烝［众］民之生。

tumen hala be. gemu amban kai wang ni gisun seme hendubure. geli emu kai/ wang ni mujilen seme hendure ohode. nenehe wang ni fengšen be karmame/ mutefi. geren irgen i banjire be enteheme toktobuci ombi.

呜呼！七世之庙可以观德［君德］，万夫之长可以观政［君政］。

ai. nadan jalan i miyoo de. erdemu be tuwaci ombi. tumen niyalmai/ da de. dasan be tuwaci ombi.

后非民罔使［令］，民非后罔事［奉］。无自广［大］以狭［小］人，匹夫匹妇不获［得］自尽，民主罔与成厥功。”

ejen. irgen waka oci. webe takūrara. irgen. ejen waka oci./ webe weilere. ume beyebe fulu. niyalma be eberi sere. emteli/ haha emteli hehe. beyebe bahafi akūmburakū oci. irgen i/ ejen emgi gung be mutebuci ojorakū ombi.

盘庚上

pan geng ni dergi.

盘庚［商王］迁于殷［地］，民不适［往］有居，率吁［呼］众戚［忧］，出矢［誓］言。

pan geng. in de gurire de. irgen tenere bade generakū ojoro/ jakade. jobošoro geren be gemu hūlafi. fafulara gisun selgiyehe.

曰：“我王［祖乙］来，既爰宅［居］于兹［此指耿地］，重我民，无尽刘［杀］。不能胥［相］匡［救］以生，卜稽［考］曰：‘其如台［我］。’

hendume. musei wang jifi ubade tehengge. musei irgen be/ ujelehengge. yooni waki sehengge waka. ishunde tohorombume/ banjime muterakū oho. tuwabuha be kimcici. bi ainara sembi.

先王有服［事］，恪［恭］谨天命。兹犹不常宁［安］，不常厥邑［都］，于今五邦［五迁其国］。今不承于古，罔知天之断［绝］命，矧［况］曰其克从先王之烈［功］。

nenehe wang baita bihede. abkai hese be olhome gingguleme. tere/ hono enteheme toktohakū. hecen be enteheme obuhakū. te/ sunja ba ohobi. te julge be daharakū oci abkai/ ergen be lashalara be sarkū bade. nenehe wang ni gung be/ dahame mutembi seci ombio.

若颠［仆］木之有由［生条］蘖［萌芽］，天其永我命于兹新邑［殷地］，绍［继］复先王之大业，底绥［致安］四方。”

tuheke moo i arsure adali. abka musei ergen be ere ice/ hecen de enteheme obufi. nenehe wang ni amba doro be dahūme/ sirafi. duin hošo be tohorombume toktobumbi.

盘庚敩［教］于民，由乃在位［臣］，以常旧服［旧迁都之事］正法度，曰：“无或敢伏［隐］小人之攸箴［规］。”王命众［臣民］悉［尽］至于庭。

pan geng. irgen be tacibure de. tušan de bisire urse ci/ deribume. daci bihe. fa baita be jafafi. fafun kooli be/ tuwancihiyame. aikabade gelhun akū buya irgen i jombure be/ dalirahū seme. wang ni hesei geren be. gemu yamun de/ isabuhabi.

王若曰："格！汝众。予告汝训，汝猷［谋］黜［去］乃心［私心］，无傲［傲上命］从康［从己之安］。

wang ni henduhe gisun. suweni geren jio. bi suwende tacibure be alara. suwe/ bodofi suweni mujilen be geterembu. ume eljeme. jirgara de dosire.

古我先王，亦惟图［谋］任［用］旧人共政。王播［布］告［命］之修，不匿［隐］厥指［意］，王用丕［大］钦［敬］；罔有逸［过］言，民用丕变［化］。今汝聒聒［诡诡多言］，起信险［邪陂］肤［浅］，予弗知乃［汝］所讼［言］。

julge musei nenehe wang. inu damu bodofi. fe niyalma de afabume. dasan be/ uhelehebi. wang ni selgiyeme alara babe. tere gūnin be gidarakū ofi./ wang ambula kundulehebi. balai gisun akū ofi. irgen ambula hūwaliyakabi./ te suwe cucu caca seme haksan deleri i akdabumbi. bi. suweni/ curhire be sarkū.

非予自荒［废］兹德［仁德］，惟汝含德［不宣布］，不惕［畏惧］予一人。予若观火［见极明］，予亦拙［不巧］谋作［成］乃［汝］逸［过失］。

bi ere erdemu be beye efulerengge waka. damu suwe erdemu be gidafi. mini emu/ niyalma be yohindarakū. bi tuwa be tuwara adali. bi inu mocodome bodofi./ suweni endebuku be yendebuhe.

若网［小目］在纲［大纲］，有条［理］而不紊［乱］。若农服［事］田力［勤］穑［稼穑］，乃亦有秋［成熟］。

asu de hešen bici. giyan giyan i facarakū i adali. usin i urse kiceme/ tarime hūsutuleme weileci. teni bolori bahara adali.

汝克黜［去］乃心［私心］，施实［真］德［恩］于民，至于婚［亲］友［朋］，丕乃敢大言，汝有积德。

suwe suweni mujilen be geterembume mutefi. yargiyan erdemu be irgen de/ selgiyeme. niyaman gucu de isibure ohode. teni gelhun akū suwende/ isabuha erdemu bi seme. ambarame gisureci ombi.

乃不畏戎［大］毒［害］于远迩，惰［怠］农自安，不昏［强］作［为］劳，不服［事］田亩，越其罔有黍稷［二谷名］。

suwe goroki hanciki de. amba jobolon ojoro de gelerakūngge. banuhūn/ usin i urse i beyebe jirgabure adali. hacihiyame joboburakū. usin/ yalu be kicerakū oci. amala aide ira fisihe bahambi.

汝不和吉［好］言于百姓，惟汝自生毒［害］，乃败祸奸宄，以自灾于厥身。乃既先恶［当先为恶］于民，乃奉［承］其恫［痛］，汝悔身何及？相［视］时憸民［小民］，犹胥［相］顾［视］于箴言。其发有逸［过言］口，矧［况］予制［操］乃短长［生杀之命］之命，汝曷［何］弗告朕而胥［相］动［鼓］以浮言［虚泛之言］，恐［动］沉[1]［陷］于众？若火之燎［焚］于原［野］，不可向［近］迩，其犹可扑［救］灭［熄］。则惟尔众自作弗靖［安］，非予有咎［过］。

suwe hūwaliyasun sain be. tanggo hala de gisurerakū oci. cohome suwe beye/ jobolon ararangge. efuleme jobolon arame jalingga koimali ofi. suweni/ beye de beye gashan oburengge suwe irgen ci neneme ehe oci/ tetendere. suwe gosihon be alimbi. suwe beye be aliyaha seme/ adarame amcambi. ere buya irgen be tuwaci. hono ishunde gūninjame./ jombome gisureki sembi. tucibuki serede. balai gisun tucimbi./ tere anggala bi suweni ergen i golmin foholon be jafahabi. suwe/ ainu minde alaragū. elemangga ishunde untuhun gisun i acinggiyame/ geren be golobume tuhebumbi. bigan de tuwa dara adali. hanci/ latunaci ojorakū bicibe. kemuni gidame mukiyebuci ombi. ere suweni/ geren. beye deribuhengge sain akū. minde ehe bisirengge waka.

迟任［古贤人］有言曰：‘人惟求旧［故家之人］，器非求旧，惟新。’

cyi in i henduhe gisun. niyalma oci. damu fe be baimbi. tetun oci/ fe be bairakū. damu icengge sehebi.

古我先王暨［及］乃祖乃父，胥［相］及逸［安］勤［劳］，予敢［不敢］动用非罚［非所当罚］？世［世世］选［择］尔劳［勤］，予不掩［蔽］尔善。兹予大享［祭］于先王，尔祖其从与享［配食］之，作福［赏］作灾［罚］，予亦不敢动用非德？

julge musei nenehe wang. suweni mafa. suweni amai emgi ishunde/ joboro jirgara be uhelehebi. bi. ai gelhun akū waka koro be baitalambi./ jalan halame suweni faššaha be ilgambi. bi. suweni sain be gidarakū/ te bi nenehe wang de ambarame

① 原刻本为“沈”，应作“沉”。

wecere de. suweni mafa tese/ dahame alimbikai. hūturi obure. gashan obure de. bi inu/ ai gelhun akū waka kesi be baitalambi.

予告汝于难［迁徙之难］，若射之有志［志在必中］。汝无侮［轻］老成人［高年之人］，无弱孤［忽其少］有幼。各长［远］于厥居，勉出乃力，听予一人之作猷［谋］。

bi suwende mangga be alara. gabtara de gūnin bisire adali. suwe ume/ sakda toktoho niyalma be fusihūlara. ume emhun ajigan be/ oihorilara. gemu suweni teku be enteheme obu. suweni hūsun be/ hacihiyame tucibufi. mini emu niyalma i bodogon be daha.

无有远迩，用罪［为恶］伐［诛］厥死，用德［为善］彰［表］厥善。邦之臧［善］，惟汝众；邦之不臧，惟予一人有佚罚［失其所当罚］。

goroki hanciki akū. weile be yabuci. bucere de isibumbi./ erdemu be yabuci. sain be iletulembi. gurun i sain ojorongge./ suweni geren de. gurun i sain akū ojorongge. mini emu/ niyalma i koro arara be ufarara de.

凡尔众，其惟致告［转相告戒］，自今至于后日，各恭［敬］尔事，齐［整］乃位，度［法］乃口［言］。罚及尔身，弗可悔。”

yaya suweni geren. akūmbume ala. te ci amga inenggi de isitala./ gemu suweni baita be ginggule. suweni tušan be teksile. suweni/ angga be kemungge obu. koro suweni beyede isinaha de. aliyaci/ ojorakū ombi.

盘庚中

pan geng ni dulimba.

盘庚作［起而将迁］，惟涉［渡］河以民迁。乃话民［言辞晓谕］之弗率［不从迁者］，诞［大］告用亶［诚］。其有众咸［皆］造［至］，勿亵［慢］在王庭。盘庚乃登进厥民。

pan geng aššafi. bira be doome. irgen be gaifi gurire de. irgen/ daharakūngge be gisureme. ambarame alame unenggi be tucibuhebi./ tere bisire geren gemu jihe manggi. wang ni yamun de ume/ oihorilara sefi. pan geng tereci irgen be dosimbufi.

曰：“明听朕言，无荒［废］失朕命。呜呼！古我前后，罔不惟民之承［敬］，保［爱］后胥［相］戚［忧］，鲜［少］以不浮［胜］于天时。

hendume. mini gisun be getuken i donji. mini hese be ume jurceme ufarara./ ai. julge musei. nenehe ejen. irgen i jalin ginggulehekūngge akū ofi./ ejen be karmama ishunde jobošome. abkai erin be etehekūngge komso.

殷降大虐，先王不怀［安居］。厥［其］攸［所］作［兴］，视民利［便益］用迁。汝曷［何］弗［不］念我古后之闻？承［敬］汝俾［使］汝，惟喜康［安］共［相同］。非汝有咎［罪］，比于罚［谪］。

in de amba jobolon wasimbuha de. nenehe wang elhe akū. terei/ deribuhengge irgen i aisi be tuwame gurire be baitalahabi. suwe/ ainu musei julgei ejen de donjiha be gūnirakū. suwembe/ ginggulere. suwembe unggirengge. damu uhei. elhe ojoro be/ buyerengge. suwende waka bifi. koro de isiburengge waka.

予若吁［招呼］怀［怀来］兹新邑，亦惟汝故，以丕从厥志。

mini uttu ere ice hecen de yabu seme hendurengge. inu damu/ suweni turgunde. suweni gūnin be ambarame dahahangge.

今予将试以汝迁，安定厥邦。汝不忧朕心之攸［所］困［苦］，乃咸大不宣［宣布］乃心，钦念以忱［诚］，动［感］予一人。尔惟自鞠［穷］自苦，若乘舟，汝弗济，臭［败坏］厥载［资货］。尔忱［诚］不属［间断不联］，惟胥［相与］以沈［溺］。不其或稽［察］，自怒［怨忿］曷瘳［愈］？

te bi suwembe guribufi. gurun be elhe obume toktobuki sere de./ suwe mini mujilen i hafirabuha de jobošorakū. gemu suweni mujilen be/ ambarame tucibufi. gingguleme gūnime hing seme. mini emu niyalma be/ aššaburakū. suwe beye be mohobue. beye be joboburengge kai./ uthai cuwan de tehe adali. suwe doorakū oci. tere/ tebuhengge niyambi. suweni hing serengge enteheme akū de. urunakū/ gemu nirumbi. aikabade kimcirakū oci. cisui jilidaha seme ai tusa.

汝不谋长，以思乃灾［不迁］，汝诞［大］劝［自劝］忧［忧困］。其有今［今日］罔后［后日］，汝何生［生理］在上［天］？

suwe golmin ojoro be bodome. tere gashan be gūnirakū oci. suwe/ jobocun be ambula hacihiyarangge. te ne bisire gojime. amga akū/ ombi. suwe adarame dergi de banjimbi.

今予命汝一［一心］，无起秽［恶］以自臭［败］，恐人倚［依］乃身，迂［邪］乃心。

te bi suwende emu be tacibure. ume ehe be deribufi. beye be/ efulere niyalma suweni beye be urhu. suweni mujilen be waihū/ obure ayoo.

予迓［迎］续［接］乃命于天，予岂汝威？用奉畜［养］汝众。

bi suweni ergen be. abka de sirara be baimbi. bi aika suwembe/ horolombio. suweni geren be ujime hūwašaburengge kai.

予念我先神后［先王］之劳尔先，予丕［大］克羞［养］尔，用怀［念］尔然。

bi musei nenehe ferguwecuke ejen. suweni nenehe niyalma be suilabuha be/ gūnime. bi suwembe ambula ujirengge. suwembe gosirengge kai.

失于政，陈［久］于兹［指耿］，高［汤］后丕乃崇［大］降罪疾，曰‘曷［何］虐［害］朕民？’

dasan be ufarafi ubade goidaci. dergi ejen. ambarame sui gashan be/ ambula wasimbufi. mini irgen be ainu jobobumbi sembi.

汝万民乃不生生［厚生不息］，暨［及］予一人猷［谋］同心，先后［先王］丕降与汝罪疾，曰：‘曷不暨朕幼孙［盘庚自称］有比［同事］？故有爽［失］德。’自上其罚汝，汝罔能迪［道］。

suweni tumen irgen enteheme banjiki seme. mini emu niyalmai emgi uhei/ mujilen ojoro be bodorakū oci. nenehe ejen. suwende ambula sui/ gashan be wasimbufi. ainu mini ajige omolo i emgi acalarakū/ sembi. tuttu erdemu be ufarafi. dergi ci suwembe koro arame/ ohode. suwe guweme muterakū ombi.

古我先后，既劳乃祖乃父，汝共作我畜［养］民。汝有戕［害］，则在乃心。我先后绥［怀来］乃祖乃父，乃祖乃父，乃断弃汝，不救乃死。

julge musei nenehe ejen. suweni mafa. suweni ama be suilabuha be dahame./ suwe gemu mini ujire irgen. suwe ebderen be suweni mujilen de tebuci. musei/ nenehe ejen suweni mafa. suweni ama be tohorombuha de. suweni mafa./ suweni ama suwembe lashalame waliyafi. suweni bucere be aituburakū/ ombi.

兹予有乱［治］政同位［共天位之臣］，具［多积］乃贝玉，乃祖乃父丕乃告我高后曰：‘作丕［大］刑于朕孙！’迪［启］高后，丕乃崇降弗祥。

te mini dasan be dasame uhei tušan de bisirengge. boobei gu be/ isabuci. tesei mafa. tesei ama. ambarame musei dergi/ ejen de alame. mini omolo de amba erun isibu seme. dergi/ ejen de jombuha de. ambarame sain akū be ambula wasimbumbi.

呜呼！今予告汝不易，永敬大恤［忧］，无胥［相］绝远。汝分猷念［分君所谋所念而共之］以相从［相与］，各设中［至理］于乃心。

ai. te bi suwende ja akū be alara. ambula jobošoro be enteheme/ ginggule. ume ishunde lakcame goro ojoro. suwe bodoro gūnire be/ dendefi ishunde daha. gemu dulimba be suweni mujilen de/ tebu.

乃有不吉［善］不迪［道］，颠［陨］越［逾］不恭［不敬上命］，暂［暂时］遇奸宄［劫掠行道］，我乃劓［小刑］殄［大刑］灭之，无遗［留］育，无俾［使］易［移］种［类］于兹新邑。

aikabade sain akū. doro akū. fudarame dabšame gungnecuke/ akū. holkonde alingga koimali ojorongge be ucaraci. bi oforo be/ faitame. mukiyebume wame. sulabufi ujirakū. enen be guribufi ere/ erun hecen de oburakū.

往哉［往新邑］！生生。今予将试［用］以汝迁，永［长］建［立］乃家。”

genehe de enteheme banjimbi. te mini suwembe gaifi gurirengge. suweni/ boigon be enteheme iliburengge kai.

盘庚下

pan geng ni fejergi.

盘庚既迁，奠［定］厥攸居，乃正厥位［君臣上下之位］，绥爰［慰劳安抚］有众。

pan geng gurihe manggi. teku be toktobufi. soorin be tob obufi./ geren be tohorombuha.

曰：“无戏怠，懋［勉］建［立］大命［非常之命］。

hendume. ume oihorilame heoledere. amba hesebun be kiceme ilibu sehe.

今予其敷［布］心腹肾肠，历［尽］告尔百姓于朕志。罔罪尔众，尔无共怒，协［合］比［附］谗［谤］言予一人。

te bi mujilen niyaman duha fahūn be tucibume. suweni geren tanggo/ hala de.

mini gūnin be wacihiyame alara. suweni geren be weile/ ararakū. suwe ume gemu jilidame. uhei acafi mini emu/ niyalma be ehecume gisurere.

古我先王［汤］，将多于前功，适［往］于山［亳］，用降［下］我凶德［沉溺之患］，嘉［美］绩［功］于朕邦。

julge musei nenehe wang. nenehe gung be badarambuki seme./ alin de genefi. musei ehe erdemu be geterembure jakade. musei/ gurun de ferguwecuke gung ohobi.

今我民用荡［漂］析［分］离居，罔有定极［居止］，尔谓朕：‘曷震［惊］动万民以迁？’

te musei irgen birebume samsifi. teku ci aljafi. toktofi/ tomoro ba akū ohobi. suwe mimbe ainu tumen irgen be/ durgebume acinggiyame guribuhe sembi.

肆上帝将复［重兴］我高祖［成汤］之德，乱［治］越［及］我家。朕及笃敬［诚敬之臣］，恭承民命，用永［长］地［居］于新邑。

tuttu dergi di musei dergi mafa i erdemu be dahūfi./ musei boo be dasaki sere be dahame. bi hing seme ginggun/ ningge. emgi irgen i ergen be ginggulembe alifi. ice hecen de/ enteheme babe toktobumbi.

肆予冲［童］人，非废厥谋，吊［至］由［用］灵［善］各［众人］；非敢违卜，用宏［大］兹贲［大业］。

tuttu mini ajige niyalma. suweni bodogon be waliyahangge waka./ damu ferguwecuke be dahahangge. geren gelhun akū tuwabuha be/ jurcehengge waka. erebe amba obume badarambuhangge.

呜呼！邦伯、师长、百执事之人，尚皆隐［痛］哉。

ai. gurun i da. hafan i uju. tanggo baita de afaha niyalma/ gemu jobošombi dere.

予其懋［勉］简［择］相［导］尔，念敬我众。

bi kiceme ilgame suwembe yarhūdambi. mini geren be gingguleme gūni.

朕不肩［任］好货，敢［勇］恭［敬］生生［以民生生为念］，鞠人、谋人之保居［止］叙［用］钦［敬礼］。

bi ulin de amuran ningge de afaburakū. enteheme banjire be/ kiceme gingguleme. niyalma be ujime. niyalma i jalin bodome. teku be/ karmarangge be ilgambi ginggulembi.

今我既羞［进］告尔，于朕志若［顺我意］否［不顺］，罔有弗钦［敬］。

te bi dosimbufi. suwende. mini gūnin i acara acarakū be/ alaha. ginggulerakū oci ojorakū.

无总［聚］于货宝，生生［乐生兴事］自庸［民功］。

ume ulin boobei be isabure. enteheme banjire be beye kice.

式［敬］敷［布］民德［为民之德］，永肩［任］一心。”

gingguleme irgen de erdemu be selgiye. enteheme emu mujilen be jafa.

说命上

yuwei ming ni dergi.

王宅［居］忧亮阴［天子居丧之名］三祀，既免［除］丧，其惟弗言。群臣咸谏于王曰：“呜呼！知之曰明哲，明哲实作则［法］。天子惟君万邦，百官承［奉］式［法］。王言，惟作命［令］；不言，臣下罔［无］攸［所］禀令。”

wang. liyang an de. jobolon seme ilan aniya tefi. sinagan wajicibe/ kemuni gisurerakū oho manggi. geren ambasa gemu wang be/ tafulame hendume. ai. sarangge be. genggiyen ulhisu sembi./ genggiyen ulhisu. yargiyan i durun ombi. abkai jui tumen/ gurun de ejen. tanggo hafasa. durun be dahambi. wang/ gisureci. hese ombi. gisurerakū oci. fejergi ambasa./ hese be alire ba akū.

王庸［用］作书以诰［告谕］曰：“以台［我］正［表］于四方，台［我］恐德弗类［不如前人］，兹［此］故弗言。恭［敬］默［渊］思道［治道］，梦帝赉［与］予良［贤］弼［辅］，其代予言。”

wang tereci bithe arafi alame hendume. bi duin hošo be/ tob obuki seci. mini erdemu adališarakū de olhome./ erei turgun de gisurerakū. gingguleme dolori doro be/ gūnire de. tolgin de di minde sain aisilakū buhebi./ tere mini funde gisurembi.

乃审［详］厥象［形状］，俾［使］以形［图形］，旁［广］求于天下。说筑［居］傅岩［地名］之野，惟肖［似］。

tereci tere arbun be yargiyalafi. nirugan be jafabufi./ abkai fejergi de bireme baibure de. fu yuwei. fu yan i/ bigan de cirgembi. umesi adali.

爰［于是］立作相［宰相］，王置［兼师保］诸其左右。

tereci tukiyefi aisilakū obufi. wang ini hashū ici/ ergi de bibuhe.

命之曰："朝夕纳［进］诲［训言］，以辅台［我］德。

hese wasimbume hendume. yamji cimari jombume tacibume. mini erdemu de/ aisila.

若金，用汝作砺［砥石］；若济［涉］巨［大］川，用汝作舟楫［棹］；若岁大旱，用汝作霖雨。

sele de oci. simbe leke obure adali. amba bira be doore de/ oci. simbe cuwan šurukū obure adali. aniyai amba hiya de/ oci. simbe sain aga obure adali.

启［开］乃心，沃［灌溉］朕心。

sini mujilen be neifi. mini mujilen be hafumbu.

若药弗瞑眩［药苦日昏］，厥疾弗瘳［愈］。若跣［跣足］弗视地，厥足用伤。

okto de geri fari ojorakū oci. tere numeku dulenderakū/ adali. niohušulefi na be tuwarakū oci. tere bethe nionggajara/ adali.

惟暨［及］乃僚［属］，罔不同心，以匡［正］乃辟［君］，俾［使］率［循］先王［太甲以下之君］，迪［蹈］我高［汤］后，以康［安］兆民。

sini hafasai emgi. uhei mujilen ofi. sini ejen be tuwancihiyame./ nenehe wang be alhūdabume. musei dergi ejen be songkolobufi./ geren irgen be elhe obu.

呜呼！钦予时［是］命，其惟［思］有终。"

ai. mini ere hese be gingguleme. tere duben bisire be kice.

说复于王曰："惟木从绳则正，后从谏则圣。后克圣，臣不命其承，畴［谁］敢不祗［敬］若［顺］王之休［美］命。"

fu yuwei. wang de jabume hendume. moo misaha be dahaci. tondo ombi/ ejen tafulara be dahaci. enduringge ombi. ejen enduringge ome/ muteci. amban. hese wasimburakū seme acabumbi. we gelhun akū/ wang ni ferguwecuke hese be gingguleme daharakū.

说命中

yuwei ming ni dulimba.

惟说命总［统］百官，乃进于王曰：“呜呼！明王奉若天道，建邦设都，树［立］后王［天子］君公［诸侯］，承以大夫师长，不惟逸豫，惟以乱［治］民。

fu yuwei. hesei tanggo hafasa be uherilehe manggi. tereci wang de/ wesimbume hendume. ai. genggiyen wang abkai doro be gingguleme/ dahame. gurun ilibufi. hecen banjibufi. ejen wang. beise gung be/ ilibufi. daifu. dalaha hafasa be adabuhangge. jirgara sebjelere/ jalin waka. irgen be dasara jalin.

惟天聪明，惟圣时宪［法］，惟臣钦［敬］若［顺］，惟民从乂［治］。

abka sure genggiyen. enduringge tere be alhūdambi. amban/ gingguleme acabumbi. irgen dasan be dahambi.

惟口［言］起羞［辱］，惟甲胄起戎［兵］，惟衣裳在笥［衣箱］，惟干戈省［察］厥躬。王惟戒兹［上四者］，允兹克明，乃罔不休［美］。

angga ci girucun dekdembi. uksin saca ci dain dekdembi./ etuku adu oci tetun de bibu. agūra hajun oci beye be seolen./ wang damu erebe targa. unenggi erebe genggiyeleme mutehe de./ te sain ojorakūngge akū ombi.

惟治乱在庶官，官不及私昵［近］，惟其能；爵罔及恶德，惟其贤。

taifin facuhūn ojorongge. geren hafasa de bi. hafan be./ cisui doshon de isiburakū. damu muterengge de. hergen be/ ehe erdemu de isiburakū. damu saisa de.

虑善［当理］以动，动惟厥时［时宜］。

seolefi sain oci aššа. aššara de damu tenteke erin.

有［自有］其善，丧［失］厥善；矜［夸］其能，丧厥功。

beyei sain be eleci. tere sain efujembi. beyei mutere be/ tukiyececi. tere gung efujembi.

惟事事［事其事］，乃其有备［预备］，有备无患。

damu weile be weilehe de. teni belhehe ba bimi. belhehe ba/ bici. jobocun akū.

无启［开］宠［幸］纳［受］侮，无耻过［误］作非［有意为非］。

ume doshon be dekdebufi. oihorilara be alire. ume endebuku de/ girume. waka be deribure

惟厥攸［所］居［安所止］，政事惟醇［不杂］。

damu tere tokton de oci. dasan i baita gulu ombi.

黩［数］于祭祀，时谓弗钦［敬］；礼烦［琐］则乱［扰］，事神则难。”

wecere juktere de sirkedeci. tere be ginggun akū sembi./ dorolon largin oci. facuhūn ombi. enduri be weilere de/ mangga.

王曰：“旨［美］哉！说。乃言惟服［可行］，乃不良［善］于言，予罔闻于行。”

wang hendume. absi amtangga. fu yuwei sini gisun be dahaki./ si gisun de sain akū bihe bici. bi bahafi donjifi/ yaburakū ombihe.

说拜稽首曰：“非知之艰［难］，行之惟艰。王忱［信］不艰，允［信］协［合］于先王成德。惟说不言，有厥咎［罪］。”

fu yuwei dorolome hengkilefi hendume. sarangge mangga akū./ damu yaburengge mangga. wang hing seci. mangga akū. yargiyan/ nenehe wang ni šanggaha erdemu de acanambi. fu yuwei bi/ gisureraku oci. weile minde bi.

说命下

yuwei ming ni fejergi.

王曰：“来！汝说。台小子旧学于甘盘［臣名］，既［已］乃遁［退］于荒野，入宅［居］于河，自河徂［往］亳，暨［及］厥终罔［无］显［明］。

wang hendume. fu yuwei si jio. mini ajige beye. dade g'an/ pan de tacimbihe. tereci bigan tokso de wasire. birai/ jakade tenere. bira ci. bo de genere jakade. amala dubentele/ getuken ohakū.

尔惟训于朕志［心所之］，若作酒醴，尔惟曲糵［酒药］；若作和羹，尔惟盐梅；尔交修予，罔予弃，予惟克迈［行］乃训。”

si damu mini gūnin be yarhūda. nure tebure de. si huhu/ lala ojoro adali. šasiha acabure de. si dabsun mei/ ojoro adali. si mimbe hacilame tuwancihiya. mimbe ume/ waliyara. bi sini yarhūdara be yabume mutembi.

说曰：“王，人求多闻，时［是］惟建［立］事。学于古训，乃有获［得］。事不师［法］古，以克永［长］世，匪［非］说攸闻。

fu yuwei hendume. wang. niyalma ambula donjire be bairengge. tere/ baita be ilibuki serengge. julgei tacihiyan be taciha de/ teni bahambi. baita julge be alhūdarakū bime. jalan enteheme/ ome mutehe be. fu yuwei bi donjihakū.

惟学逊［谦抑］志，务［专力］时敏［时时勤敏］，厥修乃来。允怀［笃信深念］于兹，道积［积累］于厥躬。

tacire de gūnin be gocishūn obure. erindari sithūre be/ kicere ohode. dasaburengge teni dosinjimbi. erebe unenggi/ gūniha de. doro beye de isambi.

惟敩［教］学半，念终始典［常］于学，厥德修罔觉［不自知其然而然］。

tacihiyan. tacin dulin ojoro. gūnin deribun duben urui/ tacin de bisire ohode. tere erdemu i dasaburengge/ ulhiburakū ombi.

监［视］于先王成宪［已成之法］，其永无愆［过］。

nenehe wang ni toktoho fafun be tuwaha de. enteheme endebuku akūi ombi.

惟说式［用］克钦承，旁［广］招［求］俊［贤人］乂，列［布］于庶［众职］位。”

fu yuwei bi ginggulеme acabume mutefi. saisa mergese be ambula/ baifi. geren tušan de sindara.

王曰：“呜呼！说。四海之内，咸［皆］仰［望］朕德，时［是］乃风［风教］。

wang hendume. ai. fu yuwei. duin mederi dorgi. yooni mini/ erdemu be hargašaci. tere sini tacihiyaha de.

股［足］肱［手］惟人，良臣［贤臣辅佐］惟圣。

gala bethe bici. niyalma ombi. sain amban bici. enduringge/ ombi.

昔先［先世］正［长官］保衡［犹阿衡］，作［兴起］我先王，乃曰：‘予弗［不］克［能］俾［使］厥［其］后［君］惟尧舜。其心愧耻，若挞［鞭扑］于市。’一夫不获［得所］，则曰：‘时［是］予之辜［罪］。’佑［辅］我烈祖［成汤］，格［感］于皇天。尔尚明保［辅］予，罔俾阿衡［伊尹］专［独］美有商。

seibeni nenehe amban boo heng. musei nenehe wang be mukdembure de./ terei henduhengge. bi. mini ejen be. yoo. šūn i adali/ obume muterakū oci. mujilen yerteme girurengge. giya de/ tantabuha adali. emu haha banjire babe baharakū oci./ uthai tere mini weile seme hendume. musei gungge mafa be/ wehiyeme. dergi abka de isibuhabi. si inu minde genggiyen i/ aisila. ume uheng be. šang gurun de saikan be emhulebure.

惟后非贤不乂［治］，惟贤非后不食［食其禄］，其尔克绍［继］乃辟［君］于先王，永绥［安］民。”说拜稽首曰：“敢对［答以己］扬［言于众］天子之休［美］命。”

ejen. saisa waka oci dasarakū. saisa. ejen waka oci jeterakū/ si. sini ejen be nenehe wang be sirabume mutefi. irgen be/ enteheme elhe obu. fu yuwei dorolome hengkilefi hendume./ gelhun akū abkai jui i ferguwecuke hese be alifi elgimbuki.

高宗肜日

g'ao dzung yung ži.

高宗肜日［明日又祭］，越有雊［鸣］雉［鸟鸣］。

g'ao dzung. yung ni wecen wecere inenggi. ulhūme koksiha.

祖己［臣名］曰：“惟先格［正其非心］王，正厥事。”

dzu gi hendume./ damu neneme wang be tuwancihiyafi. baita be tob obuci acambi.

乃训于王曰：“惟天监［视］下民，典［主］厥义，降年有永有不永，非天夭［折］民，民中绝命。

tereci wang be tacibume hendume. abka. fejergi irgen be/ tuwara de. jurgan be da obumbi. aniya burengge entehemengge/ bi. enteheme akūngge bi. abka. irgen be aldasi oburengge/ waka. irgen. aldasi ergen be lashalarangge.

民有不若［顺］德，不听［服］罪，天既孚［灾信］命正厥德，乃曰：‘其如台［我］。’

irgen de. erdemu be daharakū. weile be alirakūngge/ bifi. abka. iletu hesei ini erdemu be tuwancihiyakini/ serede. elemangga tere mimbe ainambi sembi.

呜呼！王司［主］敬民，罔非天胤［嗣］，典［主］祀［祭］无丰［厚］于昵［父庙］。”

ai. wang. irgen be ginggulere be alihabi. abkai enen/ wakangge waka. wecere be alifi. hancingge de ume jiramilara.

西伯戡黎

si be k'an li.

西伯［文王］既戡［胜］黎［国名］，祖［姓］伊［名］恐，奔［走］告于王。

si be. li gurun be etehe manggi. dzu i olhome. ebešeme wang de alanjiha.

曰："天子！天既讫［绝］我殷命，格人［至人］元龟，罔敢知吉，非先王不相［佑］我后人，惟王淫戏用自绝。

hendume. abkai jui. abka. musei in gurun i hese be lashalaha. hafuka/ niyalma. amba gui gelhun akū sain serengge akū. nenehe wang. musei/ amga niyalma de aisilarakūngge waka. damu wang dufe efiyen i/ beye be lashalaha.

故天弃我，不有康［安］食，不虞［度］天性，不迪［道］率［循］典［常法］。

tuttu ofi abka muse be waliyafi. elhe jetere be baharakū. abkai/ banin be gūnirakū songkoloro kooli be daharakū ohobi.

今我民罔弗欲丧，曰：'天曷不降威，大命［受天命者］不挚［至］？今王其如台？'"

te musei irgen. efujekini serakūngge akū. hendurengge. abka ainu/ horon wasimburakū. amba hesebuhengge ainu jiderakū. te wang mimbe/ ainambi sembi.

王曰："呜呼！我生不有命在天。"

wang hendume. ai. mini banjirengge abka de hese akūn.

祖伊反［退］，曰："呜呼！乃罪多［众］参［列］在上，乃能责命于天。

dzu i bederefi hendume. ai. sini weile. dergi de umesi ambula/ bisire bade. elemangga abka de hese be ereci mutembio.

殷之即丧［亡］，指乃功［事］，不无戮［杀］于尔邦。"

in gurun uthai efujembi. sini baita be tucibuci. sini gurun be/ jociburakūngge akū.

微子

wei dzi.

微子若曰："父师［箕子］、少师［比干］，殷其弗或［不能或如此］乱［治］正四方。我祖［汤］底［致］遂陈［列］于上，我［指纣］用沉酗［昏醉］于酒，用乱败厥德于下。

wei dzi hendume. fu ši. šoo ši. in gurun. aici duin ergi be dasame/ tuwancihiyaci ojorakū oho. musei mafa i šanggabuha gung/ dergi de iletu bi. muse nure de dosifi suihume. erdemu be/ fejergi de facuhūrame efulembi.

殷罔不小大好草窃奸宄。卿士师师［相师］非度［法］。凡有辜罪，乃罔［无］恒［常］获［得］。小民方兴［起］，相为敌仇。今殷其沦［沉没］丧，若涉大水，其无津涯［岍］。殷遂丧，越至于今。”

in gurun. ambasa ajigen akū. gemu buyarame hūlhara. jalingga koimali de/ amuran. king. ši ishunde waka yabun be alhūdanume. yaya ehe/ weilengge be. bahafi an i tuheburakū ofi. buya irgen jing/ huwekiyefi. ishunde kimun bata ohobi. te in gurun irume efujembi./ amba muke be doore de. umai dogon dalin akū i adali./ in gurun uthai efujeme uttu de isinjihabi.

曰：“父师、少师，我［纣］其发出狂［颠］，吾家耄［老成人］逊［逃］于荒［野］。今尔无指［示］告予颠［陨］跻［堕］，若之何其［语辞］?”

hendume./ fu ši. šoo ši. muse balame be cihai yabure jakade. muse booi/ sakdasa bigan de jailahabi. te suwe jocire mohoro be/ jorime minde alarakū oci. ainaci ojoro.

父师［箕子］若曰：“王子［微子］，天毒［害］降灾荒［乱］殷邦，方兴［未艾之意］沉酗于酒。

fuši hendume. wang ni jui. abka ambarame gashan wasimbume. in/ gurun be jocibume ofi. jing huwekiyefi nure de dosifi suihumbi.

乃罔畏畏［不畏所当畏］，咈［逆］其耇长［老成人］、旧有位人。

olhorongge de olhorakū. sengge sakda. fe tušan de bihe/ niyalma ci fudarambi.

今殷民乃攘窃［盗］神祇［祭祀所用］之牺［色纯］牷［体完］牲［牛羊豕］，用以容［隐］，将食无灾。

te in gurun i irgen. enduri weceku de juktere ulan be hūlhafi./ gamacibe. oncodome gamambi. gaifi jeke seme weile akū.

降［下］监［视］殷民，用乂［上所用治］仇敛［若仇而敛之］，召敌［召致民怨］仇不怠［力行］，罪［同恶］合于一［上下如一］，多瘠［饥死］罔诏［无告］。

fusihūn in gurun i irgen be tuwaci. kimungga gese šulerengge be/ baitalafi dasabumbi. kimun bata be baime nakarakū. oshon ningge/ acafi emu ojoro jakade. tutala macuhangge alara ba akū ohobi.

商今其有灾，我兴［出］受［当］其败［祸］。商其沦丧，我罔为臣仆［臣事他人］。诏［告］王子出［去］迪［道］，我旧云刻［害］子，王子弗出，我乃颠跻［宗祀失坠］。

šang gurun de te gashan bihede. bi tucifi jobolon be alimbi./ šang gurun irume efujeci. bi. amban aha ojorakū. wang ni/ jui sinde alara. jailarangge giyan. mini da gisurehengge. simbe/ jociburengge. wang ni jui si jailarakū oci. muse jocime/ mohombi.

自靖［安］。人自献［达其志］于先王，我不顾行遁。”

teisu teisu tokto. niyalma teisu teisu nenehe/ wang de isibu. bi jailame genere be bodorakū oho.

书经卷之四

周书

jeo gurun i bithe.

泰誓上

taiši i dergi.

惟十有三年春，大会于孟津。

juwan ilaci aniya. niyengniyeri meng jin de ambarame acaha.

王曰："嗟！我友邦冢君越［及］我御事［治事］庶士［众士］，明听誓。

wang hendume. ai. mini adaki gurun i dalaha ejete. jai mini baita de/ afaha urse. geren cooha. fafulara be getuken i donji.

惟天地万物父母。惟人万物之灵。亶［诚实］聪明，作［为］元后［大君］，元后作民父母。

abka na. tumen jaka i ama eme. niyalma. tumen jaka i ulhisungge./ unenggi sure genggiyen ningge uhei ejen ombi. uheri ejen i/ irgen de ama eme ombi.

今商王受［纣名］弗敬上天，降灾下民。

te šang gurun i wang šeo. dergi abka be ginggulerakū. fejergi/ irgen de gashan isibuhabi.

沉湎［溺于酒］冒［乱］色［女］，敢行暴虐；罪人以族［亲族］，官人以世［子弟］；惟宫室、台［土高］榭［有木］、陂［泽障］池、侈［奢］服，以残害于尔万姓，焚炙［炮烙］忠良，刳剔［割剥］孕妇，皇天震怒，命我文考［文王］肃［敬］将［奉］天威，大勋［功］未集。

nure de yumpi. boco de dufe. doksin oshon be cihai yabume./ niyalma be weile arara de mukūn be suwaliyambi. niyalma be hafan/ obure de jalan halambi. damu gung yamun. tai. leose. dalan. omo be/ mamgiyame weilembi. suweni tumen hala be gejureme jobobume. tondo/ sain ningge be šolome fiyakūme. beye de bisire hehesi be secime/ hūwalame ofi dergi abka ambarame jili banjifi. mini wen/ ama de. abkai horon be gingguleme daha seme afabuha. amba gung šanggahakū.

肆［故］予小子发［武王名］，以尔友邦冢君，观政于商。惟受罔有悛［改］心，乃夷［蹲踞］居。弗事上帝神祇，遗［弃］厥先宗庙弗祀，牺牲粢盛［盛黍稷］，既［尽］于凶盗，乃曰：‘吾有民有命［天命］。’罔［无］惩［戒］其侮［慢］。

tuttu fa mini ajige beye. suweni adaki gurun i dalaha ejete de./ šang gurun i dasan be tuwaci. šeo de halara mujilen akū./ elemangga elehun i tefi. dergi di. enduri weceku be weilerakū./ ini nenehe mafari miyoo be waliyafi wecerakū. wecere ulga/ amsun i jaka. ehe hūlaha de wajihabi. elemangga minde irgen/ bi. hese bi seme. ini heolen be dasarakū.

天佑［助］下民，作之君，作之师，惟其克［能］相［辅］上帝［天］，宠［爱］绥［安］四方，有罪无罪，予曷［何］敢有越［过］厥志？

abka. fejergi irgen be karmame. ejen ilibuha. sefu ilibuhangge./ dergi di de aisilame. duin hošo be gosime/ toktobume mutere turgun. weile bisire weile akūngge be. / bi ai gelhun akū gūnin be dababumbi.

同力度［量度］德，同德度义。受有臣亿万，惟亿万心。予有臣三千，惟一心。

hūsun adali ocierdemu be bodombi. erdemu adali oci./ jurgan be bodombi. šeo de bisire tumen tumen amban de. tumen tumen/ mujilen. minde bisire ilan minggan amban de. emu mujilen.

商罪贯［通］盈［满］，天命诛之。予弗顺天，厥罪惟钧［同］。

šang gurun i weile fiheme jalufi. abkai hesei jocibumbi. bi/ abka be daharakū oci tere weile emu adali ombi.

予小子夙夜祗［敬］惧［恐］，受命文考［文王庙］，类［祭天］于上帝，宜［祭社］于冢土［大社］，以尔有众，底［致］天之罚。

mini ajige beye. yamji cimari gingguleme olhome. wen ama i hese be/ alifi. dergi di de. leo wecefi. fejergi na de. i wecefi. suweni/ bisire geren be gaifi. abkai fafun be isibumbi.

天矜［怜］于民，民之所欲，天必从之。尔尚［庶几］弼［辅］予一人，永［长］清四海。时哉！弗可失。”

abka. irgen be gosimbi. irgen i buyerengge be. abka/ urunakū dahambi. suwe mini emu niyalma de aisilame. duin/ mederi be enteheme bolho obu. erin be ufaraci ojorakū.

泰誓中

tai ši i dulimba.

惟戊午，王次［止］于河朔［北］，群［诸］后［侯］以师［众］毕［尽］会。王乃徇［循］师而誓。曰：“呜呼！西土有众，咸［皆］听朕言。

suwayan morin inenggi. wang birai amargi de tataha. geren/ ejete cooha gaifi yooni acanjiha manggi. wang. cooha be/ tohorombume fafulame hendume. ai. wargi bai bisire geren gemu mini gisun be donji.

我闻：‘吉人［善人］为善，惟日不足；凶人为不善，亦惟日不足。’今商王受，力行无度［无法度之事］，播［放］弃犁老［黑而黄］，昵［亲］比罪人，淫酗［醉意］肆［纵］虐。臣下化之，朋家［立朋党］作仇，胁权相灭。无辜吁天［呼天告冤］，秽［腥秽］德彰［显］闻。

bi donjici. sain niyalma sain be yabure de. inenggidari tesurakū./ ehe niyalma. ehe be yabure de. inu inenggidari tesurakū sehebi./ te šang gurun i wang šeo. kemun akū be hūsutuleme yabume. soroko/ sakdasa be ashūme waliyafi. weilehengge niyalma be dosholome/ hajilambi. dufe suihutu balai oshon de. fejergi ambasa/ hūwaliyapi. hoki banjifi kimuleme yabume. toose i šerime ishunde/ tuhebumbi. sui akūngge abka be hūlame. nantuhūn yabun algime donjinaha.

惟天惠［爱］民，惟辟［君］奉天。有夏桀，弗克若［顺］天，流毒下国，天乃佑命成汤，降黜夏命。

abka. irgen be gosimbi. ejen. abka de acabumbi. hiya gurun i giyei. abka/ be dahame mutehekū. fejergi gurun de ehe be selgiyere jakade. abka tereci/ ceng tang de aisilame afabufi hiya gurun i doro be eberembufi/ nakabuhabi.

惟受罪浮［过］于桀，剥［落］丧［去］元良［微子］，贼虐谏辅［比干］。谓己有天命，谓敬不足行，谓祭无益，谓暴无伤。厥鉴［视］惟不远，在彼夏王。天其以予乂［治］民，朕梦协［合］朕卜，袭［重］于休祥，戎商［用兵伐商］必克［胜］。

šeo i weile giyei ci dabanahabi. ahūngga sain ningge be ashūme waliyafi./ tafulara aisilarangge be ebdereme oshodohobi. beye de abkai hese bi/ sembi. ginggun be yabure ba akū sembi. wecere be tusa akū sembi./ doksin be aibi sembi. tere bulekušerengge goro akū. duleke hiya/ gurun i wang de bi. abka. ainci mimbe irgen be dasabumbi. mini tolgin./ mini tuwabuha de acanaha. sain sabi jursulehe. šang gurun be/ coohalaci. urunakū etembi.

受有亿兆夷［平常］人，离心离德。予有乱臣［治乱之臣］十人，同心同德。虽有周［至］亲，不如仁人。

šeo de bisire tumen tumen jergi niyalma. fakcashūn mujilen fakcashūn/ erdemu. minde bisire dasara amban juwan niyalma. emu mujilen emu erdemu./ udu hanci niyaman bicibe. gosingga niyalma de isirakū.

天视自我民视，天听自我民听。百姓有过，在予一人。今朕必往。

abkai tuwarangge. musei irgen ci tuwambi. abkai/ donjirengge. musei irgen ci donjimbi. tanggū halai jabcarangge./ mini emu niyalma be. te bi urunakū genembi.

我武［威］惟扬［举］，侵［入］于之疆［境］。取彼凶残［指纣］，我伐用张［大］，于汤有光。

mini horon be algilbume. terei jecen de dosinafi. tere ehe/ oshon be dayabufi. mini dailara be iletulehede. tang de/ eldengge ombi.

勖［勉］哉夫子［将士］！罔［无］或无畏，宁执［持心］非敌［不能敌彼］。百姓懔懔［畏惧］，若崩［摧］厥角［头］。呜呼！乃一德一心，立定厥功，惟克永世。”

kice.hahasi. ume olhošorakū ojoro. eici bakcin/ waka se. tanggū hala dar seme ceni weihe mokcoro gese/ ohobi. ai. suwe emu erdemu emu mujilen i gung be ilibume/ toktobufi. jalan be enteheme obure be mutebu.

泰誓下

tai ši i fejergi.

时厥明［戊午之明日］，王乃大巡［察］六师，明誓众士。

tereci jai inenggi. wang ninggun cooha be ambarame giyarifi geren/ cooha de getukeleme fafulaha.

王曰："呜呼！我西土君子，天有显道［至显之理］，厥类［义类］惟彰［明］。今商王受狎［亵］侮［慢］五常［伦］，荒［弃］怠［惰］弗敬，自绝于天，结怨于民。

wang hendume. ai. musei wargi ba i ambasa saisa. abka de iletu/ doro bi. tere hacin umesi getuken. te šang gurun i wang. šeo. sunja/ enheme[1] be oihorilame heoledeme. balai cihai ginggulerakū. beye. abka de/ lashalabuha. irgen de gasacun be faliha.

斮［斫］朝涉［渡水］之胫，剖［破］贤［比干］人之心，作威杀戮，毒痡［病］四海。崇［尊］信奸回［邪］，放［逐］黜师保；屏［绝］弃典［常］刑［法］，囚奴正士［箕子］。郊社不修，宗庙不享。作奇［异］技［能］淫巧［过度之巧］，以悦［媚］妇人。上帝弗顺，祝［断］降时［是］丧。尔其孜孜［勉为意］，奉予一人，恭行天罚。

cimari erde oloro niyalmai holhon be moksolome. saisa niyalmai niyaman be/ secime. horon arame wame eruleme. duin mederi be akabume jobobumbi. jalingga/ mioshon be wesihuleme akdafi. ši boo be bošome nakabufi. kooli durun be/ ashūme waliyafi. tob sere saisa be horime endunggiyambi. giyoo še be/ dasarakū. mafari miyoo be jukterakū. ferguwecuke demun. koitonggo/ faksi be deribufi. hehe niyalma be urgunjebumbi. dergi di acaburakū/ toktofi ere efujere be wasimbuhabi. suwe hing seme mini emu niyalma be/ dahame. gingguleme abkai fafun be yabuci acambi.

古人有言曰：'抚［安］我则后［君］，虐我则仇。'独夫受，洪［大］惟作威，乃汝世仇。树［植］德务［专力］滋［长］，除［去］恶务本［绝其根本］。肆［故］予小子，诞［大］以尔众士，殄［绝］歼［灭］乃［汝］仇。尔众士其尚迪［蹈］果［杀敌］毅［致果］，以登［成］乃辟［君］，功多有厚赏，不迪有显［明］戮［诛］。

julgei niyalmai henduhengge. muse be biluci ejen. muse be oshodoci/ bata sehe-

---

① 满文"enheme"，应为"enteheme"。

bi. emhun haha šeo. ambarame horon be yaburengge. cohome/ suweni jalan halame bata. erdemu be ilibure de. hūwašabure be kicembi./ ehe be geterembure de. fulehe be kicembi sehebi. tuttu mini ajige/ beye. suweni geren cooha be uheri gaifi. suweni bata be geterembume/ mukiyebumbi. suweni geren cooha. saikan dacun kiyangkiyan i faššame./ suweni ejen be mutebu. gung ambula oci jiramin šangnambi faššarakū/ oci iletu wambi.

呜呼！惟我文考，若日月［言德之辉光］之照临，光于四方，显于西土。惟我有周，诞［大］受［有］多方［天下］。

ai. mini wen ama. šun biyai eldeke enggelehe adali. duin ergi de/ eldenehe. wargi bade iletulehe. meni jeo gurun. geren babe/ ambarame aliha.

予克［胜］受，非予武［威］，惟朕文考无罪。受克予，非朕文考有罪，惟予小子无良［善］。”

bi. šeo be eteci. mini horon de waka. mini wen ama de weile/ akū ofi. šeo. mimbe eteci. mini wen ama de weile/ bisirengge waka. mini ajige beye sain akū ofi.

牧誓

mu ši.

时甲子昧［冥］爽［明］，王朝至于商郊牧野［地名］，乃誓。王左杖黄钺［金饰斧］，右［手］秉［执］白旄［旗］以麾［指麾］，曰：“逖［远］矣！西土之人。”

tereci niowanggiyan singgeri inenggi geri fersi de. wang erde šang/ gurun i bihan mu ye bade isinjifi. fafularade. wang hashū gala de/ suwayan yuwei jafafi. ici gala de šanggiyan mao tukiyebufi elkime/ hendume. goro kai. wargi i niyalma.

王曰：“嗟我友邦冢君御事、司徒、司马、司空［三卿］、亚［卿贰］旅［卿属］、师氏、千夫长、百夫长，

wang hendume. ai. mini adaki gurun i dalaha ejete. baita de afaha./ sy tu. sy ma. sy kung. ya lioi. ši ši. minggan haha i da. tanggo/ haha i da.

及庸、蜀、羌、髳、微、卢、彭、濮人：

jai yung. šu. kiyang. moo. wei. lu. peng. pu i niyalma.

称［举］尔戈［戟］，比［排列］尔干［楯］，立［树］尔矛，予其誓。”

suweni g'u be tukiye. suweni g'an be faidan. suweni mao be ilibu. bi fafulambi.

王曰："古人有言曰：'牝鸡无晨［司晨鸡］。牝鸡之晨，惟家之索［萧索］。'

wang hendume. julgei niyalma i henduhe gisun. emile coko hūlarakū./ emile coko hūlaci boo jocimbi sehebi.

今商王受惟妇言是用，昏［迷］弃厥肆［陈］祀弗答［报］，昏弃厥遗王父母弟不迪［不以道遇］，乃惟四方之多罪逋［窜］逃［亡］，是崇、是长、是信、是使，是以为大夫卿士，俾［使］暴虐于百姓，以奸宄于商邑。

te šang gurun i wang šeo. hehei gisun be canggi baitalafi. doboro/ wecere be farhūdame waliyafi karularakū. werihe emu mafa. emei deote be/ farhūdame waliyafi yarhūdarakū. elemangga duin ergi weile ambula./ jailaha ukakangge be wesihuleme tukiyeme. akdame takūrame./ tentekengge be daifu hafan. king. ši obufi. tanggo hala be/ jobobume oshodobume. šang gurun i hecen de jalidame koimalidabumbi.

今予发［武王名］惟恭行天之罚。今日之事，不愆［过］于六步、七步，乃止齐［整］焉，夫子勖［勉］哉！

te. fa bi. abkai fafun be gingguleme yabumbi. enenggi i baita ninggunggeri/ oksoro. nadanggeri oksoro ci dulemburakū. uthai ilifi/ teksile. hahasi kice.

不愆于四伐［击刺］、五伐、六伐、七伐，乃止齐焉，勖哉夫子！

duinggeri afara. sunjanggeri afara. ninggunggeri afara. nadanggeri/ afara ci dulemburakū. uthai ilifi teksile. kice hahasi.

尚桓桓［威武貌］，如虎如貔，如熊如罴，于商郊。弗迓［迎击］克［能］奔［来降］，以役［劳］西土。勖哉夫子！

hoo hio seme tashai adali. mojihi adali. lefu i adali. nasin i adali./ šang gurun i bihan de oso. ume dahame jiderengge be heturefi. wargi/ baingge be suilabure. kice hahasi.

尔所弗勖，其于尔躬有戮。"

suwe kicerakū oci. suweni beyebe wambi.

武成[1]

u ceng.

惟一月壬辰，旁死魄［初二日］，越翼［明］日癸巳，王朝步自周，于征伐商。

ujui biyai sahaliyan muduri inenggi. muru burubuha hacikan. jai inenggi/ sahahūn meihe. wang erde jeo i baci jurafi šang gurun be tuwancihiyame/ dailaha.

底［至］商之罪，告于皇天后［社］土、所过名山大川，曰："惟有道［指父祖］曾孙周王发，将有大正于商。今商王受无道，暴殄天物，害虐烝［众］民，为天下逋逃［逃亡罪人］主、萃［聚］渊［鱼所聚］薮［兽所聚］。予小子既获［得］仁人，敢祗［敬］承上帝，以遏［绝］乱略［谋］，华夏蛮貊，罔不率俾［从］。

šang gurun i weile be feteme. dergi abka. fejergi na. dulenderele gebungge/ alin. amba bira de alame hendume. doro bisire ilaci jalan i omolo jeo/ gurun i wang fa. šang gurun be ambarame tuwancihiyanambi. te šang gurun i/ wang šeo doro akū. abkai jaka be doksireme efuleme. geren irgen be/ jobobume oshodome. abkai fejergi jailaha ukakangge de ejen ofi./ tunggu weji de isibumbi. mini ajige beye. gosingga niyalma be/ baha be dahame. gelhun akū dergi di be gingguleme dahafi. facuhūn/ hebe be nakabumbi. hūwan hiya. man me gaifi dahahakūngge akū.

惟尔有神，尚克相［辅］予，以济兆民，无作神羞［言兵败为神之羞］。"既戊午，师渡孟津。癸亥，陈于商郊，俟天休命［胜商之美命］。甲子昧爽［将明未明］，受率其旅若林［言其多］，会于牧野，罔有敌于我师，前徒［众］倒戈，攻于后以北［走］，血流漂杵［木杵］。一戎衣，天下大定，乃反商政［纣虐政］，政由旧［商先王政］。释［解］箕子囚，封比干墓，式商容［贤人］闾［里门］，散鹿台［纣积财之所］之财，发钜桥［纣积粟之所］之粟，大赉［予］于四海，而万姓悦服。

suweni enduri se. minde aisilame. geren irgen be aitubure be mutebu./ ume enduri sede girucun obure. suwayan morin inenggi. cooha meng/ jin be doofi. sahahūn ulgiyan inenggi. šang gurun i bihan de faidafi/ abkai ferguwecuke hese be aliyaha. niowanggiyan singgeri inenggi. geri/ fersi de. šeo ini weji adali cooha be gaifi. mu

[1] 王丰先点校本《书集传》此篇有"武成"和"今考定武成"两种版本，而摩青阁本仅保留"今考定武成"本，满文翻译亦与此版本对应。

ye bade acaha de/ bakcilarangge akū. julergi urse agūra be fudarabufi. amargingge be/ afame buralabuha. senggi eyeme bireku dekdehe. coohai etuku be emgeri/ eture jakade. abkai fejergi ambula toktoho. tereci šang gurun i/ dasan be halafi. dasan. fe be dahaha. gi dzi be horiha be sindaha. bi/ g'an i eifu be funghehe. šang žung ni gašan de doro araha. lu tai i/ ulin be salaha. gioi kiyoo i jeku be tucibuhe. duin mederi de ambarame/ šangnaha manggi. tumen hala urgunjeme dahaha.

厥四月哉［始］生明，王来自商，至于丰［文王旧都］，乃偃［息］武修文，归马于华山之阳［南］，放牛于桃林［地名］之野，示天下弗服［乘驾］。

duin biyade. teni genggiyen tucifi. wang. šang gurun ci jime. fung ni/ bade isinjiha manggi. tereci cooha be nakafi. bithei dasame./ morin be. hūwa šan alin i antu de dosimbufi. igan be. too/ lin i bihan de sindafi. abkai fejergi de baitalarakū be tuwabuha.

既生魄［望后］，庶邦冢君暨［及］百工［官］，受命于周。

muru tucike manggi. geren gurun i dalaha ejete. jai tanggo baitangga./ jeo gurun de. hese be alime gaiha.

丁未，祀于周庙，邦甸、侯、卫骏［速］奔走，执豆笾［祭器］。越三日庚戌，柴［祭天］望［祀山川］，大告武成［武功之成］。

fulhūn honin inenggi. jeo gurun i miyoo de wecere de. bang diyan. heo/ wei ekšeme surtenume yabume. deo biyan be jafaha. ilan inenggi indafi./ šanggiyan indahūn inenggi. deijime hargašame. cooha mutehe be ambarame/ alaha.

王若曰：「呜呼！群后［诸侯］！惟先王［后稷］建［立］邦启［开］土，公刘克笃［益厚］前烈，至于太王肇［始］基王迹，王季其勤［劳］王家。我文考文王，克成厥勋［功］，诞［大］膺［受］天命，以抚［安］方夏。大邦畏其力，小邦怀其德。惟九年，大统［业］未集，予小子其承厥志。

wang hendume. ai. geren ejete. nenehe wang sy. gurun be ilibufi. babe/ neifi. gung lio nenehe gung be jiramilame mutefi. tai wang de/ isinjiha manggi. wang ni doro be fukjin toktobuha. wang gi/ gurun boo de kicehe. musei wen ama wen wang. gung be šanggabume/ mutefi. abkai hese be ambarame alifi. gubci babe bilure jakade/ amba gurun hūsun de olhohobi. ajige gurun erdemu be hefeliyehebi/ uyun aniya ofi. amba doro šanggahakū. mini ajige beye. tesei/ gūnin be dahambi.

恭天成命［黜商之定命］，肆［故］予东征。绥［安］厥士女，惟其士女，篚［竹器］厥玄黄［色币］。昭［明］我周王，天休［眷周之休］震动，用附［归］我大邑周。

abkai šanggaha hese be gungneme ofi. tuttu bi dergi baru/ tuwancihiyanafi. tubai haha hehe be elhe obure jakade. tere haha/ hehe sahaliyan suwayan be šulhū de tebufi. musei jeo gurun i wang be/ eldembuhe. abkai hūturi durgembume acinggiyafi musei amba hecen i/ jeo gurun de kamcibuha.

列爵惟五［公侯伯子男］，分土惟三［百里七十里五十里］，建［设］官惟贤，位事惟能。重民五教［五典之教］，惟食丧祭。惇信［厚其实信］明义［明其时宜］，崇德报功，垂拱［垂衣拱手］而天下治。

jergi banjibuhangge sunja. ba dendehengge ilan. hafan sindaci sain/ ningge be. baita afabuci muterengge de. irgen de sunja/ tacihiyan. jeku. sinagan. wecen be ujelere. akdun be wesihulere./ jurgan be genggiyelere. erdemungge be tukiyere. gungge de./ karulara jakade. fir seme joolafi. abkai fejergi dasabuha.

右今考定武成

洪范

hūng fan.

惟十有三祀［商年］，王访［就问］于箕子。

juwan ilaci aniya. wang. gi dzi de fonjinaha.

王乃言曰："呜呼！箕子。惟天阴［默］骘［定］下民，相［辅］协［合］厥［其］居［止］，我不知其彝伦攸［所］叙［次第不紊］。"

wang tereci hendume. ai. gi dzi. abka dorgideri fejergi irgen be/ toktobume. terei teisu be aisilame acabumbi. tere an i/ ciktan dasabure be. bi ulhirakū.

箕子乃言曰："我闻在昔，鲧［禹父］堙［塞］洪［大］水，汩［乱］陈［列］其五行［金木水火土］，帝乃震怒，不畀洪［大］范［法］九畴［类］，彝伦攸斁［败］。鲧则殛［诛］死，禹乃嗣［继］兴［起］。天乃锡［赐］禹洪范九畴，彝伦攸叙。"

gi dzi tereci hendume. bi donjici. seibeni gun amba muke be sime./ sunja feten be facuhūn gamara jakade. di ambula jili banjifi. hūng/ fan i uyun hacin be buhekū. an i ciktan tereci efujehe. gun/ horibufi bucehe. ioi sirame tucifi. abka. ioi de. hūng/ fan i uyun hacin be bufi. an i ciktan tereci dasabuha.

初一曰，五行；次二曰，敬［敬德］用五事；次三曰，农［厚生］用八政；次四曰，协［合天］用五纪；次五曰，建［立］用皇极［至当之则］；次六曰，乂［治］用三德；次七曰，明用稽［察考］疑；次八曰，念［省验］用庶征；次九曰，向用［劝之向善］五福；威［惩］用六极。

sucungga emu de. sunja feten sembi. sirame jai de. sunja baita be/ ginggulere be baitalambi sembi. sirame ilaci de. jakūn dasan be/ jiramilara be baitalambi sembi. sirame duici de. sunja hergin be/ acabure be baitalambi sembi. sirame sunjaci de. ejen i ten be/ ilibure be baitalambi sembi. sirame ningguci de. ilan erdemu be/ dasara be baitalambi sembi. sirame nadaci de. tathūnjacuka be/ kimcime de. getukelemere be baitalambi sembi. sirame jakūci de. geren/ acabun be seolere be baitalambi sembi. sirame uyuci de. sunja/ hūturi de kicere be baitalambi. ninggun mohon de gelere be/ baitalambi sembi.

一，五行：一曰水，二曰火，三曰木，四曰金，五曰土。水曰润［湿］下［下流］，火曰炎［热］上［上腾］，木曰曲直［曲而又直］，金曰从［从煅炼］革［可改革］，土爰稼［初种］穑［收敛］。润下作咸［指味］，炎上作苦，曲直作酸，从革作辛，稼穑作甘。

emu de sunja feten serengge. uju de muke. jai de tuwa./ ilaci de moo. duici de aisin. sunjaci de boihon. muke be/ fusihūn simerengge sembi. tuwa be wesihun mukderengge sembi. moo be/ mudangga tondongge sembi. aisin be dahara halarangge sembi./ boihon de tarimbi bargiyambi. fusihūn simerengge hatuhūn ombi./ wesihun mukderengge gosihon ombi. mudangga tondongge jušuhun ombi./ dahara halarangge furgin ombi. tarire bargiyarangge jancuhūn ombi.

二，五事：一曰貌，二曰言，三曰视，四曰听，五曰思。貌曰恭［敬］，言曰从［顺理］，视曰明［无不见］，听曰聪［无不闻］，思曰睿［通微］。恭作肃［严整］，从作乂［条理］，明作哲［智］，聪作谋［度］，睿作圣［无不通］。

jai de sunja baita serengge. uju de arbun. jai de gisun./ ilaci de tuwakū. duici de donjin. sunjaci de gūnin. arbun be/ gungnecuke i gisun be dahasu. tuwakū be genggiyen. donjin be sure./ gūnin be hafu sembi. gungnecuke oci tob ombi. dahasu oci/ dasabumbi. genggiyen oci mergen ombi. sure oci bodohonggo ombi./ hafu oci enduringge ombi.

三，八政：一曰食，二曰货［民所资］，三曰祀［祭以报本］，四曰司空［掌土官］，五曰司徒［掌教官］，六曰司寇［掌禁官］，七曰宾［礼接远人］，八曰师［兵旅］。

ilaci de. jakūn dasan serengge. uju de jeku. jai de ulin. ilaci de/ wecen. duici de sy kung. sunjaci de sy tu. ningguci de/ sy keo. nadaci de antaha. jakūci de cooha.

四，五纪：一曰岁，二曰月，三曰日，四曰星辰［日月所会］，五曰历数［占步之法］。

duici de sunja hergin serengge. uju de aniya. jai de/ biya. ilaci de šun. duici de usiha. oron./ sunjaci de forgon ton.

五，皇极：皇［君］建［立］其有［自有］极［至极］，敛［收］时五福，用敷［布］锡［与］厥庶民。惟时厥庶民于汝极，锡汝保［守］极。

sunjaci de ejen i ten serengge. ejen. beyei ten be ilibufi. ere sunja/ hūturi be isabufi. geren irgen de selgiyeme isibumbi. fon i geren/ irgen. sini ten de ofi. sinde ten be karmara be isibumbi.

凡厥庶民无有淫［邪］朋［党］，人［有位之人］无有比德，惟皇［君］作极。

yaya geren irgen de. dufe gucu akū. niyalma de haršara/ yabun akū. ojorongge. damu ejen i ten ilibure de.

凡厥庶民，有猷［有谋虑］有为［有施设］有守［有操守］，汝则念之［不忘］。不协［合］于极，不罹［陷］于咎［恶］，皇则受之［不拒］。而康而色［有安和之色］，曰［民自言］：“予攸好德［我所好者德］。”汝则锡之福。时［是］人斯其惟皇之极。

yaya geren irgen i bodogon bisire. faššan bisire. tuwakiyan/ bisirengge be. si gūnime gaisu. ten e acanarakū. endebuku de/ tuhenerakūngge be. ejen alime gaisu.

ini cira nesuken ofi. bi/ erdemu de amuran serengge be. si hūturi isibu. uttu oci./ niyalma gemu ejen i ten de ombi.

无虐茕［困瘁］独［孤独］而畏高明［尊显有位］。

ume silhata emhun be oshodome. wesihun iletu de gelere.

人［有位］之有能［才智］有为，使羞［进］其行，而邦其昌［盛］。凡厥正人［在官之人］，既富［禄］方榖［善］，汝弗能使有好［和］于而家，时［是］人斯其辜［陷于罪］。于其无好德，汝虽锡之［予之以禄］福，其作汝用咎［用咎恶之人］。

niyalmai muten bisire. faššan bisirengge be. terei yabun be kicebuhede./ sini gurun badarambi. yaya hafan niyalma be bayambuha de. teni/ sain de ombi. si terei boode sain obume muterakū oci. tere niyalma/ weile de ombi. erdemu de amuran akūngge de. si udu hūturi/ isibuha seme. simbe ehe be baitalaha de obumbi.

无偏［不中］无陂［不平］，遵王之义。无有作好［以意为好］，遵王之道。无有作恶，遵王之路。无偏无党［不公］，王道荡荡［广远］。无党无偏，王道平平［平易］。无反［倍常］无侧［不正］，王道正直［不偏邪］。会［合而来］其有极，归［来而至］其有极。

ume urhu. ume haihashūn ojoro. wang ni jurgan be daha./ ume arame saišara. wang ni doro be daha. ume arame/ ubiyara. wang ni jugūn be daha. ume urhu. ume haršakū/ ojoro. wang ni doro gehun šehun. ume haršakū. ume urhu/ ojoro. wang ni doro necin neigen. ume fudasihūn. ume/ hailashūn ojoro. wang ni doro tob sijirgūn. ten de aca. ten de dosi.

曰：皇极之敷言［敷衍之言］，是彝［常理］是训［大训］，于帝［天］其训。

hendule. ejen i ten be badarambuha gisun. an inu. tacihiyan/ inu. di i tacihiyan kai.

凡厥庶民，极之敷言，是训［讽诵］是行［遵行］，以近［相近］天子之光［道德之光华］。曰［民言］：天子作民父母［亲之之意］，以为天下王［尊之之意］。

yaya geren irgen. ten be badarambuha gisun be tacin obufi./ yabun obufi. abkai jui i elden de halaname hendume./ abkai jui. irgen i ama eme ofi. abkai fejergi de/ wang ombi sembi.

六，三德：一曰正［无邪］直［无曲］，二曰刚克［治］，三曰柔克。平康正直，强［强梗］弗友［不顺］刚克，燮［和柔］友［委顺］柔克，沉［深沉］潜［潜退］刚克，高［高亢］明［明爽］柔克。

ningguci de ilan erdemu serengge. uju de. tob sijirgūn./ jai de. mangga i dasambi. ilaci de. uhuken i dasambi. taifin/ elhe oci. tob sijirgūn i gamambi. etenggi ijishūn akū/ oci. mangga i dasambi. hūwaliyasun ijishūn oci. uhuken i/ dasambi. irushūn somishūn oci mangga i dasambi. den genggiyen oci. uhuken i dasambi.

惟辟［君］作福，惟辟作威，惟辟玉食。臣无有作福、作威、玉食。

damu ejen hūturi be yabumbi. damu ejen horon be yabumbi. damu/ ejen gu i jeku. amban hūturi be yabure. horon be yabure. gu i/ jeku bisirengge akū.

臣之有作福、作威、玉食，其害于而［汝］家，凶于而国。人［有位］用侧［不正］颇［不平］僻［不公］，民用僭［逾］忒［过］。

amban hūturi be yabure. horon be yabure. gu i jeku bisire ohode./ terei boode gashan ombi. tere gurun de jobolon ombi. niyalma/ urhu haihashūn haršakū de ombi. irgen felehun waka de ombi.

七，稽［考］疑：择［选］建［立］立卜筮人［至公无私之人］，乃命卜筮。

nadaci de tathūnjacuka be kimcimbi serengge. tuwara/ bodoro niyalma be sonjofi. ilibume sindafi. tede/ tuwabumbi bodobumbi.

曰雨［文润湿］、曰霁［开霁光明］、曰蒙［暗昧不明］、曰驿［联绵络绎］、曰克［交错相胜］，

aga sembi. galgan sembi. buruhun sembi. justan sembi./ hiyahaduha sembi.

曰贞［内卦］、曰悔［外卦］，

jingkiningge sembi. kūbulihangge sembi.

凡七，卜五，占用二，衍［推］忒［过］。

uheri nadan. tuwarangge sunja. bodoro de baitalarangge/ juwe. endebuku be kimcimbi.

立时［是］人作卜筮，三人占，则从二人之言。

tere niyalma be ilibufi tuwabumbi bodobumbi. ilan niyalma de/ tuwabufi. juwe niyalmai gisun be dahambi.

汝则有大疑，谋及乃心，谋及卿士，谋及庶人，谋及卜筮，汝则从，龟从，筮

从，卿士从，庶民从，是之谓大同。身其康［安］强，子孙其逢［遇］吉［庆］。汝则从，龟从，筮从，卿士逆［不从］，庶民逆，吉。卿士从，龟从，筮从，汝则逆，庶民逆，吉。庶民从，龟从，筮从，汝则逆，卿士逆，吉。汝则从，龟从，筮逆，卿士逆，庶民逆，作内吉［祭祀等事］，作外凶［征伐等事］。龟、筮共违于人，用静［守常］吉，用作［举事］凶。

sinde amba tathūnjacuka ba bihe de. sini mujilen de/ hebeše. king. ši de hebeše. geren de hebše. tuwara bodoro de/ hebeše. si dahashūn. gui dahashūn. ši orho dahashūn. king. ši/ dahashūn. geren irgen dahashūn oci. erebe amba uhe sembi. beye/ oci elhe etuhun. juse omosi oci jirgacun be bahambi. si/ dahashūn. gui dahashūn. ši orho dahashūn ofi. king. ši/ fudasihūn. geren irgen gudasihūn oci. sain. king. ši dahashūn. gui/ dahashūn. ši orho dahashūn ofi. si fudasihūn. geren irgen/ fudasihūn oci. sain. geren irgen dahasūn. ši/ orho dahashūn ofi. si fudasihūn. king. si fudasihvn oci./ sain. si dahashūn. gui dahashūn ofi. ši orho fudasihūn/ king. ši fudasihūn oci. dorgi de deribuci sain. tulergi de/ deribuci ehe. gui. ši orho gemu niyalma ci fusasihūn oci./ ekisaka oci sain. deribure oci ehe.

八，庶［众］征［验］：曰雨、曰旸［晴］、曰燠［暖］、曰寒、曰风，曰时［以时至］，五者来备［无缺少］，各以其叙［应节候］，庶草蕃［滋］庑［丰茂］；

jakūci de. geren acabun serengge. aga be. fiyakiyan be/ halhūn be. šahūrun be. edun be. erin be. sunja hacin yongkiyame/ neime. meni meni giyan i oci. eiten orho ler seme huweki ombi.

一极备［过多］，凶；一极无［过少］，凶。

emu hon yooni oci ehe. emu hacin hon akū oci ehe.

曰休［美］征：曰肃［貌修］，时雨若［顺应］；曰乂［言修］，时旸若；曰哲［视修］，时燠若；曰谋［听修］，时寒若；曰圣［思修］，时风若。曰咎［不吉］征：曰狂［妄］，恒雨若；曰僭［差］，恒旸若；曰豫［怠］，恒燠若；曰急［迫］，恒寒若；曰蒙［昧］，恒风若。

sain acabun serengge. tob oci. erin de agambi. dasabuci./ erin de fiyakiyambi. mergen oci. erin de halhūn ombi./ bodohonggo oci. erin de sahūrun ombi. enduringge oci. erin de/ edun dambi. ehe acabun serengge. balama oci. urkuji agambi./ calhari oci. urkuji fiyakiyambi. heolen oci. urkuji halhūn/ ombi. hahi oci. urkuji šahūrun ombi. hūlhi oci. urkuji/ edun dambi.

曰王省［省验］惟岁，卿士惟月，师尹惟日。

hendume. wang ni kimcirengge aniya de. king. ši biya de. ši in inenggi de.

岁、月、日、时［时至］无易［不变常］，百谷用成，乂［治］用明，俊［贤人］民用章［显］，家用平康。

aniya. biya. inenggi de erin forgošoburakū oci tanggo hacin i jeku/ urembi. dasan getuken ombi. sain irgen iletulebumbi. boo tome/ taifin jirgacun ombi.

日、月、岁、时既易，百谷用不成，乂用昏不明，俊民用微，家用不宁。

inenggi. biya. aniya de. erin forgošobure oci. tanggo hacin i/ jeku urerakū ombi. dasan farhūn ofi. getuken akū ombi./ sain irgen somibumbi. boo tome elhe akū ombi.

庶民惟星，星有好风［箕星］，星有好雨［毕星］。日月之行，则有冬有夏。月之从星，则以风雨。

geren irgen usiha. edun de amuran usiha bi. aga de amuran/ usiha bi. šun. biya i yaburengge de. tuweri bi. juwari bi./ biya. usiha be dahame edun dambi. agambi.

九，五福：一曰寿，二曰富，三曰康宁，四曰攸好德，五曰考终命。

uyuci de sunja hūturi serengge. uju de jalafun. jai de/ bayan. ilaci de taifin elhe. duici de erdemu de amuran./ sunjaci de jilgan i sain i dubere.

六极：一曰凶短折，二曰疾，三曰忧，四曰贫，五曰恶，六曰弱。

ninggun mohon serengge. uju de ehe foholon aldasi. jai de/ nimeku. ilaci de jobošoro. duici de yadahūn. sunjaci de/ oshon. ningguci de yadalinggo.

旅獒

lioi oo.

惟克商，遂通道［通路来三］于九夷八蛮。西旅［西域国名］底［致］贡厥獒［犬高四尺］，太保［召公奭］乃作《旅獒》，用训于王。

šeng[①] gurun be etehe manggi. tereci uyun i. jakūn man de jugūn/ hafunafi. wargi lioi. oo be benjime jihe manggi. taiboo tede/ lioi oo fiyelen arafi. wang be tacihiyahabi.

曰："呜呼！明王慎［谨］德，四夷咸［皆］宾，无有远迩［近］，毕［尽］献方物［方土所生之物］，惟服食器用。

henduhengge. ai. genggiyen wang. erdemu be ginggulere de. duin i/ yooni dahafi. goroki hanciki akū. gemu baci tucire jaka be/ alibunjihangge. damu etuku jeku. tetun baitaha.

王乃昭［示］德［慎德所致之方物］之致于异姓之邦，无替［废］厥服［职］；分宝玉于伯叔［同姓之诸侯］之国，时庸［用］展［厚］亲。人不易［轻视］物，惟德其物。

wang tereci erdemui jibuhengge be. encu halai gurun de selgiyefi./ tesei tušan be heoledeburakū. boobei gu be amjita eshete i/ gurun de dendeme bufi. erei niyamalara be tuwabuha. niyalma/ tere jaka be weihukelerakū. jaka be erdemu de obumbi.

德盛不狎侮。狎侮君子，罔以尽人心；狎侮小人，罔以尽其力。

erdemu wesihun oci. heoledere oihorilarangge akū. ambasa/ saisa be heoledeme oihorilaci. niyalmai mujilen be wacihiyabuci/ ojorakū. buya niyalma be heoledeme oihorileci. terei hūsun be/ wacihiyabuci ojorakū.

不役耳目，百［百为］度［节］惟贞［正］。

šan yasa de usaburakū oci. tanggo kemun tob/ ombi.

玩人丧德［己所得］，玩物丧志［心所之］。

niyalma be weihukeleci/ erdemu efujembi. jaka de amuran oci. gūnin efujembi.

志以道［当然之理］宁，言以道接。

gūnin be doroi toktobumbi. gisun be doroi gaimbi.

不作无益［游观］害有益，功乃成。不贵异［奇巧］物贱用物，民乃足。犬马非其土性不畜，珍禽奇兽不育［养］于国。不宝远物，则远人格［至］；所宝惟贤，

① 满文"šeng"，应为"šang"。

则迩［近］人安。

tusa akū be deribume. tusanggangge be gūtuburakū oci. gung/ mutembi. encu jaka be wesihuleme. baitangga jaka be fusihūlarakū/ oci. irgen tesumbi. indahūn morin. ba i banin de acarakū oci/ ujirakū. saikan gasha. ferguwecuke gurgu be. gurun de fusemburakū/ goroki jaka be boobei oburakū oci. goroki niyalma dahambi. damu/ saisa be boobei obuci. hanciki niyalma elhe obumbi.

呜呼！夙夜罔或不勤。不矜［矜持］细行，终累大德。为山九仞［八尺］，功亏［缺］一篑。

ai. yamji cimari aikabade kicerakū ojorahū. ajige yabun de/ olhošorakū oci. urunakū amba erdemu gūtubumbi. alin/ arara de uyun žin ocibe. emu šoro de gung efujembi.

允［信］迪［蹈行］兹，生民保厥居，惟乃世王。”

unenggi erebe yabuha de. banjire irgen ini teku be karmaci/ ombi. teni jalan halame wang ombi.

金縢

gin teng.

既克商二年，王有疾，弗豫［悦］。

šang be etehe jai aniya. wang nimeme ofi. elhe akū bihe.

二公曰："我其为王穆［敬］卜。"

juwe gung hendume. muse. wang ni jalin uhei tuwabuki serede.

周公曰："未可以戚［忧］我先王。"

jeo gung hendume. musei nenehe wang be ume gasabure/ sehe.

公乃自以为功［事］，为三坛［筑土］同墠［除地］，为坛［另为一坛］于南方，北面，周公立焉。植［置］璧［礼神玉］秉［手执］珪，乃告太王、王季、文王。

gung/ tereci beyei baita obufi. ilan tan arafi. uhei emu falan./ julergi de emue tan be amasi forome araha. jeo gung tede/ ilifi. bi be dobofi. gui be jafafi. tai wang. wang gi./ wen wang de alaha.

史［太史］乃册［祝版］祝，曰："惟尔元孙［武王］某，遘［遇］厉［恶］虐

[暴]疾。若尔三王，是有丕[元子]子之责[任]于天，以旦[周公名]代某之身。

ši tereci ce bithe i jalbarime henduhengge. sini dalaha omolo/ tere. olhocuka doksin nimeku tušahabi. suweni ilan/ wang de. abka. amba jui be afabuha ba bi. dan mimbe/ terei beyei funde obu.

予仁若[顺]考[祖]，能多材多艺，能事鬼神。乃元孙不若旦多材多艺，不能事鬼神。

bi. ama de gosingga ijishūn. ambula mergen. ambula faksi./ hutu enduri be weileme bahanambi. sini dalaha omolo./ dan i adali ambula mergen ambula faksi akū. hutu/ enduri be weileme bahanarakū.

乃命[受命]于帝庭，敷[布]佑[助]四方，用能定尔子孙于下地，四方之民罔不祇畏。呜呼！无坠[失]天之降宝命，我先王亦永有依归。

tere. di i yamun de hese be alifi. duin hošo de/ selgiyeme aisilame. suweni juse omosi be fejergi na de/ toktobume mutembi. duin hošo i irgen. gingguleme/ olhorakūngge akū. ai. abka i wasimbuha boobei hese be/ ume ufarabure. musei nenehe wang inu enteheme akdara nikete/ babe bahambi.

今我即[就]命于元龟，尔之许我，我其以璧与珪，归俟[待]尔命。尔不许我，我乃屏[藏]璧与珪。”

te bi uthai amba gui de tuwabumbi. suwe mimbe dahaci. bi/ bi. gui be gamame bederefi. suweni hese be aliyambi. suwe mimbe/ daharakū oci. bi uthai bi. gui be jailabumbi sehe.

乃卜，三龟，一习[重]吉。启[开]籥[钥]见书[卜兆之书]，乃并是吉。

tereci gui de ilan nofi be tuwabuci. emu songkoi sain/ ofi. yose be sufi. bithe be tuwaci. gemu sain sehebi.

公曰："体[卜兆之体]，王其罔[无]害[患]，予小子新命于三王，惟永终是图。兹攸俟，能念予一人[指武王]。"

gung hendume. arbun de wang hūwanggiyarakū. mini ajige/ beye. ilan wang ni ice hese be baha. enteheme goidara be/ bodohobi. te damu musei emu niyalma be gosire be aliyambi.

公归，乃纳册［祝册］于金縢［以金缄之］之匮［藏书之物］中。王翼日［明日］乃瘳［愈］。

gung amasi jifi. ce bithe be. ging teng guise i dolo/ sindaha. jai inenggi wang yebe oho.

武王既丧，管叔［名鲜］及其群弟［蔡叔、霍叔］乃流言［无稽之言］于国，曰："公［周公］将不利［言欲代立］于孺子［成王］。"

u wang akū oho manggi. guwan šu. jai geren deote. tereci/ gurun de gisun eyebume hendume. gung. ajige jui de aisi akū/ sehe manggi.

周公乃告二公［太公、召公］曰："我之弗辟［避位］，我无以告我先王。"

jeo gung tereci juwe gung de alame. bi jailarakū oci./ bi musei nenehe wang de alara ba akū ombi.

周公居东［国东］二年，则罪人［为流言之人］斯得。

jeo gung dergi bade tefi. juwe aniya oho manggi./ weilerengge niyalma be teni baha.①

于后，公乃为诗以贻［遗］王，名之曰《鸱鸮》［恶鸟］。王亦未敢诮［让］公。

amala jeo gung. ši bithe arafi wang de benehe. gebu be cyi/ hiyoo sehebi. wang inu gelhun akū gung be wakalahakū.

秋大熟，未获［收］。天大雷电以风，禾尽偃［仆］，大木斯拔［拔起］，邦人大恐。王与大夫尽弁［冠］，以启［开］金縢之书，乃得周公所自以为功，代武王之说。

bolori jeku ambula urefi. bargiyara onggolo. abka ambula/ akjame talgiyame. edun dame. jeku gemu dedure. amba moo/ ukcara. gurun i niyalma ambula goloro jakade. wang./ daifu hafasai emgi yooni biyan mahala etufi. gin teng ni/ bithe be tucibuki serede. jeo gung ni beyei baita/ obufi. u wang ni funde oki sehe gisun be baha.

二公及王，乃问诸史与百执事，对曰："信。噫！公命。我勿敢言。"

juwe gung. wang. tereci geren ši hafan. jai tanggo/ baitangga urse de fonjire

① 此句满文书写字体不同，为行书。

jakade. yabume yargiyan sefi./ šejilefi gung ni gisun bihe. be olhošome gisurehekū sehebi.

王执书以泣，曰："其勿穆卜。昔公勤劳王家，惟予冲［幼］人弗及知。今天动威以彰［明］周公之德。惟朕小子其新［亲］迎，我国家礼亦宜之。"

wang bithe be jafafi songgome hendume. uhei tuwabure be joo/ gung seibeni gurun boode kiceme suilahabi. damu bi juse/ niyalma ofi sarakū bihe. te abka horon be acinggiyafi./ jeo gung ni erdemu be iletulebuhe. mini ajige niyalma beye/ okdonoki. musei gurun booi dorolon de inu acanambi.

王出郊［国外］，天乃雨，反风，禾则尽起。二公命邦人，凡大木所偃尽起而筑之。岁则大熟。

wang bigan de tucime. jaka. abka tereci aga agame./ edun forgošofi. jeku kemuni iliha. juwe gung. gurun i niyalma de/ hendufi. yaya amba moo de gidabuhangge be. gemu ilibufi/ tebubuhe. tere aniya jeku ambula baha.

大诰

da g'ao.

王若曰："猷［发语辞］！大诰尔多邦，越尔御事［治事之臣］。弗吊［恤］天降割［害］于我家，不少延［长］。洪［大］惟［思］我幼冲人，嗣［继］无疆大历［历数］服［五服］。弗造哲［明哲］，迪［导］民康［安］，矧［况］曰：'其有能格［穷］知天命［眷命］?'

wang ni henduhengge. ai. suweni geren gurun. jai suweni baita de/ afahangge de ambarame alambi. abka gosirakū. meni boode/ jobolon tušafi majige saniyabuhakū. ambarame gūnirengge./ bi ajige juse niyalma. jecen akū amba ton. fu be sirafi. / irgen de elhe de yarhūdarangge. mergese de isirakū/ bime abkai hese be hafume same muterakū be ai hendure.

已！予惟小子，若涉［渡］渊［深渊］水，予惟往［今后］求朕攸济［济难之道］。敷［布］贲［饰］，敷前人［前王］受命［所受之基业］，兹［此］不忘大功［武王之功］，予不敢闭［却］于天降威用。

jai damu mini ajige beye. šumin muke be doora adali. bi/ damu mimbe isiburengge be baimbi. šu be badarambumbi. nenehe niyalmai/ hese be aliha be badarambumbi. ere amba gung be onggorakūngge/ bi ai gelhun akū abkai wasimbuha horon be baitalara be/ nakambi.

宁王［武王］遗我大宝龟，绍［传］天明［明命］，即命曰：‘有大艰［难］于西土，西土人亦不静。’越［及］兹［此］蠢［无知而动］。

elhe obuha wang. minde amba boobai. gui be werifi./ abkai genggiyen be ulhibumbi. bahabuhangge uthai wargi/ bade ambula suilacun bi. wargi ba i niyalma inu elhe akū/ sehebi. te uttu mentuhudehebi.

殷小腆［厚］，诞［大］敢纪其叙［绪］。天降威，知我国有疵［病］，民不康［安］，曰：‘予复［复殷业］。’反鄙［邑］我周邦。

in ajige fisin bime. gelhun akū dabali ini doro be siraki/ serengge. abkai horon wasimbuhangge bicihe. inu musei/ gurun de berten bisire. irgen i elhe akū be safi./ bi torombumbi seme. elemangga musei jeo gurun be/ fusihūlambi.

今蠢。今翼日，民献［贤］有十夫［十人］，予翼［辅］以于［往］，敉［抚］宁武［继］图功［武王所图之功］。我有大事［戎事］休［美］，朕卜并吉［三龟皆吉］。

te mentuhudehe. jai inenggi. irgen i saisa juwan haha./ minde aisilame genefi. dahabume elhe obume. u wang ni/ faššaha gung be sirambi. mini amba baita urgun ombi./ mini tuwabuhangge gemu sain sehe.

肆［故］予告我友邦君，越尹氏［庶官之正］、庶士、御事，曰：‘予得吉卜，予惟以尔庶邦，于［往］伐殷逋［逃］播［迁］臣［武庚］。’

tuttu ofi. bi musei adaki gurun i ejete. jai da sa./ geren saisa. baita de afahangge de alaha. mini/ tuwabure de. sain be bahabuha be dahame. bi suweni/ geren gurun be gaifi. in i burlaha. ubašaha amban be/ dailanambi.

尔庶邦君，越庶士、御事，罔不反曰：‘艰大，民不静，亦惟在王宫邦君室。越予小子考［父老］翼［敬事］，不可征，王害［曷］不违卜？’

suweni geren gurun i ejete. jai geren saisa. baita de/ afahangge. gemu dahime hendurengge. mangga amban./ irgen elhe akūngge. inu wang ni gung. gurun i ejen i/ boode bikai. tere dade meni ajige beye. sakda ginggun/ ningge dailanaci ojorakū sere be dahame. wang/ tuwabuha be jurcerakū sembi.

肆［故］予冲［幼］人，永［长］思艰［难］曰：‘呜呼！允［信］蠢鳏寡。哀哉！’予造［为］天役［职］，遗大投艰于朕身，越予冲人，不卬［我］自恤，义尔邦君，越尔多士、尹氏、御事，绥［安］予曰：‘无毖［劳］于恤［忧］，不可不成乃宁［武王］考图功！’

tuttu mini juse niyalma. kemuni mangga be gūnime šejilefi./ yargiyan i mentuhudehe de. g'ugin anggasi jilakan kai seme./ bi abkai takūrara be yabumbi. mini beye de amban be/ sulabuha. mangga be tušabuha be dahame. mini juse niyalma/ bi beyebe hairaci ojorakū sembi. jurgan de suweni gurun i/ ejete. jai suweni geren saisa. da sa. baita de afahangge./ mimbe necihiyeme asuru ume suilame joboro. elhe obuha ama i/ faššaha gung be muteburakūci ojorakū seci acambihe.

已！予惟小子，不敢替［废］上帝命［伐武庚之命］。天休［眷休］于宁王［武王］，兴我小邦周，宁王惟卜用，克［能］绥［安］受兹命。今天其相民，矧亦惟卜用。呜呼！天明畏［明命可畏］，弼［辅］我丕［大］丕基［业］。”

jai mini ajige beye. ai gelhun akū dergi di i hese be/ waliyambi. abka. elhe wang be gosifi. musei ajige jeo/ gurun be mukdembuhe. elhe obuha wang damu tuwabuha be/ baitalafi. ere hese be toktobume mutefi alihabi tere/ anggala te abka. irgen de aisilara de. inu/ damu tuwabure be baitalambi. ai. abkai genggiyen/ gelecuke. meni umesi amba ten de aisilarangge kai.

王曰：“尔惟旧人［武王旧臣］，尔丕［大］克［能］远省，尔知宁王若勤哉！天闷［闭塞］毖［艰难］我成功所［所在］，予不敢不极卒［终］宁王图事。肆予大化［化诲］诱［引诱］我友邦君，天棐［辅］忱［信］辞，其考我民［指十夫］，予曷其不于前宁人图功攸终？天亦惟用勤毖我民，若有疾，予曷敢不于前宁人［武王大臣］攸受［所受之休命］休毕［终］?”

wang ni henduhengge. suweni fe niyalma. suwe goroki be ulhihe/ sahangge ambula be dahame. suwe elhe obuha wang ni/ joboho be sembi dere. abka hanggabume suilaburengge/ musei gung be muteburengge kai. bi ai gelhun akū ning/ wang ni sithūha baita be umesi šanggaburakū. tuttu/ ofi bi adaki gurun i ejete be. ambula wembume yarhūdaha/ abkai aisilara unenggi gisun be. musei irgen de/ kimciha. bi adarame nenehe elhe obuha niyalmai/ sithūha gung be duhemburakū oci ombi. abka/ inu musei irgen i joboro suilara be. nimeku/ bisire de duibulehebi. bi ai gelhun akū/ nenehe elhe obuha niyalmai aliha. sain be akūmburakū.

王曰："若昔［前日］朕其逝［往东征］，朕言［亦谓事难］艰日思。若考［父］作室，既底［定］法，厥子乃弗肯堂，矧［况］肯构［造屋］？厥父［耕田］菑［反土］，厥子乃弗肯播［种］，矧肯获［收成］？厥考［父老］翼［敬事］其肯曰：'予有后［子孙］，弗弃基［业］。肆予曷敢不越［及］卬［我］，敉［抚］宁王大命？'

wang hendume. mini cananggi geneki sere be. bi mangga seme inenggidari/ gūniha. duibuleci ama. boo arame durun toktobuci. jui/ ten be cirgerakū adali. boo arara ai bi. ama./ usin be ubašaci. jui juse maktarakū adali. bargiyan ai/ bi. terei ginggulehe ama. minde enen bi. mini doro be/ waliyarakū seme hendumbio. tuttu ofi bi ai gelhun akū/ mini beye be amcame. elhe obuha wang ni amba hese be toktoburakū.

若兄考［父兄］，乃有友伐［攻］厥子，民［臣仆］养其劝弗救［劝友攻伐而不救］。"

duilebuci. ama ahūn de. ini jui be afara gucu bifi./ irgen ujin huwekiyebume. aituburakū adali.

王曰："呜呼！肆哉［舒放无畏］，尔庶邦君，越尔御事。爽［明］邦由哲［明智之士］，亦惟十人迪［蹈］知上帝命，越［及］天棐忱［辅武王之诚］，尔时罔敢易法［违越武王法制］。矧今天降戾［祸］于周邦，惟大艰［首作大难］人诞［大］邻［近］胥［相］伐［攻］于厥室。尔亦不知天命不易？"

wang hendume. ai. sulakan oso. suweni geren gurun i ejete. jai suweni/ baita de afaha urse. gurun be getukelebuhengge mergen i haran. inu/ damu juwan niyalma. dergi di i hese. jai abkai aisilara unenggi be/ hafu sere jakade. tere fonde gelhun akū fafun be oihorilahakūbi./ tere anggala te abka. jeo gurun de gashan wasimbufi. amba jobolon be/ deribuhe niyalma. umesi hanci. ini boo be ishunde afambi. suwe inu/ abkai hese be jurceci ojorakū be sarkū kai.

予永［长］念［思］曰："天惟丧殷，若穑［农夫］夫，予曷敢不终朕亩［田］？

天亦惟休［美］于前宁人［武王旧臣］。

mini kemuni gūnirengge. abka. in be efulerengge. usin i haha/ adali. bi ai gelhun akū mini usin be tuhemburakū. abka inu/ damu nenehe elhe obuha niyalma be sain obumbi.

予曷［何］其极卜［尽用卜］，敢弗［不］于从［从人］？率［循］宁人有指［定］疆［界］土［地］，矧［况］今卜并吉？肆［故］朕诞［大］以尔东征，天命不僭［差］，卜陈惟若兹。”

bi ainu tuwabuha de urhufi. ai gelhun akū daharakū. elhe/ obuha niyalma be songkolome. jecen i babe toktobumbi. tere/ anggala te tuwabuci. gemu sain sembi. tuttu ofi bi. suwembe/ ambarame gamame dergi be tuwancihiyanambi. abkai hese tašan/ akū. tuwabure de bahabuhangge damu uttu.

微子之命

wei dzi jyi ming.

王若曰："猷！殷王元［长］子，惟稽［考］古崇［尊］德［有德先王］象贤［子孙象先王之贤］，统承先王，修［修辑］其礼［典礼］物［文物］，作宾［以客礼遇之］于王家［天子之家］，与国咸［皆］休，永世无穷。

wang ni henduhengge. ai. in wang ni ahūngga jui. julge be/ kimcifi. erdemu be wesihuleme. sain be dursulerengge be. nenehe/ wang ni doro be alibufi. dorolon jaka be dasabume. wang ni/ boode antaha obuha. gurun i sasa sain ome. jalan enteheme./ mohon akū okini.

呜呼！乃祖成汤，克［能］齐［肃敬］圣［无不通］广［大］渊［深］，皇天眷［顾］佑［助］，诞［大］受厥命，抚民以宽，除其邪虐，功加于时，德垂后裔［子孙，指微子］。

ai. sini mafa ceng tang. ginggun enduringge. onco tunggu ome/ mutere jakade. dergi abka gosime aisilame. hese be ambarame./ irgen be oncoi bilume. mioshūn oshon be geterembufi./ gung be erin de isibuha. erdemu be amgan enen de werihe.

尔惟践［行］修［举］厥猷［道］，旧［非一日］有令［善］闻［誉］。恪［敬］慎［谨］克孝，肃恭神人。予嘉［善］乃德，曰：笃［厚］不忘，上帝时歆

［响[①]］，下民祗［敬］协［合］，庸［用］建［立］尔于上公，尹［治］兹［此］东［宋在东］夏。

si terei yabun be songkolome dasame. daci sain irgen bihe. olhoba/ serebe i hiyoošulame. enduri niyalma de tob gungnecuke be mutehe./ bi sini erdemu be saišarangge. hing seme onggohakū sembi./ dergi di erin de alimbi. fejergi irgen ginggguleme acabumbi/ seme. simbe dergi gung obufi. dergi hiya be dasabumbi.

钦哉！往敷［陈］乃［汝］训［五典之训］，慎乃服命［上公服命］，率由典常，以蕃［卫］王室。弘［大］乃烈祖，律［范］乃有民，永绥厥位，毗［辅］予一人。世世享德，万邦作式［法］，俾［使］我有周无斁［厌］。

ginggule. genefi sini tacihiyan be selgiye. sini etuhu hese be/ olhošome. an kooli be dahame yabume. wang ni gurun be dalita/ sini gungge mafa be algimbume. sini bisire irgen de tacibume./ sini soorin be enteheme elhe obume. mini emu niyalma de aisila./ jalan halame erdemu be alikini. tumen gurun de durun obu./ mini jeo gurun de eimemuburakū oso.

呜呼！往哉惟休，无替［废］朕命。"

ai. genefi sain oso. mini hese be ume waliyara.

康诰

k'ang g'ao.

惟三月哉生魄，周公初基，作新大邑于东国洛，四方民大和会，侯、甸、男、邦、采、卫、百工播民和见士于周。周公咸勤，乃洪大诰治[②]。

王若曰："孟［长］侯，朕其弟，小子封［康叔名］。

wang ni henduhengge. ujulaha heo. mini deo. ajige jui/ fung.

惟乃丕［大］显［明］考文王，克明德慎罚。

musei amba iletu ama wen wang. erdemu be genggiyeleme./ fafun be olhošome

① 歆，注释中作"飨"，不作"响"，此处有误。

② 此段满文未译，应为抄写时遗漏。

mutehebi.

不敢侮［慢］鳏寡，庸庸［用所当用］、祗祗［敬所当敬］、威威［威所当威］，显［明白］民，用肇［始］造我区［一区］夏，越［及］我一二邦以修。我西土惟时怙［恃］冒［覆］，闻于上帝，帝休［美之］，天乃大命文王，殪［灭］戎［大］殷，诞［大］受厥命。越厥邦［万邦］厥民，惟时叙［就理］。乃寡兄勖［勉］，肆汝小子封，在兹东土。”

g'ugin. anggasi be gelhun akū oihorilarakū. tukiyerengge/ be tukiyeme. ginggulerengge be ginggule horolorongge/ be horolome. irgen de iletulefi. musei ere/ amba babe fukjin toktobuha. jai musei emu/ juwe gurun dasabuha. musei wargi baingge. gemu/ akdara hukšere jakade. dergi di de donjinafi./ di saišame. abka tereci wen wang de. amba/ in be mukiyebure amba hese buhe. tere hese be/ ambarame alifi. tereci gurun irgen gemu dasabuha./ sini sitahūn ahūn i kicehe de. ajige jui fung/ si. tuttu ere dergi bade oho.[1]

王曰："呜呼！封。汝念哉！今民将在祗［敬］遹［述］乃文考，绍闻［继前所闻］衣［服］德言［文王有德之言］。往［之国］敷求［广求］于殷先哲王，用保乂［治］民。汝丕［大］远惟［思］商耇［老］成人，宅心［处心］知训［知所以训民］，别求闻［多闻］由［率由］古先哲王，用康保民，弘［廓大］于天［惟天］。若德裕［克足］乃身，不废在王命。”

wang hendume. ai. fung. si gūnici acambi. te irgen be/ dasara de. musei wen ama be gingguleme songkolome./ donjiha be sirame. erdemu i gisun be alhūdara de bi./ genefi in i nenehe mergen wang se be ambula fujurulafi. irgen be/ karmame dasa. si. šang ni sengge fujuri urse be ambula/ amcame gūnime. mujilen be toktobufi tacihiyan be sa./ geli julgei nenehe mergen wang se be fujurulame donjifi/ yabume. irgen be elhe obume karma. abka be badarambufi/ erdemu ini beye de elgiyen ohode. wang ni hese wasimburakū ombi.[2]

王曰："呜呼！小子封。恫［痛］瘝［病］乃身，敬哉！天［天命］畏［可畏］

① 此段满文书写字体不同，为行书。

② 此段满文书写字体不同，为行书。

棐［辅］忱［诚］；民情大可见，小人难保。往［之国］尽乃心，无康［安］好逸豫，乃其乂［治］民。我闻曰：‘怨不在大，亦不在小，惠［顺理］不惠，懋［勉］不懋。’

wang hendume. ai. ajige jui fung. sini beye nimere fintara adali./ gingguleci acambi. abka gelecuke bicibe. unenggi de aisilambi./ irgen i gūnin be ambula saci ombi seme. buya niyalma be akdulaci/ mangga. genefi sini mujilen be akūmbu. ergembume jirgara/ sebjelere de amuran akū oci. teni irgen be dasara de/ ombi. mini donjihangge. gasacun amba de akū. inu ajigen de/ akū. ijishūn. ijishūn akū. kicere kicerakū de bi sehebi.

已！汝惟小子，乃服惟弘王，应［和］保殷民，亦惟助王宅［安］天命，作［振作］新民。”

jai ajige jui si. sini tušan. wang be badarambumbi. in i irgen be/ acabume karmambi. geli wang de aisilame. abkai hese be/ toktobumbi. irgen be icemleme yendebumbi.

王曰：“呜呼！封，敬明乃罚。人有小罪，非眚［过误］，乃惟终［故犯］自作不典［法］，式［用］尔［如此］，有厥罪小，乃不可不杀。乃有大罪，非终，乃惟眚灾［不幸］，适［偶］尔，既道［称］极厥［尽输其情］辜，时乃不可杀。”

wang hendume. ai. fung. sini fafun be gingguleme genggiyele. niyalma de/ bisire weile ajigen bicibe. endebuhengge waka. jortai. beye. kooli/ akū be deribufi. same ohongge oci. terei weile ajigen/ bicibe. warakū oci ojorakū. tede bisire weile amban/ bicibe. jortai waka. endebuhe gashan. holkonde ohongge bime./ ini weile be wacihiyame alara oci. tere be waci ojorakū.

王曰：“呜呼！封。有叙［次序］，时乃大明［明罚］服［服民］，惟民其敕［戒敕］懋和［勉于和顺］。若有疾，惟民其毕［尽］弃咎［过］。若保赤子，惟民其康乂［安于治］。

wang hendume. ai. fung. ilgabuha babi. sini tere be ambarame/ genggiyelefi dahabuci. irgen tuwancihiyabume hūwaliyandara be/ kicembi. nimeku bisire adali oci. irgen gemu ehe be waliyambi./ fulgiyan jui be eršere adali oci. irgen elhe tome dasabumbi.

非汝封，刑人杀人，无或刑人杀人。非汝封，又曰劓［截鼻］刵［截耳］人，无或劓刵人。”

fung sini niyalma be erulere. niyalma be warangge waka. ume cisui/ niyalma be erulere. niyalma be wara. fung siningge waka. geli/ hendume. niyalmai oforo šan be faitara de. ume cisui niyalmai/ oforo šan be faitara.

王曰：“外事［有司刑罚之事］，汝陈［列］时［是］臬［法］，司师［效］兹［此］殷罚有伦。”

wang hendume. tulergi baita de. si ere kooli be selgiyefi/ hafasa be ere in gurun i fafun i giyan bisirengge be alhūdabu.

又曰：“要［紧要］囚［囚犯］，服［服膺］念五六日，至于旬［十日］时［三月］，丕［大］蔽［断］要囚。”

geli hendume. ujen weilengge be. sunja ninggun inenggi. juwan de./ erin de isibume. hing seme gūnifi. ujen weilengge be/ ambarame lashala.

王曰：“汝陈时臬事，罚蔽殷彝［常法］，用其义［宜］刑义杀，勿庸［用］以次［就］汝封。乃汝尽逊［顺］，曰时［是］叙［次序］，惟曰未有逊事。

wang hendume. si ere kooli baita be selgiyefi. fafun be. in i/ kooli i lashalacibe. tere jurgan i erulere. jurgan i wara be/ baitala. fung. ume sinde acabume gamara. si udu ijishūn be/ akūmbufi. dasabuha sehe seme. kemuni ijishūn weile/ akū se.

已！汝惟小子，未其有若汝封之心，朕心朕德，惟乃知。

jai ajige jui si. fung sini mujilen i adalingge akū./ mini mujilen. mini erdemu be. damu si sambi.

凡民自得罪，寇攘奸宄，杀越［颠越］人于货［财］，暋［强］不畏死，罔弗憝［恶］。”

yaya irgen. beye weile arame. hūlhame cuwangname. jilidame/ koimalidame. niyalma be wame tuhebufi. ulin gaime. etuhušeme/ bucere de gelerakūngge be ubiyarakūngge akū.

王曰：“封，元恶大憝，矧［况］惟不孝不友。子弗祗［敬］服［事］厥父事，大伤厥考［父］心。于父不能字［爱］厥子，乃疾［憎］厥子。于弟弗念天显［尊卑显然之序]，乃弗克恭[敬]厥兄。兄亦不念鞠[父母鞠养之劳]子哀，大不友于弟。惟吊[至]兹[此]，不于我政人[为政之人]得罪，天惟与我民彝[伦常]大泯[灭]乱[紊]。曰：乃其速由[依]文王作罚，刑兹无赦。

wang hendume. fung. ujui ehe. amba ubiyaburu bicibe. jai/ hiyoošun akū senggime akū. jui. ama be weilere de/ ginggulememe weilerakū. amai mujilen be ambarame efulefi. ama./ jui be gosirakū. jui be ubiyara. deo abkai iletulehe be/ gūnirakū. ahūn be gungnerakū ofi. ahūn inu jui be/ hūwašabuha suilacun be gūnirakū. deo de ambula senggime/ akū ojoro oci. enteke de isinahangge be. muse dasara/ niyalma. weile ararakū oci. abkai musei irgen de buhe/ an. ambarame gukume facuhūrambi kai sefi. hendume. si/ hūdulame wen wang ni deribuhe fafun be dahame./ tentekengge be eruleme guweburakū obu.

不率[循教]大戛[法]，矧惟外庶子训[教]人，惟厥正人[庶官之长]，越小臣诸节[有符节者]，乃别播[布]敷，造[要]民大誉，弗念[念君]弗庸[用法]，瘝[病]厥君，时[是]乃引恶，惟朕憝。已！汝乃其速由兹[此]义[义刑]率杀。

daharakūngge be amba fafun i gamacibe. niyalma be tacibure/ wai šu dzi. hafasai da. jai jiyei be jafaha buya hafasa./ enculeme algimbume selgiyefi. irgen i amba maktacun be baime/ gūnirakū daharakū. ejen be gasabure oci. ere ehe be/ yarurengge kai. bi ubiyambi. nakaci ombio. si hūdulame/ ere jurgan be dahame waci acambi.

亦惟君[指康叔]惟长，不能厥家[齐其家人]人，越[及]厥小臣外正，惟威惟虐，大放[废弃]王命，乃非德用乂[治]。

ejen da bime. ini booi niyalma. jai buya hafan. tulergi da/ sa be muterakū. damu horolome. damu oshodome. wang ni/ hese be ambula waliyafi. waka erdemu i dasaci ombio.

汝亦罔不克敬典[常法]，乃由[由是]裕民，惟文王之敬[不忽]忌[不敢]。乃裕民曰：‘我惟有及。’则予一人以怿[悦]。”

si ume kooli be ginggulere be muterakū ojoro. erebe jafafi/ irgen be hūwaliyambu. wen wang ni ginggulehe targaha be gūnime/ irgen be hūwaliyambume. bi haminambi sere oci. mini emu/ niyalma urgunjembi.

王曰："封！爽［明］惟［思］民，迪［导］吉［祥］康［安］。我时其惟殷先哲王德［泽］，用康乂民作求［等］。矧今民罔［无有］迪［导之而不从］不适，不迪，则罔政在厥邦。"

wang hendume. fung. irgen be getuken i gūnici. elhe jurgacun de/ yarhūdambi. bi damu in i nenehe mergen wang sei erdemu be/ dahame. irgen be elhe obume dasafi acabuki sembi. tere/ anggala te i irgen yarhūdara be daharakūngge akū./ yarhūdarakū oci. gurun de dasan akū ombi.

王曰："封！予惟不可不监［视］，告汝德之说，于罚之行。今惟民不静，未戾［止］厥心，迪屡［屡次］未同［同乎治］。爽惟天其罚殛我，我其不怨，惟厥罪，无在大，亦无在多，矧曰其尚显闻于天。"

wang hendume. fung. bi bulekušerakū oci ojorakū sembi./ tuttu sinde erdemu i gisun. fafun i yabun be alaha. te/ erin ekisaka akū. terei mujilen toktorakū. jing yarhūdaci/ emu ojorakū. getuken i gūnici. abka ainci mimbe weile/ arambi. bi inu gasarakū. weile ojorongge amba de akū/ inu ambula de akū kai. abka de iletu donjinaha be ai hendure.

王曰："呜呼！封。敬哉！无作怨［可怨之事］，勿用非谋［非善之谋］非彝［非常之法］，蔽时忱［断以是心之诚］。丕［大］则［法］敏［不怠］德，用康［安］乃心，顾［省念］乃德，远乃猷［谋］，裕［宽而不迫］乃以民宁［待民自化］，不汝瑕［疵］殄［绝］。"

wang hendume. ai. fung gungguleci acambi. ume gasacun be yabure./ ume bodogon waka. an waka be baitalara. unenggi i lashalame./ erdemu de kicere be ambarame alhūdame. sini mujilen be toktobu/ sini erdemu be kimci. sini seolen be goromila. sulakan i/ irgen elhe obuci. simbe wakalame waliyarakū.

王曰："呜呼！肆汝小子封。惟命不于常，汝念哉！无我殄享［绝所享之国］，明乃服命，高［不可卑］乃听，用康［安］乂［治］民。"

wang hendume. ai. ajige jui fung si. hese enteheme akū. si/ gūnici acambi. ume muse ci aliha be lashalara. sini/ aliha hese be ulhi. sini donjin be wesihun obu./ irgen be elhe obume dasa.

王若曰："往哉！封。勿替敬典［废所敬之常法］，听朕告汝，乃以殷民世享

[享其国]。”

wang ni henduhengge. fung. si genefi. kooli be ginggulere be/ ume tookara. mini sinde alaha be donjire oci. teni/ in i irgen be jalan halame alimbi.

酒诰

jio g'ao.

王若曰：“明大命于妹邦［康叔封地］。

wang ni henduhengge. amba hese be. meni gurun de getukelen.

乃穆［敬］考文王，肇［始］国在西土，厥诰毖［戒谨］庶邦庶士，越少正［官之副贰］御事，朝夕曰：‘祀［祭］兹酒。’惟天降命，肇我民，惟元［大］祀。

gingguji ama wen wang. wargi bade gurun be fukjin neifi. geren gurun i/ geren ši. jai ilhi hafasa. baita de afaha urse de. yamji/ cimari targabume tacibume. nure be wecere de baitalambi. abka/ hese wasimbufi. musei irgen be deribubuhengge. damu ambarame/ wecere de kai seme hendumbihe.

天降威，我民用大乱丧德，亦罔非酒惟行。越小大邦用丧，亦罔非酒惟辜［致罪］。

abka horon wasimbufi. musei irgen ambula facuhūrame erdemu/ efujerengge. inu nurei yabun de akūngge akū. jai amba ajige/ gurun i efujerengge. inu nurei weile de akūngge akū.

文王诰教小子：有正［有官守］有事［有职业］，无彝［常］酒；越庶国，饮惟祀，德将无醉。

wen wang ni asihata juse de tacibume henduhengge. tušan bi. baita bi./ ume kemuni urelere. jai geren gurun damu wecere de omimbi./ erdemu tomso. ume soktoro.

惟曰：‘我民迪［训导］小子，惟土物［指稼穑］爱，厥心臧［善］，聪听祖考［父］之彝［常］训。越小大德。小子惟一。’

henduhengge. mini irgen. asihata juse be tacibume. damu boigon ci/ tucire jaka be saisa se. terei mujilen sain ombi. mafa ama i/ an i tacihiyan be šan waliyafi donji. amba ajige erdemu be./ asihata juse damu emu obu.

妹土，嗣［续］尔股肱，纯［大］其艺黍稷，奔走事厥考厥长。肇［敏］牵车牛，远服［事］贾，用考[①]养厥父母。厥父母庆［喜］，自洗［致洁］腆［致厚］，致用酒。

mei baingge. suwe gala bethe de acabume. ira fisihe be ambula/ weilefi. kuturšeme sujume. meni meni ama. ungga be weilere. kiceme/ sejen ihan be jafafi. goro faššame hūdašame. meni meni ama eme be/ hiyoošulame urere de. meni meni ama eme urgunjeci. beye obome./ elgiyen dagilame nure be baitala.

庶士有正［有官守］越庶伯［庶官之长］君子，其尔典［常］听朕教。尔大克羞［养］耇［老］惟君，尔乃饮食醉饱。丕惟曰：尔克永［常常］观［反观］省［内省］，作稽［合］中德。尔尚克羞［进］馈祀，尔乃自介［助］用逸［用以宴乐］。兹［此］乃允［信］惟王正事［治事］之臣，兹亦惟天若［顺］元德，永不忘在王家。”

geren ši i tušan bisirengge. jai geren da. ambasa saisa suwe/ mini tacibure be kemuni donji. suwe sakdasa be eršeme. ejen be/ gūnime ambula muteci. suwe omire jetere be ebici soktoci/ ombi. ambarame hendurengge. suwe kemuni tuwašatame seoleme./ dulimbai erdemu de acabume mutere. suwe ulebure wecere be/ tukiyeneme mutere oci. suwe beye adafi. jirgara be baitalaci/ ombi. uttu oci. unenggi wang ni baita be aliha amban./ uttu oci. abka inu amba erdemu de ijishūn ofi. wang ni/ boo enteheme onggorakū ombi.

王曰：“封，我西土棐［辅］徂［往］邦君、御事小子，尚克用文王教［毖酒之教］，不腆［厚］于酒，故我至于今，克受殷之命。”

wang hendume. fung. musei wargi ba i seibeni aisilaha gurun i/ ejete. baita de afaha urse. asihata urse. kemuni wen wang ni/ tacihiyan be eteme baitalafi. nure be labdulahakū. tuttu muse/ te de isinjifi. in i hese be alime mutehe.

王曰：“封，我闻惟曰：‘在昔殷先哲［成汤］王，迪［行］畏［敬］天显［明命］小民，经德［常而不变］秉［持］哲［知人］，自成汤咸至于帝乙，成［就］王［君德］畏相［辅］。惟御事厥棐［辅］有恭，不敢自暇自逸，矧曰其敢崇［尚］饮？

wang hendume. fung. mini donjihangge. seibeni in gurun i nenehe/ mergen

① 原刻本作“考”，满文抄写者在原字上更改为“孝”。

wang se. abkai genggiyen. buya irgen de olhošome yabume/ erdemu be enteheme obume. mergen be tebufi. ceng tang ci./ di i de isitala. gemu wang be mutebuhe. aisilakū be/ ginggulehe. baita de afaha urse aisilara de ginggun. beye be/ šolo tucibure. beye be jirgaburengge akū bihebi. olhome/ omire be wesihulerakū be ai hendure.

越在外服，侯、甸、男、卫、邦伯；越在内服，百僚、庶尹［庶官之长］、惟亚［官之副贰］、惟服［任事之臣］、宗工［百官之尊］，越百姓里居［居乡里者］，罔敢湎［沉溺］于酒。不惟不敢，亦不暇。惟助成王德［君德］显［益昭明］，越尹［长］人祗［敬］辟［君］。’

ši tulergi bade bisire heo. diyan. nan. wei. gurun i da./ jai dorgi bade bisire tanggo hafasa. geren dalahangge. ilhingge/ baitangga urse. wesihun hafan. jai tanggo hala. gašan de/ tehengge. olhome nure de dosirakū. olhombi sere anggala./ inu šolo akū bihe kai. damu wang ni erdemu be iletulebume/ aisilame mutebuhe. jai dalaha niyalma be. ejen be ginggulebuhe.

我闻亦惟曰：‘在今后嗣［纣］王酣［沉酣］身，厥命［令］罔显［昏乱不明］于民，祗［敬］保越怨［作怨之事］不易［改］。诞［大］惟厥纵淫泆［荡］于非彝［法］，用燕［安］丧［失］威仪，民罔不衋［痛］伤心。惟荒［怠］腆［益厚］于酒，不惟［思］自息乃逸，厥心疾［忿］很［强］，不克畏死。辜［积罪］在商邑，越殷国灭无罹［忧］。弗惟德［明德］馨香祀［祭］，登闻于天。诞［大］惟民怨［怨事］，庶群自酒，腥［秽］闻在上。故天降丧于殷，罔爱于殷，惟逸。天非虐，惟民自速辜。’”

mini geli donjihangge. terei amala siraha wang. beye be soktobufi./ ini hese. irgen de getuken akū. jing gasacun be tebume/ halarakū. damu dufe sebjen an waka be cihai ambula yabume./ sarašara be baitalame. horon durun be efulehe. irgen i mujilen/ akame efujehekūngge akū bicibe. kemuni nure de ambula dufedeme/ ini jirgara be nakaki seme gūnirakū. terei mujilen hatan oshon/ bucembi seme gelerakū. šang ni hecen de weile bahafi. in gurun i/ mukiyere be jobohakū. erdemui amtangga wa i weceme. wesihun/ abka de donjiburengge akū. damu irgen i ambula gasara./ geren feniyelefi. nurelere wa. dele donjinafi. tuttu abka./ in de efujere be wasimbufi.

in be gosihakūngge. damu/ jirgara de kai. abkai joboburengge waka. damu irgen/ beye weile be hūdulabuhabi.

王曰："封，予不惟若兹多诰。古人有言曰：'人无于水监［视］，当于民监。'今惟殷坠厥命，我其可不大监抚［安］于时。

wang hendume. fung. mini uttu ambula alarangge waka. julgei/ niyalmai henduhe gisun. niyalma ume muke de bulekušere. irgen de/ bulekušeci acambi sehebi. te in. ini hese be tuhebuhe be/ dahame. muse ambarame bulekušeme erin be toktoburakūci ombio.

予惟曰：'汝劼［用力］毖［戒谨］殷献［贤］臣，侯、甸、男、卫，矧太史友［宾友］、内史友越献［贤］臣、百宗［百寮大臣］工，矧惟尔事［尔之所事］服休［坐而论道之臣］、服采［起而作事之臣］，矧惟若畴［尔之畴匹］：圻父［司马］薄违［迫逐违命］、农父［司徒］若保［顺保万民］、宏父［司空］定辟［度地定法］，矧汝刚制于酒。'

mini damu hendurengge. si kiceme in i sain amban. heo. diyan. nan./ wei be targabu. gucu oho tai ši. gucu oho nei ši./ jai sain amban. tanggo wesihun hafan be ai hendure. sini/ weilere. yabun be aliha. baita be alihangge be ai hendure. adafi/ jurcehe be bošoro ki fu. ijishūn i gamara nung fu. an be/ toktobure. hūng fu be ai hendure. si nure be teng seme ilibure be/ ai hendure.

厥或诰曰：群［聚］饮。汝勿佚［失］。尽执拘以归于周。予其杀。

jaka feniyelefi omimbi seme alaha de. si ume melebure. gemu/ jafafi hūwaitafi. jeo de benju. bi waki.

又惟殷之迪［导］诸臣惟工，乃湎于酒，勿庸［用］杀之，姑［且］惟教之。

jai in i taciha geren ambasa hafasa. nure de dosikangge be ume/ wara. taka tacibu.

有［不忘］斯［比教］明享［享以爵禄］，乃不用我教辞，惟我一人弗恤［爱］，弗蠲［洁］乃事，时同于杀。"

erebe tebuci. iletulere be isibumbi. mini tacibuha gisun be/ baitalarakū oci. mini emu niyalma inu gosirakū. ini yabun be/ getukelerakū oci tetendere. tentekengge be wara songkoi obumbi.

王曰："封，汝典［常］听朕毖，勿辩［治］乃司，民湎于酒。"

wang hendume. fung. si mini targabuha be enteheme eje. sini/ karalara be icihiyarakū oci. irgen nure de dosimbi.

梓材

dzi ts'ai.

王曰："封，以厥庶民暨［及］厥臣，达大家［巨室］，以厥臣达王，惟邦君。

wang hendume. fung. geren irgen. jai ambasa be amba boode/ hafumbure ambasa be wang de hafumburengge. damu gurun i ejen.

汝若恒［常］越［发越］曰：'我有师师［以官师为师］、司徒、司马、司空、尹［正官之长］、旅［众大夫］。'曰：'予罔厉［威虐］杀人。'亦厥君先敬劳［恭敬劳来］，肆徂［往］厥敬劳。肆往奸宄杀人历人［罪人过而藏匿］宥［宽］。肆亦见厥君事，戕败［毁伤肢体］人宥。

si kemuni selgiyeme hendume. minde bisire ishunde durun tuwara sy/ tu. sy ma. sy kung. in. lioi. bi oshodome niyalma be warakū/ secibe. ejen neneme ginggulere nacihiyara oci. teni gingguleme/ necihiyame yabumbi. jai jalingga koimali. niyalma be wara./ niyalma be gidarangge be oncodoci. teni ejen i yabun be tuwafi./ niyalma be koro arara. efulerengge be oncodombi.

王启［开置］监［监国］，厥［其］乱［治］为民。曰［命词］：'无胥［相与］戕［杀］，无胥虐［害］，至于敬［哀矜］寡［弱］，至于属［联属不散］妇，合［保合］由以容［由是而容蓄之］。'王其效［责效］邦君越御事，厥命曷［何］以？引养［生养］引恬［安全］。自古王若兹监，罔［无］攸［所］辟［用刑］。

wang tuwašakū sindafi dasarangge. irgen i jalin. ume/ ishunde gasihiyabure. ume ishunde oshodobure. sitahūn/ ingge be ginggule. emhun hehe be hūwašabu. ereci acabume baktambu/ sehebi. wang ni gurun i ejete. baita de afaha niyalma de/ afaburengge tere gūnin ai seci. banjire de obumbi. elhe de/ obumbi. julge ci ebsi wang se uttu. tuwašakū ofi ume/ erun be baitalara.

惟曰：若稽［治］田，既［已］勤敷菑［广去草棘］，惟其陈［列］修［治］，为厥疆［畔］畎［通水渠］。若作室家，既勤垣［卑墙］墉［高墙］，惟其涂塈［泥饰］茨［盖］。若作梓［良材］材，既勤朴［粗朴］斫［雕斫］，惟其涂［饰］丹雘［采色］。”

damu hendurengge. usin be dabgiyara de duibuleci. šunehe be/ geterembume kiceci tetendere. yalu yohoron be neime dasataci/ acambi. boo ulga arara de duibuleci. fu fajiran be/ kiceci tetendere. boigon i cifaci elbeci acambi. dzi ts'ai/ moo be weilere de duibuleci. murušeme colire be kiceci/ tetendere. fulgiyan ilga ioleci acambi.

今王惟曰：先王［文武］既［尽］勤用明德，怀［怀远］为夹［近］。庶邦享［享上］作［起］，兄弟［友爱之念］方来［各以其方而来］，亦既［尽］用明德。后［后王］式［用］典［旧典］集［和辑］，庶邦丕［大］享。

te wang. damu nenehe wang ni genggiyen erdemu be kiceme/ akūmbume baitalafi. hefeliyeme kamcibure oci. geren gurun/ kunduleme ahūn deo i adali ofi baci jime. inu genggiyen/ erdemu be akūmbume baitalambi. ejen. kooli be dahame/ acabuci. geren gurun ambula kundulembi.

皇天既付［与］中国民越［及］厥疆土于先王，

dergi abka. dulimbai gurun i irgen. jai ba na be gemu/ nenehe wang de afabuhabi.

肆［今］王惟德用［明德是用］，和怿［悦］先后［劳来］迷民［迷惑染恶之民］，用怿［慰悦］先王受命［天命］。

uthai wang/ damu erdemu be baitalame. neneme amala liyeliyehe irgen be/ hūwaliyambume. urgunjebume nenehe wang ni hese aliha be sithūme/ urgunjebu.

“已［语辞］！若［如此］兹监［视］。惟曰：欲至于万年，惟王子子孙孙永保民。”

jai ere be bulekušehe de. tumen aniya de isitala./ wang ni juse omosi enteheme irgen be karmaci ombi sehebi.

书经卷之五

召诰

šoo g'ao.

惟二月既望，越六日乙未，王朝步自周［镐京］，则至于丰。

juwe biyai jalume wajiha. jai ningguci inenggi niohon honin./ wang erde jeo ci jurafi. fung de genehe.

惟太保［召公］先周公相［视］宅［洛邑］。越若来［从容而来］，三月惟丙午朏［月出初三日］。越三日戊申，太保朝至于洛，卜［龟卜］宅［宅都之地］。厥既得卜，则经营［规度］。

taiboo. jeo gung ni onggolo tere babe tuwanahabi./ genehengge ilan biyai fulgiyan morin i genggiyen tucike inenggi/ bihe. jai ilaci inenggi suwanyan bonio. taiboo erde lo i bade/ isinafi. teku i jalin tuwabuha. tuwabure de bahabure jakade./ kemneme bodohobi.

越三日庚戌[①]，太保乃以庶殷［众殷民］攻［治］位［祖社朝市之位］于洛汭［水北］。越五日甲寅，位成。

jai ilaci inenggi šanggiyan indahūn. taiboo tereci in i geren be/ gaifi. lo mukei ebele oron be weilebuhe. jai sunjaci inenggi/ niowanggiyan tasha. oron šanggaha.

若翼日乙卯，周公朝至于洛，则达［遍］观于新邑营。

jai inenggi niohon gūlmahūn. jeo gung erde lo i bade isinafi./ ice hecen i bodoho babe aname tuwaha.

越三日丁巳，用牲于郊，牛二。越翼日［明日］戊午，乃社于新邑，牛一、羊一、豕一。

jai ilaci inenggi fulhūn meihe. giyoo de ulga be baitalame. juwe/ igan i wecehe. jai inenggi suwayan morin. ice hecen i še de emu/ igan. emu honin. emu ulgi-

① 原刻本作"戍"，应作"戌"。

yan i wecehe.

越七日甲子，周公乃朝用书［役书］，命庶殷侯、甸、男邦伯。

jai nadaci inenggi niowanggiyan šinggeri①. jeo gung tereci erde/ bithe be baitalame. in gurun i geren heo. diyan. nan. gurun i/ da de selgiyehe.

厥既命殷庶，庶殷丕作［大来趋事］。

in gurun i geren de selgiyeme wajiha manggi. in gurun i geren ambula/ huwekiyehe.

太保乃以庶邦冢君出取币，乃复入锡［与］周公曰："拜手稽首，旅［陈］王若［及］公。诰告庶殷，越自乃御事［犹执事，指成王］。

taiboo tereci geren gurun i dalaha ejete be gaifi. jafan be ganame/ tucifi. dahūme dosifi. jeo gung de bume henduhengge. dorolome/ hengkilefi. wang de. jai gung de tucibumbi. in gurun i/ geren de ulhibume alarangge. suweni baita de afaha niyalma de bi.

呜呼！皇天上帝改厥元子，兹大国殷之命，惟王受命，无疆［穷］惟休［美］，亦无疆惟恤［忧］。呜呼！曷［何］其［语辞］奈何弗敬？

ai. dergi abkai dergi di. ini dalaha jui. amba in gurun i/ hese be halara jakade. wang hese be aliha. hūturi jecen akū/ bicibe. jobocun inu jecen akū. ai adarame gingguleraküci/ ombi.

天既遐［远］终［绝］大邦殷之命，兹殷多先哲王在天，越厥后王后民兹［指纣］服厥命，厥终［卒之］智［贤智］藏［过藏］瘝在［病民者在位］。夫知保抱携持厥妇子，以哀吁［呼］天，徂［往］厥亡［逃］出执［出而见执］。呜呼！天亦哀于四方民，其眷［顾］命用懋［勉德，指文武］。王其疾敬德！

abka. amba in gurun i hese be umesi mohobure de. ceni in gurun i/ nenehe geren mergen wang se. abka de bihebi. terei amga wang. amga irgen./ tere hese be aliha manggi. dubentele mergese somire. nimecukengge bisire/ jakade. irgen ceni hehe juwe be tebeliyeme jafafi wahiyame gaifi./ abka be hūlame songgome. ukame geneki seci tucike de jafambi./ ai abka inu duin ergi irgen be jilafi. gosire hese be.

① 满文"šinggeri"，应作"singgeri"。

/ kicebengge de buhe. wang erdemu be hūdun gingguleki.

相古先民有夏，天迪［启迪］从子保［从其子而保］，面稽［面考天心］天若［敬顺无违］，今时既坠厥命。今相有殷，天迪格保［格正夏命］，面稽天若，今时既坠厥命。

julgei nenehe irgen i hiya gurun be tuwaci. abka yarhūdafi/ dahanduhai jui be karmara jakade. wesihun abka ba kimcime/ acabuha bihe. te terei hese efujehebi. te in gurun be tuwaci./ abka yarhūdafi tuwancihiyabufi karmara jakade. wesihun abka be/ kimcime acabuha bihe. te terei hese efujehebi.

今冲子［童子］嗣［继位］，则无遗［弃］寿耇［老成］。曰其稽［考］我古人之德，矧［况］曰其有能稽谋［度］自天［合于天理］?

te ajigan jui sirafi. ume sengge sakdasa be waliyara./ tere musei julgei niyalma i erdemu be sara dade. geli terei/ sara bodorongge. abka de acaname mutembi.

呜呼！有王虽小，元子哉！其丕［大］能諴［和］于小民，今休？王不敢后［缓］，用顾［念］畏［惧］于民碞［险］。

ai. wang otu[1] ajigen bicibe. dalaha jui kai. buya irgen be/ ambula hūwaliyambume mutere oci. te i hūturi ombi. wang/ olhome elhešerakū. irgen i gelecuke be gūnime olhošoki.

王来绍［继天出治］上帝，自服［行］于土［洛邑］中［天地之中］。旦曰：‘其作大邑，其自时［是］配［对］皇天，毖［谨］祀［祭］于上下，其自时［是］中乂［居中图治］，王厥有成命［一成不易之天命］治民，今休。’

wang jifi dergi di be sirambi. dulimbai bade beye yabuki./ dan i henduhengge. amba hecen arafi. ereci dergi abka de/ acabume. dergi fejergi de gingguleme wecembi. ereci dulimbade/ dasambi sehebi. wang toktoho hese be bahafi. irgen be dasaci./ te i hūturi ombikai.

王先服殷御事［治事之臣］，比［亲近］介［副贰］于我有周御事，节［制］性［骄淫之性］，惟日其迈［勇进于善］。

wang neneme in i baita de afahangge be dahabume. musei jeo gurun i/ baita

① 满文“otu”，应为“udu”。

de afahangge de hanci adabufi. banin be dasabure/ ohode. inenggidari dosimbi.

王敬作所［处所］，不可不敬德。

wang ginggun be teku obufi. erdemu be ginggulerakūci ojorakū.

我不可不监于有夏，亦不可不监于有殷。我不敢知曰：‘有夏服天命，惟有历年。’我不敢知曰：‘不其延，惟不敬厥德，乃早坠厥命。’我不敢知曰：‘有殷受天命，惟有历年。’我不敢知曰：‘不其延，惟不敬厥德，乃早坠厥命。’

muse. hiya gurun be bulekušerakūci ojorakū. inu in gurun be/ bulekušerakūci ojorakū. bi ai gelhun akū. hiya gurun i abkai/ hese be alifi. aniya goidaha be sambi sembi. bi ai gelhun akū terei/ goidahakū be sambi sembi. damu ini erdemu be gingguleheku ofi./ ini hese aifini efujehebi. bi ai gelhun akū. in gurun i abkai/ hese be alifi. aniya goidaha be sambi sembi. bi ai gelhun akū/ terei goidahakū be sambi sembi. damu ini erdemu be gingguleheku/ ofi. ini hese aifini efujehebi.

今王嗣［继］受厥命，我亦惟兹二国［夏商］命，嗣若功［有功如禹汤者］。王乃初服［初行政教］？

te wang ni sirame aliha hese be. bi inu tere juwe gurun i hese sembi./ terei gungge be songkolo. wang tuktan yabumbi kai.

呜呼！若生子，罔不在厥初生，自贻［遗］哲命［明哲之命］。今天其命哲？命吉凶？命历年。知今我初服，

ai. juse be ujire adali. gemu tuktan ujire de bi. salgabuha/ mergen be beye de bahabumbi. te abka mergen be salgabumbi. sain/ ehe be salgabumbi. aniya goidara be salgabumbi. sarangge/ musei te tuktan yabure de bi.

宅新邑，肆惟王其疾敬德？王其德之用，祈天永命。

ice hecen de tere be dahame. te wang damu erdemu be hūdun gingguleki./ wang erdemu be baitalame. abka de enteheme hese be baisu.

其惟王勿以小民淫［过］用非彝［法］，亦敢殄戮用乂［治］民，若有功［顺之可以有功］。

wang ume buya irgen be an akū be dabali yabumbi seme. uthai wara/ dure be baitalame dasara. irgen de ijishūn oci gung ombi.

其惟王位在德元［首］，小民乃惟刑用［仪刑用德］于天下，越王显［王德

益显]。

wang ni soorin. erdemu i uju oci. buya irgen abkai fejergi de/ alhūdame yabume. wang iletu ombi.

上下[君臣]勤[劳]恤[忧]，其[期望之辞]曰：我受天命，丕[大]若[如]有夏历年[夏祀四百]，式[用]勿替有殷历年[商年六百]。欲王以小民受天永命。”

dergi fejergi kiceme jobošome. musei aliha abkai hese be. ambula. hiya/ gurun i aniya goidaha adali oki. in gurun i aniya goidaha be/ songkolome ufararakū oki se. wang ni buya irgen ci. abkai/ enteheme hese be alire be buyembi.

拜手稽首曰：“予小臣，敢以王之仇民[殷之顽民]、百君[殷之庶官]子越[及]友民[周之顺民]，保[不失]受[无拒]王威命明德。王末[终]有成命，王亦显。我非敢勤，惟恭奉币[币帛]，用供王能祈天永命。”

dorolome hengkilefi hendumbi. ajige amban bi. gelhun akū wang de baitalaha/ irgen. tanggo hafan. jai ijishūn irgen be gaifi. wang ni horon/ hese. genggiyen erdemu be tuwakiyambi alimbi. wang toktoho hese be/ dubentele bibuci. wang de inu iletu kai. bi gelhun akū kicebe/ ararangge waka. damu jafan be gingguleme tukiyefi. wang ni abka de/ baime hese be enteheme obure de baitalakini seme alibuha.

洛诰

lo g'ao

惟三月生魄，周公初基，作新大邑于东国洛，四方民大和会。侯、甸、男邦、采、卫百工播民和，见士于周。周公咸勤，乃洪大诰治。[1]

ilan biyade. teni muru tucike. jeo gung fukjin deribufi. dergi/ gurun i lo bade. ice amba hecen arara de. duin hošoi irgen ambula/ hūwaliyasun i isahabi. heo. diyan. nan gurun. ts'ai wei i tanggo/ baitangga. irgen i hūwaliyasun be huwekiyebufi. jeo i weilere ba/ alibuha. jeo gung suwe jobombikai sefi. tereci bireme tacibufi/ dasabuha.

① 原刻本无此段内容，仅有对应的满文部分。

周公拜手稽首曰："朕复子［亲之之称］明辟［明君尊称］。

jeo gung dorolome hengkilefi hendume. mini genggiyen ejen agu de bedereburengge.

王如弗敢及天基［成始］命定［成终］命，予乃胤［继］保［太保］大相东土，其基［始］作民明辟。

wang. abkai deribure hese. toktobure hese be olhome hairakū adali/ ofi. bi. taiboo be sirame dergi babe ambarame tuwafi. irgen de/ genggiyen ejen ojoro ten be ilibuha.

予惟乙卯，朝至于洛师［犹言京师］。我卜河朔［北］黎［水名］水，我乃卜涧水东，瀍水西，惟洛食［龟兆食墨］；我又卜瀍水东，亦惟洛食。伻［使人］来以图［洛之地图］及献卜［卜辞］。"

bi niohon gūlmahūn inenggi. erde lo hecen de isinjifi. bi. hūwang/ ho i amargi li muke i babe tuwabuha. bi tereci giyan mukei dergi/ can mukei wargi babe tuwabuci. lo i babe teisulebuhe. bi geli/ can mukei dergi be tuwabuci. inu lo i babe teisulebuhe./ elcin unggifi nirugan. jai tuwabuha babe wesimbuhe.

王拜手稽首曰："公不敢不敬天之休，来相宅，其作周匹［配］休。公既定宅，伻来，来视［示］予卜休恒［常］吉。我二人共贞［当］，公其以予万亿［十万］年敬天之休。"拜手稽首诲言［周公告卜之诲言］。

wang dorolome hengkilefi hendume. gung olhome abkai gosire be/ ginggulerakūngge akū. teku be tuwabufi. jeo i hūturi de/ acabume araha. gung teku be toktobufi. elcin unggifi. tuwabufi/ bahabuha hūturingga enteheme sain babe minde tuwabunjiha./ muse juwe niyalma uhei aliki. gung ainci mimbe tumen tumen/ aniya de isitala. abkai gosiha be ginggulekini sembi./ tacibuha gisun de dorolome hengkilehe.

周公曰："王肇［始］称［举］殷［盛］礼，祀于新邑，咸秩无文。

jeo gung hendume. wang amba dorolon be tuktan yabubume. ice/ hecen de wecere de. bithe de akūngge be wacihiyame ilgambi.

予齐［整］百工［官］，伻［使］从王于周，予惟曰：'庶有事［有大政事］!'

bi tanggo hafasa be teksilefi. wang be daha seme jeo de unggihe./ bi damu ainci baita bi seme henduhe.

今王即命曰：'记［载］功［功之尊］宗［显考］，以功作元［首］祀［配祭］。'惟命曰：'汝受命［褒赏之命］笃弼［厚辅］。'

te wang uthai hese wasimbume. gung wesihun ningge be ejembi. gung be/ bodome ujui wecen obumbi. geli hese wasimbume. suwe hese be alifi./ hing seme aisila se.

丕［大］视［示］功载［记功之载籍］，乃汝其悉［尽］自教工。

gung be arahangge be bireme tuwabu. hafasa be taciburengge gemu/ sini beye de bi.

孺［稚］子其朋［比］？孺子其朋，其往［自是而往］，无若火始焰［尚微］焰，厥攸灼［烁］，叙［次第延爇］弗其绝。

jui agu haršakū ojorahū. jui agu haršakū oci. genehei/ tuwa i adali tuktan geri geri ohoi. terei dulerengge/ ulhiyen i mukiyebuci ojorakū de ojorahū.

厥［其］若［顺］彝［常道］及抚事，如予，惟以在［见在］周工［官］往新邑［洛邑］，伻［使］向［知上意向］，即［就］有僚，明［明白］作［奋发］有功，惇［厚］大［博大］成裕［裕俗］，汝永有辞［誉］。"

an be dahara. jai baita icihiyara de. mini songkoi oso. damu/ jeo de bisire hafasa be gaifi. ice hecen de genefi. ici be/ ulhibufi. tušan be faššabure. genggiyen i huwekiyebufi. gung be kicebure/ ujen ambalinggo i fujurungga be mutebure ohode. sinde enteheme/ maktacun ombi.

公曰："已！汝惟冲子，惟终［国终］。

gung hendume. jai ajigan agu. si damu tuhembu.

汝其敬识百［诸侯］辟享，亦识其有不享。享多仪［礼］，仪不及物［币］，惟曰不享。惟不役［用］志于享，凡民惟曰不享，惟事其爽［差］侮［僭］。

si ginggulefi. tanggo ejete i kundulere be cincila. geli terei kundu akū be/ cincila. kundu de dorolorо be ujen obuhabi. dorolorongge jaka ci/ eberi oci. kundu akū de obumbi. kundulere de gūnin be akūmburakū/ oci. irgen gemu kundu akū de obumbi. baita calhari dabali ombi.

乃惟孺子，颁［布］朕不暇，听朕教汝于棐［辅］民彝［常］，汝乃是不蘉［勉］，乃时惟不永哉！笃［笃厚不忘］叙［先后不紊］乃正父［武王］，罔不若予，不敢废乃命。汝往敬哉！兹予其明农［退休田野］哉！彼［洛邑］裕［和］我民，无远用戾［至］。”

jui agu si mini babduhakū babe selgiye. mini sinde tacibuha. irgen i/ banin de aisilara be gaisu. si erebe kicerakūci. tere enteheme akū/ ojorongge. sini tob sere ama be hing seme songkolorongge. gemu/ mini adali oci. sini hese be gelhun akū jurcerahū ombi. si/ genefi ginggule. bi ereci usin weilere be getukelenembi. tubade/ musei irgen be hūwaliyambuci. gorokingge jiderakūngge akū.

王若曰：“公明［显明］保［保佑］予冲子，公称［举］丕［大］显德，以予小子扬文武烈，奉答天命，和［不乖］恒［可久］四方民居师［众］；

wang ni henduhengge. gung. mini ajige beye de. genggiyen i aisin. gung amba/ iletu erdemu be tucibufi. mini ajige beye be gaifi. wen. u i gung be/ algimbume. abkai hese de ginggulеme acabume. duin hošoi irgen be/ enteheme hūwaliyambume. geren be toktobumbi.

惇［厚］宗［功宗］将［大］礼，称［举］秩［叙］元［大祭］祀，咸［皆］秩无［不载］文［祀典］。

wesihun be jiramilara amba dorolon de ilgame yabubume. ujui wecen/ obumbi. bithe de akūngge be wacihiyame ilgambi.

惟公德明光于上下，勤［劳］施［布］于四方，旁［无方所］作穆穆［和敬］迓［迎］衡［治平］，不迷［失］文武勤教。予冲子夙夜毖［谨］祀［祭］。”

gung ni/ erdemu dergi fejergi de gehun eldekebi. kicebe duin hošo de/ selgiyebuhebi. gubci de nesuken ginggunji ofi. necin ojoro be/ aliyambi. wen. u i kiceme tacibuha be burubuhakū. mini ajige/ beye yamji cimari wecere be ginggulembi.

王曰：“公功棐［辅］迪［启］笃［厚］，罔［无］不若时［如是］。”

wang hendume. gung ni gung. aisilaha neilehengge ujen. ume uttu akū. ojoro

王曰：“公，予小子其退，即辟于周［镐京］，命公后［留后治洛］。

wang hendume. gung. mini ajige beye bederefi jeo de ejen seme teki. gung tuta.

四方迪［开］乱［治］，未定于宗礼［功宗之理］，亦未克敉［安定］公功。

duin hošo neime dasabuha. wesihun i dorolon be toktobure unde ofi./ gung ni gung be inu bahafi toktobure unde.

迪［开］将［大］其后［留后］，监［视］我士师工，诞［大］保文武受民，乱［治］为四辅［藩卫］。”

tutabuha be neime amba obume. mini ši ši hafasa de tuwabume. wen./ u i alime gaiha irgen be ambarame karmame. dasafi duin fiyanji obu.

王曰：“公定［止落］，予往［归同］已。公功肃［敬］将［行］祇欢［悦］，公无困［求去困我］哉！我惟无斁［厌］其康事［安民之事］，公勿替［废］刑［仪］，四方其世享。”

wang hendume. gung bisu. bi genembi. gung ni gung de. olhome dahame/ gingguleme urgunjembi. gung ume mimbe akabure. bi elhe obure baita be/ eimederengge. akū. gung durun obure be heolederakū ohode. duin/ hošo jalan halame alimbi.

周公拜手稽首曰：“王命予来［来洛邑］，承保乃文祖受命民，越乃光烈考武王，弘［大］朕恭［责难之恭］。

jeo gung dorolome hengkilefi hendume. wang ni hesei bi jihe be dahame./ acabume sini wen mafai hese ci alime gaiha irgen be karmama. jai/ sini gungge ama u wang be eldembume. mini gungnere be badarambumbi.

孺子来相宅，其大惇［厚］典［典章］殷献［贤］民，乱［治］为四方新辟［君］，作周恭先［恭以接下之倡先］。曰：其自时［是］中［宅中图治］乂，万邦咸［皆］休，惟王有成绩［功］。

jui agu teku be tuwanjime. kooli. in i saisa irgen be ambarame jirmilame./ duin hošo de ice ejen ome dasafi. jeo i gungnecuke i uju oso/ sefi. hendume. ereci dulimbade dasame. tumen gurun gemu sain/ ohode. wang de mutehe gung ombi.

予旦以多子［众卿大夫］越［及］御事，笃［厚］前人［文武］成烈［功］，答其师［众］，作周孚先［信以事上之倡先］，考［成］朕昭子［明君］刑［仪刑］，乃单［殚尽］文祖［文王］德。

dan bi. geren dzi. jai baita de afaha urse be gaifi. nenehe/ niyalmai mutebuhe gung be jiramilame. geren de acabume. jeo i akdun i/ uju ome. mini genggiyen agu i durun be mutebume. wen mafai erdemu be akūmbumbi.

伻［使］来毖［谨饬］殷，乃命宁［安］予。以秬［黑黍］鬯［郁金香草］二卣［中尊］，曰：明［洁］禋［敬］，拜手稽首休享。

elcin be. in be tacihiyame unggihe de. hesei mimbe elheo seme fonjibume./ gioi cang nure juwe monggocon unggifi henduhengge. bolgo ginggun ningge./ dorolome hengkileme sain jakai kundulehe sehebi.

予不敢宿［进爵］，则禋［祭名］于文王、武王。

bi ai gelhun akū omimbi. wen wang. u wang de gingnehe.

惠［顺］笃［厚］叙［次第］，无有遘［遇］自疾［害］，万年厌［饱］于乃德，殷乃引考。

ijishūn i hing seme songkolobume. beye de nimeku tušaburakū. tumen/ aniya de isitala. sini erdemu be elebume. in inu jalgan golmin okini.

王伻［使］殷，乃承［听受］叙万年，其永［长］观朕子［成王］怀德。"

wang. in be tumen aniya de isitala. giyan giyan i dahabufi. enteheme/ mini agu be tuwabume. erdemu be hefeliyebu.

戊辰，王在新邑［洛邑］烝祭［岁终祭名］，岁，文王骍牛一，武王骍牛一。王命作册［册书］。逸［史佚人名］祝册，惟告周公其后［留守其后］。王宾［助祭诸侯］杀禋［杀牲禋祭］，咸格［至］。王入太室［清庙中央室］祼［灌地降神］。

suwayan muduri inenggi. wang ice hecen de. barun i jeng ni doroi wecere de./ wen wang de emu hūwala ihan. u wang de emu hūwala ihan. wang ni/ hese i wecere bithe arabufi. i wecere bithe be hūlame. damu jeo/ gung be tutabure be alaha. wang ni antaha sa. wame gingnere de gemu jihe./ wang. tai ši de dosifi hislaha.

王命周公后，作册逸诰，在十有二月。

wang ni hesei jeo gung be tutabuha. bithe arabufi. i be/ alabuhangge. jorgon biya de bihe.

惟周公诞［大］保文武受命，惟七年。

jeo gung. wen. u i aliha hese be ambarame karmahangge. nadan aniya.

多士

do ši.

惟三月，周公初［始行治洛之事］于新邑洛，用告商王士。

ilan biya de. jeo gung tuktan ice lo hecen de. šang wang ni hafasa de alaha.

王若曰："尔殷遗多士，弗吊［不为天恤］旻［秋天］天大降丧于殷，我有周佑命［受眷佑之命］，将［奉］天明威，致王罚，敕［正］殷命，终于帝［上帝］。

wang ni hendurengge. suweni in gurun i sulaha geren hafasa. gosiburakū ofi./ dergi abka ambarame wasimbume. in be gukubure de. meni jeo gurun gosire/ hesei abkai genggiyen horon be dahame. wang ni fafun be isibume. in i/ hese be tuwancihiyafi. di be duhembuhe.

肆尔多士！非我小国敢弋［有心取之］殷命。惟天不畀［与］，允［信］罔固乱，弼［辅］我，我其敢求位？

suweni geren hafasa. meni ajige gurun. gelhun akū in i hese be kicehengge waka./ abka ojorakū. yargiyan i facuhūn ningge be akdularakū ofi. mende aisilaha./ be ai gelhun akū soorin be baimbi.

惟帝不畀，惟我下民秉［持］为，惟天明畏。

di i ojorakūngge. musei fejergi irgen i tuwakiyara yabun de bi. abkai genggiyen/ gelecuke kai.

我闻曰：上帝引［导］逸［安］。有夏不适逸，则惟帝降格［降灾异］，向［示意］于时夏［桀］。弗克庸［用］帝，大淫泆［放］有辞［矫诬之辞］。惟时天罔念闻，厥惟废元命［天命］，降致罚。

bi donjici. dergi di elhe de yarhūdambi sehebi. hiya gurun elhe ojoro be/ yaburakū de. di hafumbume wasimbufi. tere hiya de ulhibuci. di be dahame/ muterakū. ambula dufedeme sirkedeme gisun bisire jakade. tuttu abka/ gūnirakū donjirakū. uthai amba hese be nakabufi. koro isibuha.

乃命尔先祖成汤革［改］夏，俊民［贤人］甸［治］四方。

tereci suweni nenehe mafa ceng tang de hese bufi. hiya be halafi./ saisa irgen de duin hošo be dasabuha.

自成汤至于帝乙，罔不明德恤祀［敬神］。

ceng tang ci. di i de isitala. erdemu be genggiyeleme. wecere be/ kicehekūngge akū.

亦惟天丕［大］建［立］，保［不危］乂［治之不乱］有殷；殷王亦罔敢失帝［天理之则］，罔不配天其泽。

abka inu ambarame ilibufi. in be karmame dasabuha. in i wang inu/ olhome di be ufaraburakū. abka de tehereme kesi isibuhakūngge akū.

在今后嗣王［纣］诞［大］罔［不］显［明］于天［天道］，矧［况］曰：其有听念于先王勤家？诞［大］淫厥泆，罔顾［念］于天显［显道］民祇［敬畏］。

te i amala siraha wang. abka be ambula getukelehekū bade. nenehe wang ni/ boo de kicehe be donjire gūnire aibi. ambula dufedeme sirkedeme./ abkai iletu. irgen de ginggun ojoro be gūnirakū ofi.

惟时上帝不保，降若兹大丧。

tuttu dergi di karmarakū. enteke amba jobolon/ jasimbuha.

惟天不畀［与］，不明厥德。

abkai ojorakūngge. ini/ erdemu be genggiyelehekū de.

凡四方小大邦丧，罔非有辞于罚。”

duin hošo i yaya ajige amba gurun i efujerengge. koro isibure de/ gisun akūngge akū.

王若曰：「尔殷多士，今惟我周王丕［大］灵［善］承帝事［天之所为］。

wang ni henduhengge. suweni in i geren hafasa. te bicibe meni jeo/ wang. di i baita de ambarame ferguwecukei acabuha.

有命曰：‘割［正］殷。’告敕［正］于帝［上帝］。

in be lashalara hese bisire jakade. tuwancihiyaha be di de alaha.

惟我事［割殷之事］不贰［一于从帝］适，惟尔王家我适［从］。

meni baita juwedeme dahahangge akū. suweni wang ni boo mende dahaci acambi.

予其曰：‘惟尔洪［大］无度［非法］，我不尔动［震］，自乃邑。’

mini hendurengge. damu suwe hon durun akū. mini suwembe acinggiyahangge/ waka. suweni hecen ci deribuhangge sembi.

予亦念天即［就］于殷［邦］大戾［咎灾］，肆［故］不正。”

mini geli gūnirengge. abka. in de amba jobolon tušabuha./ tuttu ofi tob akū sembi.

王曰：“猷！告尔多士，予惟时［是］其迁居西尔，非我一人奉［持］德［仁民之德］不康［安静］宁，时惟天命，无违［越］！朕不敢有后［再有后命］，无我怨！

wang hendume./ ai. suweni geren hafasa de alara. bi uttu ofi. wargi de tebume/ guribuhe. mini emu niyalma. erdemu be tuwakiyame. elhe sulakan i/ ojorakūngge waka. ere abkai hese. ume jurcere. bi gelhun akū/ dahirakū. minde ume ushara.

惟尔知，惟殷先人有册［书］有典［籍］，殷革［改］夏命。

suweni sarangge. in i nenehe niyalmai dangse bi. kooli bi. in gurun./ hiya gurun i hese be halaha kai.

今尔又曰：‘夏迪［启］简［拔］在王庭［商王之庭］，有服［列］在百僚。’予一人惟听用德，肆予敢求尔于天邑商，予惟率［循］肆［故］矜［恤］尔，非予罪，时［是］惟天命。”

te suwe ainci hiya gurun i urse be. wang ni yamun de tukiyefi/ wesimbuhe. tanggo hafasai bade baitalahangge inu bihe sembi dere./ mini emu niyalma damu erdemu be tuwame baitalambi. tuttu ofi bi cohome/ suwembe šang ni abkai hecen ci gajiha. ere mini fe be dahame./ suwembe gosirengge. mini ehe ba waka. ere abka i hese.

王曰：“多士，昔朕来自奄［商国］，予大降［降等宽宥］尔四国民命。我乃明致天罚，移尔遐逖［远居于洛］，比［亲］事臣我宗［宗周］多逊［顺］。”

wang hendume. geren hafasa. seibeni mini yan ci jihede. bi suweni duin/ gurun i irgen i ergen be ambula eberembufi. bi tereci abkai fafun be/ iletu isibume. suwembe goro aldangga guribufi. meni dzung jeo be/ weilere ambasa de adabufi. ambula ijishūn obuha.

王曰：“告尔殷多士，今予惟不尔杀，予惟时命有申。今朕作大邑于兹洛，予惟四方［指诸侯］罔攸［无所宾礼之地］宾，亦惟尔多士，攸服奔走臣我多逊。

wang hendume. suweni in i geren hafasa de alara. te bi suwembe/ warakū ofi. tuttu bi hese be dahiha. te bi ere lo de amba/ hecen arahangge. bi duin hošo be. antaha acara ba akū./ geli suwe geren hafasa dahame šurdemu yabume. mimbe ambula/ ijishūn i weilere turgun.

尔乃尚有尔土［田业］，尔乃尚宁［安］干［所事］止［所居］。

suwende kemuni suweni usin bi. suwe kemuni weile teku de/ elhe oci ombi.

尔克敬，天惟畀［与］矜［怜］尔；尔不克敬，尔不啻［但］不有尔土，予亦致天之罚于尔躬。

suwe gingguleme muteci. abka suwende bahabume gosimbu. suwe gingguleme/ muterakū oci. suwende suweni usin bisirakū sere anggala./ bi geli abkai fafun be suweni beye de isibumbi.

今尔惟时宅尔邑［同井］，继［承续］尔居［所止］，尔厥有干［有营为］有年［有寿考］于兹洛。尔小子乃兴，从尔迁。”

te suwe damu suweni gašan de teme. suweni teku be sirame. suwe/ ere lo de kicebe ojoro. aniya goidara oci. suweni buya jusei/ jenderengge. suweni gurihe ci banjinambi.

王曰：“又曰：时予乃或言，尔攸［所］居。”

wang hendume. geli hendume. mini ere yayale gisun. suweni teku i jalin kai.

无逸

u i.

周公曰：“呜呼！君子所［犹处所］其无逸。

jeo gung hendume. ai ambasa saisa jirgarakū de bimbi.

先知稼穑之艰难，乃逸［指君位］，则知小人之依［所恃稼穑］。

neneme tarire bargiyara de joboro suilara be safi. teni jirgara de/ oci. buya niyalma i akdaha be sambi.

相［视］小人，厥父母勤劳稼穑，厥子乃不知稼穑之艰难，乃逸［纵逸］，乃谚［鄙语］，既诞［妄］。否［不然］则侮［讪侮］厥父母，曰：‘昔［古老］之人无闻知。’”

buya niyalma be tuwaci. ama eme tarire bargiyara de kiceme suilaci./ juse tarire bargiyara de joboro suilara be sarkū. jirgame./ tabtašame balamdambi. akūci ama eme be oihorilame hendume./ julgei niyalma ulhirakū sarkū sembi.

周公曰：“呜呼！我闻曰：昔在殷王中宗［太戊］，严［庄重］恭［谦抑］寅［敬］畏［惧］，天命［天理］自度［检律其身］，治民祗［敬］惧［恐］，不敢荒［怠］宁［安］。肆［故］中宗之享国七十有五年。

jeo gung hendume. ai. bi gisurehe be donjici. julgei in wang. jung/ dzung. cirlame gungneme. gingguleme olhome. abkai hese i beyebe dasame./ irgen be dasara de gingguleme olhošome gelhun akū heolederakū/ erginderakū ofi. tuttu jung dzung ni gurun be alihangge. nadanju/ sunja aniya bihebi.

其在高宗［武丁］时，旧劳于外［民间］，爰［于是］暨［及］小人［小民］。作［起］其即位［即天子之位］，乃或亮阴［天子居丧之名］，三年不言。其惟不言，言乃雍［和］。不敢荒宁，嘉［美］靖［安］殷邦，至于小大［指民］，无时或怨。肆高宗之享国，五十有九年。

g'ao dzung tere fonde. neneme tulergi de suilame. buya niyalmai emgi/ bihe. wesifi soorin de tehe manggi. liyang in de ilan aniya/ gisurehekū. tere damu gisurerakū. gisureci dule nesuken. gelhun/ akū heolenderakū ergenderakū. in gurun be saikan elhe obufi./ amba ajigen ci aname. umai gasarangge akū ofi. tuttu g'ao dzung ni/ gurun be alihangge. susai uyun aniya bihebi.

其在祖甲，不义［以己不当立而立］惟王［是为不义］，旧为小人［微贱之民］。作其即位，爰知小人之依，能保［爱］惠［养］于庶民，不敢侮鳏寡。肆祖甲之享国，三十有三年。

dzu giya tere fonde. wang ojoro be jurgan akū seme. neneme buya niyalma/ oho bihe. wesifi soorin be tehe manggi. buya niyalmai akdaha/ babe safi. geren irgen be karmame gosime mutehe. gelhun akū/ g'ugin anggasi be oihorilarakū ofi. tuttu dzu giya i gurun be/ alihangge. gūsin ilan aniya bihebi.

自时厥后，立王，生则逸［豫］。生则逸，不知稼穑之艰难，不闻小人之劳，惟耽［过乐］乐之从。自时［是］厥后，亦罔［无］或克寿，或十年，或七八年，或五六年，或四三年。”

tereci amala iliha wang. banjiha ci jirgambi. banjiha ci jirgame ofi./ tarire bargiyara de joboro suilara be sarkū. buya niyalmai/ suilacun be donjirakū. damu dufedeme sebjelere be yabume ofi./ tereci amasi jalafun be bahangge inu akū. eici juwan aniya./ eici nadan jakūn aniya. eici sunja ninggun aniya. eici ilan/ duin aniya bihebi.

周公曰：“呜呼！厥亦惟我周，太王、王季，克自抑［谦］畏［谨］。

jeo gung hendume. ai. jai musei jeo gurun i tai wang. wang gi./ beye gocime olhome mutehe.

文王卑服［恶衣服］，即康功［安民之功］田功［养民之功］。

wen wang ehe be etume. elhe obure gung. usin i gung be kicehe.

徽［美］柔［和］懿［美］恭，怀［心念］保［护］小民，惠［赉予］鲜［有生意］鳏寡。自朝至于日中、昃［日斜］，不遑暇食，用咸和万民。

saikan i uhuken. fujurungga i gungnecuke. buya irgen be hefeliyeme/ karmaha. g'ugin anggasi de fulehun i selabuha. cimari erde ci./ šun. inenggi dulin dabsitala. jetere šolo akū. tumen irgen be yooni hūwaliyambuhabi.

文王不敢盘［乐］于游［观］田［猎］，以庶邦惟正［正数之赋］之供。文王受命［为诸侯］惟中身［中年］，厥享国五十年。"

wen wang olhome sarašara abalara de dosirakū. geren gurun i jingkini/ alban i teile be baitalambi. wen wang ni hese be alihangge. se i/ dulin de bime. terei gurun be alihangge susai aniya bihebi.

周公曰："呜呼！继自今嗣王，则［法］其无淫［过］于观、于逸、于游、于田，以万民惟正之供。

jeo gung hendume. ai. ereci amasi sirha wang. tereci ilgašara./ jirgara. sarašara. abalara dufe akū be durun obufi. tumen/ irgen i jingkini alban i teile be baitala.

无皇［宽假］曰：'今日耽乐。'乃非民攸［所］训［法］，非天攸若［顺］。时人丕［大］则［法］有愆［过］。无若殷王受之迷乱，酗于酒德哉！"

ume taka enenggi teile jirgame sebjeleki sere. irgen de durun/ tuwaburengge waka. abkai daharangge waka. fon i niyalma gemu/ ufaraha be alhūdambi. ume in wang šeo i adali hūlimbufi/ facuhūrame. nurei erdemu i suihure.

周公曰："呜呼！我闻曰：'古之人犹胥［相］训［诫］告，胥保惠［顺］，胥教诲，民无或胥诪［诳］张［诞］为幻［变化惑人］。'

jeo gung hendume. ai bi gisurehe be donjici. julgei niyalma. hono/ ishunde targabume alara. ishunde karmama yarhūdara. ishunde/ tacihiyame ulhibure jakade. irgen ishunde kukduri holo i eitereme/ yaburengge akū ohobi.

此厥不听，人乃训［法则］之，乃变乱先王之正刑［法］，至于小大。民否则厥心违怨，否则厥口诅［誓于鬼神］祝［谤讪］。”

erebe gaijarakū oci. niyalma tereci alhūdame. nenehe wang ni/ tob fafun be facuhūrame halarangke. amba ajigen de isinambi./ irgen akūci mujilen de murišhūn ofi gasambi. akūci/ angga de gashūme firumbi.

周公曰：“呜呼！自殷王中宗，及高宗，及祖甲，及我周文王，兹四人迪［路行］哲［智］。

jeo gung hendume. ai. in wang jung dzung ci. jai g'ao dzung. jai dzu giya./ jai musei jeo gurun i wen wang. ere duin niyalma. mergen be yabuha.

厥或告之曰：‘小人怨汝詈［骂言］汝。’则皇自敬德。厥愆［所诬之过］，曰：‘朕之愆。’允［信］若［如］时［是］，不啻［但］不敢含怒。

gūwa alame. buya niyalma sinde gasambi. simbe toombi sembihede. uthai/ beye erdemu be ambula ginggulembi. ehe be mini ehe sembi. yargiyan i/ uttu. olhome jili be teburakū teile akū.

此厥不听，人乃或诪张为幻，曰：‘小人怨汝詈汝。’则信之，则若时，不永念厥辟［君道］，不宽绰［大］厥心，乱罚无罪，杀无辜，怨有同，是丛［聚］于厥身。”

erebe gaijarakū oci. niyalma tereci ememungge kukduri holo/ eitereme yabume. buya niyalma sinde gasambi. simbe toombi sere be/ uthai akdambi. tuttu ojoro oci. ejen oho be enteheme gūnirakū/ mujilen onco sulfa akū ofi. balai weile akū be koro arara. sui/ akū be wara de. gasarangge emu adali ombi. tere gemu beye de/ isimbi.

周公曰：“呜呼！嗣王其监于兹［指上文］。”

jeo gung hendume. ai. siraha wang erebe bulekuše.

君奭

giyūn ši.

周公若曰：“君［尊称之］奭［召公名］！弗吊［恤］，天降丧于殷，殷既坠［失］厥命，我有周既受，我不敢知曰，厥基［业］永［长］孚［信］于休［美］。若天棐［辅］忱［诚］，我亦不敢知曰，其终出于不祥。

jeo gung ni henduhengge. agu ši. gosirakū. abka in de efujere be/ wasimbufi.

in hese be ufaraha. musei jeku gurun alime gaiha. bi/ ai gelhun akū saha arame. ere doro be enteheme akdun i sain de/ ombi sembi. aikabade abka unenggi de aisilaci. bi inu ai/ gelhun akū saha arame. dubede sain akū de isinambi sembi.

呜呼！君已曰：‘时我［是在乎我］。’我亦不敢宁［安］于上帝命，弗永远念天威，越［及］我民罔［无］尤［怨］违［背］，惟人［在人］。在我后嗣子孙，大弗克恭［敬］上［天］下［民］，遏［绝］佚［坠］前人［文武］光，在家不知？

ai. agu i neneme henduhengge. ere muse de bi sehe bihe. bi inu ai/ gelhun akū dergi di i hese de ergeme. abkai horon be. musei/ irgen i gasarakū cashūlarakū de. enteheme goro gūnirakū. damu/ niyalma de bi. musei amgan siraha juse omosi. dergi fejergi be/ gungnere be ambula muterakū. nenehe niyalmai elden be lashalame/ ufarara oci. boode bihe. sarakū sembio.

天命不易，天难谌［信］，乃其坠［失］命［天命］，弗［不］克［能］经［导行］历，嗣前人恭明德。

abkai hese ja akū. abka de akdaci mangga. tere hese be/ ufarahangge. nenehe niyalmai gungnecuke genggiyen erdemu be songkolome/ yabume sirame mutehekū turgun.

在今予小子［自谦之词］旦，非克有正［正君］，迪［开导］惟前人光［显德］，施［付］于我冲子。

te bicibe. dan mini ajige beye. tuwancihiyame muterengge akū./ yarhūdai damu nenehe niyalma i elden be. musei ajigan agu de isibumbi.

又曰：‘天不可信，我道惟宁王［武王］德延［长］，天不庸释［舍］于文王受命。’”

geli henduhengge. abka de akdaci ojorakū. musei doro. damu/ ning wang ni erdemu be goro obumbi. abka be wen wang ni aliha/ hese be waliyaburakū obumbi.

公曰：“君奭！我闻在昔，成汤既受命，时则有若伊尹，格于皇天。在太甲，时则有若保衡［即伊尹］。在太戊［太甲之孙］，时则有若伊陟［伊尹之子］、臣扈［商臣名］，格于上帝。巫［臣姓］咸［名］乂［治］王家。在祖乙［大戊孙］，时则有若巫贤［巫咸之子］。在武丁［高宗］，时则有若甘盘［臣名］。

gung hendume. agu ši. bi donjici. julge ceng tang hese be alime/ gaiha manggi.

tere fonde i in bifi. dergi abka de/ hafumbuhebi. tai giya de oci. tere fonde boo hing bihebi. tai/ u de oci. tere fonde i jyi. cen hū bifi. dergi di de/ hafumbuhabi. u hiyan. wang ni boo be dasahabi. dzu i de oci./ tere fonde. u hiyan bihebi. u ding de oci. tere fonde g'an pan bihebi.

率［循］惟兹［此道］有陈［陈列之功］，保［不危］乂［不乱］有殷，故殷礼［郊天礼］陟［升遐］配［配享］天，多历［阅历］年所。

ere be dahame faššandufi. in gurun karmame dasara jakade. tuttu in i/ wesike be dorolome abka de adabufi. aniya ton ambula bahabi.

天惟纯［纯一］佑［助］命，则商实［有人而实，内臣］，百姓［百官著姓］、王人［王臣之微者］罔不秉［持］德明恤［明致其忧］，小［外臣］臣、屏侯甸，矧咸［皆］奔走［效劳］，惟兹［此］惟德称［举］，用乂［辅治］厥［其］辟［君］。故一人有事于四方，若卜［龟卜］筮［蓍筮］，罔不是孚［信］。”

abkai gosire hese hing sere de. šang gurun akdun ofi. tanggo hala./ wang ni niyalma. erdemu be tuwakiyame. jobošoro be genggiyelerakūngge/ akū. buya hafan. dalire heo diyan sehe seme. gemu surteme yabumbi./ uttu damu erdemu be tucibufi. ejen i jalin dasara jakade. tuttu/ emu niyalma duin hošo de baita bihede. tuwabuha bodobuha adali/ akdarakūngge akū bihebi.

公曰：“君奭！天寿平格［寿人国祚，坦然无私，通彻三极］，保乂有殷。有殷［纣］嗣［继］天［天位］灭［亡］威。今汝永念，则有固命［不坠之天命］，厥乱［治效］明我新造邦。”

gung hendume. agu ši. abka. necin hafungge de aniya bahabume ofi. in/ gurun be karmame dasahabi. in gurun i abka be sirahangge. mukiyebure/ horon de tušahabi. te si enteheme ojoro be gūnici. akdun/ hese be bahafi. tere dasan musei ice toktoho gurun de genggiyen ombi.

公曰：「君奭！在昔上帝割，申［割害于殷］劝［重勉］宁王之德，其集大命于厥躬。

gung hendume. agu ši. seibeni dergi di jobolon isibure de. ning/ wang ni erdemu be jing huwekiyebufi. amba hese be terei beye de/ toktobuha.

惟文王尚［庶］克［能］修［治］和［燮和］我有夏［所有诸夏］，亦惟有若虢叔［文王弟］，有若闳［臣姓］夭［名］，有若散［姓］宜［名］生，有若泰［姓］颠［名］，有若南宫［姓］括［名］。”

wen wang musei hiya i babe dasara hūwaliyambure be mutebuhengge. inu/ g'u šu bihe. hūng yoo bihe. san i šeng bihe. tai diyan bihe. nan gung/ g'u bihe turgun.

又曰：“无能往来兹迪彝教，文王蔑［无］德降［下及］于国人。

geli hendume. amasi julesi uttu an tacihiyan be selgiyeme muterakū/ bihe bici. wen wang. gurun i niyalma de isibume erdemu akū ombihe kai.

亦惟纯佑，秉［持］德迪［蹈］知天威，乃惟时［是］昭［光］文王迪［启］见［见于朝廷］冒［覆冒邦国］，闻于上帝［天］，惟时［是］受有殷命哉！

inu aisilarangge hing seme ofi. erdemu be tuwakiyarangge. abkai/ horon be safi yabume. terei wen wang be eldembume. iletulere elbere be/ yarhūdafi. dergi di de donjinara jakade. tuttu in i hese be alihabi.

武王惟兹四人，尚［庶］迪［启］有禄［受有天禄］。后暨［及］武王，诞［大］将［奉］天威，咸刘［杀］厥敌。惟兹四人，昭［明］武王惟冒，丕［大］单［尽］称德。

u wang de ere duin niyalma yarhūdafi fengšen be bahabuha. amala u/ wang abkai horon be ambula dahame. bata be getuken waha manggi. ere/ duin niyalma. u wang be eldembume elbebufi. erdemu be gubci yooni/ maktahabi.

今在予小子［自谦之称］旦［周公名］，若游［浮水］大川，予往［今后］暨［及］汝奭其济［渡］。小子同未在位，诞［大］无我责［专责］，收［敛退］罔［不］勖［勉］不及。耇［老成人］造德不降［下］，我则鸣鸟［指凤］不闻，矧曰其有能格［感］？”

te bicibe dan mini ajige beye. amba muke be doore adali. bi julesi/ ši sini emgi akūnaki. ajige agu soorin de tehekū adali. ume hon/ minde teile afabure. gocifi hamirakū babe hacihiyarakū oci./ fujuri mutehe erdemu selgiyeburakū ofi. bi guwendere gashan be/ bahafi donjirakū ombi. hafumbure be mutere aibi.

公曰：“呜呼！君肆［大］其监［视］于兹［指上文］。我受命无疆惟休，亦大惟艰。告君乃猷［谋］裕［宽］，我不以后人迷。”

gung hendume. ai. agu ere be ambula bulekušeki. muse hese be alifi./ hūturi jecen akū ohongge. inu ambula suilafi kai. agu de/ alarangge amban be bodoki. bi. amgan niyalma be hūlhi oburakū.

公曰："前人敷［布］乃心，乃悉命汝，作［为］汝民极［表］。曰：汝明勖［勉］偶［配］王在亶［诚信］；乘［载］兹大命，惟文王德，丕承无疆之恤［忧］。"

gung hendume. nenehe niyalma ini mujilen be tucibume. sinde/ wacihiyame hese wasimbufi. simbe irgen de ten obufi. henduhengge./ si genggiyen i kiceme. wang de guculeme unenggi ofi. ere amba/ hese be hukše. wen wang ni erdemu be gūnime. jecen akū/ jobocun be hing seme ali sehebi.

公曰："君！告汝朕允［诚］。保奭。其汝克敬，以予监于殷丧大否［大乱］，肆［大］念我天威。

gung hendume. agu sinde mini unenggi be alaha. taiboo ši. si/ ginggun be mutebume mimbe jafafi in i efujehe amba jobolon be bulekušeme./ muse de ojoro abkai horon be ambarame gūniki.

予不允惟若兹诰。予惟曰：'襄［赞成］我二人，汝有合哉？'言曰：'在时［是］二人。天休［眷命之休］滋［益］至，惟时二人弗［不］戡［胜］。'其汝克敬德，明我俊民，在让［推逊］后人于丕时［大盛之时］。

minde akdarakū jalin uttu alambio. bi damu muteburengge muse/ juwe nofi seme hendumbi. sinde acanara oci. inu juwe nofi de bi/ seme gisurembi dere. abkai hūturi jing isinjimbi. juwe nofi/ hono alime eterakū kai. si erdemu be ginggulere be mutebume./ musei sain irgen be iletulefi. yooni oho erin de amgan/ niyalma de anabucina.

呜呼！笃棐［辅］时［是］二人，我式［用］克至于今日休。我咸［共］成文王功于不怠，丕［大］冒［覆］，海隅［边际］出日，罔不率俾［相率服从］。"

ai. hing seme aisilarangge muse juwe niyalma ofi. muse. te i sain de/ isibume mutehe. muse wen wang ni gung be uhei mutebume heolederakū./ yooni elbeme. mederi hošo šun tucire ba seme. daharakūngge/ akū obuki sembi.

公曰："君！予不惠［顺］若兹多诰，予惟用闵［忧］于天越［及］民。"

gung hendume. agu. bi ijishūn akū seme uttu labdu alambio. bi/ damu abka. jai irgen i jalin jobošombi.

公曰："呜呼！君！惟乃知民德，亦罔不能厥初，惟［思］其终。祗［敬］若［顺］兹［此诰］，往［为大保］敬用治！"

gung hendume. ai. agu. damu si. irgen i erdemu be sambi./ inu tuktan de mutehekūngge akū. duhembure be gūni./ ere be gingguleme dahafi. genefi gingguleme dasaki.

蔡仲之命

ts'ai jung jyi ming.

惟周公位冢宰，正百工［官］，群叔［管、蔡、霍］流言。乃致辟［戮］管叔于商；囚［制其出入］蔡叔于郭［地名］邻，以车七乘，降霍叔于庶人，三年不齿［列］。蔡仲［蔡叔之子］克庸［常］祗［敬］德，周公以为卿士。叔卒，乃命诸王邦之蔡。

jeo gung. jung dzai soorin de ofi. tanggo hafasa be dasara de/ geren šu gisun eyebuhe manggi. tereci guwan šu be. šang de fafun i/ gamaha. ts'ai šu be. g'u lin de horifi. nadan sejen buhe. ho šu be./ bai niyalma obume wasimbufi. ilan aniya jongkū. ts'ai jung. an i/ erdemu be gingguleme mutere jakade. jeo gung. king ši obuha/ bihe. ts'ai šu dubehe manggi. tereci wang de hese baifi/ ts'ai de gurun fungnehebi.

王若曰："小子胡［蔡仲名］，惟尔率［循］德［祖德］改行［父行］，克慎［谨］厥猷［道］，肆［故］予命尔，侯于东土。往即［就］乃［汝］封［所封之国］，敬哉！

wang ni henduhengge. ajige jui hū. damu simbe erdemu be dahame/ yabun be halafi. sini doro be gingguleme mutehe seme. tuttu bi/ simbe dergi bade heo obuha. sini fungnehe bade gene. ginggule.

尔尚盖［掩］前人之愆［过］，惟忠惟孝，尔乃迈［远过］迹［荐迹］自身［自己身始］，克勤无怠，以垂宪［法］乃后。率［循］乃祖文王之彝［常］训，无若尔考［父］之违王命。

si kemuni nenehe niyalmai endebuku be dalime. damu tondo. damu/ hiyoošungga oso. si yabun ci colhororo be beye deribu./ kicere be mutebufi heolederakū. sini amga niyalma de durun/ weri. sini mafa wen wang ni an tacihiyan be daha. ume/ sini amai adali wang ni hese be jurcere.

皇天无亲，惟德是辅。民心无常，惟惠［恩］之怀。为善不同，同归于治。为恶不同，同归于乱。尔其戒哉！

dergi abka de niyaman akū. damu erdemungge de aisilambi./ irgen i mujilen enteheme akū. damu fulehun ningge be hefeliyembi./ sain be yaburengge emu adali akū. taifin ojorongge emu/ adali. ehe be yaburengge emu adali akū. facuhūn ojoronge/ emu adali. si targaci acambi.

慎厥初，惟［思］厥终，终以不困。不惟厥终，终以困穷。

da be gingguleme. duben be gūnire oci. dubentele cukurakū ombi/ duben be gūnirakū oci. dubede cukufi mohombi.

懋［勉］乃［汝］攸绩［所立之功］，睦［亲］乃四邻［四方邻国］，以蕃［屏］王室［家］，以和兄弟，康济小民。

sini gung be kice. sini duin adaki de hajila. wang ni boo be/ dali. ahūn deo de hūwaliyasun oso. buya irgen be elhe/ obume tusa ara.

率［循］自中［中道］，无作聪明乱［变易］旧章［典］。详［审］乃视听，罔以侧言［一偏之言］改厥度［吾身法度］，则予一人汝嘉。”

sini cisui banjinara dulimba be daha. ume sure genggiyen arame/ fe kooli be facuhūrara. sini tuwara donjire be yargiyala./ ume urhu gisun de beyei kemun be halara. uttu oci mini/ emu niyalma sibe saisambi.

王曰：“呜呼！小子胡，汝往［就国］哉，无荒［废］弃朕命。”

wang hendume. ai. ajige jui hū. si gene. mini hese be ume/ fuliyame waliyara.

多方

do fang.

惟五月丁亥，王来自奄［商奄］，至于宗周［镐京］。

sunja biyai fulahūn ulgiyan inenggi. wang. yan ci jime. dzung jeo de/ isinjiha.

周公曰：“王若曰：猷！告尔四国多方，惟尔殷侯尹民［正民者］，我惟大降［宥］尔命，尔罔不知。

jeo gung hendume. wang ni hendurengge. ai. suweni duin gurun. geren/ baingge de alara. damu suweni in i heo irgen be kadalarangge. bi/ suweni ergen be ambula eberembuhebi. suwe ume sarkū ojoro.

洪［大］惟图［谋］天之命，弗永［长］寅［敬］念于祀［保祭祀］。

damu abkai hese be ambula kicehe dabala. juktere be enteheme/ gingguleme gūnihakūbi.

惟帝降格［降灾异］于夏，有夏诞厥逸［大肆逸豫］，不肯戚言［忧民之言］于民，乃大淫昏，不克终日，劝［勉］于帝［天］之迪［启迪］，乃尔攸闻。

di hiya de hafumbume wasimbuha de. hiya gurun ambarame jirgame./ irgen i jalin joboro gisun hono akū. ambula dufedeme farhūdame/ di i yarhūdara be emu inenggi seme kiceme mutehekū. tere suweni/ donjihangge kai.

厥图［私度］帝［上天］之命，不克开［抑塞不通］于民之丽［所依以生］，乃大降罚，崇［增］乱有夏。因［原由］甲［始］于内乱［内嬖妹喜］，不克灵［善］承于旅［众］。罔丕［大］惟进之恭，洪［大］舒［宽裕］于民。亦惟有夏之民，叨［贪］懫［忿］日钦［敬］，劓割［戕害］夏邑。

tere di i hese be bodofi. irgen i taksire be neime muterakū./ fafun be ambula isibufi. hiya gurun de facuhūn be nemebuhe. tere/ turgun. dade dorgi facuhūn ofi. geren de sain i acabume mutehekū/ gungnecun de ambarame dosifi. irgen be ambula sulakan obuhakū./ geli damu hiya gurun i irgen i dosi furungge be jing wesihulefi./ hiya hecen be kokirame jobobuhabi.

天惟时［是］求民主，乃大降显休命于成汤，刑［致罚］殄［灭］有夏。

abka tereci irgen de ejen baime. iletu hūturi hese be. ceng/ tang de ambarame wesimbufi. hiya gurun be erun i mukiyebuhebi.

惟天不畀纯［大］，乃惟以尔多方之义民［贤者］，不克永于多享。惟夏之恭多士［所敬之多士］，大不克明［精由］保［安］享于民。乃胥［相］惟虐于民，至于百为［凡百所为］，大不克开［通］。

abkai umesi ohokūngge. suweni geren ba i jurgangga irgen de./ labdu alire be enteheme obume mutehekū. hiya i gungnere geren hafasa./ irgen be karmafi alire be umai genggiyeleme muterakū. ishunde/ damu irgen be oshodoro. tanggo hacin i yabure be umai neibume/ mutehekū turgun.

乃惟成汤，克以尔多方简［择］，代夏作民主。

tereci damu cing tang. suweni geren ba i sonjoro de hoo seme ofi. hiya i/ funde irgen de ejen ohobi.

慎［谨］厥丽［所依］，乃劝；厥民刑［仪］，用劝［勉］。

taksire be ginggulefi/ huwekiyebure jakade. irgen durun obufi huwekiyenduhebi.

以至于帝乙，罔不明德慎罚，亦克用劝。

di i de isitala. erdemu be genggiyeleme. erun be ginggulehekūngge akū/ ofi. inu huwekiyebume mutehebi.

要囚［重罪之囚］，殄［灭］戮［诛］多罪，亦克用劝。开释［散］无辜［无罪］，亦克用劝。

ujen weilengge niyalmai weile ambulanangge be. jocibume wafi. inu/ huwekiyebume mutehebi. sui akūngge be guwebume sindafi. inu huwekiyebume/ mutehebi.

今至于尔辟［尔君纣］，弗克以尔多方，享天之命。”

te suweni ejen de isinjifi. suweni geren baingge de. abkai/ hese be alime mutehekūbi.

呜呼！王若曰：“诰告尔多方，非天庸［用心］释［去］有夏，非天庸释有殷。

ai. wang ni henduhengge. suweni geren baingge de ulhibume alara./ abka kicefi hiya gurun be efulehengge waka. abka kicefi in/ gurun be efulehengge waka.

乃惟尔辟，以尔多方，大淫［泆］图［度］天之命，屑［琐］有辞［矫诬之辞］。

damu suweni ejen. suweni geren baingge de. ambula dufedeme abkai/ hese be bodome. buya gisun bihebi.

乃惟有夏，图［谋］厥政，不集［萃］于享［享国善政］，天降时［是］丧，有邦间［代］之。

damu hiya gurun. dasan be bodoro de. alire be isabuhakū ofi./ abka jobolon wasimbufi. gurun bisirengge be funde obuhabi.

乃惟尔商后王逸［安］厥逸［指君位］，图厥政，不蠲［洁］烝［进］，天惟降时丧。

damu suweni šang ni amga wang. jirucun de jirgame. dasan be/ bodoro de. bolgo kicebe akū. abka tuttu jobolon wasimbuhabi.

惟圣［通明之称］罔念作狂［愚］，惟狂克念作圣。天惟五年，须［待］暇［宽］之子孙，诞［大］作民主，罔可［无善］念听。

enduringge seme gūnirakū oci. balama ombi. balama seme gūnime muteci./ enduringge ombi. abka sunja aniya otolo. juse omosi de šolo/ bufi aliyakiyame. irgen de ambarame ejen ojoro seci. gūnici/ ojoro. donjici ojoro ba akū bihebi.

天惟求尔多方，大动［警］以威［灾异］，开［发］厥顾天［能爱眷顾者］。惟尔多方，罔［无有能当］堪顾之。

abka tereci suweni geren bade baime. horon be ambula acinggiyafi./ abka de gosiburengge be neici. suweni geren baingge. gosici/ ojorongge akū.

惟我周王灵［善］承于旅［众］，克［能胜］堪用德，惟典［主］神天。天惟式［用］教［阴诱］我［文武］用休［休明］，简［择］畀［付］殷命，尹［正］尔多方。

damu meni jeo gurun i wang. geren de sain i acabume. erdemu be/ baitalame muteme ofi. enduri abka be alici ombi. abka tuttu/ mende sain ojoro be tacibufi. sonjofi in i hese be bufi. suweni/ geren baingge be kadalabuha.

今我曷［何］敢多诰！我惟大降尔四国民命。

te bi ai gelhun akū labdu alambi. bi damu suweni duin gurun i/ irgen i ergen be ambula eberembuhe.

尔曷不忱［信］裕［宽］之于尔多方？尔曷不夹［辅］介［助］乂我周王，享天之命？今尔尚宅［居］尔宅［室］，畋［耕治］尔田，尔曷不惠［顺］王熙［广］天之命？

suwe ainu suweni geren bade akdun sulkan i bisirakū. suwe ainu/ meni jeo gurun i wang de wehiyeme aisilame dasafi. abkai hese be/ alirakū. te suwe kemuni suweni boode tefi. suweni usin be/ tarimbikai. suwe ainu wang de ijishūn ofi. abkai hese be/ badaramburakū.

“尔乃迪［蹈］屡不静，尔心未爱［未知自爱］；尔乃不大宅［安］天命，尔乃屑［轻］播［弃］天命，尔乃自作不典［法］，图忱［见信］于正［正人］。

suwe ainu jing ekisasa akū be yabuha. suweni mujilen/ hairakan sarakūn. suwe ainu abkai hese de ambula toktohakū./ suwe ainu abkai hese be weihukeleme fuliyaha. suwe ainu beye/ kooli akū be yabume. tondo de akdabure be kicehe.

我惟时［是］其教告之，我惟时其战［惧］要囚之，至于再，至于三，乃有不用我降［宥］尔命，我乃其大罚殛［杀］之。非我有周秉［持］德不康［安］宁［静］，乃惟尔自速辜。”

bi uttu ofi tacibume alambi. bi uttu ofi targabume jafafi/ horimbi. jai jergi. ilaci jergi oho. aikabade mini suweni/ ergen be eberembuhe be daburakūngge bici. bi uthai amba/ fafun i jocibumbi. meni jeo gurun. erdemu be tuwakiyame elhe/ sulakan ojorakūngge waka. tere suweni beye weile be hūtularangge kai.

王曰："呜呼！猷！告尔有方多士暨［及］殷多士，今尔奔走臣我监［监治殷民之官］五祀。

wang hendume. ai. suweni yaya ba i geren hafasa. jai in i geren/ hafasa de alara. te suwe faššame yabume mini tuwašakū be/ weilehengge sunja barun oho.

越惟有胥伯小大多正［众多之正］，尔罔不克［能］臬［事］。

jai sioi. be. amba ajigen geren jeng se. suwe ume baita be/ muteburakū ojoro.

自作［身为不和］不和，尔惟和［和心］哉！尔室［家］不睦，尔惟和［和身］哉！尔邑克明，尔惟克勤乃事。

hūwaliyasun akūngge beye ci banjinambi. suwe hūwaliyasun oso./ suweni boo dahasu akū ombi. suwe hūwaliyasun oso./ suweni hecen ci genggiyeleme muteci. suwe. suweni baita be/ kiceme mutehe kai.

尔尚不忌［畏］于凶德［顽民逆德］，亦则以穆穆［和敬貌］在乃位，克阅［简］于乃邑谋介［助］。

suwe. ehe erdemu de ume gelere. inu damu suweni soorin de/ nesuken ginggunji i bisu. suweni hecen de saikan ilgafi/ aisilabure be kice.

尔乃自时［是］洛邑，尚永［久］力畋尔田，天惟畀［予］矜［怜］尔。我有周惟其大介［助］赉［锡］尔，迪［启］简［拔］在王庭。尚尔事［勤勉尔事］，有服［任事］在大僚。”

suwe ereci lo hecen de. suweni usin be enteheme hūsutuleme/ tarire oci. abka suwende bahabume gosimbi. meni jeo gurun inu/ suwende ambula aisilame šangnambi. wang ni yamun de tukiyeme/ wesimbumbi. suweni baita be kiceci. amba hafan i bade baitalambi.

王曰："呜呼！多士，尔不克劝［勉］忱［信］我命，尔亦则惟不克享［奉上］，凡民惟曰不享。尔乃惟逸［放］惟颇［僻］，大远［违］王命，则惟尔多方探［自取］天之威，我则致天之罚，离逖［远］尔土。"

wang hendume i. geren hafasa. suwe huwekiyendume mini hese be akdame/ muterakū oci. suwe uthai dahame muterakū de ofi. yaya irgen/ gemu daharakū sembi. suwe jing jirgame jing urhušeku ome. wang ni/ hese be ambula aldangga obuci suweni geren baingge. abkai horon be/ cenderengge kai. bi uthai abkai fafun be isibume. suweni baci goro/ aljabumbi.

王曰："我不惟多诰，我惟祗［敬］告尔命［勤勉之命］。"

wang hendume. bi ambula alarangge waka. bi damu ginggulene suwende hese be/ ulhibuhe.

又曰："时惟尔初［自新之初］，不克敬于和，则无我怨。"

geli hendume. te suwende tuktan ohobi./ ginggulene hūwaliyasun ome muterakū oci. minde ume ushara.

立政

li jeng.

周公若曰："拜手稽首，告嗣天子王矣。"用咸戒［群臣皆进戒］于王曰："王左右，常伯［牧民之长］、常任［任事公卿］、准人［守法有司］、缀衣［掌服器］、虎贲［执射御］。"周公曰："呜呼！休兹［美哉此官］，知恤［忧其得人］鲜［少］哉！

jeo gung ni henduhengge. dorolome hengkilefi. sirha abkai jui de wang/ oho be alaki serede. gemu wang be targabume hendume. wang ni hashū/ ici ergi cang be. cang zin. jūn zin. juwei i. hū ben sehe manggi./ jeo gung hendume. ai tere wesihun kai. jobošoro be sarangge komso.

古之人迪［行知恤之道］惟有夏［禹］，乃有室［王室］大竞［强］，吁［求］俊［贤］尊［事］上帝［天］，迪［蹈］知忱恂［诚信］于九德之行，乃敢告教厥后

［君］曰：‘拜手稽首后矣。’曰：‘宅［居其官］乃事，宅乃牧，宅乃准，兹［此］惟后［方可为君］矣。谋面［谋之面貌］，用丕训德［以为大顺于德］，则乃宅［任用］人，兹［如此］乃三宅无义［贤人］民。’

julgei niyalma yabuhangge. damu hiya gurun. ini gurun i ambula etuhun de/ mergese be elbifi. dergi di be wesihulehebi. uyun erdemu i yabun be/ yargiyan i saha unenggi akdaha sehede. teni ini ejen de gelhun akū/ tacibume alambi. dorolome hengkilefi. ejen sefi hendurengge. ši de sindara/ mu de sindara. jūn de sindara ohode. erebe ejen sembikai. fiyan be/ bodome. erdemu de ambula ijishūn arafi. niyalma be sindara ohode./ tere ilan bade sindarangge. jurgangga niyalma akū ombi kai/ sembi.

桀德，惟乃弗作往任［昔王任人］，是惟暴德罔后［丧亡无后］。

giyei i erdemu. umai julgei afabuha be yaburakū. urui doksin/ erdemungge teile ofi. dube akū ohobi.

亦越成汤，陟［升为天子］丕［大］厘［治］上帝之耿命［典礼命讨之光命］，乃用三有宅［已授位之三宅］，克［实能就是位］即宅，曰［口称］三有俊［有三宅之才者］，克即俊［实能就是德］。严［敬］惟［思］丕［大］式［法］，克用三宅三俊。其在商邑，用协于厥邑。其在四方，用丕［大］式［法］见德。

jai ceng tang wesipi. dergi di i genggiyen hese be ambula dasahabi./ terei baitalafi ilan bade sindahangge. uthai sindaha be mutehebi. ilan ba i/ saisa sehengge. uthai saisa be mutehebi. kimcime gūnifi. ambula durun/ obure jakade. ilan bade sindara. ilan ba i saisa be baitalame mutefi./ šang ni hecen de bisirengge oci. terei hecen de hūwaliyakūbi. duin/ hošo de bisirengge oci. ambula durun obufi. erdemu be hargašahabi.

呜呼！其在受德暋［强暴］，惟羞刑［进任刑戮之人］暴德之人，同于厥［指诸侯］邦；乃惟庶习［备众丑者］逸［纵］德之人［指在内之臣］，同于厥政。帝钦［敬］罚之，乃伻［使］我有夏［有此诸夏］，式［用］商受命，奄［画］甸［区治］万姓。

ai. šeo i erdemu oshon ofi. damu erun be kicere. toksin erdemu i/ niyalma de. ini gurun be emgilere. damu buya be taciha. jirgara erdemu i/ niyalma de. ini dasan be emgiyelere jakade. di cohome koro isibufi./ muse de hiya i babe bahabufi. šang ni aliha hese be baitalame/ tumen hala be bireme dasambi.

亦越文王、武王，克知三有宅心，灼［明］见三有俊心，以敬事［上事天］上帝，立民［下治民］长伯。

jai wen wang. u wang ilan bade sindaha ursei mujilen be yargiyan i takafi/ ilan ba i saisai. mujilen be getuken i safi. dergi di be gingguleme/ weileme. irgen de. jang. be be ilibuhabi.

立政：任人、准夫、牧作三事；

dasan be ilibume. žin žin. jūn fu. mu be ilan baita obuhabi.

虎贲、缀衣、趣马［掌马官］、小尹［小官之长］、左右携［持］仆［仆御］、百司［内百司］、庶府；

hū ben. juwei i. ts'ui ma. siyoo in. hashū ici ergi hi pu./ tanggo sy. geren fu.

大都、小伯［大都、小都之伯］、艺人［执技事上之人］、表［外］臣、百司、太史［史官］、尹伯［有司之长］，庶［众］常［常德］吉士［善士］。

amba du. ajige be baitangga niyalma. tulergi hafasai tanggo sy./ tai ši. in be se. gemu enteheme sain saisa.

司徒［诸侯之官］、司马、司空、亚［卿贰］旅［卿属］；

sy tu. sy ma. sy kung. ya. lioi.

夷、微、卢、烝、三亳、阪尹［王官］。

i gurun wei. lu jeng. ilan bo. fan i in ci aname.

文王惟克［能知且信］厥宅心［三宅之心］，乃克立兹常事［即常任］司牧［即常伯］人，以克俊［贤］有德。

wen wang damu sindra ursei mujilen be mutere jakade. tuttu ere cang/ ši. sy mu zin be ilibume mutefi. erdemu bisire saisa be bahame mutehebi.

文王罔［无］攸［所］兼［下侵其职］于庶言［号令］、庶狱［狱讼］、庶慎［禁戒储备］，惟有司［职主］之牧夫，是训［敕］用［用命者］违［违命者］，

wen wang yaya gisun. yaya duilen. yaya kimcin de danarakū. damu io sy./ mu fu i dahara jurcere be tacibumbi.

庶狱庶慎，文王罔敢［不敢与知］知于兹。

yaya duilere. yaya kimcire de. wen wang terebe olhome sara/ ararakū.

亦越武王，率［循］惟敉功［安天下之功］，不敢替［废］厥［其］义德［拨乱之人］，率惟谋［治天下之谋］，从容德［有容之人］，以并受此丕丕基［大而又大之业］。

jai u wang toktobuha gung be songkolome. gelhun akū jurgangga/ erdemungge be halhakū. bodogon be songkolome. baktambure/ erdemungge be dahafi. tutu ere umesi amba doro be gese alihabi.

呜呼！孺子王矣，继自今［言以后］我［指王］其立政、立事、准人、牧夫，我其克灼知厥若［明知其心之所顺果安于正］。丕［大任］乃俾［使］乱［治］，相［助］我受民，和［均调］我庶狱庶慎，时则勿有间之［不以小人间之］。

ai. jui agu wang ohobi. ereci amasi bi dasan be ilibume. li/ ši. jūn žin. mu fu be. bi terei cihala be getuken i same mutefi./ dasara be ambula afabufi. mini aliha irgen be weheyebume. mini/ yaya duilere. yaya kimcire be acabuki se. tere be ume/ jakanabure.

自一话一言，我则末［终］惟［思］成德之彦［美士］，以乂［治］我受民。

emu leolen. emu gisun ci aname. bi kemuni yongkiyaha erdemungge/ mergese be gūnime. mini aliha irgen be dasabumbi se.

呜呼！予旦已受人之徽［美］言，咸告孺子王矣。继自今文子［武王之文子］文孙［文王之文孙］，其勿误［失］于庶狱庶慎，惟正［常职者］是乂［治］之。

ai. dan mini niyalma de donjiha sain gisun be. gemu jui agu wang de/ alaha. ereci amasi šu jui. šu omolo. yaya duilere./ yaya kimcire be ume sartabure. damu alihangge de dasibu.

自古［夏前］商人，亦越我周文王立政、立事、牧夫、准人，则克宅［能得人以居职］之，克由绎之［取其所长，竟其所终，皆尽其才意］，兹乃俾［使］乂［治］。

julgeci šang ni niyalma. jai musei jeo gurun i wen wang. dasan be/ ilibufi. li ši. mu fu. jūn zin be sindame mutehe. tucibume mutehede/ tuttu dasabuhabi.

国［凡为国者］则罔有立政用憸人［憸利小人］，不训［顺］于德，是罔显［无能光显］在厥世。继自今立政，其勿以憸人，其惟吉士，用励［勉力］相［辅］我国家。

gurun de dasan be ilibure de. koimali niyalma be baitalahangge akū./ erdemu de ijishūn akū ofi. jalan de iletulerengge akū. ereci/ amasi dasan be ilibure de. ume koimali niyalma be baitalara./ damu sain saisa be musei gurun boo de kiceme aisilabu.

今文子文孙孺子王矣，其勿误于庶狱，惟有司之牧夫。

te šu jui. šu omolo. jui agu wang ohobi. yaya duilere be ume/ tašarabure. damu io sy. mu fu de obu.

其克诘［治］尔戎［戎服］兵［兵器］，以陟［升］禹之迹［五服之旧迹］，方［四方］行天下，至于海表［海外四裔］，罔有不服，以觐［见］文王之耿光［指德］，以扬武王之大烈［指业］。

sini dain cooha be dasatame mutefi. ioi i songko ci/ dabame. abkai fejergi gubci de yabufi mederi tulergingge ci aname/ daharakūngge akū obume. wen wang ni genggiyen elden be tuwabuki./ u wang ni amba gung be algimbuki.

呜呼！继自今后王立政，其惟克用常人［常德之人］。”

ai. ereci amasi amga wang. dasan be ilibure de. damu enteheme/ niyalma be baitaleme muteki.

周公若曰：“太史，司寇苏［国名］公，式［用］敬尔由狱［所用之狱］，以长我王国。兹［此］式［法］有慎［谨］，以列［条列］用中［轻重得中］罚。”

jeo gung hendume. suduri hafan. sy keo su gung. ini duilere/ hacin be ginggulleme. musei wang ni gurun be golmin obumbihe. erebe/ durun obufi kimciha de kooli be dahame. koro arara tob be/ baitalambi.

书经卷之六

周官

jeo guwan.

惟周王抚［临］万邦，巡［巡狩］侯甸，四［四方］征［讨］弗庭［不来庭者］，绥［安］厥兆民，六服［侯甸男采卫并畿内诸侯］群辟，罔不承［奉］德。归于宗周［镐京］，董［督］正治官［治事之官］。

jeo gurun i wang. tumen gurun be dasame. heo. diyan be baicame. duin/ ergi hengkilenjirakūngge be tuwancihiyanafi. geren irgen be elhe/ obuha. ninggun fu i geren ejete. erdemu be daharakūngge akū./ dzung jeo de bederefi. dasara hafasa be kadalame tob obuha.

王曰："若昔大猷［大道之世］，制治于未乱，保邦于未危。"

wang hendume. julge ambula doronggo fonde. dasan be facuhūn/ i onggolo toktohobi. gurun be tuksicuke ojoro onggolo/ karmahabi.

曰："唐虞稽［考］古，建［设］官惟百，内有百揆四岳，外有州牧侯伯，庶［众］政惟和，万国咸［皆］宁［安］。夏商官倍［加倍］，亦克用乂［治］。明王立政，不惟其官［不在官多］，惟其人［得人］。

hendume. tang. ioi julge be kimcime. damu tanggū hafan sindafi. dorgi/ de be kui. sy yo bisire. tulergi de jeo mu. heo be bisire/ jakade. eiten dasan hūwaliyafi. tumen gurun yooni elhe ohobi./ hiya. šang ni hafan obufi fulu ofi. inu dasame mutehebi. genggiyen/ wang sei dasan be ilibuhangge. tenteke hafan de akū. tenteke/ niyalma de bi.

今予小子，祗［敬］勤于德，夙夜不逮［及］。仰惟［思］前代时［是］若［顺］，训［教］迪［启］厥官。

te mini ajige beye. erdemu be ginggulеme kiceme. yamji cimari/ amcarakū adali. jing nenehe jalan be hargašame alhūdame./ hafasa be neime sembi.

立［设］太师、太傅、太保，兹惟三公，论［讲明］道［阴阳之理］经［经纶］

邦，燮理［和调］阴阳。官不必备［备员］，惟其人。

ilibuha taiši. taifu. taiboo. ere be ilan gung sembi./ doro be leoleme. gurun be ijime. in yang be hūwaliyambume dasambi./ hafan be ainame yongkiyara ba akū. damu tenteke niyalma be tuwambi.

少师、少傅、少保曰三孤［特］，贰［佐］公弘化［张大天地之化］，寅［敬］亮［明］天地，弼［辅］予一人。

šoosi. šoofu. šooboo be ilan gu sembi. gung de adafi wen be/ badarambume. abka na be ginggun i genggiyeleme. mini emu niyalma de/ aisilambi.

冢［天官卿］宰［治］掌［管理］邦治［政治］，统［总］百官，均［平］四海。

jung dzai. gurun i dasara be alifi. tanggūi hafasa be kadalame./ duin mederi be neigen obumbi.

司徒［地官卿］掌邦教［教化］，敷［布］五典［常］，扰［驯］兆民。

sy tu. gurun i tacihiyan be alifi. sunja kooli be selgiyeme./ geren irgen be tacibumbi.

宗伯［春官卿］掌邦礼，治神人［神祇人鬼之事］，和上下［尊卑等列］。

dzung be. gurun i dorolon be alifi. enduri. niyalma be dasame./ dergi fejergi be hūwaliyasun obumbi.

司马［夏官卿］掌邦政［征伐之事］，统［御］六师［军］，平［治］邦国。

sy ma. gurun i daran be alifi. ninggun cooha be kadalame/ gurun golo be necin obumbi.

司寇［秋官卿］掌邦禁［法禁］，诘［推鞠］奸慝，刑暴乱。

sy keo. gurun i fafun be alifi.jalingga ehe be kimcime./ doksin facuhūn be weile arambi.

司空［冬官卿］掌邦土［土地］，居四民［士农工商］，时地利［顺天时以兴地利］。

sy kung. gurun i babe alifi. duin hacin i irgen be tebume./ na i aisi be erin de acabumbi.

六卿分职，冬[1]率［领］其属［属官］，以倡［倡先］九牧［九州之牧］，阜［厚］成［化成］兆民。

ninggun king tušan be dendefi. meni meni harangga be gajifi./ uyun mu be huwekiyebume. geren irgen be elgiyen obume hūwašabumbi.

六年，五服一朝［来朝京师］。又六年，王乃时巡［分四时出巡］，考制度于四岳，诸侯各朝于方岳，大明黜［降］陟［升］。”

ninggun aniya. sunja fu emgeri hengkilenjimbi. jai ninggun aniya/ wang teni erin be dahame giyarinafi. duin yo de kooli/ durun be kimcime. goloi beise meni meni ergi yo de/ hengkilenjifi. wesimbure wasimbure be amubarame genggiyelembi.

王曰：“呜呼！凡我有官君子，钦［敬］乃攸司［所主之职］，慎［谨］乃［汝］出令［命令］，令出惟行，弗惟反［壅逆不行］。以公［公理］灭私［私情］，民其允［信］怀［服］。

wang hendume. ai. yaya mini hafan oho ambasa saisa. suweni/ afaha babe ginggule. suweni selgiyere fafun be/ olhošo. fafun be selgiyeci yabuci ome obu. ume gore de isibure. tondo be/ jafafi cisu be mukiyebuci. irgen unengileme hefeliyembi.

学古［古法］入官，议事以制［以古法裁度］，政乃不迷［错谬］。其尔典常［周之常法］作［为］之师，无以利口乱［更改则乱］厥官。蓄［积］疑败谋，怠［惰］忽［略］荒［废］政，不学墙面，莅［临］事惟烦［扰］。

julge be taciha manggi. hafan de dosifi. baita be gisureme toktobuci./ dasan calanburakū ombi. suwe an kooli be sefu obu. ume dacun/ anggai suweni hafan be facuhūrara. kenehunjere be tebuci bobogon/ efujembi. banuhūn heolen oci dasan sartabumbi. tacirakū oci/ fajiran de bakcilaha adali. baita icihiyaci farfabumbi.

戒［申戒］尔卿士，功［已成之功］崇［高］惟志，业［方为之业］广惟勤，惟克果［刚］断［决］，乃罔［无］后艰。

suweni king ši de tacibure. gung be wesihun oburengge. damu gūnin de/ doro be badaramburengge. damu kicebe de. damu kengse lasha be/ muteci. teni amga suilacun akū ombi.

---

[1] “冬”，应为“各”，原刻本误。

位不期骄［矜傲］，禄不期侈［奢］，恭［不骄］俭［不侈］惟德［实得］，无载［从事］尔伪［矫饰］。作德，心逸［安］日休；作伪，心劳日拙。

soorin de cokto be boljohakūbi. funglu de mamgiyakū be/ boljohakūbi. gungnecuke malhūn be erdemu obu. holo be ume/ weilere. erdemu be yabuci. mujilen jirgame inenggidari elhe ombi./ holo be yabuci. mujilen suilame inenggidari modo ombi.

居宠思危［辱］，罔不惟畏［敬惧］，弗畏入畏［入于可畏之中］。

wesihun de bici tuksicuke be gūnime. yaya de gelesu oso./ gelerakū oci. gelecuke de tuhenembi.

推贤［有德］让能［有才］，庶官乃和［不争］，不和政庞［杂乱］。举能其官，惟尔之能。称［举］匪［非］其人，惟尔不任。”

saisa be tucibure. mergese de anabure oci. geren hafan hūwaliyasun/ hūwaliyasun akū oci. dasan facuhūn ombi. tucibuhengge. ini/ hafan be muteci. tere suweni mergen ba. tukiyehengge sain/ niyalma waka oci. tere suweni tušan be muterakū ba.

王曰："呜呼！三事暨大夫，敬尔有官，乱［治］尔有政，以佑［助］乃［汝］辟［君］，永康［安］兆民，万邦惟无斁［厌］。"

wang hendume. ai. ilan baita de bisire. jai daifu hafasa. suweni/ hafan be ginggule. suweni dasan be dasa. ejen de aisilame. geren/ irgen be enteheme elhe obu. tumen gurun de eimemburakū ombi.

君陈

giyūn cen.

王若曰："君陈，惟尔令［善］德孝［孝亲］恭［敬上］，惟孝友于兄弟，克施有政。命汝尹兹东郊，敬哉！

wang ni henduhengge. giyūn cen. si sain erdemungge hiyoošungga/ gungnecuke. hiyoošungga bime ahūn deo de senggime be dahame./ dasan be selgiyeme mutembi. hesei simbe ere dergi giyoo be kadalabuha./ ginggule.

昔周公师［尊］保［亲］万民，民怀其德。往慎乃司，兹率［循］厥常，懋［勉］昭［明］周公之训，惟民其乂［治］。

seibeni jeo gung tumen irgen de sefu karmakū ofi. irgen terei/ erdemu be hefeliyehebi. genefi sini tušan be ginggule. damu tere/ an be dahame. jeo gung ni tacihiyan be kiceme genggiyelere oci/ irgen dasabumbi kai.

我闻曰：‘至治馨香，感［格］于神明。黍稷非馨，明德惟馨。’尔尚式［用］时［是］周公之猷训［合道之训］，惟日孜孜，无敢逸豫。

mini donjihangge umesi dasabuha amtangga wa. enduri genggiyen be/ acinggiyaci ombi. ira fisihe i amtan de waka. genggiyen/ erdemu i amtan de sehebi. si jeo gung ni ere bodogon/ tacihiyan be kemuni baitalame inenggidari sithūme. ume/ gelhun akū jirgame sebjelere.

凡人未见圣，若不克见。既见圣，亦不克由［遵行］圣。尔其戒哉！尔惟风，下民惟草。

yaya niyalma enduringge be acara onggolo. bahafi acarakū adali./ enduringge be acaha manggi. geli enduringge be dahame muterakū./ si targaci acambi. si uthai edun. fejergi irgen uthai orho.

图［谋］厥政［师保之政］，莫或不艰，有废有兴，出入自尔师［众］虞［度］，庶言同则绎［思］。

dasan be kicere de. yaya be mangga ararakūci ojorakū. nakabure/ yendebure ba bihede. amasi julesi sini geren i emgi bodo. geren i/ gisun emu adali oci. seole.

尔有嘉谋［言切于事］嘉猷［言合于道］，则入告尔后于内，尔乃顺之于外，曰：‘斯谋斯猷，惟我后之德。’呜呼！臣人咸［尽］若时［是］，惟良［良臣］显［名显］哉！”

sinde sain arga sain bodogon bihede. uthai dosifi sini ejen de/ dorgideri ala manggi. si geli tulergi de dahabume/ hendurengge. ere arga ere bodogon. gemu meni ejen i erdemu se/ ai. amban oho niyalma yooni uttu oci. sain iletu kai.

王曰：“君陈，尔惟弘［张大］周公丕［大］训，无依势作威，无倚法以削［侵削］，宽而有制［节］，从容［悠游］以和。

wang hendume. giyūn cen. si. jeo gung amba tacihiyan be badarambu./ ume hūsun de ertufi horon arara. ume fafun de aname/ kokirakū ojoro. onco bime kemungge. elhe nuhan i/ hūwaliyambuci acambi.

殷民在辟［刑］，予曰辟，尔惟勿辟；予曰宥［宽］，尔惟勿宥，惟厥中［轻重之中]。

in i irgen fafun de tuheci. mini fafun i gama serede. si uthai/ ume fafun i gamara. mini guwebu serede. si uthai ume guwebure./ damu dulimba be gama.

有弗若[顺]于汝政，弗化于汝训，辟以止辟，乃辟。

sini dasan be daharakū. sini tacihiyan de wenderakūngge/ bihede. fafun i gamafi. fafun be nakabuci ome ohode. teni/ fafun i gama.

狃[习]于奸宄，败常[典常]乱[坏]俗[风俗]，三细[小罪]不宥。

jalingga koimali be taciha. an be efulere i kooli be/ facuhūrara. ere ilan hacin udu ajigen seme guweburakū.

尔无忿[怒]疾[恶]于顽，无求备[全]于一夫。

si ume mentuhun be jilidame ubiyara. ume emu niyalma de yongkiyara be/ baire.

必有忍，其乃有济；有容，德乃大。

urunakū kirime mentuhun. teni tusa ombi. baktambume mutehede. erdemu/ teni amba ombi.

简[别择]厥修[修职]，亦简其或不修；进厥良[行义之善]，以率[倡]其或不良。

tere dasahangge be ilgafi. geli tere dasahakūngge be ilga./ tere sain ningge be dosimbufi. tere sain akūngge be/ yarhūda.

惟民生厚[生性本厚]，因物[外物]有迁[移]。违[不从]上所命[令]，从厥攸[所]好。尔克敬典[常道]在德[实行有得]，时乃罔不变[改行]，允[信]升于大猷[道]。惟予一人，膺受多福[太平之福]，其尔之休，终有辞[令名]于永世。”

irgen i banjinjihangge jiramin bicibe. ai jaka be dahame gurimbi./ dergi hese be jurceme. terei amuran be dahambi. si/ an be ginggguleme mutefi. erdemu de toktoro oci. tere uthai/ wenderakūngge akū ofi. unenggi amba doronggo de isinambi./ mini emu niyalma ambula. hūturi be bahafi alimbi. sini sain./ tuhentele jalan de enteheme maktacun ombi.

顾命

gu ming.

惟四月哉［始］生魄［十六日］，王不怿［悦］。

duin biyai tuktan muru tucike inenggi. wang urgun akū.

甲子，王乃洮［盥手］頮［頮面］水，相［扶相者］被冕服，凭［借］玉几［案］。

niowanggiyan singgeri inenggi. wang dere gala be obofi. eršere/ urse miyan. etuhu be nerebufi. gu i dere de nikefi.

乃同召太保奭［为冢宰］、芮伯［为司徒］、彤伯［为宗伯］、毕公［为司马］、卫侯［为司寇］、毛公［为司空］、师氏［大夫官］、虎臣［虎贲氏］、百尹［百官之长］、御事［治事］。

tereci taiboo ši. žui be. tung be. bi gung. wei heo./ mao gung. ši ši. hū cen. tanggū in. baita de afahangge be/ uheri isabuha.

王曰："呜呼！疾大渐［进］，惟几［危殆］，病日臻［至］。既弥［益甚］留［留连］，恐不获［得］誓言嗣［续］，兹［此］予审［详］训命汝。

wang hendume. ai. nimeku ambula nemefi olhocuka oho. nimerengge/ inenggidari nonggime. manggalafi dahabi. sirabure be bahafi./ akdulame hendurakū ojorahū seme. uttu bi kimcifi tacibume/ suwende hese wasimbumbi.

昔君文王、武王，宣［布］重光［明］，奠［定］丽［依］陈［列］教［教条］则肄［习］，肄不违，用克［能］达殷［达于殷邦］，集大命。

nenehe ejen wen wang. u wang. dabkūri genggiyen be. selgiyeme akdaha be/ dasafi. tacihiyan be tucibure jakade. uthai tacifi. tacime/ jurcerakū. in de hafuname mutefi. amba hese toktohobi.

在后［自指］之侗［愚］，敬迓［迎］天威，嗣守文武大训，无敢昏［昧］逾［越］。

amga mentuhun. abkai horon be gingguleme tosome. wen u. i amba/ tacihiyan be tuwakiyame sirafi. gelhun akū farhūdame dabanahakū.

今天降疾，殆弗兴［起］弗悟［省］。尔尚明时［是］朕言，用敬保［护］元子［长子］钊［康王名］，弘［大］济于艰难。

te abka nimeku wasimbuhabi. ainci alirangge akū. aiturengge/ akū. suwe mini ere gisun be getukelefi. dalaha jui joo be gingguleme/ karmame. joboho suilaha be ambarame akūmbume.

柔［怀来］远能［驯扰］迩，安［宁］劝［导］小大庶邦。

goroki be bilume. hanciki be tacibume. ajige amba gurun be/ elhe obume huwekiyebu.

思夫人自乱［治］于威仪。尔无以钊冒［妄］贡［进］于非几［不善之几］。”

gūnici niyalma. beye i horon durun be dasambi. suwe ume joo be/ gaifi. balai waka deribun de dosire.

兹既受命还，出缀［幄帐］衣于庭。越［及］翼［次］日乙丑，王崩。

hese be alime gaifi bederehe manggi. juwei i be yamun ci tucibuhe./ jai inenggi. niohon ihan. wang urihe.

太保［召公］命仲桓［臣名］、南宫毛［臣名］，俾爰齐侯吕伋［太公望子］，以二干戈、虎贲百人，逆［迎］子［大子］钊［康王］于南门之外，延［引］入翼室［路寝旁左右室］，恤［忧］宅［居］宗［主］。

taiboo. jung hūwan. nan gung mao de hendufi. ci heo lioi/ gi be. juwe g'an g'u. hū ben i tanggū niyalma be gaifi. jui joo be/ julergi dukai tule okdobufi. yarume ashan i boode dosimbufi/ jobolon be alire da obuha.

丁卯，命作册［册书］度［法度］。

fulhūn gūlmahūn inenggi. hendufi ce kooli be arabuha.

越七日癸酉，伯相［召公以西伯为相］命士须［取］材［木］。

jai nadaci inenggi sahahūn coko be siyang. ši de hendufi. mao be gaibuha.

狄［下士］设黼扆［屏风画为斧文］、缀衣［幄帐］。

di niyalma. fu i. juwei i be faidaha.

牖［户］间南向，敷［设］重［重席］篾席［桃竹枝席］，黼［白黑杂缯］纯［缘］，华［彩色］玉仍［因］几。

uce i teisu forome. fu i bituhan miye derhi jibsime sektefi./ eldengge gu ineku dere.

西序［厢］东向，敷重底席［蒲席］，缀［杂彩］纯，文贝［有文之贝］仍几。

wargi ashan de dergi baru forome. juwei bituha di derhi/ jibsime sektefi. alha ubiyoo ineku dere.

东序西向，敷重丰席［筍席］，画［彩色］纯，雕［刻镂］玉仍几。

dergi ashan de wargi baru forome. hūwa i bituhan fung derhi/ jibsime sektefi. coliha gu ineku dere.

西夹［西厢夹室之前］南向，敷重筍席［竹席］，玄纷［杂］纯，漆仍几。

wargi/ giyalakū de julesi forome. yacin fen i bituha sun derhi/ jibsime sektefi. cilehe ineku dere.

越玉五重、陈宝［宝器］、赤刀、大训［三皇五帝之训］、弘［大］璧、琬琰［圭名］，在西序；大玉、夷［常］玉、天球［鸣球］、河图［龙马负图］，在东序。胤之舞衣、大贝、鼖鼓，在西房；兑［巧工］之戈、和［巧工］之弓、垂［舜共工］之竹矢，在东房。

jai sunja hacin i sain gu. boobei faidaha. cyi dao loho./ amba tacihiyan. hūng bi gu. yuwan yan gu be wargi ashan de. da/ ioi gu. i jioi gu. tiyan kio gu. ho tu nirugan be dergi/ ashan de. in i maksire etuku. amba ubiyoo. fen gu/ tungken be wargi boode. dui i g'u gida. hoi beri. cui i/ cuse moo i sirdan be dergi boode.

大辂［玉辂］在宾阶［西阶］面，缀辂［金辂］在阼阶［东阶］面，先辂［木辂］在左塾［门侧堂］之前，次辂［象辂、草辂］在右塾之前。

amba sejen be julesi forome antaha i tafakū de. yarhūdara/ sejen be julesi forome boigoji i farakū de. julergi sejen be/ hashū ergi dalbai booi julergi de. sirame sejen be ici ergi/ dalbai booi julergi de faidaha.

二人雀［赤色弁］弁［士服］，执惠［三隅矛］，立于毕门［路寝门］之内。四人綦弁［文鹿子皮为弁］，执戈上刃［刃外向］，夹两阶戺［堂廉］。一人冕［大夫服］，执刘［钺属］，立于东堂。一人冕，执钺，立于西堂。一人冕，执戣［戟属］，立于东垂［路寝东序阶上］。一人冕，执瞿［戟属］，立于西垂。一人冕，执锐［兵器］，立于侧阶［北陛之阶上］。

juwe niyalma ciyo biyan etufi. hūi be jafafi. bi men dukai dorgi de/ ilihabi. duin niyalma gi biyan etufi. g'u be jiyen tulesi jafafi. juwe ergi/ tafakū i hošo i teisu bakcilahabi. emu niyalma miyan etufi. lio be jafafi./ dergi tang de ilihabi. emu niyalma miyan etufi. yuwei be jafafi. wargi/ tang de ilihabi. emu niyalma miyan etufi. kui be jafafi. dergi ergi/ dergi de ilihabi. emu niyalma miyan etufi. kioi be jafafi. wargi ergi/ dergi de ilihabi. emu niyalma miyan etufi. dui be jafafi. dalbai/ tafakū de ilihabi.

王麻冕黼裳［吉服］，由宾阶隮［升］。卿士、邦君麻冕蚁［元色］裳，入即位。

wang oloi miyan. fu dosihi. etufi. antahai tafakūci wesifi. king. ši. gurun i/ ejete oloi miyan. i dusihi etufi. ibefi teisu bade ilinaha.

太保、太史、太宗皆麻冕彤［纁］裳。太保承［奉］介［大］圭，上宗奉同［爵名］瑁［瑞信］，由阼阶［东阶］隮。太史秉［持］书［册］，由宾阶［西阶］隮，御王册命。

taiboo. tai ši. tai dzung gemu oloi miyan. tung dusihi etufi./ taiboo amba gui be tukiyefi. šang dzung. tung. mao be tukiyefi./ boigoji tafakū ci wesifi. tai ši bithe be tukiyefi. antaha i/ tafakū ci wesifi. wang de ce hese bume.

曰："皇［大］后［君］凭玉几，道扬［称扬］末命［临终之命］，命汝嗣训［继守大训］，临君周邦，率循大卞［法］，燮和天下，用答扬文武之光训。"

henduhengge. amba ejen gui dere de nikefi. tucibume henduhe dubere hese./ simbe tacihiyan be sirafi. jeo gurun de enggeleme ejen ofi. amba/ kooli be songkolome dahame. abkai fejergi be wesimbume hūwaliyambume./ wen. u i eldengge tacihiyan de acabume algimbu sehe.

王再拜，兴，答曰："眇眇［微小意］予末小子，其能而乱［治］四方，以敬忌天威。"

wang dahime hengkilefi. ilifi jabume. mini ser sere dubei ajige beye./ songkoi duin hošo be dasame. abkai horon de gingugn i dargame/ mutembio.

乃受同瑁，王三宿［进爵］、三祭［祭酒］、三咤［奠爵］。上宗曰［传神命］："飨［享］!"

tereci tung. mao be alime gaifi. wang ilan jergi gingneme ilan jergi/ hisalame. ilan jergi dobofi. šang dzung hendume. alime gaiha sehe manggi.

太保受同，降，盥［洗手］，以异［他］同秉璋［盛于璋中］以酢［报祭］。授宗人［小宗伯］同，拜。王答拜。

taiboo. tung be alime gaifi. wasifi gala obufi. encu tung be./ jang de tukiyefi alame wecere de. tung be. dzung žin de alibufi./ doroloro de wang karulame doroloho.

太保受同，祭哜［酒至齿］宅［退居其所］，授宗人同，拜。王答拜。

taiboo. tung be alime gaifi. hisalafi. angga isifi. bederefi. tung/ be. dzung žin de alibufi. doroloro de. wang karulame doroloho.

太保降［下堂］，收［撤器］。诸侯出庙门，俟［候见新君］。

taiboo wasika manggi. bargiyaha. goloi beise miyoo i duka be tucifi aliyaha.

康王之诰

k'ang wang jyi g'ao.

王出在应门之内，太保率西方诸侯入应门左，毕公率东方诸侯入应门右，皆布［陈］乘［四马］黄［黄马］朱［朱鬣］。宾［诸侯］称［举］奉圭兼币，曰："一二臣卫［蕃卫］，敢执壤奠［地所出为奠贽］。"皆再拜稽首。王义［宣］嗣德，答拜。

wang. ing men dukai dolo tucinjihe manggi. taiboo wargi bai goloi beise be gaifi./ ing men dukai hashū ergi be dosifi. bi gung dergi bai goloi beise be gaifi. ing/ men dukai ici ergi be dosifi. gemu fulgiyan icehe konggoro morin duite faidafi/ antaha. jafaha. gui. suje be suwaliyame tukiyefi hendume. emu juwe dalire amban./ gelhun akū baci tucire jaka be jafaha sefi. gemu dahime dorolome/ hengkilere de. wang giyan i erdemu be sirarangge ofi. karulame dorolohobi.

太保暨芮伯，咸进相揖，皆再拜稽首，曰："敢敬告天子，皇天改大邦殷之命，惟周文、武诞［大］受羑若［出羑里始顺］，克恤［忧］西土。

taiboo. jai žui be sasa ibefi ishunde canjurafi. gemu dahime dorolome/ hengkilefi hendume. gelhun akū gingguleme abkai jui de alambi. dergi abka/ amba in gurun i hese be halafi. jeo i wen. u i ambarame alifi ijishūn/ ohongge. wargi babe gosime mutehe turgun.

惟新陟［升遐］王毕［尽］协［合］赏罚，戡［能］定厥功，用敷遗［施及］后人休。今王敬之哉！张皇［大］六师［天子六军］，无坏［废］我高祖寡命［不易得之命］。"

damu ice wesike wang. šeng weile be yooni acabufi. tere gung be/ toktobume mutefi. tuttu amaga niyalma de hūturi be isibume/ werihebi. te wang gingguleki. ninggun cooha be urkingge hūsungge/ obu. musei g'ao dzu i ja akū hese be ume efulere.

王若曰："庶邦侯、甸、男、卫，惟予一人钊报诰。

wang hendume. geren gurun i heo. diyan. nan. wei de. damu joo mini emu/ niyalma karulame alara.

昔君文武，丕［溥博］平［均平］富［薄敛富民］，不务［专］咎［求人咎恶］，底至［推行极其至］齐信［兼尽极诚］，用昭明于天下。则亦有熊罴［武勇之士］之士，不二心［忠实］之臣，保乂王家，用端［正命］命于上帝。皇天用训［顺］厥［文武］道，付畀［予］四方。

nenehe ejen wen. u ambarame bireme. bayambume. weile be kicerakū. ten de/ isibume teksin i akdun ofi. tuttu abkai fejergi de genggiyen i/ eldekebi. geli lefu nasin i gese saisa. juwe mujilen akū amban/ bifi. wang ni boo be karmame dasara jakade. tuttu tob sere hese be/ dergi di de gaihabi. dergi abka tere doro be dahafi. duin/ ergi be afabume buhebi.

乃命建［设］侯树［立］屏［蕃屏］，在我后之人。今予一二伯父，尚胥［相］暨顾［念］绥［安守］尔先公之臣服于先王，虽尔身在外，乃心罔不在王室，用奉恤［忧勤］厥若［顺承］，无遗鞠子［稚子］羞［耻］。"

hesei heo ilibufi fiyanji obuhangge. musei amaga niyalmai jalin. te/ mini emu juwe amji. kemuni uhei suweni nenehe gung ni nenehe wang de/ amban oho be gūnime elhe obu. udu suweni tulergi de bicibe./ suweni mujilen be ume wang ni boode akū. obure. jobošoro de acabume/ ijishūn oso. ume ajige jui de yertecun wajire.

群公既皆听命，相揖趋出。王释［去］冕，反丧服。

geren gung gemu hese be donjime wajifi. ishunde canjurafi gardame tucike./ wang miyan mahala be sufi. halame sinahi etuhe.

毕命

bi ming

惟十有二年，六月庚午朏［月出初三日］，越三日壬申，王朝步自宗周［镐京］，至于丰［文王庙］，以成周之众，命毕公保［安］厘［理］东郊。

juwan juweci aniya. ninggun biyai šanggiyan morin. genggiyen tucike ilaci/ inenggi sahaliyan bonio. wang erde dzung jeo ci jurafi. fung de isinafi./ ceng jeo geren be. bi gung de dergi ergi be karma dasa seme afabuha.

王若曰："呜呼！父师。惟文王、武王敷［布］大德于天下，用克受殷命。

wang hendume. ai. ama taiši. damu wen wang. u wang. amba erdemu be/ abkai fejergi de selgiyere jakade tuttu in gurun i hese be/ alime mutehebi.

惟周公左右先王，绥［安］定厥家，毖［谨］殷顽民，迁于洛邑，密迩［近］王室，式［用］化厥训［教］。既历三纪［十二年］，世变风移，四方无虞［度］，予一人以宁。

damu jeo gung. nenehe wang ni hashū ici ergi de aisilame. boo be/ elhe obume toktobuha. in gurun i oshon irgen de olhošome./ lo hecen de guribufi. wang ni boode umesi hanci obufi. tere/ tacihiyan de wesimbuhebi. ilan erguwen dulefi. jalan kūbulifi. an/ halabure jakade. duin ergide jobocun akū ofi. mini emu niyalma elhe oho.

道有升降，政由［因］俗革［变］，不臧［善］厥臧，民罔［无］攸［所］劝［慕］。

doro wesire wasirangge bi. dasan. kooli be dahame halambi. terei/ sain be saišarakū oci. irgen huwekiyere ba akū ombi.

惟公懋［盛大］德，克勤小物［细行］，弼［辅］亮四世，正色率［表］下［臣僚］，罔不祗［敬］师言［法言］，嘉［休］绩［功］多于先王，予小子垂［垂衣］拱［拱手］仰［仰赖］成［化成］。"

damu gung ni amba erdemu. buya yabun be kiceme mutehe. duin jalan de/ genggiyen i aisilame. tob cirai fejergi be kadalaha. taiši i gisun be/ gingguleraküngge akū. ferguwecuke gung nenehe wang ni fon ci ambula./ mini ajige beye. tuhebume joolafi šanggara be alire dabala.

王曰："呜呼！父师，今予祗［敬］命公以周公之事，往哉！

wang hendume. ai. ama taiši. te bi. gung de. jeo gung ni/ baita be gingguleme afabuha. gene.

旌［奖］别［简］淑［善］慝［恶］，表［异］厥宅［居］里，彰［显］善瘅［病］恶，树［立］之风声。弗率［循］训典，殊［异］厥井［里］疆［界］，俾［使］克畏［祸］慕［福］。申［申明］画［规画］郊圻［畿］，慎［戒严］固封［域］守［防守］，以康［安］四海。

sain ehe be ilgame huwekiyebufi. terei boo falan be temgetule./ sain be elgimbufi. ehe be isebufi. algin urkin be ilibu./ tacihiyan kooli be daharakūngge be. terei cahin jecen be encu/ obufi. kelere buyere be mutebubu. guwali jecen be getukeleme faksalafi/ jecen i tuwakiyara be olhošome akdulafi. duin mederi be/ elhe obu.

政贵有恒［常］，辞［号令］尚体［完具］要［统会］，不惟好异［怪］。商俗靡靡［随人转移之意］，利口［便捷之口］惟贤，余风未殄［绝］，公其念哉！

dasan de enteheme bisire be wesihun obuhabi. gisun de šošohon/ oyonggo be dele obuhabi. encu hacin de amuran oci ojorakū/ šang gurun i kooli wasipi. dacun angga be mergen obuhabi./ ulaha tacin geterere unde. gung si gūnici acambi.

我闻曰：'世禄［世享禄位］之家，鲜［少］克［能］由［率］礼。'以荡［骄放］陵［蔑］德，实悖［乱］天道，敝［坏］化［风］奢［侈］丽［靡］，万世同流。

bi donjici. jalan halame funglu jetere boo. dorolon be dahame muterengge/ komso. cokto i erdemungge be gidašarangge. yargiyan i abkai doro be/ fudarakabi. wen be efuleme mamgiyara yangselarangge. tumen jalan i uhei eyen.

兹殷庶士，席［凭借］宠［光宠］惟旧，怙［恃］侈灭义，服美于人，骄淫矜侉，将由恶终。虽收放心，闲［防］之惟艰。

ere in gurun i geren ši. doshon de akdahangge goidaha. mamgiyara de ertufi/ jurgan be mukiyebume. etuku i niyalma de saišabumbi. cokto dufe./ tukiyeceku bardanggi ehei dubere arbun bi. udu sindaha mujilen be/ bargiyacibe. karmatarangge dembei mangga.

资［资财］富能训［教］，惟以永［长］年。惟德惟义，时［是］乃大训。不由古训，于何其训？”

elgiyen bayan de tacihiyame muteci. enteheme se bahambi. damu erdemu/ damu jurgan. ere amba tacihiyan. julge be dahame tacihiyarakū/ oci. aini tacihiyambi.

王曰：“呜呼！父师。邦之安危，惟兹殷士。不刚［暴刻］不柔［姑息］，厥德允［信］修。

wang hendume. ai. ama taiši. gurun i elhe tuksicukengge. damu/ ere in gurun i ši de bi. mangga akū. uhuken akū oci. terei/ erdemu yargiyan i dasabumbi.

惟周公克慎厥始，惟君陈克和厥中，惟公克成［商民皆善］厥终，三后协［合］心，同底［致］于道，道洽［融浃］政治，泽润生民。四夷左衽，罔不咸赖。予小子永膺［受］多福。

damu jeo gung tere tuktan be olhošome mutehe. damu giyūn cen tere/ dulimba be hūwaliyambume mutehe. damu gung si tere duben be šanggabume/ mutebu. ilan heo uhei mujilen i sasa doro de isibure oci. doro hūwaliyafi/ dasan dasabufi. banjire irgen de kesi isinambi. duin i hashū nadasun./ yooni nikerakūngge akū ombi. mini ajige beye. enteheme ambula hūturi be/ alimbi.

公其惟时［是］成周建［立］无穷之基［业］，亦有无穷之闻［名］。子孙训［顺］其成式［法］惟乂［治］。

gung si. damu ere ceng jeo de mohon akū doro be ilibumbi sere anggala./ inu mohon akū algiyen[①]tutambi. juse omosi šanggaha durun be/ dahame dasabumbi.

呜呼！罔曰弗克，惟既［尽］厥心。罔曰民寡，惟慎厥事。钦［敬］若［顺］先王成烈［功］，以休［继美］于前政［周公君陈之政］。”

ai. ume muterakū sere. damu mujilen be akūmbu. ume irgen be komso sere./ damu baita be olhošo. nenehe wang ni šanggaha gung be gingguleme/ dahafi. nenehe dasan be saikan obu.

君牙

giyūn ya.

① 满文“algiyen”，应为“elgiyen”。

王若曰："呜呼！君牙［臣名］，惟乃祖乃父世笃忠贞，服［任］劳王家，厥有成绩［功］，纪［载］于太常［王之旗］。

wang hendume. ai. giyūn ya. damu sini mafa. sini ama. jalan halame hing seme/ tondo akdun i wang ni boo de suilame faššaha. terei mutehe gung be./ tai cang de ejehebi.

惟予小子，嗣守文、武、成、康遗绪［统绪］，亦惟先王之臣，克左右乱［治］四方，心之忧危，若蹈［履］虎尾［恐噬］，涉于春冰［恐蹈］。

mini ajige beye. wen. u ceng. k'ang ni werihe doro be sirafi. inu/ nenehe wang ni ambasa i hashū ici ergi de bifi. duin ergi be dasame/ mutehe be gūnimbi. mujilen i jobošoro tuksiterengge. tashai/ uncehen be dahalaha. niyengniyeri juhe be fehuhe adali.

今命尔予翼［辅］作股肱心膂［脊］，缵［承］乃旧服［服劳之事］，无忝［辱］祖考。

te sinde afabufi minde aisilame. gala bethe mujilen niyaman obuha. fe doro be/ sirafi. ume mafa ama be gūtubure.

弘［大］敷［布］五典［常］，式［敬］和［不乖］民则［天则］，尔身克正，罔敢弗正。民心罔中，惟尔之中。

sunja kooli be badarambume selgiye. irgen i durun be gingguleme hūwaliyambu. / sini beye tob ome muteci. gelhun akū tob ojorakūngge akū./ irgen i mujilen de dulimba akū. damu sini dulimba obure de bi.

夏暑雨，小民惟曰怨咨［嗟］。冬祁［大］寒，小民亦惟曰怨咨。厥惟艰［难］哉！思其艰以图其易，民乃宁［安］。

juwari halhūn aga de. buya irgen gasandume cibsimbi. tuweri cik/ sere šahūron de buya irgen inu gasandume cibsimbi. damu tere mangga/ kai. tere mangga be gūnime. tere ja be kicehe de. irgen teni/ elhe ombi.

呜呼！丕［大］显［明］哉文王谟［谋］，丕承［继］哉武王烈［功］，启［开］佑［助］我后人，咸［皆］以正罔缺［无有缺略］。尔惟敬明乃训，用奉若［顺］于先王，对扬文武之光命，追配［匹］于前人。"

ai. ambarame iletulehengge. wen wang ni bodogon. ambarame alihangge u/ wang ni gung. muse amga niyalma be aisilame neihengge. gemu teksin i/ ekiyehun akū obuhabi. si damu tacihiyan be gingguleme genggiyelefi./ nenehe wang be ijishūn i dahame. wen. u i eldengge hese de acabume/ algimbufi. nenehe niyalma de amcame acabu.

王若曰："君牙，乃惟由先［其祖父］正旧典［职］时［是］式［法］，民之治乱在兹［此］。率［循］乃祖考之攸［所］行，昭［显］乃辟［君］之有乂［治］。"

wang hendume. giyūn ya. si damu nenehe saisai fe kooli be dahafi/ durun obu. irgen i taifin facuhūn ede bi. sini mafa ama i/ yabuha be alhūdame. sini ejen i dasan be eldembu.

冏命

giong ming.

王［穆］若曰："伯冏［臣名］，惟予弗克［不能］于德，嗣先人，宅［居］丕［大］后［君］，怵惕［恐惧］惟厉［危］，中夜以兴［起］，思免厥愆［咎过］。

wang hendume. be giong. damu bi erdemu be muterakū. nenehe/ niyalma be sirame amba ejen ofi. damu geleme olgome jobošome./ dobori dulin de ilifi. endebuku ci guwere be gūnimbi.

昔在文武聪明齐圣，小大之臣咸［皆］怀忠良，其侍［给侍左右］御［车御］仆从罔匪［非］正人，以旦夕承［承顺］弼［正救］厥辟［君］，出入起居，罔有不钦［敬］；发号施令，罔有不臧［善］。下民祇［敬］若［顺］，万邦咸休［美治］。

seibeni wen. u i fonde. sure genggiyen ginggun enduringge ofi./ amba ajige hafasa. gemu tondo sain be hefeliyehebi. terei/ ashan de jafara. takūrabure daharangge seme. tob sere niyalma/ wakangge waka. yamji cimari ini ejen de aisilame tuwacihiyame/ tucire dosire ilire tere de. ginggulehekū ba akū. fafun tucibure./ hese selgiyere de. sain akū ba akū ojoro jakade. fejergi irgen/ gingguleme dahafi. tumen gurun gemu taifin bihebi.

惟予一人无良［质之不善］，实赖左右前后有位之士，匡［辅助］其不及，绳［直］愆纠［正］谬，格其非［非僻］心，俾克绍先烈［文武］。

damu mini emu niyalma sain akū. yargiyan i hashū ici julergi. amargi./ tušan de bisire saisa i hamirakū be aisilame. endebuku be mishalame/ murishūn be tuwancihiyafi. waka mujilen be geterembufi. nenehe gung be/ sirame mutebure de akdahabi.

今予命汝作大正［大仆正］，正于群仆［所属诸仆］侍御之臣，懋乃后德［勉进汝君之德］，交修不逮。

te bi simbe da jeng obuha. geren pu i ashan de jafara ambasa be tob/ obu. sini ejen i erdemu be hacihiyame. hamirakū be ishunde dasa.

慎［谨］简［择］乃僚［属］，无以巧［好］言令［善］色，便［顺人所欲］辟［避人所恶］侧［奸邪］媚［谀说］，其惟吉士［君子］。

sini hafasa be gingguleme sonjo. ume faksi gisun. araha cira. acabuki/ saišaburakū. urhu waihūngge be baitalara. damu sain saisa be baitala.

仆臣正［得吉士］，厥后克正；仆臣谀［谄］，厥后自圣［自以为圣］。后德惟臣［仆］，不德惟臣。

pu i hafan tob oci. terei ejen tob ojoro be mutembi. pu i hafan haldaba/ oci. terei ejen beyebe enduringge obumbi. ejen i erdemu ambasa de bi./ erdemu akūngge amban de bi.

尔无昵［比近］于憸［邪］人，充耳目之官，迪［导］上以非先王之典。

si ume haksan niyalma be dosholome. šan yasa i hafan de sindafi./ dergi de nenehe wang ni kooli waka be yarure.

非人［不于其人之善］其吉，惟货［贿］其吉，若时瘝［旷］厥官，惟尔大弗克祇［敬］厥［其］辟［君］，惟予汝辜［罪］。”

niyalma be sain serakū. damu ulin be sain seci. uthai tere/ hafan be gūtubumbi. si ambula ejen be gingguleme mutehekū de ofi. bi/ simbe weile arambi.

王曰：“呜呼！钦哉！永弼［辅］乃后于彝［常］宪［法］。”

wang hendume. ai. ginggule. enteheme sini ejen de aisilame. ciktan kooli de/ isibu.

吕刑

lioi hing.

惟吕［吕侯］命［受王命］，王享国百年，耄［老昏］荒［忽］度［裁］作刑

［赎刑］以诘［治］四方。

lioi heo hese be alihangge. wang gurun be tanggū aniya alifi/ oiboro eberere jakade. bodome erun arafi. duin ergi be dasahabi.

王曰："若古有训，蚩尤惟始作乱，延及于平民，罔不寇贼，鸱义［以鸱张为义］奸宄，夺攘矫［诈］虔［刘］。

wang hendume. julgei tacihiyan de. cyi ioi deribume facuhūrara/ jakade. sain irgen ci aname. hūlha holo ofi. jurgan be efuleme/ jalingga ehe. durime cuwangname koimalidame oshodorakūngge akū oho.

苗［三苗］民弗用灵［善］，制以刑，惟作五虐之刑曰法［名之曰法］，杀戮无辜。爰［于是］始淫［过］为劓［割鼻］、刵［割耳］、椓［椓窍］、黥［刺面］，越［及］兹［此法］丽［罹法者］刑［刑之］，并制［制无罪］罔［无］差［别］有辞［曲直之辞］。

miyoo i irgen sain be baitalarakū. erun i dasame. sunja oshon erun be/ deribufi. fafun sehebi. sui akūngge be wame jocibume. tereci/ badarambufi oforo faitara. šan faitara. irgen faitara. sabsire be/ ilibufi. ere erun de tuhenehengge be weile arame. gisun bisirengge be/ suwaliyame tuhebume umai ilgahakūbi.

民兴［起］胥［相］渐［染化］，泯泯［昏］棼棼［乱］，罔中［中心］于信，以覆［反覆］诅［诈］盟［誓］。虐威［虐政作威］庶戮［众被戮者］，方告无辜［罪］于上。上帝监［视］民［苗民］，罔有馨香德，刑发闻惟腥［秽气］。

irgen yendeme ishunde icebufi. farhūn facuhūn. akdun be teburakū./ ubašatame firume gashūmbi. oshon horon de wabuha geren. jing sui/ akū be dergi de alara jakade. dergi di. irgen be bulekušeci/ amtangga sain erdemu akū. damu erun i nicuhūn wa donjimbi.

皇帝［舜］哀矜庶戮之不辜，报虐以威，遏绝［灭］苗民，无世［继世］在下。

hūwangdi. wabuha geren i sui akū be gosime jilame. oshon de/ horon i karulame. miyoo i irgen be nakabume lashalafi./ jalan halame fejergi de biburakū obuhabi.

乃命重［少昊后］黎［高阳后］绝［禁］地［祭地］天［祭天］通，罔有降格［鬼神降格祸福］。群后［诸侯］之逮［及］在下，明明［精白一心］棐［辅助］常

[常过]，鳏寡[至微]无盖[蔽不得伸]。

cung. li de afabufi. na. abkai hafunara be lashalara jakade./ wasimbumbi isibumbi serengge akū ofi. geren ejete. jai/ fejergi de isitala. genggiyen getuken i an be akūmbufi. g'ugin./ anggasi dalibuhakūbi.

皇帝清问[虚心而问]下民，鳏寡有辞[陈说苗过]于苗。德威[以德为威]惟畏[民畏]，德明[以德为明]惟明[民明]。

hūwangdi. fejergi irgen de geterembume fonjire de. g'ugin anggasi. miyoo be/ gisurerengge bihebi. erdemu i horolofi gelebuhebi. erdemu i genggiyelefi/ getuken obuhabi.

乃命三后，恤功[忧民之功]于民。伯夷降典[祀礼]，折民[绝民之邪妄]惟刑。禹平水土，主[表镇]名山川。稷降播种，农[厚]殖[生殖]嘉谷。三后成功，惟殷[殷盛富庶]于民。

ilan heo de afabufi. gosire gung be irgen de isibuhabi. be i kooli be/ selgiyefi. irgen be lashalafi erun ci jailabuhabi. ioi muke boihon be/ necihiyefi. gebungge alin bira be temgetulehebi. jai tarire usere be selgiyefi/ usin de sain jeku be ambula tarihabi. ilan heo. gung be mutebure jakade./ irgen elgiyen ohobi.

士[皋陶为士]制[检]百姓于刑[辟]之中，以教[教民]祗德[敬德]。

ši. tanggū hala be erun i dulimbade karmame. erdemu be ginggulere be/ tacibuhabi.

穆穆[和敬之容]在上，明明[精白之容]在下，灼[光辉]于四方，罔不惟德之勤，故乃明于刑之中[轻重得中]，率乂[率此以治民]于民棐[辅]彝[常性]。

eldengge ambalinggo dergi de bifi. genggiyen getuken fejergi de bifi./ duin ergi de eldere jakade. erdemu be kicerakūngge akū. tuttu/ geli erun i dulimba be genggiyelefi. irgen be dasame. banin de aisilahabi.

典狱[典狱之官]非讫[尽]于威[权势]，惟讫于富[贿赂]。敬[不息]忌[不放]罔有择言在身，惟克天德[大公至正之天德]，自作元命[大命]，配享在下[上与天对]。"

fafun i hafan. horon bisirengge de wacihiyambi sere anggala. bayan ningge de/

inu wacihiyambi. gingguleme targafi. ilgara gisun beye de akū ohobi./ damu abkai erdemu be mutebuci. amba jalgan be beye arame. fejergi de adafi alimbi.

王曰："嗟！四方司［指诸侯］政典狱，非尔惟作［为］天牧［养民］？今尔何监［视］？非时伯夷播［布］刑之迪［导民］。其今尔何惩［戒］？惟时苗民匪察于狱之丽［狱辞之所附丽］，罔择吉人，观于五刑之中。惟时［是］庶威夺货［贵者以威乱政，富者以货夺法］，断制五刑，以乱无辜［罚无罪］，上帝不蠲［贷］，降咎［罚］于苗，苗民无辞于罚，乃绝厥世。"

wang hendume. ai. duin ergi dasan be kadalara fafun i hafan. suwe abkai funde/ ujirengge wakao. te suwe ai be buleku obumbi seci. tere be ai erun be selgiyefi/ tacibuha be wakao. te suwe ai be targacun obumbi seci. damu tere miyoo i/ irgen. weile i acanara be kimcirakū. sain niyalma be sonjofi sunja erun i/ dulimba be tuwabuhakū. damu ishunde horon de ertufi. ulin de/ duribume. sunja erun be salifi lashalara. sui akū be balai weile/ arara jakade. dergi di bolgo akū seme. miyoo i irgen de gasaha/ wasimbufi. miyoo ni irgen weile be anara ba akū. ini jalan lakcaha be/ kai.

王曰："呜呼！念之哉！伯父、伯兄、仲叔、季弟、幼子、童孙，皆听朕言，庶有格［至］命。今尔罔不由慰［由以自慰］日勤，尔罔或戒不勤［无至于不勤而后戒］。天齐［整］于民，俾［使］我一日［非可常用］，非［过误］终惟终［故犯］，在人［在人所犯］。尔尚敬逆［迎］天命［齐民之命］，以奉我一人，虽畏［已欲刑］勿畏，虽休［已所欲宥］勿休，惟敬五刑，以成三德［刚柔正直之德］。一人［君］有庆，兆民赖之，其宁惟永。"

wang hendume. ai. gūnici acambi. amjita. ahūta. eshete. deote./ asihata juse. buya omosi. gemu mini gisun be donji. ten i/ hese bi. te suwe elhe ojoro be inenggidari kicerakū oci/ ojorakū. suwe kicehekū be targarakū oci ojorakū./ abka irgen be teksilere be. minde emu inenggi afabuhabi./ jortai jaka. jortai ojorongge niyalma de bi. suwe saikan abkai/ hese de acabume. mini emu niyalma de aisila. udu tuhebu secibe ume/ tuhebure. udu oncodo secibe ume oncodoro. damu sunja erun be/ ginggulefi. ilan erdemu be mutebu. emu niyalma de urgun bici. geren/ irgen akdafi. enteheme elhe ombi.

王曰："吁！来，有邦有土，告尔祥刑［刑当则祥］。在今尔安百姓，何择非人？何敬非刑？何度非及［逮及］？

wang hendume. ai. gurun bisire. ba bisirengge jio. suwende sain erun be/ alara. te suwe tanggo hala be elhe obure de. aibe sonjombi seci./ niyalma wakaoo. aibe ginggulembi seci. erun wakao. aiba bodombi seci./ holhobun wakao.

两造［两争者皆至］具备［词证皆在］，师［众］听五辞［丽于五刑之辞］；五辞简孚［核实可信］，正［质］于五刑；五刑不简［辞与刑不应］，正于五罚［赎］；五罚不服［又不应］，正于五过［误］。

juwe bakcin gemu yongkiyaha manggi. sunja gisun be geren donjimbi. sunja/ gisun be kimcifi yargiyan oci. sunja erun i tuwancihiyambi. sunja/ erun de kimcifi baharakūngge oci. sunja jooligan i tuwancihiyambi./ sunja jooligan de daharakū oci. sunja endebuku i tuwancihiyambi.

五过之疵［病］，惟官［威势］、惟反［报德怨］、惟内［女谒］、惟货［贿赂］、惟来［干请］。其罪［五者之罪］惟均［与犯人同罪］，其审［详察］克［尽其能］之。

sunja endebuku i jemden. hafan. karulan. dorgi. ulin. yandun. terei/ weile emu adali. kimcifi mutebu.

五刑之疑有赦，五罚之疑有赦，其审克之。简孚有众［可信者众］，惟貌［容］有稽［考察］，无简［无情实］不听，具［皆］严［畏］天威［罚恶之威］。

sunja erun de kenehunjeci guwebumbi. sunja jooligan de kenehunjeci/ guwebumbi. getukelefi mutebu. kimcifi yargiyan ningge ambula bicibe/ damu arbun de serebumbi. kimcifi ojorakūngge be ume donjire./ gemu abkai horon de olhošo.

墨辟［刻颡而理之］疑赦，其罚百锾［六两］，阅［视］实其罪。劓［割鼻］辟疑赦，其罪惟倍［二百锾］，阅实其罪。剕［刖足］辟疑赦，其罚倍差［倍而又差五百锾］，阅实其罪。宫［淫刑］辟疑赦，其罚六百锾，阅实其罪。大辟［死刑］疑赦，其罚千锾，阅实其罪。墨罚之属［类］千，劓罚之属千，剕罚之属五百，宫罚之属三百，大辟之罚其属二百。五刑之属三千。上下比［附］罪，无僭乱辞，勿用不行［今所不行之法］，惟察惟法，其审克之。

sabsire weile be kenehunjeci guwebu. tede jooligan tanggo hūwa. terei/ weile be kimcime yargiyala. oforo faitara weile be kenehunjeci guwebu. tede/ jooligan ubui fulu. terei weile be kimcime yargiyala. bethe sacire/ weile be kenehunjeci guwebu. tede jooligan ubu. tubi fulu. terei weile be/ kimcime yargiyala. irgen faitara weile be kenehunjeci guwebu. tede jooligan ninggun/ tanggo hūwa. terei weile be kimcime yargiyala. wara weile be kenehunjeci/ guwebu. tede jooligan minggan hūwan. terei weile be kimcime yargiyala. sabsire/ jooligan i hacin minggan. oforo faitara jooligan i hacin minggan. bethe sacire/ jooligan i hacin sunja tanggo. irgen faitara jooligan i hacin ilan tanggo./ wara jooligan i hacin juwe tanggo. sunja erun i hacin ilan minggan. dergi/ fejergi de duibuleme weile arara de. facuhūn gisun be ume tašarabure./ yabubuhakūngge be ume baitalara. damu kimci. fafun de acabu./ getukelefi mutebu.

上［事］刑适［情］轻下服，下刑适重上服。轻重诸罚有权［通其宜］，刑罚世［随时世］轻世重。惟齐非齐［齐以不齐之法］，有伦［当然之伦］有要［不易之要］。

dergi erun bime. weihuken ba bici. fejergi erun i gama. fejergi erun bime./ ujen ba bii. dergi erun i gama. ujen weihuken i geren jooligan de toose/ bi. erun jooligan de. jalan be tuwame weihuken. jalan be tuwame ujen obumbi./ damu teksin de. teksin akū babi. ciktan bi. šošohon bi.

罚惩非死［非致人于死］，人极［甚］于病。非佞［口才辩给］折狱，惟良［温良长者］折狱，罔非在中。察辞于差［无意而差］，非从惟从。哀［不刻］敬［不忽］折狱，明启［开］刑书胥占［与众共占度之］，咸庶中正。其刑其罚，其审克之。狱成［成于下］而孚［民信］，输［输于上］而孚［君信］。其刑上备［上狱详载始末］，有并两刑［一人犯两事者］。”

jooligan i isaburengge. bucerengge waka bicibe. niyalma suilacuka de/ isinambi. anggalinggūngge weile be lashalaci ojorakū. damu/ nesuken ningge. weile be lashalame. dulimba de acanarakūngge/ akū. gisun i jurcejehe babe kimci. dahaci ojorakūngge de./ dahaci ojorongge bi. gosin ginggun i weile be lashala. erun i bithe be/ getukeleme selgiyefi. geren de tuwabure ohode. gemu dulimba tob de/ ombidere. terei erun. terei jooligan be getukelefi mutebu. weile/ šanggaha de akdambi. wesimbuhede akdambi. tere erun be wesimbure de/ yongkiya. juwe erun be kamcibu.

王曰："呜呼！敬之哉！官［典狱官］伯［诸侯］族［同族］姓［异姓］，朕言多惧，朕敬于刑，有德惟刑。今天相［辅］民，作配在下。明［无蔽］清［无污］于单辞［无证之辞］，民之乱［得治］，罔不中［公正］听狱之两辞［有证之辞］，无或私家［为私家计］于狱之两辞。狱货［鬻狱得货］非宝，惟府［聚］辜［罪］功［状］，报［天降］以庶尤［百殃］，永畏惟罚。非天不中［不以中道待人］，惟人在命［自取殃祸之命］。天罚不极，庶民罔有令［善］政在于天下。"

wang hendume. ai. hafan. da. mukūn. hala. ginggulecі acambi. bi/ gisurere de honi ambula gelembi. bi erun be ginggulembi. erun de erdemu/ bi. te abka. irgen de aisilame. acaburengge fejergi de bi. gargata/ gisun be genggiyeleme getukele. irgen de taifin ojorongge. dulimba be/ jafafi. juwe bakcin be beidere de akūngge akū. juwe bakcin i/ weile be ume cisui aisi obure. weile i ulin. boobei waka. damu/ erun sui be. isaburengge. eiten jobolon be isibumbi. enteheme/ gelecukengge damu weile. abka tondo akūngge waka. damu niyalma i/ hesebun de bi. abkai weile cira akū oci. geren irgen de sain/ dasan. abkai fejergi de akū ombi.

王曰："呜呼！嗣孙［嗣世子孙］，今往何监？非德［用刑成德］于民之中［全民所受之中］。尚明听之哉！哲人［明哲之人］惟刑，无疆［穷］之辞［称］，属［由］于五极［五刑］，咸中［皆得其中］有庆。受王嘉［善］师［众］，监［视］于兹［此］祥刑。"

wang hendume. ai. sirara omosi. ereci amasi aibe buleku obumbi seci./ erdemu be irgen de dulimba oburengge wakao. saikan getukeleme/ donjici acambi. mergen niyalmai erun de. mohon akū maktacun/ ohongge. sunja hacin i erun de gemu acanafi. hūturi ohongge/ kai. wang ni sain geren be alime gaifi. ere sain erun be buleku/ obuci acambi.

文侯之命

wen heo jyi ming.

王若曰："父［同姓尊称］义和［文侯字］！丕［大］显［明德］文武，克慎明德，昭升于上［天］，敷［布］闻在下［民］，惟时上帝，集厥命于文王。亦惟先正［文侯祖父］，克左右昭［精白］事厥辟［君］，越小大谋猷罔不率从，肆先祖怀

［安］在位。

wang hendume ama i ho. ambarame iletulehengge. wen. u. ginggun i/ erdemu be genggiyeleme mutefi. eldeme dergi de isinara. selgiyebufi/ fejergi de donjinara jakade. tuttu dergi di hese be. wen/ wang de buhe. inu nenehe saisa. ini ejen be hashū ici ergide/ genggiyen i weileme mutefi. yaya ajige amba hebe bodogon be daharakūngge/ akū ofi. tuttu nenehe mafari soorin de elhe bihebi.

呜呼！闵［怜］予小子，嗣造［嗣位之初］天丕愆［为天所大谴］，殄［绝］资［资用］泽［惠泽］于下民，侵［侵陵］戎我国家纯［大］。即［今］我御事［臣］，罔或耆［老成］寿俊［杰］在厥服［官］，予则罔［无］克［能］。曰：‘惟祖惟父［诸侯在祖父之列］，其伊［谁］恤朕躬！’呜呼！有绩［致功］予一人，永绥［安］在位。

ai. jilakan mini ajige beye. doro be sirame. abka amba gashan/ wasimbuha. fejergi irgen de encehun fulehun lakcafi. dzung ambarame/ mini gurun boode necinjihe. mini baita de afahangge. sengge/ mergese tere tušan de akū dade. bi geli muterakū. mafai jergi/ amai jergingge. we mimbe gosimbi. ai. mini emu niyalma de gung/ bici. soorin de enteheme elhe ombi.

父义和！汝克昭乃显祖［指唐叔］，汝肇［始］刑［仪］文武，用会绍［合之不离，继之不绝］乃［汝］辟［君］，追孝于前文人［亦指唐叔］。汝多修［完］，扞［卫］我于艰，若汝予嘉［我所美］。”

ama i ho. si sini iletu mafa be eldembume mutehe. si. wen./ u be fukjin alhūdame. sini ejen be acabure sirabure de isibufi./ nenehe niyalma de. amcame hiyoošulame. si ambula dasatafi. mini/ jobolon de dalime yabuha. simbe bi saisambi.

王曰：“父义和！其归视尔师［众］，宁尔邦。用赉［赏赐］尔秬鬯［黑黍酿以鬯草］一卣［中尊］；彤［赤］弓一，彤矢百，卢［黑］弓一，卢矢百；马四匹。父往哉！柔远能迩，惠康［安］小民，无荒［怠］宁［安］。简［阅士卒］恤［惠民］尔都［国鄙］，用成尔显德［光明之德］。”

wang hendume. ama i ho. bedereme genefi. sini geren be tuwa. sini/ gurun be elhe obu. sinde gioi cang emu monggocon. fulgiyan beri/ emke. fulgiyan sirdan tanggo. sahaliyan beri emke. sahaliyan sirdan/ tanggo. morin duin šangnaha. ama gene gorokingge be dahabu./ hancingge be tacibu. buya irgen be gosime elhe obu. ume ci-hai/ jirgara. sini dube baicame gosime. sini iletu erdemu be mutebu.

费誓

mi ši.

公曰："嗟！人无哗［喧］，听命。徂［往者］兹淮夷、徐戎并兴。

gung hendume. ai. niyalma ume curhindara. hese be donji. nenehe hūwai/ i. sioi žung sasa dekdehebi.

善敹［缝完］乃甲胄，敿［系］乃干，无敢不吊［精至］。备乃弓矢，锻［淬炼］乃戈矛，砺［磨］乃锋刃，无敢不善。

suweni uksin saca be saikan akdula. suweni kalka be hūwaita./ ume gelhun akū. sain akū obure. suweni beri sirdan be belhe./ suweni gida dehe be hada. suweni dube jeyen be leke. ume gelhun/ akū dacun akū obure.

今惟淫［大］舍牿［闲牧］牛马，杜［收撤］乃擭［机槛］，敜［塞］乃阱［坑阱］，无敢伤牿。牿之伤，汝则有常刑。

te tesereme tatafi. ihan morin be suwangkiyabuhabi. suweni horho be/ butule. suweni tuhebuku be fihebu. ume gelhun akū suwangkiyabuhangge be/ kokirabure. suwangkiyabuhangge kokirabuci. suwende toktoho weile bi.

马牛其风［逸］，臣［男役］妾［女役］逋［亡］逃，勿敢越逐［越军垒逐之］，祗复之［偶得则敬还之］，我商［度］赉［赏］汝。乃越逐不复，汝则有常刑。无敢寇攘，逾［越］垣墙，窃马牛，诱［引］臣妾，汝则有常刑。

morin ihan waliyabure. haha hehe jailara ukara ohode. ume dabame/ fargara. gingguleme amasi bu. bi acara be tuwame suwende šangnara./ aikabade dabame farganara. amasi burakū ojoro oci. suwende/ toktoho weile bi. ume gelhun akū hūlhame gidara. fu fajiran be/ dabame. morin ihan be hūlhara. haha hehe be bolire ohode. suwende/ toktoho weile bi.

甲戌[1]［用兵之期］，我惟征徐戎，峙［储备］乃糗粮［粮食］，无敢不逮

---

① 原刻本作"戍"，应作"戌"。

［及］，汝则有大刑。鲁人三郊［国外］三遂［郊外］，峙乃桢干［版筑之木］。甲戌[1]，我惟筑［筑营垒］，无敢不供［给］，汝则有无余刑［不一之刑］，非杀［但不至于杀］。鲁人三郊三遂，峙乃刍茭［饲牛马者］，无敢不多，汝则有大刑。”

niowanggiyan indahūn inenggi. bi sioi žung be dailanambi. suweni/ jufeliyen jeku be belhe. ume gelhun akū isirakū obure. suwende/ amba weile bi. lu i ilan giyoo. ilan sui i niyalma. suwe hadaha/ undehen be belhe. niowanggiyan indahūn inenggi bi cirgembi./ ume gelhun akū acaburakū ojoro. warakū bicibe. suwende erun be/ funceburakū. lu i ilan giyoo. ilan sui i niyalma. suwe orho moo be/ belhe. ume gelhun akū ambula akū obure. suwende amba weile bi.

秦誓

cin ši.

公［秦穆公］曰：“嗟！我士，听无哗［喧］！予誓告汝群言之首。

gung hendume. ai. mini geren donji. ume curhindure. bi suwende eiten/ gisun i uju be alara.

古人有言曰：‘民讫［尽］自若是多盘［安］。’责人斯无难，惟受责俾如流［流水］，是惟艰哉！

julgei niyalmai henduhengge irgen gemu uttu beyebe elhe oburengge ambula/ niyalma be wakalarangge mangga akū. damu wakalara be alime gaijara de/ eyere mukei gese ojorongge. damu ere mangga kai sehebi.

我心之忧，日月逾迈［逝］，若弗云来［不再来］。

mini mujilen i jobošorongge. inenggi biya hetume genefi. jiderakū gese.

惟古之谋人［老成之士］，则曰：‘未就［不就我意］予忌［疾］。’惟今之谋人［新进之士］，姑［且］将以为亲［信］，虽则云然，尚猷［谋］询［问］兹黄发［老成］，则罔［无］所愆［过］。

julgei hebei niyalma be oci beyede acaburakū seme kušulembi. te i hebei/ niyalma be oci. taka hanci obuki sembi. udu uttu bicibe. kemuni/ tere funiyehe soro-

① 原刻本作“戍”，应作“戌”。

kongge de hebdere fonjire ohode. endebuku akū/ ombi.

番番［老貌］良士，旅力［少壮膂力］既愆［过］，我尚［庶］有之。仡仡［勇貌］勇夫，射御不违［中度］，我尚不欲。惟截截［辩给貌］善谝［巧］言，俾［使］君子易辞［变辞以拒谏］，我皇［遑暇］多有之。

sakdaka eberengge nomhon saisa. oori hūsun eberecibe bi kemuni baitalaki/ etuhun mangga baturu haha. gabtan jafan jurcerakū bicibe. bi kemuni/ cihakū bade. tosome acabume faksidame gisurere de mangga. ambasa/ saisai gisun be forgošorongge be. bi ai šolo de ambula baitalambi.

昧昧［深潜静思］我思之，如有一介［独］臣，断断［诚一貌］猗［语辞］无他技；其心休休［易直好善之意］焉，其如有容［受］。人之有技，若己有之；人之彦［美士］圣［通明］，其心好之，不啻［但］如自其口出，是能容之，以保我子孙黎民，亦职［主］有利哉！

bi dolori gūnici. yala emu amban bifi. fing seme gūwa erdemu/ akū. terei mujilen ler seme baktambun bisire adali. niyalma de/ erdemu bici. beyede bisire gese. niyalmai mergen enduringge be. terei/ mujilen i buyerengge. angga ci tucire teile akū oci. uttu/ baktambume muterangge. mini juse omosi. sahaliyan ujungga/ irgen be karmame. inu yargiyan i tusa ombi.

人之有技，冒［忌］疾以恶之；人之彦圣，而违［背］之俾［使］不达［通］，是不能容，以不能保我子孙黎民，亦曰殆［危］哉！

niyalma de erdemu bihede. kušuleme silhidame ubiyara. niyalmai mergen/ enduringge be. jurceme hafumburakū obure oci. uttu baktambume/ muterakūngge. mini juse omosi. sahaliyan ujungga irgen be/ karmame muterakū. inu tuksicuke seci ombikai.

邦之杌陧［不安］，曰由一人。邦之荣怀［安］，亦尚一人之庆。”

gurun i olhocuka tuksicuke ojorongge. emu niyalmai haran. gurun i/ taifin elhe ojorongge. inu emu niyalmai sain de.

参考文献

［1］国家图书馆藏满汉合璧《书经集注》，摩青阁本，索书号/1629。

［2］国家图书馆藏满汉合璧《书经》，乾隆二十五年刻本，索书号man0535。

［3］国家图书馆藏满汉合璧《书经》，汉刻本，满抄本，索书号man0537。

［4］国家图书馆藏满汉合璧《书经》，瑞锦堂刻本，索书号man0538。

［5］国家图书馆藏满汉合璧《书经》，光绪二十二年荆州驻防翻译总学刻本，索书号man0539。

［6］国家图书馆藏满汉合璧《书经成语》，清抄本，索书号man0540。

［7］首都图书馆藏满汉合璧《书经》，乾隆二十五年武英殿刻本，索书号（乙一）8。

［8］首都图书馆藏满汉合璧《书经》，乾隆二十五年刻本，索书号（乙一）11。

［9］首都图书馆藏满汉合璧《书经集传》，雍正国子监刻本，满文抄本，索书号（乙一）13。

［10］首都图书馆藏满汉合璧《书经讲章》，清抄本，索书号（丙一）593。

［11］李德启编、于道泉校：《国立北平图书馆、故宫博物院满文书籍联合目录》，国立北平图书馆、故宫博物院图书馆，1933年。

［12］富丽主编：《世界满文文献目录初编》，中国古文字研究会，1983年。

［13］黄润华、屈六生主编：《全国满文图书资料联合目录》，书目文献出版社，1991年。

［14］卢秀丽、阎向东主编：《辽宁省图书馆满文古籍图书综录》，辽宁民族出版社，2002年。

［15］杨丰陌、张本义主编：《大连图书馆藏少数民族古籍图书综录》，辽宁民族出版社，2006年。

［16］北京市民族古籍整理出版规划小组办公室满文编辑部编：《北京地区满文图书总目》，辽宁民族出版社，2008年。

［17］黄润华主编：《国家图书馆藏满文文献图录》，国家图书馆出版社，2010年。

［18］国家图书馆古籍馆编，全桂花、朱志美、萨仁高娃主编：《国家图书馆藏满汉文合璧古籍珍本丛书》，学苑出版社，2017年。

［19］吴元丰主编：《清代满汉合璧国学丛书》，辽宁民族出版社，2019年。

［20］王敌非：《欧洲满文文献总目提要》，中华书局，2021年。

［21］何砺砻主编：《内蒙古自治区图书馆满文古籍图书综录》，广西师范大学出版社，2022年。

［22］黄润华、屈六生编：《满文文献知见录》，辽宁民族出版社，2022年。

［23］W. Simon and H. G. H. Nelson, *Manchu Books in London: A Union Catalogue*, The British Library, 1977.

［24］Tatiana A. Pang, *A Catalogue of Manchu Materials in Paris: Manuscripts, Blockprints, Scrolls, Rubbings*, Harrassowitz Verlag, 1998

［25］Tatiana A. Pang, *Descriptive Catalogue of Manchu Manchuscripts and Blockprints in the St.Petersburg Branch of the Institute of Oriental Studies Russian Academy of Sciences*, Harrassowitz Verlag, 2001.

［26］K. S. Jachontov, *Katalog Mandjurischer Handschriften und Blockdruke in den Sammlungen der Bibliothek der Orientalischen Fakultät der Sankt-Petersburger Universität*, Harrassowitz Verlag, 2001.

［27］Nicholas Poppe, Leon Hurvitz, and Hidehiro Okada. *Catalogue of the Manchu-Mongol Section of the Toyo Bunko*, The Toyo Bunko and The University of Washington Press, 1964.

［28］河内良弘、赵展编：《天理图书馆藏满文书籍目录》，天理图书馆，1985年。

［29］松村润编：《美国议会图书馆所藏满洲语文献目录》，东北亚细亚文献研究

会，1999年。

［30］韩愈：《昌黎先生文集》，宋蜀本。

［31］库勒讷等撰：《日讲书经解义》，故宫博物院藏康熙十九年内府刻本。

［32］雍正《大清会典》，中国第一历史档案馆藏刻本。

［33］潘喆等编：《清入关前史料选辑》（第2辑），中国人民大学出版社，1989年。

［34］李洵、赵德贵等主校点：《钦定八旗通志》，吉林文史出版社，2004年。

［35］《清太宗实录》，中华书局，2008年。

［36］《清圣祖实录》，中华书局，2008年。

［37］中国第一历史档案馆编：《内阁藏本满文老档》，辽宁民族出版社，2009年。

［38］《满洲实录》，辽宁教育出版社，2012年。

［39］鄂尔泰编：《国朝宫史》，北京出版社，2018年。

［40］乌云毕力格、张闶：《同文之盛：〈西域同文志〉整理与研究》，上海古籍出版社，2022年。

［41］刘起釪：《尚书学史》，中华书局，1989年。

［42］许育龙：《蔡沈〈书集传〉经典化的历程——宋末至明初的观察》，万卷楼，2018年。

［43］蔡沉撰，王丰先点校：《书集传》，中华书局，2018年。

［44］李光涛：《清太宗与三国演义》，《中央研究院历史语言研究所集刊》第12本，1948年。

［45］关嘉录、佟永功：《中国满文及其文献整理研究》，《清史研究》1991年第4期。

［46］叶高树：《〈诗经〉满文译本比较研究——以〈周南〉〈召南〉为例》，《台湾师范大学历史学报》1992年第20期。

［47］佟永功、关嘉禄：《乾隆朝“钦定新清语”探析》，《满族研究》1995年第2期。

［48］黄润华：《满文官刻图书述论》，《文献》1996年第4期。

［49］叶高树：《满文翻译的汉籍及其相关研究》，《近代中国史研究通讯》1998年

第26期。

［50］黄润华：《满文坊刻图书述论》，《文献》1999年第2期。

［51］庄吉发：《清高宗敕译〈四书〉的探讨》，载《清史论集（四）》，台北文史哲出版社，2000年。

［52］［日］山崎雅人：《论满文诗经新旧翻译之差异》，载阎崇年主编《满学论丛》第6辑，民族出版社，2000年，第246-265页。

［53］蔡安定：《蔡沈〈书集传〉及其版本》，载福建省炎黄文化研究会、中共南平市委宣传部编《武夷文化研究》，海峡文艺出版社，2003年，第377-384页。

［54］吴元丰：《满文与满文古籍文献综述》，《满族研究》2008年第1期。

［55］徐莉：《满文〈四书〉修订稿本及其价值》，《满语研究》2008年第1期。

［56］章宏伟：《清朝初期的满文教育与满文译书出版》，载《沈阳故宫博物院院刊》第5辑，中华书局，2008年，第44-51页。

［57］季永海：《清代满译汉籍研究》，《民族翻译》2009年第3期。

［58］徐莉：《清代满文〈诗经〉译本及其流传》，《民族翻译》2009年第3期。

［59］乌云格日勒、宝玉柱：《清代民族语文翻译研究》，《满语研究》2010年第1期。

［60］徐莉：《乾隆朝钦定四书五经满文重译稿本研究》，《民族翻译》2010年第1期。

［61］王春林：《〈书集传〉版本源流》，《中国哲学史》2010年第2期。

［62］吴元丰：《近百年来满文档案编译出版综述——以中国大陆为中心》，《满语研究》2011年第2期。

［63］王敌非：《满译〈左传〉词语研究——以〈郑伯克段于鄢〉为例》，《满语研究》2012年第1期。

［64］王敌非：《民族文化在文学翻译中的体现——以满译〈诗经·关雎〉为例》，《黑龙江民族丛刊》2012年第4期。

［65］简成禾：《〈五子之歌〉中的君臣责任及其相关问题——以汉、满文本〈日讲书经解义〉为考察对象》，载彭林主编《中国经学》第10辑，广西师范大学出版社，2012年，第147-172页。

［66］叶高树：《清朝的翻译科考》，《台湾师范大学历史学报》2013年第49期。

［67］马子木：《论清朝翻译科举的形成与发展（1723—1850）》，《清史研究》2014年第3期。

［68］吴元丰、徐莉：《满文古籍丛谈》，《满语研究》2015年第1期。

［69］徐莉：《清代满文四书版本研究》，《民族翻译》2015年第4期。

［70］徐莉：《乾隆皇帝御批满文四书》，《中国档案》2015年第6期。

［71］晓春、春花：《科举视角下〈四书〉满文本翻译始末》，《故宫博物院院刊》2017年第3期。

［72］庄吉发：《翻译四书——四书满文译本与清代考证学的发展》，《故宫文物月刊》2017年第412期。

［73］马子木、乌云毕力格：《“同文之治”：清朝多语文政治文化的构拟与实践》，《民族研究》2017年第4期。

［74］吴元丰、李刚：《中国满文档案工作70年——以中国第一历史档案馆为中心》，《满语研究》2019年第2期。

［75］曲强：《从满文四书五经政治类词汇译法的演变看清朝官方意识形态的演变》，载乌云毕力格主编《西域历史语言研究集刊》第12辑，社会科学文献出版社，2019年，第162-179页。

［76］李雄飞、顾千岳：《北京大学图书馆藏满文古籍述略》，《满语研究》2020年第2期。

［77］陈虹：《清代满文〈孝经〉研究》，载黄维忠主编《西域历史语言研究集刊》第15辑，中国藏学出版社，2021年，第155-186页。

［78］斯钦巴特尔：《清代满文〈四书〉版本及相关问题研究》，载黄维忠主编《西域历史语言研究集刊》第15辑，第187-198页。

［79］吴元丰、徐莉：《满文古籍印证清代多民族文化交融》，《中国社会科学报》2022年7月22日。

［80］宋以丰：《“崇儒重道”与“四书”的满文翻译》，《中国文化研究》2022年秋之卷，第97-107页。

［81］陈虹：《满文〈孝经〉研究》，硕士学位论文，中国人民大学，2019年。

［82］斯钦巴特尔：《〈四书〉满蒙文文本研究》，博士学位论文，中央民族大学，2021年。

［83］王硕：《清中叶以降儒学典籍满译研究》，博士学位论文，东北师范大学，2021年。

［84］Stephen Durrant，"Sino-Manchu Translations at the Mukden Court，" *Journal of the American Oriental Society*，Vol.99，No.4（1979）：653-661.

［85］Laura E. Hess，"The Manchu Exegesis of the Lúnyǔ，" *Journal of the American Oriental Society*，Vol.113，No.3（1993）：402-417.

［86］［日］山崎雅人：《満文〈詩経国風〉における押韻について》，大阪市立大学大学院文学研究科编51（8分册），1999年，第763-789页。

资料篇

本书资料篇为国家图书馆藏摩青阁本《书经集注》的影印照片，在扫描过程中两侧书眉及页码无法完全呈现，为尽量全面展现原书信息，未做删除。此外，原书的满文部分写在原刻本的天头处，为了适应版面便于排版，对影印照片进行了适当剪裁，将满文部分移于对应原刻本的左侧，特此说明。

書經集註序

慶元(宋寧宗年號)己未冬先生文公令(平聲)沈作書集傳(去聲)明年先生殁又十年始克成編總若干萬言嗚呼書豈易(音異)言哉二帝(堯舜)三王(禹湯文武)治(平聲澄之反鄒氏季友曰治字本平聲借用乃爲去聲故陸氏於諸經中平聲若並無音去聲者乃音直吏反而讀者不察乃或皆作去聲讀之今二聲並音以矯其弊平聲者修理其事分用其力也去聲者事有條理已見其效也諸篇中有不及盡音者以此推之皆可見矣)天下之大經大法皆載此書而淺見薄識豈足以盡發蘊奧且生於數千載之

下而欲講明於數千載之前亦已難矣然二帝三王之治(去聲下同)本於道二帝三王之道本於心得其心則道與治固可得而言矣何者精一執中堯舜禹相授之心法也建中建極商湯周武相傳之心法也曰德曰仁曰敬曰誠言雖殊而理則一無非所以明此心之妙也至於言天則嚴其心之所自出言民則謹其心之所由施禮樂教化心之發也典章文物心之著也家齊國治而天下平心之推也

心之德其盛矣乎二帝三王存此心者也夏桀商受亡此心者也太甲成王困而存此心者也存則治亡則亂治亂之分顧其心之存不存如何耳後世人主有志於二帝三王之治不可不求其道有志於二帝三王之道不可不求其心求心之要舍（音捨）是書何以哉沈自受讀以來沈潛其義參考衆說融會貫通廼敢折衷（音中）微辭奥旨多述舊聞二典禹謨先生蓋嘗是正手澤尚新嗚呼惜哉（先生改本已附

文集中其間亦有經承先生口授指畫而未及盡改者今悉更定見本篇）集傳（去聲）本先生所命故凡引用師說不復（扶又反）識（音志）別（彼列反）四代（虞夏商周）之書分爲六卷（虞一卷夏一卷商一卷周三卷○書凡百篇遭秦火後今所存者僅五十八篇）文以時異治以道同聖人之心見（音現）於書猶化工之妙著於物非精深不能識也是傳（去聲）也於堯舜禹湯文武周公之心雖未必能造（七到反）其微於堯舜禹湯文武周公之書因是訓詁（果五古纂二切通古今之言也）亦可得其指意之大略矣嘉定（亦寧宗年號）

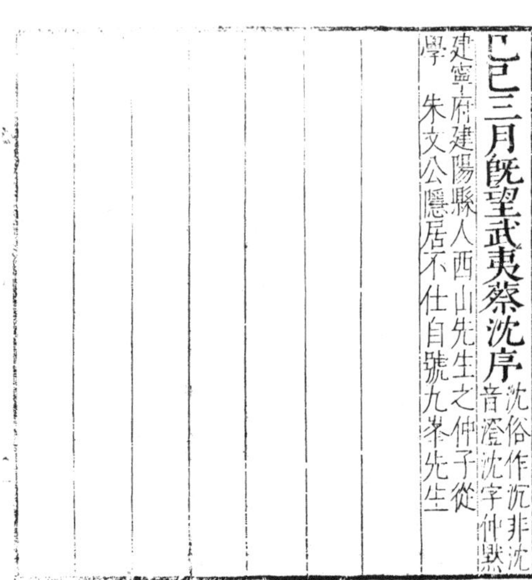

己巳三月既望武夷蔡沈序沈俗作沉非沈音澄沈字仲默

建寧府建陽縣人西山先生之仲子從學 朱文公隱居不仕自號九峯先生

書經卷之一　　蔡沈集傳

虞書虞舜氏因以爲有天下之號也書凡五篇堯典雖紀唐堯之事然本虞史所作故曰虞書其舜典以下夏史所作當曰夏書春秋傳亦多引爲夏書此云虞書或以爲孔子所定也

堯典堯唐帝名說文曰典從冊在丌上尊閣之也此篇以簡冊載堯之事故名曰堯典後世以其所載之事可爲常法故又訓爲常也今文古文皆有

曰若稽古帝堯曰放勳欽明文思安安允恭克讓光被四表格于上下曰粤越通古文作粤曰若者發語辭

周書𢦏若來三月亦此例也稽考也史臣將叙堯事故先言考古之帝堯者其德如下文所云也曰者猶言其說如此也放至也猶孟子言放乎四海是也勳功也言堯之功大而無所不至也欽恭敬也明通明也敬體而明用也文文章也思意思也文著見而思深遠也安安無所勉強也言其德性之美皆出于自然而非勉強所謂性之者也允信克能也常人德非性有物欲害之故有強爲恭而不實欲爲讓而不能者惟堯性之是以信恭而能讓也光顯被及表外格至上天下地也言其德之盛如此故其所及之遠如此也蓋放勳者總言堯之德業也欽明文思安安本其德性而言也允恭克讓以其行實而言也至于被四表格上下則放勳之所極也孔子曰惟天爲大惟堯則之故書叙帝王之德莫盛於堯而其贊堯之德莫備于此且又首以欽之一字爲言此書中開卷第一義也讀者深

味而有得焉則一經之全體不外是矣其可忽哉

克明俊德以親九族九族既睦平章百姓百姓昭明協和萬邦黎民於變時雍

於音烏○明明之也俊大也堯之大德上文所稱是也九族高祖至玄孫之親舉近以該遠五服異姓之親亦在其中也睦親而和也平均章明也百姓畿內民庶也昭明皆能自明其德也萬邦天下諸侯之國也黎黑也民首皆黑故曰黎民於歎美辭變變惡爲善也時是雍和也此言堯推其德自身而家而國而天下所謂放勳者也

乃命羲和欽若昊天曆象日月星辰敬授人時

昊下老反○乃者繼事之辭羲氏和氏主曆象授時之官若順也昊廣大之意曆所以紀數之書象所以觀天之器如下篇璣衡之屬是也日陽精一日而繞地一

周月陰精一月而與日一會星二十八宿衆
星爲經金木水火土五星爲緯皆是也辰以
日月所會分周天之度爲十二次也人時謂
耕穫之候凡民事早晚之所關也其說詳見
下文
分命羲仲宅嵎夷曰暘谷寅賓出日平秩
東作日中星鳥以殷仲春厥民析鳥獸孳尾
嵎音隅孳音字○此下四節言曆既成而分
職以頒布且考驗之恐其推步之或差也或
曰上文所命蓋羲伯和伯此乃分命其仲叔
未詳是否也宅居也嵎夷即禹貢嵎夷既畧
者也曰暘谷者取日出之義羲仲所居官次
之名蓋官在國都而測候之所則在於嵎夷
東表之地也寅敬也賓禮接之如賓客也亦
帝嚳曆日月而迎送之意出日方出之日蓋
以春分之旦朝方出之日而識其初出之景
也平均秩序作起也東作春月歲功方興所

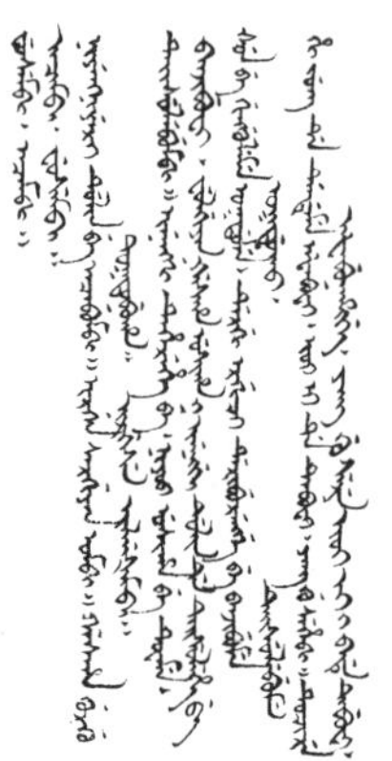

當作起之事也蓋以曆之節氣早晚均次其
先後之宜以授有司也日中者春分之刻於
夏永冬短爲適中也晝夜皆五十刻舉晝以
見夜故曰日星鳥南方朱鳥七宿唐一行推
以鶉火爲春分昏之中星也殷中也春分陽
之中也析分散也先時冬寒民聚於隩至是
則以民之散處而驗其氣之溫也乳化曰孳
交接曰尾以物之生育而驗其氣之和也
申命羲叔宅南交平秩南訛敬致日永星火
以正仲夏厥民因鳥獸希革
申重也南交南方交阯之地陳
氏曰南交下當有曰明都三字訛化也謂夏
月時物長盛所當變化之事也史記索隱作
南爲謂所當爲之事也敬致周禮所謂冬夏
致日蓋以夏至之日中祠日而識其景如所
謂日至之景尺有五寸謂之地中者也永長
也日永晝六十刻也星火東方蒼龍七宿火

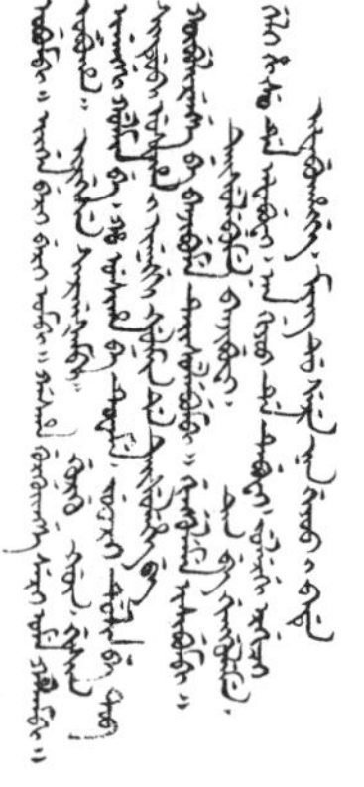

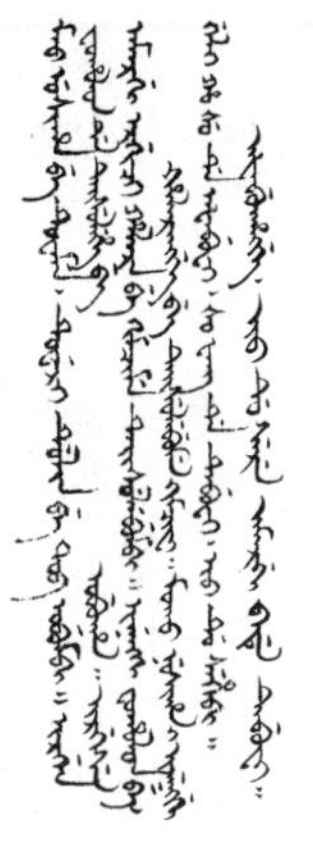

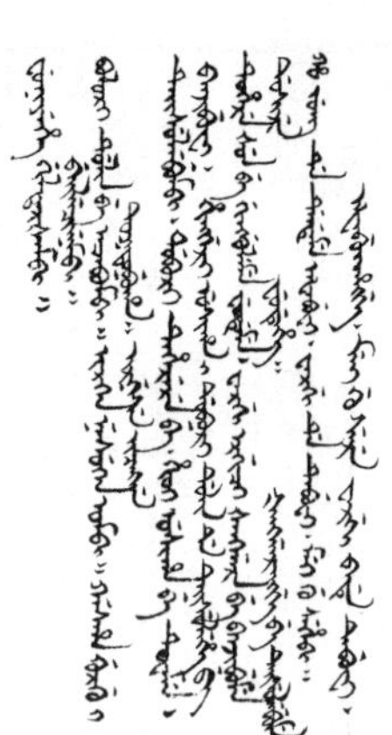

謂大火夏至昏之中星也正者夏至陽之極
午為正陽位也因析而又析以氣愈熱而氏
愈散處也希革鳥
獸毛希而革易也分命和仲宅西曰昧谷寅
餞納日平秩西成宵中星虛以殷仲秋厥民
夷鳥獸毛毨毨蘇典反○西謂西極之地也
曰昧谷者以日所入而名也餞
禮送行者之名納日方納之日也蓋以秋分
之莫夕方納之日而識其景也西成秋月物
成之時所當成就之事也宵夜也宵中者秋
分夜之刻於夏冬為適中也晝夜亦各五十
刻舉夜以見日故曰宵星虛北方玄武七宿
之虛星秋分昏之中星也亦曰殷者秋分陰
之中也夷平也暑退而人氣平也申命和叔
毛毨鳥獸毛落更生潤澤鮮好也
宅朔方曰幽都平在朔易日短星昴以正仲

冬厥民隩鳥獸氄毛隩於到反氄而隴反○
朔方北荒之地謂之朔
者朔之為言蘇也萬物至此死而復蘇猶月
之晦而有朔也日行至是則淪于地中萬象
幽暗故曰幽都在察也朔易冬月歲事已畢
除舊更新所當改易之事也日短晝四十刻
也星昴西方白虎七宿之昴宿冬至昏之中
星也亦曰正者冬至陰之極子為正陰之位
也隩室之內也氣寒而民聚於內也氄毛鳥
獸生耎毳細毛以自溫也蓋既命羲和造曆
制器而又分方與時使各驗其實以審夫推
步之差聖人之敬天勤民其謹如是是以術
不違天而政不失時也又按此冬至日在虛
昏中昴今冬至日在斗昏中璧中星不同者
蓋天有三百六十五度四分度之一歲有三
百六十五日四分日之一天度四分之一而
有餘歲日四分之一而不足故天度常平運
而舒日道常內轉而縮天漸差而西歲漸差

書卷一

而東此歲差之由唐一行所謂歲差者是也古曆簡易未立差法但隨時占候修改以與天合至東晉虞喜始以天爲天以歲爲歲乃立差以追其變約以五十年退一度何承天以爲太過乃倍其年而又反不及至隋劉焯取二家中數七十五年爲近之然亦未爲精密也因附著于此

帝曰咨（嗟）汝羲暨（及）和朞（周年）三百有（又）六旬（十）有六日以閏月定四時成歲允（信）釐（治）百工（官）庶（衆）績（功）咸（皆）熙（廣）

咨嗟也嗟歎而告之也暨及也朞猶周也允信釐治工官庶衆績功咸皆熙廣也天體至圓周圍三百六十五度四分度之一繞地左旋常一日一周而過一度日麗天而少遲故日行一日亦繞地一周而在天爲不及一度積三百六十五日九百四十分日之二百三十五而與天會是一歲日行之數也月麗天而尤遲一日常不及天十三度十

九分度之七積二十九日九百四十分日之四百九十七而與日會十二會得全日三百四十八餘分之積又五千九百八十八如日法九百四十而一得六不盡三百四十八通計得日三百五十四九百四十分日之三百四十八是一歲月行之數也歲有十二月月有三十日三百六十者一歲之常數也故日與天會而多五日九百四十分日之二百三十五者爲氣盈月與日會而少五日九百四十分日之五百九十二者爲朔虛合氣盈朔虛而閏生焉故一歲閏率則十日九百四十分日之八百二十七三歲一閏則三十二日九百四十分日之六百單一五歲再閏則五十四日九百四十分日之三百七十五十有九歲七閏則氣朔分齊是爲一章也故三年而不置閏則春之一月入于夏而時漸不定矣子之一月入于丑而歲漸不成矣積之之久至于三失閏則春皆入夏而時全不定矣

書經卷一　五

十二失閏子皆入丑歲全不成矣其名實乖戾寒暑反易農桑庶務皆失其時故必以此餘日置閏月於其間然後四時不差而歲功得成以此信治百官而衆功皆廣也 帝曰疇咨若時登庸放齊曰胤子朱啓明帝曰吁嚚訟可乎○放甫兩反胤羊進反嚚魚巾反此下至鯀績用弗成皆爲禪舜張本也疇誰咨訪問也若順庸用也堯言誰爲我訪問能順時爲治之人而登用之乎放齊臣名胤嗣也胤子朱堯之嗣子丹朱也啓開也言其性開明可登用也吁者歎其不然之辭嚚謂口不道忠信之言訟爭辯也朱蓋以其開明之才用之於不善故嚚訟禹所謂傲虐是也此見堯之至公至明深知其子之惡而不以一人病天下也或曰胤國子爵堯時諸侯也夏書有胤侯胤書有胤之舞衣今亦未見其必不然姑存於此云 帝曰

疇咨若予采驩兜曰都共工方鳩僝功帝曰吁靜言庸違象恭滔天○驩呼官反兜當侯反共音恭僝仕限反○采事也都歎美之辭也驩兜臣名共工官名蓋古之世官族也方且鳩聚僝見也言共工方且鳩聚而見其功也靜言庸違者靜則能言用則違背也象恭貌恭而心不然也滔天二字未詳與下文相似疑有舛誤上章言順時此言順事職任大小可見 帝曰咨四岳湯湯洪水方割蕩蕩懷山襄陵浩浩滔天下民其咨有能俾乂僉曰於鯀哉帝曰吁咈哉方命圮族岳曰异哉試可乃已帝曰往欽哉九載績用弗成 湯音傷於音烏鯀古本反咈符勿反圮部鄙反

异音異○四岳官名一人而總四岳諸侯之
事也湯湯水盛貌洪大也孟子曰水逆行謂
之洚水洚水者洪水也荅水涌出而未洩故
汎濫而逆流也割害也蕩蕩廣貌懷包其四
面也襄駕出其上也大阜曰陵浩浩大貌滔
漫也極言其大勢若漫天也俾使乂治也言
有能任此責者使之治水也僉衆共之辭四
岳與其所領諸侯之在朝者同辭而對也於
歎美辭鯀崇伯名歎其美而薦之也咈者甚
不然之之辭方命者逆命而不行也王氏曰
圓則行方則止方命猶今言廢閣詔令也荅
鯀之爲人悻戾自用不從上令也圮敗族類
也言與衆不和傷人害物鯀之不可用者以
此也楚辭言鯀婞直是其方命圮族之證也
岳曰四岳之獨言也异義未詳疑是已廢而
復強舉之之意試可乃已者荅廷臣未有能
於鯀者不若姑試用之取其可以治水而已
言無預他事不必求其備也堯於是遣之往

治水而戒以欽哉葢任大事不可以不敬聖
人之戒辭約而意盡也載年也九載三考功
用不成故黜之帝曰咨四岳朕在位七十載汝能庸
命巽朕位岳曰否德忝帝位曰明明揚側陋
師錫帝曰有鰥在下曰虞舜帝曰俞予聞如
何岳曰瞽子父頑母嚚象傲克諧以孝烝烝
乂不格姦帝曰我其試哉女于時觀厥刑于
二女釐降二女于嬀汭嬪于虞帝曰欽哉嬀俱
爲反汭如稅反嬪音并○朕古人自稱之通
號吳氏曰巽遜古通用言汝四岳能用我之
命而可遜以此位乎葢丹朱既不肖群臣又
多不稱故欲舉以授人而先之四岳也否不

逼忝辱也明明上明謂明顯之下明謂已在
顯位者揚舉也側陋微賤之人也言惟德是
舉不拘貴賤也師衆錫與也四岳羣臣諸侯
同辭以對也鰥無妻之名虞氏舜名也僉應
許之辭予聞者我亦嘗聞是人也如何者復
問其德之詳也岳曰四岳獨對也瞽無目之
名言舜乃瞽者之子也舜父號瞽叟心不則
德義之經爲頑母舜後母也象舜異母弟名
傲驕慢也諧和烝進也言舜不幸遭此而能
和以孝使之進進以善自治而不至于大爲
姦惡也女以女與人也時是刑法也二女堯
二女娥皇女英也此堯言其將試舜之意也
莊子所謂二女事之以觀其內是也蓋夫婦
之間隱微之際正始之道所繫尤重故觀人
者於此爲尤切也釐理降下也嬀水名在今
河中府河東縣出歷山入河爾雅曰水北曰
汭亦小水入大水之名蓋兩水合流之內也
故從水從內蓋舜所居之地嬪婦也虞舜氏

也史言堯治裝下嫁二女於嬀水之北使爲
舜婦于虞氏之家也欽哉堯戒二女之辭卽
禮所謂往之女家必敬必戒者況以天
子之女嫁于匹夫尤不可不深戒之也．

舜典 今文古文皆有今文合于堯典
而無篇首二十八字○唐孔氏
曰東晉梅頤上孔傳闕舜典自乃命
以位以上二十八字世所不傳多用
王范之註補之而皆以愼徽五典以
下爲舜典之初至齊蕭鸞建武四年
姚方興於大航頭得孔氏傳古文舜
典乃上之事未施行而方興以罪致
戮至隋開皇初購求遺典始得之今
按古文孔傳尚書有曰若稽古以下
二十八字伏生以舜典合於堯典只
以愼徽五典以上接帝曰欽哉之下
而無此二十八字梅頤旣失孔傳舜
典故亦不知有此二十八字而愼徽

五典以下則固具於伏生之書故傳者用王范之註以補之至姚方典乃得古文孔傳舜典於是始知有此二十八字或者由此乃謂古文舜典一篇皆盡亡失至是方全得之遂疑其僞蓋過論也

曰若稽古帝舜曰重華協于帝濬哲文明溫恭允塞玄德升聞乃命以位濬音浚○華光華也協合也帝謂堯也濬深哲智也溫和粹也塞實也玄幽潛也升上也言堯既有光華而舜又有光華可合於堯因言其目則深沉而有智文理而光明和粹而恭敬誠信而篤實有此四者幽潛之德上聞於堯堯乃命之以職位也慎徽五典五典克從納于百揆百揆時敘賓于四門四門穆穆納于

大麓烈風雷雨弗迷徽美也五典五常也父子有親君臣有義夫婦有別長幼有序朋友有信是也從順也左氏所謂無違教也此蓋使爲司徒之官也揆度也百揆者揆度庶政之官惟唐虞有之猶周之冢宰也時叙以時而叙左氏所謂無廢事也四門四方之門古者以賓禮親邦國諸侯各以方至而使主焉故曰賓穆穆和之至也左氏所謂無凶人也此蓋又兼四岳之官也麓山足也烈迅迷錯也史記曰堯使舜入山林川澤暴風雷雨舜行不迷蘇氏曰洪水爲害堯使舜入山林相視原隰雷雨大至衆懼失常而舜不迷其度量有絕人者而天地鬼神亦或有以相之歟愚謂遇烈風雷雨非常之變而不震懼失常非固聰明誠智確乎不亂者不能也易震驚百里不喪匕鬯意爲近之帝曰格汝舜詢事考言乃言厎可績三載

汝陟升帝位舜讓于德有德之人弗嗣繼格來詢謀乃汝底致陟升也堯言詢舜所行之事而考其言則見汝之言致可有功於今三年矣汝宜升帝位也讓于德讓于有德之人也或曰謙遜自以其德不足爲嗣也正月上日朔受終終帝位之事于文祖堯始祖上日朔日也葉氏曰上旬之日曾氏曰如上戊上辛上丁之類未詳孰是受終者堯於是終帝位之事而舜受之也文祖者堯始祖之廟未詳所指爲何人也在察璿美珠璣機玉衡橫管以齊七政日月五星璿音旋○在察也美珠謂之璿璣機也以璿飾璣所以象天體之轉運也衡橫也謂衡簫也以玉爲管橫而設之所以窺璣而齊七政之運行猶今之渾天儀也七政日月五星也七者運行於天有遲有速有順有逆猶人君之有政事也此言舜初攝位整理庶務首察璣衡以齊七政葢曆象授時所當先也○按渾天儀者天

文志云言天體者三家一曰周髀二曰宣夜三曰渾天宣夜絕無師說不知其狀如何周髀之術以爲天似覆盆葢以斗極爲中中高而四邊下日月旁行遶之日近而見之爲晝日遠而不見爲夜蔡邕以爲考驗天象多所違失渾天說曰天之形狀似鳥卵地居其中天包地外猶卵之裹黃圓如彈丸故曰渾天言其形體渾渾然也其術以爲天半覆地上半在地下其天居地上見者一百八十二度半強地下亦然北極出地上三十六度南極入地下亦三十六度而嵩高正當天之中極南五十五度當嵩高之上又其南十二度爲夏至之日道又其南二十四度爲春秋分之日道又其南二十四度爲冬至之日道南下去地三十一度而已是夏至日北去極六十七度春秋分去極九十一度冬至去極一百一十五度此其大率也其南北極特其兩端其天與日月星宿斜而迴轉此必古有其法

遭秦而滅至漢武帝時落下閎始經營之鮮
于妄人又量度之至宣帝時耿壽昌始鑄銅
而爲之象宋錢樂又鑄銅作渾天儀衡長八
尺孔徑一寸璣徑八尺圓周二丈五尺強轉
而望之以知日月星辰之所在即璿璣玉衡
之遺法也歷代以來其法漸密本朝因之爲
儀三重其在外者曰六合儀平置黑單環上
刻十二辰八干四隅在地之位以準地面而
定四方側立黑雙環背刻去極度數以中分
天脊直跨地平使其半入地下而結於其子
午以爲天經斜倚赤單環背刻赤道度數以
平分天腹橫遶天經亦使半出地上半入地
下而結于其卯酉以爲天緯三環表裏相結
不動其天經之環則南北二極皆爲圓軸虛
中而內向以挈三辰四遊之環以其上下四
方於是可考故曰六合次其內曰三辰儀側
立黑雙環亦刻去極度數外貫天經之軸內
挈黃赤二道其赤道則爲赤單環外依天緯

亦刻宿度而結於黑雙環之卯酉其黃道則
爲黃單環亦刻宿度而又斜倚於赤道之腹
以交結於卯酉而半入其內以爲春分後之
日軌半出其外以爲秋分後之日軌又爲白
單環以承其交使不傾墊下設機輪以水激
之使其日夜隨天東西運轉以象天行以其
日月星辰於是可考故曰三辰其最在內者
曰四遊儀亦爲黑雙環如三辰儀之制以貫
天經之軸其環之內則兩面當中各施直距
外指兩軸而當其要中之內面又爲小竅以
受玉衡要中之小軸使衡既得隨環東西運
轉又可隨處南北低昂以待占候者之仰窺
焉以其東西南北無不周徧故曰四遊此其
法之大略也沈括曰舊法規環一面刻周天
度一面加銀丁蓋以夜候天晦不可目察則
以手切之也古人以璿飾璣疑亦爲此今大
史局秘書省銅儀制極精緻亦以銅丁爲之
曆家之說又以北斗魁四星爲璣杓三星爲

衡今詳經文簡質不應北斗二字乃用寓名恐未必然姑存其說以廣異聞

肆類于上帝禋于六宗望于山川徧于羣神禋音因○肆遂也類禋望皆祭名周禮肆師類造于上帝註云郊祀者祭昊天之常祭非常祀而祭告于天其禮依郊祀爲之故曰類如泰誓武王伐商王制言天子將出皆云類于上帝是也禋精意以享之謂宗尊也所尊祭者其祀有六祭法曰埋少牢於泰昭祭時也相近於坎壇祭寒暑也王宮祭日也夜明祭月也幽宗祭星也雩宗祭水旱也山川名山大川五嶽四瀆之屬望而祭之故曰望徧周徧也羣神謂丘陵墳衍古昔聖賢之類言受終觀象之後卽祭祀上下神祇以攝位告也

輯五瑞既月乃日覲四岳羣牧班瑞于羣后輯歛瑞信也公執桓圭侯執信圭伯執躬圭子執穀璧男執蒲璧五等諸侯執之以合符於天子而驗其信否也周禮天子執冒以朝諸侯鄭氏註云名玉以冒以德覆冒天下也諸侯始受命天子錫以圭圭頭斜鋭其冒下斜刻小大長短廣狹如之諸侯來朝天子以刻處冒其圭頭有不同者則辨其僞也既盡覲見四岳四方之諸侯羣牧九州之牧伯也程子曰輯五瑞徵五等之諸侯也此已上皆正月事至盡此月則四方之諸侯有至者矣遠近不同來有先後故日日見之不如他朝會之同期於一日蓋欲以少接之則得盡其詢察禮意也班頒同羣后卽侯牧也既見之後審知非僞則又頒還其瑞以與天下正始也

歲二月東巡守至于岱宗柴望秩于山川肆覲東后協時月正日同律度量衡修五禮五玉三帛二生一死贄如

五器卒乃復五月南巡守至于南岳如岱禮八月西巡守至于西岳如初十有一月朔巡守至于北岳如西禮歸格于藝祖用特孟子曰天子適諸侯曰巡守巡守者巡所守也歲二月當巡守之年二月也岱宗泰山也柴燔柴以祀天也望望秩以祀山川也秩者其牲幣祝號之次第如五岳視三公四瀆視諸侯其餘視伯子男者也東后東方之諸侯也時謂四時月謂月之大小日謂日之甲乙其法略見上篇諸侯之國其有不齊者則協而正之也律謂十二律黃鐘大簇姑洗蕤賓夷則無射大呂夾鍾仲呂林鍾南呂應鍾也六爲律六爲呂凡十二管皆徑三分有奇空圍九分而黃鍾之長九寸大呂以下律呂相間以次而短至應鍾而極焉以之制樂而節聲音則長

者聲下短者聲高下者則重濁而舒遲上者則輕清而剽疾以之審度而度長短則九十分黃鍾之長一爲一分而十分爲寸十寸爲尺十尺爲丈十丈爲引以之審量而量多少則黃鍾之管其容子穀秬黍中者一千二百以爲龠而十龠爲合十合爲升十升爲斗十斗爲斛以之平衡而權輕重則黃鍾之龠所容千二百黍其重十二銖兩龠則二十四銖爲兩十六兩爲斤三十斤爲鈞四鈞爲石此黃鍾所以爲萬事根本諸侯之國其有不一者則審而同之也時月之差由積日而成其法則先粗而後精度量衡受法於律其法則先本而後末故言正日在協時月之後同律在度量衡之先立言之敘蓋如此也五禮吉凶軍賓嘉也修之所以同天下之風俗五玉五等諸侯所執者卽五瑞也三帛諸侯世子執纁公之孤執玄附庸之君執黃二生卿執羔大夫執鴈一死士執雉五玉三帛二生一

死所以爲贄而見者此九字當在肆覲東后之下協時月正日之上誤脫在此言東后之覲皆執此贄也如五器劉侍講曰如同也五器卽五禮之器也周禮六器六贄卽舜之遺法也卒乃復者舉祀禮覲諸侯一正朔同制度修五禮如五器數事皆畢則不復東行而遂西向且轉而南行也故曰卒乃復南岳衡山西岳華山北岳恒山二月東五月南八月西十一月北各以其時也格至也言至于其廟而祭告也藝祖疑卽文祖或曰文祖藝祖之所自出未有所考也特特牲也謂一牛也古者君將出必告于祖禰歸又至其廟而告之孝子不忍死其親出告反面之義也王制曰歸格于祖禰鄭註曰祖下及禰皆一牛程子以爲但言藝祖舉尊爾實皆告也但止就祖廟共用一牛不如時祭各設主於其廟也二說未知孰是今兩存之

五載一巡守羣后四朝敷奏以言明試以功車服以庸五載之內天子巡守者一諸侯來朝者四蓋巡守之明年則東方諸侯來朝于天子之國又明年則南方之諸侯來朝又明年則西方之諸侯來朝又明年則北方之諸侯來朝又明年則天子復巡守是則天子諸侯雖有尊卑而一往一來禮無不答是以上下交通而遠近洽和也敷陳奏進也周禮曰民功曰庸程子曰敷奏以言者使各陳其爲治之說言之善者則從而明考其功有功則賜車服以旌異之其言不善則亦有以告飭之也林氏曰天子巡守則有協時月日以下等事諸侯來朝則有敷奏以言以下等事

肇十有二州封十有二山濬川肇始也十二州冀兖青徐荆揚豫梁雍幽幷營也中古之地但爲九州曰冀兖青徐荆揚豫梁雍禹治水作貢亦因其舊及舜卽位以冀青地廣始分冀東恒山之地爲

幷州其東北醫無閭之地　幽州又分靑之東北遼東等處爲營州而冀州止有河内之地今河東一路是也封表也封十二山者每州封表一山以爲一州之鎭如職方氏言揚州其山鎭曰會稽之類濬川濬導十二州之川也然舜旣分十有二州而至商時又但言九圍九有周禮職方氏亦止列爲九州有揚荆豫青兗雍幽冀幷而無徐梁營也則是爲十二州蓋不甚久不知其自何時復合爲九也吳氏曰此一節在禹治水之後其次序不當在四罪之先蓋史官泛記舜所行之大事初不計先後之序也

象以典刑、流宥五刑、鞭作官刑、扑作教刑、金作贖刑、眚災肆赦、怙終賊刑、欽哉欽哉、惟刑之恤哉、

宥音又眚音省○象如天之垂象以示人而典者常也示人以常刑所謂墨劓剕宮大辟五刑之正也所以待夫元惡大憝殺人傷人穿窬淫放凡罪之不可宥者也流宥五刑者流遣之使遠去如下文流放竄殛之類也宥寬也所以待夫罪之稍輕雖入於五刑而情可矜法可疑與夫親貴勲勞而不可加以刑者則以此而寬之也鞭作官刑者木末垂革官府之刑也扑作教刑者夏楚二物學校之刑也皆以待夫罪之輕者金作贖刑者金黄金贖贖其罪也蓋罪之極輕雖入於鞭扑之刑而情法猶有可議者也此五句者從重入輕各有條理法之正也肆縱也眚災肆赦者眚謂過誤災謂不幸若人有如此而入於刑則又不待流宥金贖而直赦之也賊殺也怙終賊刑者怙謂有恃終謂再犯若人有如此而入於刑則雖當宥當贖亦不許其宥不聽其贖而必刑之也此二句者或由重而卽輕或由輕而卽重蓋用法之權衡所謂法外意也聖人立法制刑之本末此七言者大畧盡之矣

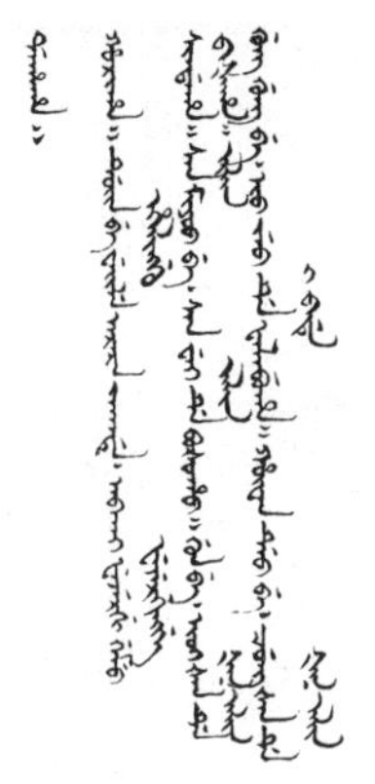

雖其輕重取舍陽舒陰慘之不同然欽哉欽
哉惟刑之恤之意則未始不行乎其間也蓋
其輕重毫釐之間各有攸當者乃天討不易
之[illegible]理而欽恤之意行乎其間則可以見聖
[illegible]好生之本心也據此經文則五刑有流宥
而無金贖周禮秋官亦無其文至呂刑乃有
五等之罰疑穆王始制之非法之正也蓋當
刑而贖則失之輕疑赦而贖則失之重且使
富者幸免貧者受刑又非所以爲平也**流共工于幽洲**北荒地**放驩兜**禁錮不得去
于崇山南荒山**竄**驅逐**三苗**國名**于三危**西極地名**殛**拘囚**鯀于羽山**在東方**四罪而**
天下咸皆**服**流遣之遠去如水之流也放置之於此不得他適也竄則驅逐禁錮
之殛則拘囚困苦之隨其罪之輕重而異法
也共工驩兜鯀事見上篇三苗國名在江南
荆揚之間恃險爲亂者也幽洲北裔之地水
中可居曰洲崇山南裔之山在今澧州三危

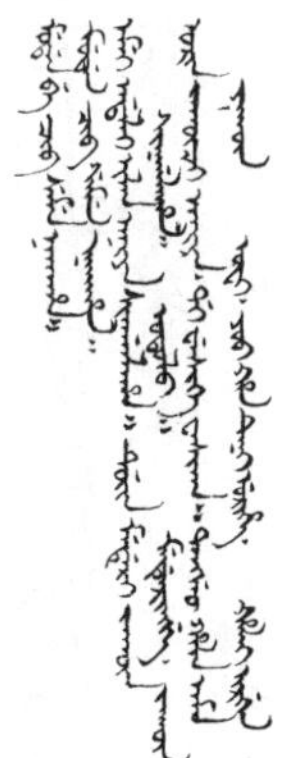

西裔之地卽雍之所謂三危既宅者羽山東
裔之山卽徐之蒙羽其蓺者服者天下皆服
其用刑之當罪也程子曰舜之誅四凶怒在
四凶舜何與焉蓋因是人有可怒之事而怒
之聖人之心本無怒也聖人以天下之怒爲
怒故天下咸服之春秋傳所記四凶之名與
此不同說者以窮奇爲共工渾敦爲驩兜
饕餮爲三苗檮杌爲鯀不知其果然否也**二**
十有八載帝乃殂落魂升魄降而死**百姓如喪考妣**父母**三載四**
海遏絕**密**靜**八音**不作樂殂落死也死者魂氣歸于天故曰殂體魄歸于地故曰落喪爲
之服也遏絕密靜也八音金石絲竹匏土革
木也言堯聖德廣大恩澤隆厚故四海之民
思慕之深至於如此也儀禮圻內之民爲天
子齊衰三月圻外之民無服今應服三月者
如喪考妣應無服者遏密八音堯十六卽位
在位七十載又試舜三載老不聽政二十八

載乃崩在位通計百單一年

月正元日，舜格于文祖。

月正正月也元日朔日也漢孔氏曰舜服堯喪三年畢將即政故復至文祖廟告蘇氏曰受終告攝此告即位也然春秋國君皆以遭喪之明年正月即位於廟而改元孔氏云喪畢之明年不知何所據也

詢于四岳，闢四門，明四目，達四聰。

詢謀闢開也舜既告廟即位乃謀治于四岳之官開四方之門以來天下之賢俊廣四方之視聽以決天下之壅蔽

咨十有二牧曰：食哉惟時，柔遠能邇，惇德允元，而難任人，蠻夷率服。

牧養民之官十二牧十二州之牧也王政以食為首農事以時為先舜言足食之道惟在於不違農時也柔者寬而撫之也能者擾而習之也遠近之勢如此先其畧而後其詳也惇厚允信也德有德之人也元仁厚之人也難拒絕也任古文作壬包藏凶惡之人也言當厚有德信仁人而拒奸惡也凡此五者處之各得其宜則不特中國順治雖蠻夷之國亦相率而服從矣

舜曰：咨四岳，有能奮庸熙帝之載，使宅百揆，亮采惠疇。僉曰：伯禹作司空。帝曰：俞，咨禹，汝平水土，惟時懋哉。禹拜稽首，讓于稷、契暨皐陶。帝曰：俞，汝往哉。

契音泄陶音遙○奮起熙廣載事亮明惠順疇類也一說亮相也舜言有能奮起事功以廣帝堯之事者使居百揆之位以明亮庶事而順成庶類也僉衆也四岳所領四方諸侯有在朝者也禹姒姓崇伯鯀之子也平水土者司空之職時是懋勉也指百揆之事以勉之也蓋四岳及諸侯言伯禹見作司空可宅百揆帝

然其舉而咨禹使仍作司空而兼行百揆之事錄其舊績而勉其新功也以司空兼百揆如周以六卿兼三公後世以他官平章事知政事亦此類也稽首首至地稷田正官稷名棄姓姬氏封於邰契臣名姓子氏封於商稷契皆帝嚳之子暨及也皋陶亦臣名俞者然其舉也汝往哉者不聽其讓也此章稱舜曰此下方稱帝曰者以見堯老舜攝堯在時舜未嘗稱帝此後舜方眞即帝位而稱帝也

帝曰棄黎民阻饑汝后稷播時百穀

阻厄后君也有爵土之稱播布也穀非一種故曰百穀此因禹之讓而申命之使仍舊職以終其事也

帝曰契百姓不親五品不遜汝作司徒敬敷五敎在寬

親相親睦也五品父子君臣夫婦長幼朋友五者之名位等級也遜順也司徒掌敎之官敷布也五敎父子有親君臣有義夫婦有別長幼有序朋友有信以五者當然之理而爲敎令也敬敬其事也聖賢之於事雖無所不敬而此又事之大者故特以敬言之寬裕以待之也蓋五者之理出於人心之本然非有強而後能者自其拘於氣質之偏溺於物欲之蔽始有昧於其理而不相親愛不相遜順者於是因禹之讓又申命契仍爲司徒使之敬以敷敎而又寬裕以待之使之優柔浸漬以漸而入則其天性之眞自然呈露不能自已而無無耻之患矣孟子所引堯言勞來匡直輔翼使自得之又從而振德之亦此意也

帝曰皋陶蠻夷猾夏寇賊姦宄汝作士五刑有服五服三就五流有宅五宅三居惟明克允

宄音軌○猾亂夏明而大也曾氏曰中國文明之地故曰華夏四時之夏疑亦取此義也刧人曰寇殺人曰賊

在外曰姦在内曰宄士理官也服服其罪也吕刑所謂上服下服是也三就孔氏以爲大罪於原野大夫於朝士於市不知何據竊恐惟大辟棄之於市宮辟則下蠶室餘刑亦就屏處蓋非死刑不欲使風中其瘡誤而至死聖人之仁也五流五等象刑之當宥者也五宅三居者流雖有五而宅之但爲三等之居如列爵惟五分土惟三也孔氏以爲大罪居於四裔次則九州之外次則千里之外雖亦未見其所據然大槩當畧近之此亦因禹之讓而申命之又戒以必當致其明察乃能使刑當其罪而人無不信服也**帝曰疇若予工僉曰垂哉帝曰俞咨垂汝共工垂拜稽首讓于殳斨暨伯與帝曰俞往哉汝諧**殳音殊斨千羊反與音餘○若順其理而治之也曲禮六工有土工金工石工木工獸工草工

周禮有攻木之工攻金之工攻皮之工設色之工摶埴之工皆是也帝問誰能順治予百工之事者垂臣名有巧思莊子曰攦工倕之指卽此也殳斨伯與三臣名也殳以積竹爲兵建兵車者斨方銎斧也古者多以其所能爲名殳斨豈能爲二器者歟往哉汝諧者往哉汝和其職也**帝曰疇若予上下草木鳥獸僉曰益哉帝曰俞咨益汝作朕虞益拜稽首讓于朱虎熊羆帝曰俞往哉汝諧**熊回弓反羆班糜反○上下山林澤藪也虞掌山澤之官周禮分爲虞衡屬於夏官朱虎熊羆四臣名也高辛氏之子有曰仲虎仲熊意以獸爲名者亦以其能服是獸而得名歟史記曰朱虎熊羆爲伯益之佐前殳斨伯與當亦爲垂之佐也**帝曰咨四岳有能典朕三禮僉**

曰伯夷帝曰俞咨伯汝作秩宗夙夜惟寅直哉惟清伯拜稽首讓于夔龍帝曰俞往欽哉夔音逵○典主也三禮祀天神享人鬼祭地祇之禮也伯夷臣名姜姓秩序也宗祖廟也秩宗主叙次百神之官而專以秩宗名之者蓋以宗廟爲主也周禮亦謂之宗伯而都家皆有宗人之官以掌祭祀之事亦此意也夙早寅敬畏也直者心無私曲之謂人能敬以直內不使少有私曲則其心潔清而無物欲之汚可以交於神明矣夔龍二臣名帝曰夔命汝典樂教胄子直而溫寬而栗剛而無虐簡而無傲詩言志歌永言聲依永律和聲八音克諧無相奪倫神人以和夔曰於予

擊石拊石百獸率舞胄直又反○胄長也自天子至卿大夫之適子也栗莊敬也上二無字與毋同凡人直者必不足於溫故欲其溫寬者必不足於栗故欲其栗所以慮其偏而輔翼之也剛者必至於虐故欲其無虐簡者必至於傲故欲其無傲所以防其過而戒禁之也教胄子者欲其如此而其所以教之之具則又專在於樂如周禮大司樂掌成均之法以教國子弟而孔子亦曰興於詩成於樂蓋所以蕩滌邪穢斟酌飽滿動盪血脈流通精神養其中和之德而救其氣質之偏者也心之所之謂之志心有所之必形於言故曰詩言志既形於言則必有長短之節故曰歌永言既有長短則必有高下清濁之殊故曰聲依永聲者宮商角徵羽也大抵歌聲長而濁者爲宮以漸而清且短則爲商爲角爲徵爲羽所謂聲依永也既有長短清濁則又必以十二律和之乃能成

文而不亂假令黃鍾爲宮則太簇爲商姑洗爲角林鍾爲徵南呂爲羽蓋以三分損益隔八相生而得之餘律皆然即體運所謂五聲六律十二管還相爲宮所謂律和聲也人聲既和乃以其聲被之八音而爲樂則無不諧協而不相侵亂失其倫次可以奏之朝廷薦之郊廟而神人以和矣聖人作樂以養情性育人材事神祇和上下其體用功效廣大深切乃如此今皆不復見矣可勝歎哉夔曰以下蘇氏曰舜方命九官濟濟相讓無緣夔於此獨言其功此益稷之文簡編脫誤復見於此

帝曰龍朕堲讒說殄行震驚朕師命汝作納言夙夜出納朕命惟允 堲疾力反讒音慝○堲疾殄絕也殄行者謂傷絕善人之事也師衆也謂其言之不正而能變亂黑白以駭衆聽也納言官名命令政教必使審之既允而後出則讒說不得

行而矯僞無所託矣敷奏復逆必使審之既允而後入則邪僻無自進而功緒有所稽矣周之內史漢之尚書魏晉以來所謂中書門下者皆此職也

帝曰咨汝二十有二人欽哉惟時亮天功 二十二人四岳九官十二牧也周官言內有百揆四岳外有州牧侯伯蓋百揆者所以統庶官而四岳者所以統十二牧也既分命之又總告之使之各敬其職以相天事也曾氏曰舜命九官新命者六人命伯禹命伯夷咨四岳而命者也命垂命益之咨而命者也命夔命龍因人之讓不咨而命者也夫知道而後可宅百揆知禮而後可典三禮知道知禮非人人所能也故必咨於四岳若予工若上下草木鳥獸則非此之比故泛咨而已禮樂命令其體雖不若百揆之大然其事理精微亦非百工庶物之可比伯夷既以四岳之舉而當秩宗之任則其所讓之人

必其中於典樂納言之選可知故不咨而命之也若稷契皋陶之不咨者申命其舊職而已又按此以平水土若百工各爲一官而周制同領於司空此以士一官兼兵刑之事而周禮分爲夏秋兩官蓋帝王之法隨時制宜所謂損益可知者如此

三載考績三考黜陟幽明庶績咸熙分北三苗

北如字又音佩○考核實也三考九載也九載則人之賢否事之得失可見於是陟其明而黜其幽賞罰明信人人力於事功此所以庶績咸熙也北猶背也其善者留其不善者竄徙之使分背而去也此言舜命二十二人之後立此考績黜陟之法以時舉行而卒言其效如此也按三苗見於經者如典謨益稷禹貢呂刑詳矣蓋其負固不服乍臣乍叛舜攝位而竄逐之禹治水之時三危已宅而舊都猶頑不即工禹攝位之後帝命徂征而猶逆命及禹班師

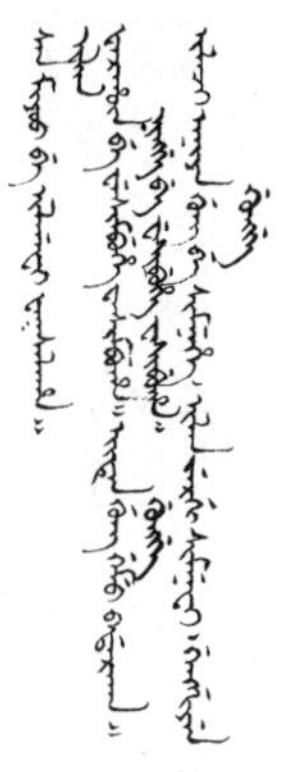

而後來格於是乃得考其善惡而分北之也呂刑之言遏絕則通其本末而言不可以先後論也

舜生三十徵庸三十在位五十載陟方乃死

徵知陵反○徵召也陟方猶言升遐也韓子曰竹書紀年帝王之沒皆曰陟陟昇也謂昇天也書曰殷禮陟配天言以道終其德協天也故書紀舜之沒云陟其下言方乃死者所以釋陟爲死也地之勢東南下如言舜巡守而死宜言下方不得言陟方也按此得之但不當以陟爲句絕耳方猶云徂乎方之乃陟方乃死猶言徂落而死也舜生三十年堯方召用歷試三年居攝二十八年通三十年乃即帝位又五十年而崩蓋於篇末總敘其始終也史記言舜巡守崩于蒼梧之野孟子言舜卒於鳴條未知孰是今零陵九疑有舜冢云

大禹謨 謨謀也林氏曰虞史既述二
典其所載有未備者於是又
敘其君臣之間嘉言善政以爲大禹
皋陶謨益稷三篇所以備二典之未
備者今文
無古文有
曰若稽古大禹曰文命敷于四海祗承于帝
命敎祗敬也帝謂舜也文命敷于四海者卽
禹貢所謂東漸西被朔南暨聲敎訖于四海
者是也史臣言禹既已布其文敎於四海矣
於是陳其謨以敬承于舜如下文所云也文
命史記以爲禹名蘇氏曰以文命
爲禹名則敷于四海者爲何事耶 曰后克艱
厥后臣克艱厥臣政乃乂黎民敏德 曰以下
卽禹祗
承于帝之言也艱難也孔子曰爲君難爲臣
不易卽此意也乃者難辭也敏速也禹言君

而不敢易其爲君之道臣而不敢易其爲臣
之職夙夜祗懼各務盡其所當爲者則其政
事乃能修治而無邪慝下民自然 帝曰俞允
觀感速化於善而有不容已者矣
若茲嘉言罔攸伏野無遺賢萬邦咸寧稽于
衆舍己從人不虐無告不廢困窮惟帝時克
嘉善攸所也舜然禹之言以爲信能如此則
必有以廣延衆論悉致羣賢而天下之民咸
被其澤無不得其所矣然非忘私順理愛民
好士之至無以及此而惟堯能之非常人所
及也蓋爲謙辭以對而不敢自謂其必能舜
之克艱於此亦可見矣程子曰舍己從人最
爲難事已者我之所有雖痛舍之 益曰都帝
尤懼守已者固而從人者輕也
德廣運乃聖乃神乃武乃文皇天眷命奄有

四海、為天下君、廣者大而無外運者行之不息大而能運則變化不測故自其大而化之而言則謂之聖自其聖而不可知而言則謂之神自其威之可畏而言則謂之武自其英華發外而言則謂之文眷顧奄盡也堯之初起不見於經傳稱其自唐侯特起為帝觀益之言理或然也或曰舜之所謂帝者堯也羣臣之言帝者舜也如帝德罔愆帝其念哉之類皆謂舜也蓋益因舜尊堯而遂美舜之德以勸之言不特堯能如此帝亦當然也今按此說所引比類固為甚明但益之語接連上句惟帝時克之下未應遽舍堯而譽舜又從極口以稱其美而不見其有勸勉規戒之意恐唐虞之際未遽有此諛佞之風也依舊說贊堯為是禹曰、惠迪吉、從逆凶、惟影響、惠順迪道也逆反道者也惠迪從逆猶言順善從惡也禹言天道可畏吉凶之應於善惡猶影

響之出於形聲也以見不可不艱者以此而終上文之意益曰、吁、戒哉、儆戒無虞、罔失法度、罔遊于逸、罔淫于樂、任賢勿貳、去邪勿疑、疑謀勿成、百志惟熙、罔違道以干百姓之譽、罔咈百姓以從己之欲、無怠無荒、四夷來王、樂音洛咈符勿反○先吁後戒欲使聽者精審也儆與警同虞度罔勿也法度法則制度也淫過也當四方無可虞度之時法度易至廢弛故戒其失墜逸樂易至縱恣故戒其遊淫言此三者所當謹畏也任賢以小人間之謂之貳去邪不能果斷謂之疑謀圖為也有所圖為揆之於理而未安者則不復成就之也百志猶易所謂百慮也咈逆也九州之外世一見曰王帝於是八者朝夕戒懼無怠於心無荒於事

則治道益隆四夷之遠莫不歸往中土之民服從可知今按益言八者亦有次第蓋人君能守法度不從逸樂則心正身修義理昭著而於人之賢否孰爲可任孰爲可去事之是非孰爲可疑孰爲不可疑皆有以審其幾微絕其蔽惑故方寸之間光輝明白而於天下之事孰爲道義之正而不可違孰爲民心之公而不可咈皆有以處之不失其理而毫髮私意不入於其間此其儆戒之深旨所以推廣大禹克艱惠迪之謨也苟無其本而是非取舍決於一己之私乃欲斷而行之無所疑惑則其爲害反有不可勝言者矣可不戒哉

禹曰於帝念哉德惟善政政在養民水火金木土穀惟修正德利用厚生惟和九功惟敘九敘惟歌戒之用休董之用威勸之以九歌

俾勿壞於音烏○益言儆戒之道禹歎而美之謂帝當深念益之所言也且德非徒善而已惟當有以善其政政非徒法而已在乎有以養其民下文六府三事即養民之政也水火金木土穀惟修者水克火火克金金克木木克土而生五穀或相制以洩其過或相助以補其不足而六者無不修矣正德者父慈子孝兄友弟恭夫義婦聽所以正民之德也利用者工作什器商通貨財之類所以利民之用也厚生者衣帛食肉不飢不寒之類所以厚民之生也六者既修民生始遂不可以逸居而無教故爲之惇典敷教以正其德通功易事以利其用制節謹度以厚其生使皆當其理而無所乖則無不和矣九功合六與三也敘者言九者各順其理而不汨陳以亂其常也歌者以九功之敘而詠之歌也言九者既已修和各由其理民享其利莫不歌詠而樂其生也然始勤終怠者人情之

常恐安養既久怠心必生則已成之功不能保其久而不廢故當有以激勵之如下文所云也董督也威古文作畏其勤於是者則戒喻而休美之其怠於是者則督責而懲戒之然又以事之出於勉強者不能久故復卽其前日歌詠之言協之律呂播之聲音用之鄉人用之邦國以勸相之使其勸欣鼓舞趨事赴功不能自已而前日之成功得以久存而不壞此周禮所謂九德之歌九部之舞而大史公所謂佚能思初安能惟始沐浴膏澤而歌詠勤苦者也葛氏曰洪範五行水火木金土而已穀本在木行之數禹以其爲民食之急故別而附之也

帝曰俞地平天成六府三事允治萬世永賴時乃功

治去聲○水土治曰平言水土既平而萬物得以成遂也六府卽水火金木土穀也六者財用之所自出故曰府三事正德利用厚生也三者人事之所當爲故曰事舜因禹言養民之政而推其功以美之也

帝曰格汝禹朕宅帝位三十有三載耄期倦于勤汝惟不怠總朕師

耄莫報反○九十曰耄百年曰期舜至是年已九十三矣總率也舜自言既老血氣已衰故倦於勤勞之事汝當勉力不怠而總率我衆也蓋命之攝位之事堯命舜曰陟帝位舜命禹曰總朕師者蓋堯欲使舜眞宅帝位舜讓弗嗣後惟居攝亦若是而已

禹曰朕德罔克民不依皋陶邁種德德乃降黎民懷之帝念哉念茲在茲釋茲在茲名言茲在茲允出茲在茲惟帝念功

邁勇往力行之意種布降下也禹自言其德不能勝任民不依歸惟皋陶勇往力行以布其德德下

及於民而民懷服之帝當思念之而不忘也
茲指皐陶也禹遂言念之而不忘固在於皐
陶舍之而他求亦惟在於皐陶名言於口固
在於皐陶誠發於心亦惟在於皐陶也蓋反
覆思之而卒無有易於皐陶者
惟帝深念其功而使之攝位也 帝曰皐陶惟
茲臣庶罔或干予正汝作士明于五刑以弼
五教期于予治刑期于無刑民協于中時乃
功懋哉 干犯正政弼輔也聖人之治以德爲
化民之本而刑特以輔其所不及而
已期者先事取必之謂舜言惟此臣庶無或
有干犯我之政者以爾爲士師之官能明五
刑以輔五品之教而期我以至於治其始雖
不免於用刑而實所以期至於無刑之地故
民亦皆能協於中道初無有過不及之差則
刑果無所施矣凡此皆汝之功也懋勉也蓋

不聽禹之讓而稱皐
陶之美以勸勉之也 皐陶曰帝德罔愆臨下
以簡御衆以寛罰弗及嗣賞延于世宥過無
大刑故無小罪疑惟輕功疑惟重與其殺不
辜寧失不經好生之德洽于民心茲用不犯
于有司 愆過也簡者不煩之謂上煩密則下
無所容御者急促則衆擾亂嗣世皆
謂子孫然嗣親而世踈也延遠及也父子罪
不相及而賞則遠延于世其善善長而惡惡
短如此過者不識而誤犯也故者知之而故
犯也過誤所犯雖大必宥不忌故犯雖小必
刑即上篇所謂眚災肆赦怙終賊刑者也罪
已定矣而於法之中有疑其可重可輕者則
從輕以罰之功已定矣而於法之中有疑其
可輕可重者則從重以賞之辜罪經常也謂

法可以殺可以無殺殺之則恐陷於非辜不殺之恐失於輕縱二者皆非聖人至公至平之意而殺不辜者尤聖人之所不忍也故與其殺之而害彼之生寧姑全之而自受失刑之責此其仁愛忠厚之至皆所謂好生之德也蓋聖人之法有盡而心則無窮故其用刑行賞或有所疑則常屈法以申恩而不使執法之意有以勝其好生之德此其本心所以無所壅遏而得行於常法之外及其流衍洋溢漸涵浸漬有以入于民心則天下之人無不愛慕感悅興起於善而自不犯于有司也皐陶以舜美其功故言此以歸功於其上蓋不敢當其褒美之意而自謂己功也

帝曰、俾予從欲以治、四方風動、惟乃之休、

民不犯法而上不用刑者舜之所欲也汝能使我如所願欲以治教化四達如風鼓動莫不靡然是乃汝之美也舜又申言以重歎美之

帝曰、

來禹、洚水儆予、成允成功、惟汝賢、克勤于邦、克儉于家、不自滿假、惟汝賢、汝惟不矜、天下莫與汝爭能、汝惟不伐、天下莫與汝爭功、予懋乃德、嘉乃丕績、天之曆數在汝躬、汝終陟元后、

洚水洪水也古文作降孟子曰水逆行謂之洚水蓋山崩水渾下流淤塞故其逝者輒復反流而泛濫決溢洚洞無涯也其災所起雖在堯時然舜既攝位害猶未息故舜以為天之警懼於己不敢以為非己之責而自寬也允信也禹奏言而能踐其言試功而能有其功所謂成允成功也禹能如此則既賢於人矣而又能勤於王事儉於私養此又禹之賢也有此二美而又能不矜其能不伐其功然其功能之實則自有不可掩者故舜

於此復申命之必使攝位也懋楙古通用楙盛大之意大績功也懋乃德者禹有是德而我以爲盛大嘉乃丕績者禹有是功而我以爲嘉美也曆數者帝王相繼之次第猶歲時氣節之先後汝有盛德大功故知曆數當歸於汝汝終當升此大君之位不可辭也是時舜方命禹以居攝未即天位故以終陟言也人心惟危（發於形氣之私）道心惟微（發於義理之公）惟精（細察）惟一（專守）允執厥中（其無過不及）心者人之知覺主於中而應於外者也指其發於形氣者而言則謂之人心指其發於義理者而言則謂之道心人心易私而難公故危道心難明而易昧故微惟能精以察之而不雜形氣之私一以守之而純乎義理之正道心常爲之主而人心聽命焉則危者安微者著動靜云爲自無過不及之差而信能執其中矣堯之告舜但曰允執其中今舜命禹又推其所以而詳言之蓋古之聖人將以天下

與人未嘗不以其治之之法并而傳之其見於經者如此後之人君其可不深思而敬守之哉無稽（不考於古）之言勿聽弗詢（不咨於衆）之謀（計事之謀）勿庸（用）無稽者不考於古弗詢者不咨於衆言之無據謀之自專是皆一人之私心必非天下之公論皆妨政害治之大者也言謂泛言勿聽可矣謀謂計事故又戒其勿用也上文既言存心出治之本此又告之以聽言處事之要内外相資而治道備矣可愛非君可畏非民衆（即民）非元后（人君）何戴（奉）后非衆罔與守邦（保國）欽哉慎（謹）乃有位（人君之位）敬修其可願（可願欲之善）四海困窮天祿（君所享之天祿）永終（絕）惟口（言）出好（善）興戎（兵）朕言不再（無他說）可愛非君乎可畏非民乎衆非君則何所奉戴君非民則誰與守邦欽哉言不可不敬也可願猶孟子所謂可欲凡可願欲者皆善也人

君當謹其所居之位敬修其所可願欲者苟有一毫之不善生於心害於政則民不得其所者多矣四海之民至於困窮則君之天祿一絕而不復續豈不深可畏哉此又極言安危存亡之戒以深警之雖知其功德之盛必不至此然猶欲其戰戰兢兢無敢逸豫而謹之於毫釐之間此其所以為聖人之心也好善也戎兵也言發於口則有二者之分利害之幾可畏如此吾之命汝蓋已審矣豈復更有他說蓋欲禹受命而不復辭避也 禹曰枚卜功臣惟吉之從帝曰禹官占惟先蔽志昆命于元龜朕志先定詢謀僉同鬼神其依龜筮協從卜不習吉禹拜稽首固辭帝曰毋惟汝諧枚卜歷卜之也帝之所言人事已盡禹不容復辭但請歷卜有功之

臣而從其吉與自有以當之者而已得遂其辭也官占掌占卜之官也蔽斷昆後龜卜筮著習重也帝言官占之法先斷其志之所向然後令之於龜今我志既先定而衆謀皆同鬼神依順而龜筮已協從矣又何用更枚卜乎況占卜之法不待重吉也固辭再辭也毋者禁止之辭言惟汝可以諧此元后之位也 正月朔旦受命于神宗率百官若帝之初神宗堯廟也蘇氏曰堯之所從受天下者曰文祖舜之所從受天下者曰神宗受天下於人必告於其人之所從受者禮曰有虞氏禘黃帝而郊嚳祖顓頊而宗堯則神宗為堯明矣正月朔旦禹受攝帝之命于神宗之廟總率百官其禮一如帝舜受終之初等事也 帝曰咨禹惟時有苗弗率汝徂征禹乃會羣后誓于師曰濟濟有衆

咸聽朕命蠢茲有苗昏迷不恭侮慢自賢反道敗德君子在野小人在位民棄不保天降之咎肆予以爾衆士奉辭伐罪爾尚一乃心力其克有勳蠢尺尹反○徂往也舜咨嗟言命汝往征之征正也往正其罪也會徵會也誓戒也軍旅曰誓有會有誓自唐虞時已然禮言商作誓周作會非也禹會諸侯之師而戒誓以征討之意濟濟和整衆盛之貌蠢動也蠢蠢然無知之貌昏闇迷惑也不恭不敬也言苗民昏迷不敬侮慢於人妄自尊大反戾正道敗壞常德用舍顚倒民怨天怒故我以爾衆士奉帝之辭罰苗之罪爾衆士庶幾同心同力乃能有功此上禹誓衆之辭也林氏曰堯老而舜攝者二十有八年舜老而禹

攝者十有七年其居攝也代總萬機之政而堯舜之爲天子蓋自若也故國有大事猶禀命焉禹征有苗蓋在夫居攝之後而禀命於舜禹不敢專也以征有苗推之則知舜之誅四凶亦必禀堯之命無疑三旬苗民逆命益贊于禹曰惟德動天無遠弗屆滿招損謙受益時乃天道帝初于歷山往于田日號泣于旻天于父母負罪引慝祗載見瞽瞍夔夔齊慄瞽亦允若至諴感神矧茲有苗禹拜昌言曰俞班師振旅帝乃誕敷文德舞干羽于兩階七旬有苗格屆音介旻音民諴音咸慝惕德反矧音哂羽王遐反○三旬三十日也以師臨之閱

月苗頑猶不聽服也贊佐屆至也是時益蓋從禹出征以苗負固恃強未可威服故贊佐於禹以爲惟德可以動天其感通之妙無遠不至蓋欲禹還兵而增修其德也滿損謙益卽易所謂天道虧盈而益謙者帝舜也歷山在河中府河東縣仁覆閔下謂之旻日非一日也言舜耕歷山往于田之時以不獲順於父母之故而日號呼于旻天于其父母蓋怨慕之深也負罪自負其罪不敢以爲父母之罪引慝自引其慝不敢以爲父母之慝也祗敬載事也瞍長者之稱言舜敬其子職之事以見瞽瞍也齊莊敬也慄戰慄也夔夔莊敬戰慄之容也舜之敬畏小心而盡於事親者如此允信若順也言舜以誠孝感格雖瞽瞍頑愚亦且信順之卽孟子所謂底豫也誠感物曰誠益又推極至誠之道以爲神明亦且感格而況於苗民乎昌言盛德之言拜所以敬其言也班還振整也謂整旅以歸也或謂

出曰班師入曰振旅謂班師於有苗之國而振旅於京師也誕大也文德文命德教也干楯羽翳也皆舞者所執也兩階賓主之階也七旬七十日也格至也言班師七旬而有苗來格也舜之文德非自禹班師而始敷苗之來格非以舞干羽而後至史臣以禹班師而歸弛其威武尚專德敎干羽之舞雍容不迫有苗之至適當其時故作史者因卽其實以形容有虞之德數千載之下猶可以是而想其一時氣象也

皐陶謨 今文古文皆有

曰若稽古皐陶曰允迪（蹈）厥（其）德謨（謀）明弼（輔）諧（和）禹曰俞（許辭）如何皐陶曰都（歎美辭）慎（致謹）厥身修思永（長久）惇（厚）敘九族庶明（衆賢明者）勵（勉）翼（輔）邇（近）可遠在茲（此）禹拜昌言（盛德之言）曰俞（稽古之下）

郎記皐陶之言者謂考古皐陶之言如此也皐陶言爲君而信蹈其德則臣之所謀者無不明所弼者無不諧也俞如何者禹然其言而復問其詳也都者皐陶美其問也愼者言不可不致其謹也身修則無言行之失思永則非淺近之謀厚敘九族則親親恩篤而家齊矣庶明勵翼則羣哲勉輔而國治矣邇近茲此也言近而可推之遠者在此道也蓋身修家齊治國而天下平矣皐陶此言所以推廣允迪謨明之義故禹復俞而然之也○又按典謨皆稱稽古而下文所記則異典主記事故堯舜皆載其實謨主記言故禹皐陶則載其謨后克艱厥后臣克艱厥臣禹之謨也允迪厥德謨明弼諧皐陶之謨也然禹謨之上增文命敷于四海祗承于帝者禹受舜天下非盡皐陶比例立言輕重於此可見

皐陶曰都在知人在安民禹曰吁咸若時惟帝

其難之知人則哲能官人安民則惠黎民懷之能哲而惠何憂乎驩兜何遷乎有苗何畏乎巧言令色孔壬皐陶因禹之俞而復推廣其未盡之旨歎美其言謂在於知人在於安民二者而已知人智之事安民仁之事也禹曰吁者歎而未深然之辭也時是也帝謂堯也言既在知人又在安民二者兼舉雖帝堯亦難能之哲智之明也惠仁之愛也能哲而惠猶言能知人而安民也遷竄巧好令善孔大也好其言善其色而大包藏凶惡之人也言能哲而惠則智仁兩盡雖黨惡如驩兜者不足憂昏迷如有苗者不足遷與夫好言善色大包藏姦惡者不足畏是三者舉不足害吾之治極言仁智功用如此其大也或曰巧言令色孔壬共工也禹言三凶而不及鯀者爲親者諱也○楊氏曰知

虞書卷一　二十三

人安民此皐陶一篇之體要也九德而下知人之事也天叙有典而下安民之道也非知人而能安民者未之有也

皐陶曰都亦行有九德亦言其人有德乃言曰載采采禹曰何皐陶曰寬而栗柔而立愿而恭亂而敬擾而毅直而溫簡而廉剛而塞彊而義彰厥有常吉哉

亦總也亦行有九德者總言德之見於行者其凡有九也亦言其人有德者總言其人之有德也載行采事也總言其人有德必言其行某事某事爲可信驗也禹曰何者問其九德之目也寬而栗者寬弘而莊栗也柔而立者柔順而植立也愿而恭者謹愿而恭恪也亂治也亂而敬者有治才而敬畏也擾馴也擾而毅者馴擾而果毅也直而溫者徑直而溫和也簡而廉

虞書卷一　二十四

者簡易而廉隅也剛而塞者剛健而篤實也彊而義者彊勇而好義也而轉語辭也正言而反應者所以明其德之不偏皆指其成德之自然非以彼濟此之謂也彰著也成德著之於身而又始終有常其吉士矣哉

日宣三德夙夜浚明有家日嚴祗敬六德亮采有邦翕受敷施九德咸事俊乂在官百僚師師百工惟時撫于五辰庶績其凝

浚音峻○宣明也三德六德者九德之中有其三有其六也浚治也亮亦明也有家大夫也有邦諸侯也浚明亮采皆言家邦政事明治之義氣象則有大小之不同三德而爲大夫六德而爲諸侯以德之多寡職之大小槩言之也夫九德有其三必日宣而充廣之而使之益以著九德有其六尤必日嚴而祗敬之而使之益以著也翕

合也德之多寡雖不同人君惟能合而受之布而用之如此則九德之人咸事其事大而千人之俊小而百人之乂皆在官使以天下之才任天下之治唐虞之朝下無遺才而上無廢事者良以此也師師相師法也言百僚皆相師法而百工皆及時以趨事也百僚百工皆謂百官言其人之相師則曰百僚言其人之趨事則曰百工其實一也撫順也五辰四時也木火金水旺於四時而土則寄旺於四季也禮運曰播五行於四時者是也凝成也言百工趨時而衆功皆成也**無教逸欲有邦兢兢業業一日二日萬幾無曠庶官天工人其代之**無與毋通禁止之辭教非必教令謂上行而下效也言天子當以勤儉率諸侯不可以逸欲導之也兢兢戒謹也業業危懼也幾微也易曰惟幾也故能成天下之務蓋禍患之幾藏於細微

而非常人之所豫見及其著也則雖智者不能善其後故聖人於幾則兢業以圖之所謂圖難於其易爲大於其細者此也一日二日者言其日之至淺萬幾者言其幾事之至多也蓋一日二日之間事幾之來且至萬焉是可一日而縱欲乎曠廢也言不可用非才而使庶官曠廢厥職也天工天之工也人君代天理物庶官所治無非天事苟一職之或曠則天工廢矣可不深戒哉**天敘有典勑我五典五惇哉天秩有禮自我五禮有庸哉同寅協恭和衷哉天命有德五服五章哉天討有罪五刑五用哉政事懋哉懋哉**衷音中○敘者君臣父子兄弟夫婦朋友之倫敘也秩者尊卑貴賤等級隆殺之品秩也勑正惇厚庸常也有庸馬本作五庸衷降衷之衷卽

所謂典禮也此禮雖天所敘秩然正之使敘倫而益厚用之使品秩而有常則在我而已故君臣當同其寅畏協其恭敬誠一無間融會流通而民彝物則各得其正所謂和衷也章顯也五服五等之服自九章以至一章是也言天命有德之人則五等之服以彰顯之天討有罪之人則五等之刑以懲戒之蓋爵賞刑罰乃人君之政事君主之臣用之當勉勉而不可怠者也○楊氏曰典禮自天子出故言敕我自我若夫爵人於朝與衆共之刑人於市與衆棄之天子不得而私焉此其立言之異也

天聰明自我民聰明、天明畏〔顯其善 威其惡〕**自我民明威、達**〔通而無間〕**于上下**〔天 民〕**、敬哉有土、**〔有民社者〕

威古文作畏二字通用明者顯其善畏者威其惡天之聰明非有視聽也因民之視聽以爲聰明天之明畏非有好惡也因民之好惡以爲明畏上下上天下民也敬心無所慢也有土有民社也言天人一理通達無間民心所存卽天理之所在而吾心之敬是又合天民而一之者也有天下者可不知所以敬之哉

皐陶曰朕言惠〔順理〕**可底**〔致〕**行、禹曰俞乃言底可績**〔功〕**、皐陶曰予未有知、思曰贊**〔助〕**贊襄**〔成〕**哉、**

思曰之曰當作日襄成也皐陶謂我所言順於理可致之於行禹然其言以爲致之於行信可有功皐陶謙辭我未有所知言不敢計功也惟思日贊助於帝以成其治而已

益稷、今文古文皆有但今文合於皐陶謨帝曰來禹汝亦昌言正與上篇末文勢接續古者簡冊以竹爲之而所編之簡不可以多故釐而二之非有意於其間也以下文禹稱益稷二人佐其成功因以名篇帝曰來禹汝亦昌言禹拜曰都帝予何言予思日孜孜皐陶曰吁如何禹曰洪水滔天浩浩懷山襄陵下民昏墊予乘四載隨山刊木曁益奏庶鮮食予決九川距四海濬畎澮距川曁稷播奏庶艱食鮮食懋遷有無化居烝民乃粒萬邦作乂皐陶曰俞師汝昌言孜音兹墊都念反畎古泫反○孜孜者勉力不怠之謂帝以皐陶既陳知人安民之謨因呼禹使陳其言禹拜而歎美謂皐陶之謨至矣我更何所言惟思日勉勉以務事功而已觀此則上篇禹皐陶答問者蓋相與言於帝舜之前也如何者皐陶問其孜孜者何如也禹言往者

洪水泛溢上漫于天浩浩盛大包山上陵下民昏瞀墊溺困于水災如此之甚也四載水乘舟陸乘車泥乘輴山乘樏也輴史記作毳漢書作毳以板爲之其狀如箕擿行泥上樏史記作橋漢書作梮以鐵爲之其形似錐長半寸施之履下以上山不蹉跌也蓋禹治水之時乘此四載以跋履山川踐行險阻者隨循刊除也左傳云井堙木刊刊除木之義也蓋水涌不洩泛濫瀰漫地之平者無非水也其可見者山耳故必循山伐木通蔽障開道路而後水工可興也奏進也血食曰鮮水土未平民未粒食與益進衆鳥獸魚鱉之肉於民使食以充飽也九川九州之川也距至濬深也周禮一畝之間廣尺深尺曰畎一同之間廣二尋深二仞曰澮畎澮之間有遂有溝有洫皆通田間水道以小注大言畎澮而不及遂溝洫者舉小以包其餘也先決九川之水使各通於海次濬畎澮之水使各通於

川也播布也謂布種五穀也艱難也水平播
種之初民尚艱食也懋勉也懋勉其民徙有
於無交易變化其所居積之貨也烝衆也米
食曰粒蓋水患悉平民得播種之利而山林
川澤之貨又有無相通以濟匱乏然後庶民
粒食萬邦興起治功也禹因孜孜之義述其
治水本末先後之詳而警戒之意實存於其
間蓋欲君臣上下相與勉力不息以保其治
於無窮而已師法也臯陶以其言爲可師法也
禹曰都帝慎乃在位、帝曰俞、禹曰安汝止惟幾惟康其弼直惟動丕應徯志以昭受上帝、天其申命用休、
禹既歎美、又特稱帝以告之所以起其聽也愼乃在位
者謹其在天子之位也天位惟艱一念不謹
或以貽四海之憂一日不謹或以致千百年
之患帝深然之而禹又推其所以謹在位之

意如下文所云也止者心之所止也人心之
靈事事物物莫不各有至善之所而不可遷
者人惟私欲之念動搖其中始有昧於理而
不得其所止者安之云者順適乎道心之正
而不陷於人欲之危動靜云爲各得其當而
無有止而不得其止者惟幾所以審其事之
發惟康所以省其事之安即下文庶事康哉
之義至於左右輔弼之臣又皆盡其繩愆糾
繆之職內外交修無有不至若是則是惟無
作作則天下無不丕應固有先意而徯我者
以是昭受于天天豈不重命而用休美乎
帝曰吁臣哉鄰哉、鄰哉臣哉、禹曰俞、
鄰左右輔弼也臣以人言鄰以職言帝深感上文弼直之語故
曰吁臣哉鄰哉鄰哉臣哉反復歎詠以見弼
直之義如此其重而不可忽禹即俞而然之
也
帝曰、臣作朕股肱耳目、予欲左右有民汝

翼予欲宣力四方汝爲予欲觀古人之象曰月星辰山龍華蟲作會宗彝藻火粉米黼黻絺繡以五采彰施于五色作服汝明予欲聞六律五聲八音在治忽以出納五言汝聽黼音甫黻音弗出尺類反○此言臣所以爲鄰之義也君元首也君資臣以爲助猶元首須股肱耳目以爲用也下文翼爲明聽即作股肱耳目之義左右者輔翼也猶孟子所謂輔之翼之使自得之也宣力者宣布其力也言我欲左右有民則資汝以爲助欲宣力四方則資汝以有爲也象像也日月以下物象是也易曰黄帝堯舜垂衣裳而天下治蓋取諸乾坤則上衣下裳之制創自黄帝而成於堯舜也日月星辰取其照臨也山取其鎭也龍取

其變也華蟲雉取其文也會繪也宗彝虎蜼取其孝也藻水草取其潔也火取其明也粉米白米取其養也黼若斧形取其斷也黻爲兩己相背取其辨也絺鄭氏讀爲黹紩也紩以爲繡也日也月也星辰也山也龍也華蟲也六者繪之於衣宗彝也藻也火也粉米也黼也黻也六者繡之於裳所謂十二章也衣之六章其序自上而下裳之六章其序自下而上采者青黄赤白黑也色者言施之於繒帛也繪於衣繡於裳皆雜施五采以爲五色也汝明者汝當明其小大尊卑之差等也又按周禮以日月星辰畫於旂冕服九章登龍於山登火於宗彝以龍山華蟲火宗彝五者繪於衣以藻粉黼黻四者繡於裳衮冕九章以龍爲首鷩冕七章以華蟲爲首毳冕五章以虎蜼爲首蓋亦增損有虞之制而爲之耳六律陽律也不言六吕者陽統陰也有律而後有聲有聲而後八音得以依據故六律五

聲八音言之敘如此也在察也忽治之反也
聲音之道與政通故審音以知樂審樂以知
政而治之得失可知也五言者詩歌之協於
五聲者也自上達下謂之出自下達上謂之
納汝聽者言汝當審樂予違汝弼汝無面從
而察政治之得失者也
退有後言欽四鄰違戾也言我有違戾於道
爾當弼正其失爾無面諛
以爲是而背毀以爲非不可不敬爾鄰之職
也申結上文弼直鄰哉之義而深責之禹者
如此庶頑讒說若不在時侯以明之撻以記之
書用識哉欲並生哉工以納言時而颺之格
則承之庸之否則威之識音志颺音揚否俯
久反○此因上文而
慮庶頑讒說之不忠不直也讒說卽舜所塈
者時是也在是指忠直爲言侯射侯也明者

欽明其果頑愚讒說與否也蓋射所以觀德
頑愚讒說之人其心不正則形乎四體布乎
動靜其容體必不能比於禮其節奏必不能
比於樂其中必不能多審如是則其爲頑愚
讒說也必矣周禮王大射則供虎侯熊侯豹
侯諸侯供熊侯豹侯卿大夫供麋侯皆設其
鵠又梓人爲侯廣與崇方三分其廣而鵠居
一焉應古制亦不相遠也撻扑也卽扑作教
刑者蓋懲之使記而不忘也識誌也錄其過
惡以識于冊如周制鄉黨之官以時書民之
孝悌睦婣有學者也聖人不忍以頑愚讒說
而遽棄之用此三者之敎啓其憤發其悱使
之遷善改過欲其並生於天地之間也工掌
樂之官也格有恥且格之格謂改過也承薦
也聖人於庶頑讒說之人旣有以啓發其憤
悱遷善之心而又命掌樂之官以其所納之
言時而颺之以觀其改過與否如其改也則
進之用之如其不改然後刑以威之以見聖

人之教無所不極其至必不得已焉而後威之其不忍輕於棄人也如此此即龍之所典而此命伯禹總之也

禹曰俞哉帝光天之下至于海隅蒼生萬邦黎獻共惟帝臣惟帝時舉敷納以言明庶以功車服以庸誰敢不讓敢不敬應帝不時敷同日奏罔功

俞哉者蘇氏曰與春秋傳公曰諾哉意同口然而心不然之辭也隅角也蒼生者蒼蒼然而生覩遠之義也獻賢也黎獻者黎氏之賢者也共同時是也敷納者下陳而上納也明庶者明其衆庶也禹雖俞帝之言而有未盡然之意謂庶頑讒說加之以威不若明之以德使帝德光輝達於天下海隅蒼生之地莫不昭灼德之遠著如此則萬邦黎民之賢孰不感慕興起而皆有帝臣之願惟帝時舉

而所之爾敷納以言而觀其蘊明庶以功而考其成庸能命德以厚其報如此則誰敢不讓於善敢不精白一心敬應其上而庶頑讒說豈足慮乎帝不如是則今任用之臣遂近敷同率爲誕慢日進於無功矣豈特庶頑讒說爲可慮哉

無若丹朱傲惟慢遊是好傲虐是作罔晝夜頟頟罔水行舟朋淫于家用殄厥世予創若時娶于塗山辛壬癸甲啓呱呱而泣予弗子惟荒度土功弼成五服至于五千州十有二師外薄四海咸建五長各迪有功苗頑弗即工帝其念哉帝曰迪朕德時乃功惟敘皋陶方祗厥敘方施

虞書卷一　四十二

象刑惟明 頟鄂格反呱音孤○漢志堯處子
朱於丹淵為諸侯丹朱之國名也
頟頟不休息之狀罔水行舟如奡盪舟之類
朋淫者朋比小人而淫亂于家也殄絕也世
者世堯之天下也丹朱不肖堯以天下與舜
而不與朱故曰殄世程子曰夫聖莫聖於舜
而禹之戒舜至曰無若丹朱好慢遊作傲虐
且舜之不為慢遊傲虐雖愚者亦當知之豈
以禹而不知乎蓋處崇高之位所以儆戒者
當如是也創懲也禹自言懲丹朱之惡而不
敢以慢遊也塗山國名在今壽春縣東北禹
娶塗山氏之女也辛壬癸甲四日也禹娶塗
山而及四日即往治水也故禹之子呱呱泣
聲荒大也言娶妻生子皆有所不暇顧念惟
以大相度平治水土之功為急也孟子言禹
八年於外三過其門而不入是也五服甸侯
綏要荒也言非特平治水土又因地域之遠
近以輔成五服之制也疆理宇内乃人君之

事非人臣之所當專者故曰弼成也五千者
每服五百里五服之地東西南北相距五千
里也十二師者每州立十二諸侯以為之師
使之相牧以糾羣后也薄迫也九州之外迫
於四海每方各建五人以為之長而統率之
也聖人經理之制其詳内略外者如此即就
也謂十二師五長内而侯牧外而蕃夷皆蹈
行有功惟三苗頑慢不率不肯就工帝當憂
念之也帝言四海之内蹈行我之德教者是
汝功惟敘之故其頑而弗率者則臯陶方敬
承汝之功敘方施象刑惟明矣曰明者言其
刑罰當罪可以畏服乎人也上文禹之意欲
舜弛其鞭扑之威益廣其文教之及而帝以
禹之功敘既已如此而猶有頑不即工如苗
民者是豈刑罰之所可廢哉或者乃謂苗之
凶頑六師征之猶且逆命豈臯陶象刑之所
能致是未知聖人兵刑之敘與帝舜治苗之
本末也帝之此言乃在禹未攝位之前非徂

虞書卷一　四十三

征後事蓋威以象刑而苗猶不服然後命禹
徂征之征之不服以益之諫而又增修德敎及
其來格然後分背之舜之此言雖在夔曰戛
三謨之末而實則禹未攝位之前也
擊鳴球搏拊琴瑟以詠祖考來格虞賓在位
羣后德讓下管鼗鼓合止柷敔笙鏞以間鳥
獸蹌蹌簫韶九成鳳凰來儀
戛訖黠反鼗音
桃柷昌六反敔
偶許反○戛擊考擊也鳴球玉磬名也搏至
拊循也樂之始作升歌於堂上則堂上之樂
惟取其聲之輕清者與人聲相比故曰以詠
蓋戛擊鳴球搏拊琴瑟以合詠歌之聲也格
神之格思之格虞賓丹朱也堯之後爲賓於
虞猶微子作賓於周也丹朱在位與助祭羣
后以德相讓則人無不和可知矣下堂下之
樂也管猶周禮所謂陰竹之管孤竹之管孫

竹之管也鼗鼓如鼓而小有柄持而搖之則
旁耳自擊柷敔郭璞云柷如漆桶方二尺四
寸深一尺八寸中有椎柄連底撞之令左右
擊敔狀如伏虎背上有二十七鉏鋙刻以籈
櫟之籈長一尺以木爲之始作也擊柷以合
之及其將終也則櫟敔以止之蓋節樂之器
也笙以匏爲之列管於匏中又施簧於管端
鏞大鐘也葉氏曰鐘與笙相應者曰笙鐘與
歌相應者曰頌鐘頌或謂之鏞詩賁鼓維鏞
是也大射禮樂人宿縣於阼階東笙磬西面
其南笙鐘西階之西頌磬東面其南頌鐘頌
鐘即鏞鐘也上言以詠此言以間相對而言
蓋與詠歌迭奏也鄉飲酒禮云歌鹿鳴笙南
陔間歌魚麗笙由庚或其遺制也蹌蹌行動
之貌言樂音不獨感神人至於鳥獸無知亦
且相率而舞蹌蹌然也簫古文作箾舞者所
執之物說文云樂名箾韶季札觀周樂見舞
箾韶者則箾韶蓋舜樂之總名也今文作簫

故先儒誤以簫管釋之九成者樂之九成也功以九叙故樂以九成九成猶周禮所謂九變也孔子曰樂者象成者也故曰成鳳凰羽族之靈者其雄爲鳳其雌爲凰來儀者來舞而有容儀也戛擊鳴球搏拊琴瑟以詠堂上之樂也下管鼗鼓合止柷敔笙鏞以間堂下之樂也唐孔氏曰樂之作也依上下而遞奏間合而後曲成祖考尊神故言於堂上之樂鳥獸微物故言於堂下之樂九成致鳳尊異靈瑞故別言之非堂上之樂獨致神格堂下之樂偏能舞獸也或曰笙之形如鳥翼鏞之虡爲獸形故於笙鏞以間言鳥獸蹌蹌鳳俗通曰舜作簫笙以象鳳蓋因其形聲之似以狀其聲樂之和豈真有鳥獸鳳凰而蹌蹌來儀者乎曰是未知聲樂感通之妙也瓠巴鼓瑟而游魚出聽伯牙鼓琴而六馬仰秣聲之致祥召物見於傳者多矣况舜之德致和於上夔之樂召和於下其格神人舞獸鳳豈足

疑哉今按季札觀周樂見舞韶箾者曰德至矣盡矣如天之無不覆如地之無不載雖甚盛德蔑以加矣夫韶樂之奏幽而感神則祖考來格明而感人則羣后德讓微而感物則鳳儀獸舞原其所以能感召如此者皆由舜之德如天地之無不覆燾也其樂之傳歷千餘載孔子聞之於齊尚且三月不知肉味曰不圖爲樂之至於斯則當時感召從可知矣又按此章夔言作樂之效其文自爲一段不與上下文勢相屬蓋舜之在位五十餘年其與禹皐陶夔益相與答問者多矣史官取其尤彰明者以詔後世則是其所言者自有先後史官集而記之非其一日之言也諸儒之說自皐陶謨至此篇末皆謂文勢相屬故其說牽合不通今皆不取

夔曰於予擊石重擊磬拊石輕擊百獸率舞庶尹衆官之長允諧信和

重擊曰擊輕擊曰拊石磬也有大磬有編磬有歌磬磬有大小故擊

有輕重入音獨言石者蓋石音屬角最難諧和記曰磬以立辨夫樂以合爲主而石聲獨立辨者以其難和也石聲旣和則金絲竹匏土革木之聲無不和者矣詩曰旣和且平依我磬聲則知言石者總樂之和而言之也或曰玉振之也者終條理之事故舉磬以終焉上言鳥獸此言百獸者考工記曰天下大獸五脂者膏者臝者羽者鱗者羽鱗總可謂之獸也百獸舞則物無不和可知矣尹正也庶尹者衆百官府之長也允諧者信皆和諧也庶尹諧則人無不和可知矣

帝庸作歌曰勅天之命惟時惟幾乃歌曰股肱喜哉元首起哉百工熙哉皐陶拜手稽首颺言曰念哉率作興事愼乃憲欽哉屢省乃成欽哉乃賡載歌曰元首明

哉股肱良哉庶事康哉又歌曰元首叢脞哉股肱惰哉萬事墮哉帝拜曰俞往欽哉

明音芒脞取果反○庸用也歌詩歌也勅戒勅也幾事之微也惟時者無時而不戒勅也惟幾者無事而不戒勅也蓋天命無常理亂安危相爲倚伏今雖治定功成禮備樂和然頃刻謹畏之不存則怠荒之所自起毫髮幾微之不察則禍患之所自生不可不戒也此舜將欲作歌而先述其所以歌之意也股肱臣也元首君也人臣樂於趨事赴功則人君之治爲之興起而百官之功皆廣也拜手稽首者首至手又至地也大言而疾曰颺率總率也皐陶言人君當總率羣臣以起事功又必謹其所守之法度蓋樂於興事者易至於紛更故深戒之也屢數也興事而數考其成則有課功覈實之效而無誕慢欺蔽之失兩言欽哉者

興事考成二者皆所當深敬而不可忽者也此臯陶將欲賡歌而先述其所以歌之意也賡續載成也續帝歌以成其義也臯陶言君明則臣良而衆事皆安所以勸之也叢脞煩碎也惰懈怠也墮傾圮也言君行臣職煩瑣細碎則臣下懈怠不肯任事而萬事廢壞所以戒之也舜作歌而責難於臣臯陶賡歌而責難於君君臣之相責難者如此有虞之治玆所以爲不可及也歟帝拜者重其禮也重其禮然其言而曰汝等往治其職不可以不敬也林氏曰舜與臯陶之賡歌三百篇之權輿也學詩者當自此始

書經卷之二　　蔡沉集傳

夏書、夏禹有天下之號也書凡四[illegible]作於虞時而繫之夏書者禹[illegible]是功也

禹貢、上之所取謂之賦下之所供謂之貢是篇有貢有賦而獨以貢名篇者孟子曰夏后氏五十而貢貢者較數歲之中以爲常則貢又夏后氏田賦之總名　今文古文皆有

禹敷土、隨山刊木、奠高山大川、敷分也分別土地以爲九州也奠定也定高山大川以別州境也若兗之濟河青之海岱揚之淮海雍之黑水西河荊之荊衡徐之海岱淮豫之荊河梁之華陽黑水是也方洪水橫流不辨區域禹分九州

之地隨山之勢相其便宜斬木通道以治之又定其山之高者與其川之大者以爲之紀綱此三者禹治水之要故作書者首述之○曾氏曰禹別九州非用其私智天文地理區域各定故星土之法則有九野而在地者必有高山大川爲之限隔風氣爲之不通民生其間亦各異俗故禹因高山大川之所限者別爲九州又定其山之高峻水之深大者爲其州之鎮秩其祭而使其國主之也

冀州、冀州帝都之地三面距河兗河之西雍河之東豫河之北八州皆言疆界而冀不言者以餘州所至可見晁氏曰亦所以尊京師示王者無外之意

既載壺口、經始治之謂之載壺口山名在河東郡北屈縣東南○今按既載云者冀州帝都之地禹受命治水所始在所當先經始壺口等處以殺河勢故曰既載然禹治水施功之序則皆自下流始故次兗次青次徐次揚次荊次豫次梁次

雍兖最下故所先雍最高故獨後禹言予決九川距四海濬畎澮距川卽其用工之本末先決九川之水以距海則水之大者有所歸又濬畎澮以距川則水之小者有所泄皆自下流以疏殺其勢讀禹貢之書求禹貢之序當於此詳之**治梁及岐**梁岐皆冀州山梁山呂梁山也在今石州離石縣東北呂梁之石崇峽河流激盪震動天地此禹既事壺口乃卽治梁也岐山在今汾州介休縣孤岐之山勝水所出東北流注於汾二山河水所經治之所**既修太原至于岳陽**修因鯀之功而修之也廣平曰原今河東路太原府也岳太岳也在河東郡彘縣東山南曰陽卽今岳陽縣也蓋汾水出於太原經於太岳東入於河此則導汾水也**覃懷底績至于衡漳**覃懷平地也當在孟津之東太行之西漳水出乎其西淇水出乎其東方

洪水懷山襄陵之時而平地致功爲難故曰底績衡漳水名漳水二一出上黨沾縣大黽谷名爲青漳一出上黨長子縣鹿谷山名爲濁漳二漳異源而下流相合同歸於海**厥土惟白壤**漢孔氏曰無塊曰壤顏氏曰柔土曰壤周官大司徒辨十有二壤之物而知其種以教稼穡樹藝以土均之法辨五物九等制天下之地征則夫教民樹藝與因地制貢固不可不先於辨土也然辨土之宜有二白以辨其色壤以辨其性也曾氏曰冀州之土豈皆白壤云然者土會之法從其多者論也**厥賦惟上上錯**賦田所出穀米兵車之類錯雜也賦第一等而錯出第二等也**厥田惟中中**田第五等賦高於田四等者地廣而人稠也林氏曰冀州先賦後田者冀王畿之地天子所自治併與場圃園田漆林之類而征之如周官載師所載賦非盡出於田也故以賦屬

於厥土之下餘州皆田之賦也故先田而後賦又按九州九等之賦皆每州歲入總數以九州多寡相較而爲九等非以是等田而責其出是等賦也冀獨不言貢篚者冀天子封內之地無所事於貢篚也**恒衛既從大陸既作**恒衛二水名恒水出常山郡上曲陽縣恒山北谷東入滱水衛水出常山郡靈壽縣東北東入滹沱河從從其道也高平曰陸大陸云者四無山阜曠然平地邢趙深三州其地也作者言可耕治水患既息而平地之廣衍者亦可耕治也恒衛水小而地遠大陸地平而近河故其成功於田賦之後**島夷皮服**海曲曰島海島之夷以皮服來貢也**夾右碣石入于河**碣石在北平郡驪城縣西南河口之地冀州北方貢賦之來自北海入河南向西轉而碣石在其右轉屈之間故曰夾右也程子曰冀爲帝都東西南三面距河他

州貢賦皆以達河爲至故此三方亦不必書而其北境則漢遼東西右北平漁陽上谷之地其水如遼濡滹易皆中高而不與河通故必自北海然後能達河也**濟河惟兗州**兗州之域東南據濟西北距河濟河見導水**九河既道**九河一曰徒駭二曰太史三曰馬頰四曰覆鬴五曰胡蘇六曰簡潔七曰鉤盤八曰鬲津其一則河之經流也既道者既順其道也**雷夏既澤**澤者水之鍾也雷夏在濟陰郡城陽縣西北澤中有雷神龍身而人頰鼓其腹則雷然具本夏澤也因其神名之曰雷夏也洪水泛流而入於澤澤不能受則亦泛濫奔潰故水治而後雷夏爲澤**灉沮會同**灉沮二水名水自河出爲灉濟出爲沮二水河濟之別也會者水之合也同者合而一也**桑土既蠶是降丘宅土**桑土宜桑之土既蠶者可以蠶桑也蠶性

惡濕故水退而後可蠶然九州皆賴其利而獨於兗言之者兗地宜桑後世之濮上桑間猶可驗也地高曰丘兗地多在卑下水害尤甚民皆依丘陵以居至是始得下居平地也

厥土黑墳(色黑其性墳起)**厥草惟繇**(茂)**厥木惟條**(長)墳土脈墳起也繇茂條長也○林氏曰九州之勢西北多山東南多水多山則草木為宜不待書也兗徐揚三州最居東南下流其地卑濕沮洳洪水為患草木不得其生至是或繇或條或夭或喬而或漸包故於三州特言之以見水土平草木亦得遂其性也

厥田惟中下(六等)**厥賦貞**(正)**作十有三載**(年)**乃同**田地六等賦第九等貞正也兗賦最薄言君天下者以薄賦為正也作十有三載乃同者兗當河下流之衝水激而湍悍地平而土疏被害尤劇今水患雖平而卑濕沮洳未必盡去土曠人稀生理鮮少必作治十有三載然後賦法同於他州此為田賦而言故其文屬於厥賦之下

厥貢漆絲厥篚織文貢者下獻其土所有於上也兗地宜漆宜桑故貢漆絲也篚竹器筐屬也古者幣帛之屬則盛之以筐篚而貢焉織文者織而有文錦綺之屬也以非一色故以織文總之○林氏曰有貢又有篚者所貢之物入於篚也

浮于濟漯達(通)**于河**(黃河)舟行水曰浮漯者河之枝流也兗之貢賦浮濟浮漯以達於河也帝都冀州三面距河達河則達帝都矣

海岱(泰山)**惟青州**青州之域東北至海西南距岱岱泰山也在今襲慶府奉符縣西北三十里也

嵎夷(登州地)**既略**嵎夷今登州之地略經略為之封畛

濰淄(水名)**其道**濰淄二水名濰水出瑯琊郡箕縣北至都昌入海淄水出泰山郡萊蕪縣原山東至博昌縣入濟其道者水循其道也上文言既道者禹為之道也此言

其道者泛濫既去水得其故道也林氏曰河濟下流兗受之淮下流徐受之江漢下流揚受之青雖近海然不當衆流之衝但淄濰二水順其故道則其功畢矣比之他州用力最省者也 厥土白墳(色 性)海濱廣斥(涯 廣漠 鹹)濱涯也海涯之地廣漠而斥鹵許慎曰東方謂之斥西方謂之鹵斥鹵鹹地可煑爲鹽者也 厥田惟上下(三等)厥賦中上(四等)田第三賦第四也 厥貢鹽絺(細葛)海物惟錯(雜不一種)岱畎(谷)絲枲(麻)鉛松(木名)怪石(異)萊(山)夷作牧(放畜)厥篚檿(山桑之絲)絲鹽斥地所出絺細葛也錯雜也海物非一種故曰錯畎谷也岱山之谷也枲麻也怪石怪異之石也怪石之貢誠爲可疑意其必須以爲器用之飾而有不可闕者非特貢其怪異之石以爲玩好也萊夷萊山之夷作牧者言可牧放夷人以畜牧爲生也檿山桑也山桑之絲其韌中琴

瑟之絃以爲之繒其堅韌異常萊人謂之山蠶 浮于汶(水名)達于濟(水名)汶水出泰山郡萊蕪縣原山西南入濟淄水出萊蕪原山之陰東北而入海汶水出萊蕪原山之陽西南而入濟不言達河者因于兗也 海(水)岱(山)及淮(水名)惟徐州(水名)徐州之域東至海南至淮北至岱而西不言濟者岱之陽濟東爲徐岱之北濟東爲青言濟不足以辨故畧之也林氏曰一州之境必有四至七州皆止二至蓋以鄰州互見至此州獨載其三邊者止言海岱則嫌于青止言淮海則嫌於揚故必曰海岱及淮而後徐州之疆境始別也 淮沂(水名)其乂(治)淮沂二水名淮水出南陽平氏縣胎簪山曾氏曰淮之源出于豫之境至揚徐之間始大其泛溢爲患尤在於徐故淮之治於徐言之也沂水出泰山郡蓋縣艾山南至于下邳西南而入于泗又按徐之[illegible]泗有汶有汴有漷而獨以淮沂言

者周職方氏徐州其川淮泗其浸沂沭則徐之川莫大于淮淮又則自泗而下凡爲川者可知矣徐之浸莫大于沂沂又則自沭而下凡爲浸者可知矣

蒙羽其藝（二山名 可種藝）

蒙羽二山名蒙山在泰山郡蒙陰縣西南羽山在東海郡祝其縣南藝者言可種藝也王氏炎曰先淮後沂先大而後小也先蒙後羽先高而後下也淮沂乂而後蒙羽可藝事之相因也

大野既豬（澤名 蓄聚）

大野澤名在山陽郡鉅野縣北鉅即大也水蓄而復流者謂之豬按濟水至乘氏縣分爲二南爲菏北爲濟一水東南流一水東北流入鉅野澤則大野爲濟之所絕其所聚也大矣

東原底平（東平國地 致 平）

東原漢之東平國今之鄆州也底平者水患已去而底於平也又按東原在徐之西北而謂之東者以在濟東故也大野東原所以志濟也王氏炎曰大野豬而後東原平亦事之相因也曾氏曰淮沂水之流者大野水之止者蒙羽地之高者東原地之平者無不治也

厥土赤埴墳草木漸包（色 黏 進 叢）

土黏曰埴埴膩也黏泥如脂之膩也周有團埴之工老氏言埏埴以爲器惟土黏膩細密故可團可埏也漸進長也如易所謂木漸言其日進于茂而不已也包叢生也如詩所謂如竹苞矣言其叢生而積也

厥田惟上中厥賦中中（等 五等）

田第二等賦第五等也

厥貢惟土五色羽畎夏翟嶧陽孤桐泗濱浮磬淮夷蠙珠暨魚厥篚玄纖縞（谷 五色雉羽 山名 南 特生 木名 水名 涯 石露水邊可爲磬者 蚌 及 黑色 皆繒帛）

徐州之土雖赤而五色之土亦間有之故制以爲貢以爲建社土封之用也羽畎羽山之谷也夏翟雉具五色其羽中旌旄者也嶧山名東海郡下邳縣葛嶧山也陽者山南也孤桐特生之桐其材中琴瑟詩曰梧桐生矣于彼朝陽蕃草木之生以向日爲貴也泗水名

出嵤國下縣桃墟西北陪尾山濵水旁也浮磬石露水濵若浮于水然不謂之石者成磬而後貢也淮夷淮之夷也蠙蚌之别名也曁及也珠爲服飾魚用祭祀夏翟之出于羽畎孤桐之生于嶧陽浮磬之出于泗濵珠魚之出于淮夷各有所產之地非他處所有故詳其地而使貢也玄赤黑色幣也纖縞皆繒也以以之爲衮所以祭也以之爲端所以齊也以之爲冠以爲首服也黑經白緯曰纖纖也縞也皆去凶即吉之所服也 **浮于淮**水名**泗達于河** 許愼曰汳水受陳畱浚儀陰溝至蒙爲雝水東入于泗則淮泗之可達于河者以雝至于泗也許愼又曰泗受泲水東入淮蓋泗水至大野而合泲然則泗之上源自泲亦可以通河也 **淮海惟揚州**州名 揚州之域北至淮東南至于海 **彭蠡既豬**澤名 彭蠡在豫章郡彭澤縣東合江西江東諸水跨豫章饒州南康軍三州之

地所謂鄱陽湖者是也詳見導水 **陽鳥攸居** 陽鳥隨陽之鳥謂雁也今惟彭蠡洲渚之間千百爲群言澤水既豬洲渚既平而禽鳥亦得其居止而遂其性也 **三江既入** 松江下七十里分流東北入海者爲婁江東南流者爲東江幷松江爲三江既入者入于海也或曰江漢之水揚州巨浸何以不書曰禹貢書法貴疏鑿者雖小必記無施勞者雖大亦畧江漢荆州而下安于故道無事濬治故在不書況朝宗于海荆州固備言之是亦可以互見矣此正禹貢之書法也 **震澤底定**大湖 震澤大湖也周職方揚州藪曰具區在吳縣西南五十里具區之水多震而難定故謂之震澤底定者言底于定而不震蕩也 **篠簜既敷厥草惟夭厥木惟喬厥土惟塗泥** 篠箭竹簜大竹郭璞曰竹闊節曰簜敷布也水去竹已布生也少長

曰天喬高也塗泥水泉濕也下地多水其土淖**厥田惟下下**(九等)**厥賦下**(等)**上上錯**(雜出等)田第九等賦第七等雜出第六等也言下上上錯者以本設賦九等分為三品下上與中下異品故變文言下上上錯也**厥貢惟**(總名)**金三品**(金銀銅)**瑶琨**(石似玉)**篠簜**(竹箭)**齒革**(犀兕皮)**羽**(鳥羽)**毛**(獸毛)**惟木島夷卉**(草)**服**(衣)**厥篚織貝**(貝文錦)**厥包**(果)**橘**(小橘)**柚**(大和果)**錫貢**(命之貢)三品金銀銅也瑶琨玉石名石之美似玉者取之可以為禮器篠之材中于矢之笴簜之材中于樂之管簜亦可為符節象有齒犀兕有革鳥有羽獸有毛木楩梓豫章之屬齒革可以成車甲羽毛可以為旌旄木可以備棟宇器械之用也島夷東南海島之夷卉草也葛越木綿之屬織貝錦名織為貝文海島之夷以卉服來貢織貝之精者則入篚焉包裹也小曰橘大曰柚錫者必待錫命而後貢非歲貢之常也張

氏曰必錫命乃貢者供祭祀燕賓客則詔之口腹之欲則難于出令也**沿于江**(順流而行)**海達于淮泗**順流于行曰沿沿江入海自海而入淮泗不言達于河者因于徐也禹時江淮未通故沿于海**荆**(山名)**及衡**(山名 南嶽)**陽惟荆州**(州名)荆州之域北距南條荆山南盡衡山之陽荆衡各見導山唐孔氏曰荆州以衡山之陽為至者蓋南方惟衡山為大以衡陽言之見其地不止此山而猶包其南也**江漢**(水名)**朝宗**(諸侯春見 夏見)**于海**(喻水趨歸海)江漢見導水春見曰朝夏見曰宗朝宗諸侯見天子之名也江漢合流于荆去海尚遠然水道已安而無有壅塞橫決之患雖未至海而其勢已奔趨于海猶諸侯之朝宗于王也**九**(即洞庭)**江孔殷**(甚正)九江即今之洞庭也在長沙下雋西北今沅水漸水元水辰水敘水酉水澧水資水湘水皆合于洞庭意以是名九江也孔甚殷正也九江水道甚得其正也**沱**(江別流)

潛既道，爾雅曰水自江出爲沱自漢出爲潛
荊州江漢者皆有此名此則
之出者也。雲土夢作乂。雲夢澤名方八九百
里跨江南北華容枝
江江夏安陸皆其地也合而言之則爲一別
而言之則二澤也雲土者雲之地土見而已
夢作乂者夢之地已可耕治也蓋雲夢之澤
地勢有高卑故水落有先後人工有早晚也
厥土惟塗泥，厥田惟下中，厥賦上下。荊州之
土與揚
州同故田比揚只加一等而賦
爲第三等者地濶而人工脩也。厥貢羽毛齒
革惟金三品，杶幹栝柏，礪砥砮丹，惟箘簵楛，
三邦底貢厥名，包匭菁茅，厥篚玄纁璣組，九
江納錫大龜。荊之貢與揚州大抵多同然荊
先言羽毛者以善者爲先也按

職方氏揚州其利金錫荊州其利丹銀齒革
則荊揚所產不無優劣矣杶栝柏三木名也
杶木似樗而可爲弓幹栝木柏葉松身礪砥
皆磨石砥以細密爲名礪以麤糲爲稱砮者
中矢鏃之用丹丹砂也箘簵竹名楛木名皆
可以爲矢也三邦未詳其地底致也致貢箘
簵楛之有名者也匭匣也菁茅有刺而三脊
所以供祭祀縮酒之用既包而又匣之所以
示敬也玄纁絳色幣也璣珠不圜者組綬類
大龜尺有二寸所謂國之守龜非可常得故
不爲常貢若偶得之則使之納錫于上
謂之納錫者下與上之辭重其事也。浮于
江沱潛漢，逾于洛，至于南河。江沱潛漢其水
道之出入不可
詳而大勢則自江沱而入潛漢也逾越也漢
與洛不通故舍舟而陸以通于洛自洛而至
于南河也程氏曰不徑浮江漢兼用沱潛者
隨其貢物所出之便或由經流或循枝派期

於便事而已。**荊河惟豫州**，豫州之域西南至南條荊山北距大河。**伊洛瀍澗既入于河**，伊水山海經曰熊耳之山伊水出焉東北至洛陽縣南北入于洛洛水出弘農郡上洛縣冢嶺山至鞏縣入河瀍水出河南郡穀城縣替亭北至偃師縣入洛澗水出弘農郡新安縣東南入于洛伊瀍澗水入于洛而洛水入于河此言伊洛瀍澗入于河若四水不相合而各入河者猶漢入江江入海而荊州言江漢朝宗于海意同蓋四水並流小大相敵故並言之詳見下文。**滎波既豬**，滎波二水名濟水自今孟州溫縣入河潛行絕河南溢為滎波水周職方豫州其川滎雒其浸波溠爾雅云水自洛出為波山海經曰婁涿之山波水出其陰北流注于穀二說不同未詳孰是。**導菏澤被孟豬**，菏澤在濟陰郡定陶縣東蓋濟水所經被及也孟豬在梁

國睢陽縣東北今南京虞城縣西北孟豬澤是也曾氏曰被覆也菏水衍溢導其餘波入于孟豬不常入也故曰被。**厥土惟壤下土墳壚**，土不言色者其色雜也壚疏也顏氏曰玄而疏者謂之壚其土有高下之不同故別言之○顏氏臨曰高地則壤下地則壚如青厥土白墳海濱廣斥是也。**厥田惟中上厥賦錯上中**，田第四等賦第二等雜出第一等也。**厥貢漆枲絺紵厥篚纖纊錫貢磬錯**，林氏曰周官載師漆林之征二十有五周以為征而此乃貢者蓋豫州在周為畿內故載師掌其征而不制貢禹時豫在畿外故有貢也推此義則冀不言貢者可知顏師古曰織紵以為布及練然經但言貢枲與紵成布與未成布不可詳也纊細綿也磬錯治磬之錯也非所常用之物故非常貢必待錫命而後納也與揚州

橘柚同然楊州先言橘柚而此先言錫貢者橘柚言包則於厥篚之文無嫌故言錫貢在後砮錯則與厥篚之文嫌于相屬故言錫貢在先蓋立言之法也　浮于洛達于河、豫州去帝都最近豫之東境徑自入河豫之西境則浮于洛而後至河也　華陽黑水惟梁州、梁州之境東距華山之南西據黑水華山即太華見導山黑水見導水　岷嶓既藝、岷嶓二山名岷山在蜀郡湔氐道西徼外江水所出也嶓冢山在隴西郡氐道縣漾水所出川源既滌水去不滯而無泛濫之患其山已可種藝也　沱潛既道、此江漢別流之在梁州者沱水蜀郡郫縣江沱在東西入大江潛水地志云巴郡宕渠縣潛水西南入江○又按梁州乃江漢之源此不志者岷之藝導江也嶓之藝導漾也導沱則江悉矣導潛則漢悉矣上志岷嶓下志沱潛江漢源流于是

而見吳氏曰岷嶓藝則江漢之上源治矣沱潛道則江漢之下流治矣　蔡蒙旅平、蔡蒙二山名蔡山在今雅州嚴道縣蒙山蜀郡青衣縣其山上合下開沫水逕其間涸崖水脉漂疾歷代爲患則此二山在禹爲用功多也祭山曰旅旅平者治功畢而旅祭也○陳氏大猷曰古人舉事必祭況治水上大事必不敢忽然旅獨以梁雍言之者蓋九州終于梁雍以見前諸州名山皆有祭也旅獨以祭蒙荊岐言之者蓋紀梁之山終于蔡蒙有雍之山始于荊岐以見州內諸名山皆紀祭也故下文復以九州刊旅總結之　和夷底績、和夷地名嚴道以西有和州有夷道或其地也又按晁氏曰和夷水名今詳二說皆未可必但經言底績者三覃懷原隰既皆地名則此恐爲地名或地名因水亦不可知也　厥土青黎、黎黑也　厥田惟下上　厥賦下中

三錯。田第七等賦第八等雜出第七等第九等也按賦雜出他等者或以爲歲有豐凶或以爲戶有增減皆非也意者地力有上下年分不同如周官田一易再易之類故賦之等第亦有上下年分冀之正賦第一等而間歲第二等也揚之正賦第七等而間歲第六等也豫之正賦第二等而間歲第一等也梁之正賦第八等而間歲出第七第九等也當時必有條目詳具今不存矣書之所載特凡例也若謂歲之豐凶戶之增減則九州皆然何獨于冀揚豫梁四州言哉

厥貢璆鐵銀鏤砮磬熊羆狐狸織皮。璆玉磬鐵柔鐵也鏤剛鐵可以刻鏤者也磬石磬也言鐵而先于銀者鐵之利多於銀也織皮者梁州之地山林爲多獸之所走熊羆狐狸四獸之皮製之可以爲裘其毳毛織之可以爲罽也○林氏曰徐州貢浮磬若此州既貢玉磬又貢石磬豫州又貢

磬錯以此觀之則知當時樂器磬最爲重豈非以其聲角而在淸濁大小之間最難得其和者哉

西傾因桓是來浮于潛逾于沔入于渭亂于河、西傾山名在隴西郡臨洮縣西桓水名水經曰西傾之南桓水出焉蘇氏曰漢始出爲漾東南流爲沔至漢中東行爲漢沔酈道元曰自西傾而至葭萌浮于西漢西漢卽潛水也自西漢溯流而屆于晉壽界阻漾枝津南歷崗北迤邐接漢沔歷漢川至于褒水逾褒而暨于衙嶺之南溪灌于斜川屆于武功而北以入于渭經言沔渭而不言褒斜者因大以見小也褒斜之間絕水百餘里故曰逾然於經文則當曰逾于渭今曰逾于沔此又未可曉也絕河而渡曰亂

黑水西河惟雍州、雍州之域西據黑水東距西河謂之西河者主冀都而言也

弱水既西、柳宗元曰西海之山

有水焉散漫無力不能負芥投之則委靡墊沒及底而後止故名曰弱既西者導之西流也林氏曰衆水皆東而弱水獨西黑水獨南因其性與勢之自然也必欲東之則逆其自然非行所無事矣

涇屬渭汭 涇渭汭三水名涇水出安定郡涇陽縣西東南至馮翊陽陵縣入渭渭水出隴西郡首陽縣西南東至京兆船司空縣入河汭水地志作芮扶風汧縣弦蒲藪芮水出其西北東入涇屬連屬也涇水連屬渭汭二水也

漆沮既從 漆沮二水名漆水自耀州同官縣東北界來經華原縣合沮水沮水出北地郡直路縣東至耀州華原縣合漆水至同州朝邑縣東南入渭二水相敵故並言之既從者從於渭也

灃水攸同 灃水地志作酆出扶風鄠縣終南山東至咸陽縣入渭同者同於渭也渭水自鳥鼠而東灃水南注之涇水北注之漆沮東北注之曰屬曰從曰同皆主渭而言也

荊岐既旅終南惇物至于鳥鼠 荊岐二山名荊山即北條之荊在馮翊懷德縣南岐山在扶風美陽縣西北終南惇物鳥鼠亦皆山名終南惇物皆在扶風武功縣鳥鼠在隴西郡首陽縣西南舉三山而不言治者蒙上文既旅之文也

原隰底績至于豬野 廣平曰原下濕曰隰其地在豳豬野地志云武威縣東北有休屠澤古今以為豬野治水成功自高而下故先言山次原隰次陂澤也

三危既宅三苗丕敘 三危即舜竄三苗之地三苗之竄在洪水未平之前及是三危已既可居三苗於是大有功敘

厥土惟黃壤 黃者土之正色林氏曰物得其常性者最貴雍州之土黃壤故其田非他州可及

厥田惟上上厥賦中下 田第一等而賦第六等者地狹而人功少也

厥貢惟球琳琅玕、球琳美玉也琅玕石之似玉者浮于積石、至于龍門西河、會于渭汭。積石在金城郡河關縣西南羌中龍門山在馮翊夏陽縣西河冀之西河也雍之貢道有二其東北境則自積石至于西河其西南境則會於渭汭言渭汭不言河者蒙梁州之文也他州貢賦亦當不止一道發此例以互見耳織皮崑崙析支渠搜西戎即叙崑崙即河源所出在臨羌析支在河關西千餘里渠搜水經曰河自朔方東轉經渠搜縣故城北蓋近朔方之地也三國皆貢皮衣故以織皮冠之皆西方戎落故以西戎總之即就也雍州水土既平而餘功及於西戎故附於末蘇氏曰青徐揚三州皆萊夷淮夷島夷所篚此三國亦篚織皮但古語有顚倒詳略耳其文當在厥貢惟球琳琅玕之下浮於積石之上簡編脫

誤不可不正愚謂梁州亦篚織皮恐蘇氏之說爲然導岍及岐至于荊山逾于河壺口雷首至于太岳底柱析城至于王屋太行恒山至于碣石入于海此下隨山也岍岐荊三山皆雍州山岍山扶風汧縣西吳山古文以爲汧山岐荊見雍州壺口雷首太岳底柱析城王屋太行恒山皆冀州山壺口太岳碣石見冀州雷首在河東郡蒲坂縣南底柱石在大河中流其形如柱析城在河東郡濩澤縣西山峰四面如城王屋在河東郡垣縣東北山狀如屋太行山在河內郡山陽縣西北恒山在常山郡上曲陽縣西北逾者禹自荊山而過於河也孔氏以爲荊山之脈逾河而爲壺口雷首者非是蓋禹之治水隨山刊木其所表識諸山之名必其高大可以辨疆域廣博可以奠民居故謹而書之以見其

施功之次第初非有意推其脉絡之所自來若今之葬法所言也山之經理者已附於逐州之下於此又條列而詳記之而山之經緯皆可見矣王鄭有三條四列之名皆爲未當今據導字分之以爲南北二條而江河以爲之紀於二之中又分爲二焉此北條大河北境之山也○此河濟所經

西傾山朱圉山鳥鼠山至于太華山皆雍州熊耳山外方山桐柏山至于陪尾山皆豫州

西傾朱圉鳥鼠太華雍州山也熊耳外方桐柏陪尾豫州山也西傾見梁州朱圉在天水郡冀縣南太華在京兆華陰縣南熊耳在商州上洛縣外方地志潁川郡嵩高縣有嵩高山古文以爲外方桐柏在南陽郡平氏縣東南陪尾地志江夏郡安陸縣東北有橫尾山古文以爲陪尾今安州安陸也西傾不言導者蒙導岍之文也此北條大河南境之山也○此伊洛淮渭所經

導嶓冢山在梁州至于

荊山內方山至于大別山皆荊州

嶓冢即梁州之嶓也山見梁州荊山南條荊山在南郡臨沮縣北內方大別亦皆山名內方在江夏郡竟陵縣東北大別蓋近漢之山今漢陽軍漢陽縣北大別山是也此南條江漢北境之山也○此漢水所出所經

岷山之陽山在梁州至于衡山山在荊州過九江江今爲洞庭至于敷淺原山在揚州

岷山見梁州衡山南嶽也在長沙國湘南縣九江見荊州敷淺原地志云豫章郡歷陵縣南有傅易山古文以爲敷淺原今江州德安縣博陽山是也過經過也與導岍逾於河之義同蓋岷山之脉其北一支爲衡山而盡于洞庭之西其南一支度桂嶺北經袁筠之地至德安所謂敷淺原者二支之間湘水間斷衡山在湘水西南敷淺原在湘水東北岷山不言導者蒙導嶓冢之文也此南條江漢南境之山也○此江水所出所經

導弱水至于合黎(山名)餘波入于流沙(地在西極)、此下濬川也弱水見雍州合黎山名在張掖縣西北流沙在沙州西八十里其沙隨風流行故曰流沙水之疏導者已附於逐州之下於此又派別而詳記之而水之經緯皆可見矣濬川之功自隨山始故導水次於導山也又按山水皆原於西北故禹敘山敘水皆自西北而東南導山則先岍岐導水則先弱水也導黑(水名)水至于三(山名)危、入于南海、黑水出犍爲郡南廣縣汾關山其水之黑以榆葉積漬所成三危山臨峙其上按梁雍二州西邊皆以黑水爲界是黑水自雍之西北而直出梁之西南也中國山勢岡脊大抵皆自西北而來積石西傾岷山岡脊以東之水既入於河漢岷江其岡脊以西之水即爲黑水而入於南海導河積石、至于龍門、(向南流)南至于華陰、(山北)(向東流)東至

于底柱、(山在河中)又東(向東流)至于孟津(地名)(渡處)東過洛汭、(二水名)至于大伾、(山名)北(向北流)過洚水(水名)至于大陸、(高平之地)又北播(分)爲九河、同(合)爲逆(海水逆)河(潮故名)入于海、積石龍門見雍州華陰華山之北也底柱見導山孟地名津渡處也在河內郡河陽縣南洛汭洛水交流之內在今河南府鞏縣之東洛之入河實在東南河則自西而東過之故曰東過洛汭大伾今通利軍黎陽縣臨河有山蓋大伾也在大河垂欲趨北之地洚水在信都縣大陸見冀州九河見兖州逆河意以海水逆潮而得名九河既淪於海則逆河在其下流固不復有矣河上播而爲九下同而爲一其分播合同皆水勢之自然禹特順而導之耳河自積石三千里而後至于龍門經但書積石不言方向荒遠在所略也龍門而下因其所經記其自北而南則曰南至華陰記其自南而東則曰東至

底柱又詳記其東向所經之地則曰孟津曰洛汭曰大伾又記其自東而北則曰北過洚水又詳記其北向所經之地則曰大陸曰九河又記其入海之處則曰逆河自洛汭而上河行于山其地皆可考自大伾而下垠岸高于平地故决齧流移水陸變遷而洚水大陸九河逆河皆難指實然上求大伾下得碣石因其方向辯其故迹則猶可攷也其詳悉見上文

嶓冢導漾東流爲漢又東爲滄浪之水過三澨至于大別南入于江東滙澤爲彭蠡東爲北江入于海

漾水名出隴西郡氐道縣嶓冢山水發源于嶓冢爲漾至武都爲漢又東流爲滄浪之水武當縣北四十里漢水中有洲曰滄浪洲水曰滄浪水是也蓋水之經歷隨地得名謂之爲者明非他水也三澨水名今郢州長壽縣磨石山發源東南流者是也大別見導山入江在今漢陽軍漢陽縣滙廻也彭蠡見揚州北江未詳入海在今通州靜海縣

岷山導江東別爲沱又東至于澧過九江至于東陵東迆北會爲滙東爲中江入于海

沱江之別流於梁者也澧水名鄭氏云經言過言會者水也言至者或山或澤也澧宜山澤之名九江見荆州東陵巴陵也今岳州巴陵縣也會滙中江見上章

導沇水東流爲濟入于河溢爲滎東出于陶丘北又東至于菏又東北會于汶又北東入于海

沇水濟水也發源爲沇既東爲濟出河東郡垣曲縣王屋山東南始發源王屋山頂崖下曰沇水既見而伏東出于今孟州濟源縣二源東源周廻七百步其深不測西

源周廻六百八十五步其深一丈合流至温縣是爲濟水歷虢公臺西南入于河溢滿也復出河之南溢而爲滎滎郎滎波之滎見豫州又東出于陶丘北陶丘地名再成曰陶在今廣濟軍西又東至于菏菏郎菏澤亦見豫州謂之至者濟陰縣自有菏泒濟流至其地爾汶北汶也見青州又東北至于東平府壽張縣安民亭合汶水至今青州博興縣入海若斷若續而實有源流或見或伏而脉絡可考先儒皆以濟水性下勁疾故能入河穴地流注顯伏程氏謂溢出者非濟水因濟而溢故禹還以元名命之顧弗深考耳

導淮水名**自桐柏**山名**東會于泗沂**二水名**東入于海**水經云淮水出南陽平氏縣胎簪山禹只自桐柏導之耳桐柏見遑山泗沂見徐州沂入于泗泗入于淮此言會者以二水相敵故也入海在今淮浦

導渭自鳥鼠同穴山**東會于**

灃水名**又東會于涇**水名**又東過漆沮**二水名**入于河**同穴山名地志云鳥鼠山者同穴之枝山也餘並見雍州酈道元云渭水出南谷山在鳥鼠山西北禹只自鳥鼠同穴導之耳新安陳氏曰灃涇漆沮皆入渭渭入河東會于灃郎灃水攸同也東會于涇郎涇屬渭汭也東過漆沮郎漆沮既從也灃涇大與渭並故曰會既得灃涇渭愈大漆沮皆小故曰過前分言於雍而自源徂流合于此也

導洛自熊耳山名**東北會于澗瀍**二水名**又東會于伊**水名**又東北入于河**熊耳盧氏之熊耳也餘並見豫州洛水出冢嶺山禹只自熊耳導之耳○按經言嶓冢導漾岷山導江者漾之源出于嶓江之源出於岷故先言山而後言水也言導河積石導淮自桐柏導渭自鳥鼠同穴導洛自熊耳皆非出于其山特自其山以導之耳故先言水而後言

後言山也河不言自者河源多伏流積石其見處故言積石而不言自也沇水不言山者沇水伏流其出非一故不誌其源也弱水黑水不言山者九州之外盖略之也小水合大水謂之入大水合小水謂之過二水勢均相入謂之會天下之水莫大於河故于河不言會此禹貢立言之法也

九州攸同四隩既宅九山刊旅九川滌源九澤既陂四海會同

隩隈也李氏曰涯內近水為隩陂障也會同與灉沮會同同義四海之隩水涯之地已可奠居九州之山槎木通道已可祭告九州之川濬滌泉源而無壅遏九州之澤已有陂障而無決潰四海之水無不會同而各有所歸此蓋總結上文言九州四海水土無不平治也

六府孔修庶土交正厎慎財賦咸則三壤成賦中邦

大孔

也木火金木土穀皆大修治也土者財之自生謂之庶土則非特穀土也庶土有等當以肥瘠高下各物交相正焉以任土事厎致也因庶土所出之財而致謹其財賦之入如周大司徒以土宜之法辨十有二土之名物以任土事之類咸皆也則品節之也九州穀土又皆品節之以上中下三等如周大司徒辨十有二壤之名物以教稼穡之類中邦中國也蓋土賦或及於四夷而田賦則止於中國而已故曰成賦中邦

錫土姓

土姓者言錫之土以立國錫之姓以立宗左傳所謂天子建德因生以錫姓胙之土而命之氏者

祗台德先不距朕行

台我距違也禹平水土定土賦建諸侯治已定功已成矣當此之時惟敬德以先天下則天下自不能違越我之所行也

五百里甸服百里賦納總二百里納銍三百里

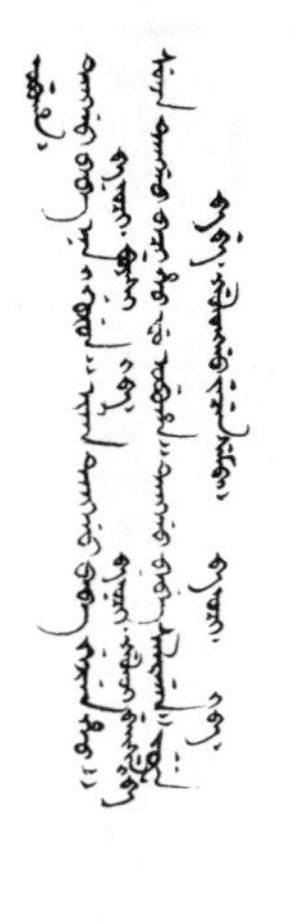

納秸服四百里粟五百里米甸服畿內之地
也甸田服事也以皆田賦之事故謂之甸服五百里者王城
之外四面皆五百里也禾本全曰總刈禾曰
銍半藁也半藁去皮曰秸謂之服者三百里
內去王城爲近非惟納總銍秸而又使之服
輸將之事也獨於秸言之者總前二者而言
也粟穀也內百里爲最近故併禾本總賦之
外百里次之只刈禾半藁納也外百里又次
之去藁粗皮納也外百里爲遠去其穗而納
穀外百里爲尤遠去其穀而納米蓋量其地
之遠近而爲納賦之輕重精麤也此分甸服
五百里而爲五等者也五百里侯服百里采二百里男
邦三百里諸侯侯服者侯國之服甸服外四
面又各五百里也采者卿大夫
邑地男邦男爵小國也諸侯諸侯之爵大
國次國也先小國而後大國者大可以禦外

夏書卷二　二十

侮小得以安內附也此分五百里綏服三百
侯服五百里而爲三等也綏安也謂之綏者
里揆文教二百里奮武衛漸遠王畿而取撫
安之義侯服外四面又各五百里也揆度也
綏服內取王城千里外取荒服千里介於內
外之間故以內三百里揆文教外二百里奮
武衛文以治內武以治外聖人所以嚴華夏
之辨者如此此分綏服五百里要服三百里
五百里而爲二等也
夷二百里蔡要平聲蔡音殺○要服去王畿
已遠皆夷狄之地其文法略於
中國謂之要者取要約之義特羈縻之而已
綏服外四面又各五百里也蔡放也左傳云
蔡蔡叔是也流放罪人於此也
此分要服五百里而爲二等也五百里荒服
三百里蠻二百里流荒服去王畿益遠而經
略之者視要服爲尤略

也以其荒野故謂之荒服要服外四面又各
五百里也流流放罪人之地蔡與流皆所以
處罪人罪有輕重故地有遠近之別 東漸于
也此分荒服五百里而爲二等也
海西被于流沙朔南暨聲教訖于四海禹錫
玄圭告厥成功漸音尖告入聲○漸浸被覆
暨及也地有遠近故言有淺
深也聲謂風聲教謂教化林氏曰振舉於此
而遠者聞焉故謂之聲軌範於此而遠者效
焉故謂之教上言五服之制此言聲教所及
蓋法制有限而教化無窮也錫與師錫之錫
同水土既平禹以玄圭爲贄而告
成功於舜也水色黑故圭以玄云

甘誓 甘地名有扈氏國之南郊也在
扶風鄠縣誓與禹征苗之誓同
義言其討叛伐罪之意嚴其坐作進
退之節所以一衆志而起其怠也誓

師於甘故以甘誓名篇書有六體誓
其一也今文古文皆有○按有扈夏
同姓之國史記曰啓立有扈不服遂
滅之唐孔氏因謂堯舜受禪啓獨繼
父以是不服亦臆度之耳左傳昭公
元年趙孟曰虞有三苗夏有觀扈商
有姺邳周有徐奄則有
扈亦三苗徐奄之類也
大戰于甘乃召六卿六卿六鄉之卿也按周
禮鄉大夫每鄉卿一人
六鄉六卿平居無事則各掌其鄉之政教禁
令而屬於大司徒有事出征則各率其鄉之
一萬二千五百人而屬於大司馬所謂軍將
皆卿者是也意夏制亦如此古者四方有變
專責之方伯方伯不能討然後天子親征之
天子之兵有征無戰今啓既親率六軍以出
而又書大戰於甘則有扈之怙強稔惡敢與
天子抗衡豈特孟子所謂六師移之者書曰

大戰蓋所以深著有扈不臣之罪而爲天下後世諸侯之戒也**王曰嗟六事之人予誓告汝**重其事故嗟歎而告之六事者若非但六卿有事於六軍者皆是也**有扈氏威侮五行怠棄三正天用勦絕其命今予惟恭行天之罰**威暴殄之也侮輕忽之也鯀汩五行而亟死況於威侮之者乎三正子丑寅之正也夏正建寅怠棄者不用正朔也有扈氏暴殄天物輕忽不敬廢棄正朔虐下背上獲罪於天天用勦絕其命今我伐之惟敬行天之罰而已今按此章則三正迭建其來久矣舜協時月正日亦所以一正朔也子丑之建唐虞之前當已有之**左不攻于左汝不恭命右不攻于右汝不恭命御非其馬之正汝不恭命**左車左右車右也攻治也古者車戰之法中士三人一居左以主射一居右以主擊刺御者居中以主馬之馳驅也左傳宣公十二年楚許伯御樂伯攝叔爲右以致晉師樂伯曰吾聞致師者左射以菆是車左主射也攝叔曰吾聞致師者右入壘折馘執俘而還是車右主擊刺也御非其馬之正猶王良所謂詭遇也蓋左右不治其事與御非其馬之正皆足以致敗故各指其人以責其事而欲各盡其職而不敢忽也**用命賞于祖不用命戮于社予則孥戮汝**戮殺也禮曰天子巡狩以遷廟主行左傳軍行祓社釁鼓然則天子親征必載其遷廟之主與其社主以行以示賞戮之不敢專也祖左陽也故賞于祖社右陰也故戮於社孥子也孥戮與上戮字同義言若不用命不但戮及汝身將併汝妻子而戮之戰危事也不重其法則無以整肅其衆而使赴功也或曰

戮辱也孥戮猶秋官司厲孥男子以為罪隸之孥古人以辱為戮謂戮辱之以為孥耳古者罰弗及嗣孥戮之刑非三代之所宜有也按此說固為有理然以上句考之不應一戮而二義蓋罰弗及嗣者常刑也予則孥戮者非常刑也常刑則愛克厥威非常刑則威克厥愛盤庚遷都尚有劓殄滅之無遺育之語則啓之誓師豈為過哉

五子之歌 五子太康之弟也歌與帝舜作歌之歌同義今文無古文有

太康尸位以逸豫滅厥德黎民咸貳乃盤遊無度畋于有洛之表十旬弗反 太康啓之子尸如祭祀之尸謂居其位而不為其事如古人所謂尸祿尸官者也豫樂也夏諺曰吾王不遊吾何以休吾王不豫吾何以助一遊一豫為諸侯度夏之先王非不遊豫蓋有其節皆所以為民

非若太康以逸豫而滅其德也民咸貳心而太康猶不知悔乃安於遊畋之無度皆其遠則至于洛水之南言其久則十旬而弗反是則太康自棄其國矣

有窮后羿因民弗忍距于河 窮國名羿窮國君之名也或曰羿善射者之名賈逵說文羿帝嚳射官故其後善射者皆謂之羿有窮之君亦善射故以羿目之也羿因民不堪命距太康於河北使不得返遂廢之

厥弟五人御其母以從徯于洛之汭五子咸怨述大禹之戒以作歌 御侍也怨如孟子所謂小弁之怨親親也小弁之詩父子之怨五子之歌兄弟之怨親之過大而不怨是愈疏也五子知宗廟社稷危亡之不可救母子兄弟離散之不可保憂愁鬱悒悽慨感厲情不自已發為詩歌推其亡國敗家之由皆原於荒棄皇祖之訓雖其五

章之間非盡述皇祖之戒然其先後終始互相發明史臣以其作歌之意序於五章之首後世序詩者効倣皆有小序以言其作詩之義其原蓋出諸此

其一曰皇祖有訓民可近不可下民惟邦本本固邦寧

此禹之訓也皇大也君之與民以勢而言則尊卑之分如霄壤之不侔以情而言則相須以安猶身體之相資以生也故勢疎則離情親則合以其親故謂之近以其疎故謂之下言其可親而不可疎之也且民者國之本本固而後國安本既不固則雖強如秦富如隋終亦滅亡而已矣其一其二或長幼之序或作歌之序不可知也

予視天下愚夫愚婦一能勝予一人三失怨豈在明不見是圖予臨兆民凜乎若朽索之馭六馬為人上者奈何不敬

索昔各反馭音御○予五子自稱也君失人心則為獨夫獨夫則愚夫愚婦一能勝我矣三失者言所失衆也民心怨背豈待其彰著而後知之當於事幾未形之時而圖之也朽腐也朽索易絕六馬易驚朽索固非可以馭六馬也以喻其危懼可畏之甚為人上者奈何而不敬乎前既引禹之訓言此則以已之不足恃民之可畏者申結其義也

其二曰訓有之內作色荒外作禽荒甘酒嗜音峻宇彫牆有一於此未或不亡

此亦禹之訓也色荒惑嬖寵也禽荒耽遊畋也荒者迷亂之謂甘嗜皆無厭也峻高大也宇棟宇也彫繪飾也言六者有其一皆足以致滅亡也禹之訓昭明如此而大康獨不念之乎此章首尾意義已明故不復申結之也

其三曰惟彼陶唐有

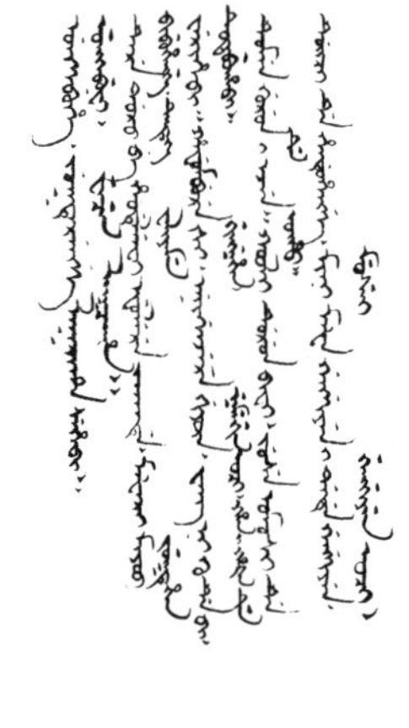

此冀方今失厥道亂其紀綱乃底滅亡堯初爲唐侯後爲天子都陶故曰陶唐堯授舜舜授禹皆都冀州言冀方者舉中以包外也大者爲綱小者爲紀底致也堯舜禹相授一道以有天下今太康失其道而紊亂其紀綱以致滅亡也○又按左氏所引惟彼陶唐之下有帥彼天常一句厥道作其行乃底滅亡作乃滅而亡

其四曰明明我祖萬邦之君有典有則貽厥子孫關石和鈞王府則有荒墜厥緒覆宗絕祀明明明而又明也我祖禹也典猶周之六典則猶周之八則所以治天下之典章法度也貽遺關通和平也百二十斤爲石三十斤爲鈞鈞與石五權之最重者也關通以見彼此通同無折閱之意和平以見人情兩平無乖爭之意言禹以明明之德君臨天下典則法度所以貽後世者如此至於鈞石之設所以一天下之輕重而立民信者王府亦有之其爲子孫後世慮可謂詳且遠矣○又按法度之制始於權權與物鈞而生衡衡運生規規圓生矩矩方生繩繩直生準是權衡者又法度之所自出也故以鈞石言之

其五曰嗚呼曷歸予懷之悲萬姓仇予予將疇依鬱陶乎予心顏厚有忸怩弗慎厥德雖悔可追忸女六反怩女夷反○曷何也嗚呼曷歸歎息無地之可歸也予將疇依徬徨無人之可依也爲君至此亦可哀矣仇予之予指太康也指太康而謂之予者不忍斥言忠厚之至也鬱陶哀思也顏厚愧之見於色也忸怩愧之發於心也可追言不可追也

胤征胤國名孟子曰征者上伐下也此以征名實即誓也仲康丁有夏中衰之運羿執國政社稷安危在其掌握而仲康能命胤侯以掌六師胤侯能承仲康以討有罪是雖未能行羿不道之誅明羲和黨惡之罪然當國命中絶之際而能舉師伐罪猶爲禮樂征伐之自天子出也夫子所以録其書者以是歟今文無古文有〇或曰蘇氏以爲羲和貳於羿忠於夏者故羿假仲康之命命胤侯征之今按篇首言仲康肇位四海胤侯命掌六師又曰胤侯承王命徂征詳其文意蓋史臣善仲康能命將遣師胤侯能承命致討未見貶仲康不能制命而罪胤侯之爲專征也若果爲篡羿之書則亂臣賊子所爲孔子亦取之爲後世法乎

夏書卷二

惟仲康肇位四海胤侯命掌六師羲和廢厥職酒荒于厥邑胤后承王命徂征仲康太康之弟胤侯胤國之侯命掌六師命爲大司馬也仲康始即位即命胤侯以掌六師次年方有征羲和之命必本始而言者蓋史臣善仲康肇位之時已能收其兵權故羲和之征猶能自天子出也林氏曰羿廢太康而立仲康然篡也乃在相之世仲康不爲羿所篡至其子相然後見篡是則仲康猶有以制之也羿之立仲康也方將執其禮樂征伐之權以號令天下而仲康即位之始即能命胤侯掌六師以收其兵權如漢文帝入自代邸即皇帝位夜拜宋昌爲衛將軍鎭撫南北軍之類羲和之罪雖曰沉亂於酒然黨惡於羿同惡相濟故胤侯承王命往征之以翦羿羽翼故終仲康之世羿不得以逞使仲康盡失其權則羿之篡

夏書卷二

夏並侍相而後致邪義氏和氏夏合爲一官日亂后者諸侯入爲王朝公卿如禹稷伯夷謂之后也 告于衆曰嗟予有衆聖有謨訓明徵定保先王克謹天戒臣人克有常憲百官修輔厥后惟明明 徵音澄○徵驗保安也聖人謨訓明有徵驗可以定安邦國也下文即謨訓之語天戒日蝕之類謹者恐懼修省以消變異也常憲者奉法修職以供乃事也君能謹天戒於上臣能有常憲於下百官之衆各修其職以輔其君故君內無失德外無失政此其所以爲明明后也又按日蝕者君弱臣强之象后羿專政之戒也羲和掌日月之官黨羿而不言是可赦乎 每歲孟春遒人以木鐸徇于路官師相規工執藝事以諫其或不恭邦

有常刑 遒慈秋反鐸達谷反○遒人宣令之官木鐸金口木舌施政教時振以警衆也周禮小宰之職正歲帥治官之屬徇以木鐸曰不用法者國有常刑亦此意也官以職言師以道言規正也相規云者胥教誨也工百工也百工技藝之事至理存焉理無往而不在故言無微而可略也孟子曰責難於君謂之恭官師百工不能規諫是謂不恭不恭之罪猶有常刑而況於畔官離次俶擾天紀者乎 惟時羲和顛覆厥德沈亂于酒畔官離次俶擾天紀遐棄厥司乃季秋月朔辰弗集于房瞽奏鼓嗇夫馳庶人走羲和尸厥官罔聞知昏迷于天象以干先王之誅政典曰先時者殺無赦不及時者

殺無赦。次位也官以職言次以位言畔官則亂其所治之職離次則舍其所居之位俶始擾亂也天紀則洪範所謂歲月日星辰曆數是也蓋自堯命羲和曆象日月星辰之後爲羲和者世守其職未嘗紊亂至是始亂其天紀焉遐遠也遠棄其所司之事也辰日月會次之名房所次之宿也集漢書作輯集輯通用言日月會次不相和輯而掩蝕於房宿也按唐志日蝕在仲康即位之五年瞽樂官以其無目而察於音也奏進也古者日蝕則伐鼓用幣以救之春秋傳曰惟正陽之月則然餘則否今季秋而行此禮夏禮與周異也嗇夫小臣也漢有上林嗇夫庶人庶人之在官者周禮庭氏救日之弓矢嗇夫庶人蓋供救日之百役者曰馳曰走者以見日蝕之變天子恐懼於上嗇夫庶人奔走於下以助救日如此其急羲和爲曆象之官尸居其位若無聞知則其昏迷天象以干先王之

誅豈特不恭之刑而已哉政典先王政治之典籍也先時後時皆違制失時當誅而不赦者也今日蝕之變如此而羲和罔聞知是固干先王後時之誅矣

今予以爾有衆奉將天罰爾衆士同力王室尚弼予欽承天子威命。將行也我以爾衆上奉行天罰爾其同力王室庶幾輔我以敬承天子之威命也蓋天子討而不伐諸侯伐而不討仲康之命胤侯得天子討罪之權胤侯之征羲和得諸侯敵愾之義其辭直其義明非若五伯摟諸侯以伐諸侯其辭曲其義迂也

火炎崑岡玉石俱焚天吏逸德烈于猛火殲厥渠魁脅從罔治舊染汙俗咸與維新。殲將廉反〇崑出玉山名岡山脊也逸過渠大也言火炎崑岡不辨玉石之美惡而焚之苟爲

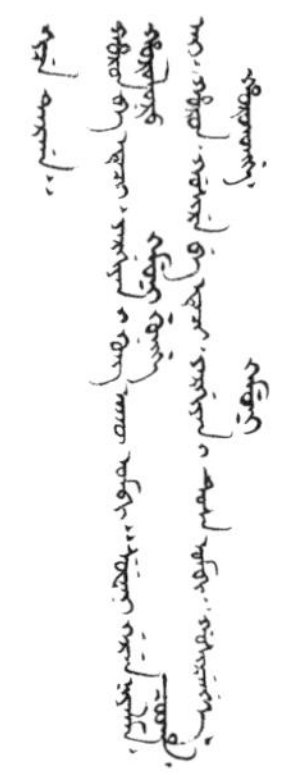

天吏而有過逸之德不擇人之善惡而戮之其害有甚於猛火不辨玉石也今我但誅首惡之魁而已脅從之黨則罔治之舊染汙習之人亦皆赦而新之其誅惡宥善是猶王者之師也今按胤征始稱羲和之罪止以其畔官離次俶擾天紀至是有脅從舊染之語則知羲和之罪當不止於廢時亂日是必聚不逞之人崇飲私邑以爲亂黨助羿爲惡者也胤后徂征隱其叛逆而不言者蓋正名其罪則必鋤根除源而仲康之勢有未足以制后羿者故止責其曠職之罪而實誅其不臣之心也

嗚呼威克厥愛允濟愛克厥威允罔功其爾衆士懋戒哉 威者嚴明之謂愛者姑息之謂記曰軍旅主威蓋軍法不可以不嚴嚴明勝則信其事之必濟姑息勝則信其功之無成誓師之末而復嗟歎以是深警之欲其勉力戒懼而用命也

夏書卷二　二七

書經卷之三　　蔡沈集傳

商書　契始封商湯因以爲有天下之號書凡十七篇

湯誓　湯號也或曰謚湯名履姓子氏夏桀暴虐湯往征之亳衆憚於征役故湯諭以弔伐之意蓋師興之時而誓於亳都者也今文古文皆有

王曰格爾衆庶悉聽朕言非台小子敢行稱亂有夏多罪天命殛之　台音怡後同○王曰格至台我稱舉也以人事言之則臣伐君可謂亂矣以天命言之則所謂天吏非稱亂也

今爾有衆汝曰我后不恤我衆舍我穡事而割正夏予惟聞汝衆言夏氏有罪予畏上帝

不敢不正　穡刈穫也割斷也亳邑之民安於湯之德政桀之虐焰所不及故不知夏氏之罪而憚伐桀之勞反謂湯不恤亳邑之衆舍我刈穫之事而斷正有夏湯言我亦聞汝衆論如此然夏桀暴虐天命殛之我畏上帝不敢不往正其罪也

今汝其曰夏罪其如台夏王率遏衆力率割夏邑有衆率怠弗協曰時日曷喪予及汝皆亡夏德若茲今朕必往　遏絕也割剝割夏邑之割時是也湯又舉商衆言桀雖暴虐其如我何湯又應之曰夏王率爲重役以窮民力嚴刑以殘民生民厭夏德亦率皆怠於奉上不和於國疾視其君指日而曰是日何時而亡乎若亡則吾寧與之俱亡蓋苦桀之虐而欲其亡之甚也桀之惡德如此今我之所以必往也桀嘗自言吾有天下如天之

有日曰亡吾乃亡耳故民因以日目之

爾尙輔予一人致天之罰予其大賚汝爾無不信朕不食言爾不從誓言予則孥戮汝罔有攸赦賚與也食言言已出而反吞之也禹之征苗止曰爾尙一乃心力其克有勲至啓則曰用命賞于祖不用命戮于社予則孥戮汝此又益以朕不食言罔有攸赦亦可以觀世變矣

仲虺之誥虺許偉反○仲虺臣名奚仲之後爲湯左相誥告也周禮士師以五戒先後刑罰一曰誓用之於軍旅二曰誥用之於會同以喻衆也此但告湯而亦謂之誥者唐孔氏謂仲虺亦必對衆而言蓋非特釋湯之慙而且以曉其臣民衆庶也古文有今文無

成湯放桀于南巢惟有慙德曰予恐來世以台爲口實武功成故曰成湯南巢地名廬江六縣有居巢城桀奔於此因以放之也湯之伐桀雖順天應人然承堯舜禹授受之後於心終有所不安故愧其德之不古若而又恐天下後世藉以爲口實也○陳氏曰堯舜以天下讓後世好名之士猶有不知而慕之者湯武征伐而得天下後世嗜利之人安得不以爲口實哉此湯之所以恐也歟

仲虺乃作誥曰嗚呼惟天生民有欲無主乃亂惟天生聰明時乂有夏昏德民墜塗炭天乃錫王勇智表正萬邦纘禹舊服茲率厥典奉若天命仲虺恐湯憂愧不已乃作誥以解釋其意歎息言民生有耳目口鼻

愛惡之欲無主則爭且亂矣天生聰明所以爲之主而治其爭亂者也墜陷也塗泥炭火也桀爲民主而反行昏亂陷民於塗炭既失其所以爲主矣然民不可以無主也故天錫湯以勇智之德勇足以有爲智足以有謀非勇智則不能成天下之大業也表正者表正於此而影直於彼也天錫湯以勇智者所以使其表正萬邦而繼禹舊所服行也此但率循其典常以奉順乎天而已天者典常之理所自出而典常者禹之所服行者也湯革夏而纘舊服武革商而政由舊孔子所謂百世可知者正以是也林氏曰齊宣王問孟子曰湯放桀武王伐紂有諸孟子曰賊仁者謂之賊賊義者謂之殘殘賊之人謂之一夫聞誅一夫紂矣未聞弑君也夫立之君者懼民之殘賊而無以主之爲之主而自殘賊焉則君之實喪矣非一夫而何孟子之言則仲虺之意也

夏王有罪矯誣上

商書卷三　三

天以布命于下帝用不臧式商受命用爽厥師矯與矯制之矯同誣罔臧善式用爽明師衆也天以形體言帝以主宰言桀知民心不從矯詐誣罔託天以惑其衆天用不善其所爲用使有商受命用使昭明其衆庶也○王氏曰夏有昏德則衆從而昏商有明德則衆從而明○呉氏曰用爽厥師續下文簡賢附勢意不相貫疑有脫誤

簡賢附勢寔繁有徒肇我邦于有夏若苗之有莠若粟之有秕小大戰戰罔不懼于非辜矧予之德言足聽聞○秕卑履反○簡畧繁多肇始也戰戰恐懼貌言簡賢附勢之人同惡相濟寔多徒衆肇我邦於有夏爲桀所惡欲見翦除如苗之有莠如粟之有秕鋤治簸揚有必不相容之勢商衆大小震恐無不懼

陷于非罪況湯之德言則足人之聽聞尤桀所忌疾者乎以苗粟喻桀以莠秕喻湯特言其不容於桀而迹之危如此史記言桀囚湯於夏臺湯之危屢矣無道而惡有道勢之必至也

惟王不邇聲色不殖貨利德懋懋官功懋懋賞用人惟已改過不吝克寬克仁彰信兆民

懋與茂同○邇近殖聚也不近聲色不聚貨利若未足以盡湯之德然此本原之地非純乎天德而無一毫人欲之私者不能也本原澄徹然後用人處已而莫不各得其當懋茂也繁多之意與時乃功懋哉之義同言人之懋於德者則懋之以官人之懋於功者則懋之以賞用人惟已而人之有善者無不容改過不吝而已之不善者無不改不忌能於人不吝過於已合併為公私意不立非聖人其孰能之湯之用人處已者如此而於臨民之際是以能寬能仁謂之能者寬而不失於縱仁而不失於柔易曰寬以居之仁以行之君德也君德昭著而孚信於天下矣湯之德足人聽聞者如此

乃葛伯仇餉初征自葛東征西夷怨南征北狄怨曰奚獨後予攸徂之民室家相慶曰徯予后后來其蘇民之戴商厥惟舊哉

葛國名伯爵也餉饋也仇餉與餉者為仇也葛伯不祀湯使問之曰無以供粢盛湯使亳衆往耕老弱饋餉葛伯殺其童子湯遂征之湯征自葛始也奚何徯待也蘇復生也西夷北狄言遠者如此則近者可知也湯師之未加者則怨望其來曰何獨後予其所往伐者則妻孥相慶曰待我后久矣后來我其復生乎他國之民皆以湯為我君而望其來者如此天下之愛戴歸往於商者非一日

矣商業之興蓋不在於鳴條之役也○呂氏曰夏商之際君臣易位天下之大變然觀其征伐之時唐虞都俞揖遜氣象依然若存蓋堯舜禹湯以道相傳世雖降而道不降也

佑賢輔德顯忠遂良兼弱攻昧取亂侮亡推亡固存邦乃其昌 前既稱湯之懿此下因以勸勉之也諸侯之賢德者佑之輔之忠良者顯之遂之所以善善也侮說文曰傷也諸侯之弱者兼之昧者攻之亂者取之亡者傷之所以惡惡也言善則由大以及小言惡則由小以及大推亡者兼攻取侮也固存者佑輔顯遂也推彼之所以亡固我之所以存邦國乃其昌矣

德日新萬邦惟懷志自滿九族乃離王懋昭大德建中于民以義制事以禮制心垂裕後昆予聞曰能自得師者王謂人莫己若者亡好問則裕自用則小 德日新者日新其德而不自已也志自滿者反是湯之盤銘曰苟日新日日新又日新其廣日新之義歟德日新則萬邦雖廣而無不懷志自滿則九族雖親而亦離萬邦舉遠以見近也九族舉親以見疎也王其勉明大德立中道於天下中者天下之所同有也然非君建之則民不能以自中而禮義者所以建中者也義者心之裁制禮者理之節文以義制事則事得其宜以禮制心則心得其正內外合德而中道立矣如此非特有以建中於民而垂諸後世者亦綽乎有餘裕矣然是道也必學焉而後至故又舉古人之言以爲隆師好問則德尊而業廣自賢自用者反是謂之自得師者眞知已之不足人之有餘委心聽順而無拂逆之謂也孟子曰湯之於伊尹學焉而後臣之故

不勞而王其湯之所以自得者歟仲虺言懷諸侯之道推而至於修德檢身又推而至於能自得師夫自天子至於庶人未有捨師而能成者雖生知之聖亦必有師焉後世之不如古非特世道之降抑亦師道之不明也仲虺之論遡流而源要其極而歸諸能自得師之一語其可爲帝王之大法也歟

嗚呼慎厥終惟其始殖有禮覆昏暴欽崇天道永保天命。上文旣勸勉之於是歎息言謹其終之道惟於其始圖之始之不謹而能謹終者未之有也伊尹亦言謹終于始事雖不同而理則一也欽崇者敬畏尊奉之意有禮者封殖之昏暴者覆亡之天之道也欽崇乎天道則永保其天命矣按仲虺之誥其大意有三先言天立君之意桀逆天命而天之命湯者不可辭次言湯德足以得民而民之歸湯者非一日末言爲湯慮艱難之道人心

離合之機天道福善禍淫之可畏以明今之受夏非以利己乃有無窮之恤以深慰湯而釋其慙仲虺之忠愛可謂至矣然湯之所慙恐來世以爲口實者仲虺終不敢謂無也君臣之分其可畏如此哉

湯誥。湯伐夏歸亳諸侯率職來朝湯作誥以與天下更始今文無古文有

王歸自克夏至于亳誕告萬方。誕大也亳湯所都在宋州穀熟縣

王曰嗟爾萬方有衆明聽予一人誥。惟皇上帝降衷于下民若有恒性克綏厥猷惟后。皇大衷中若順也天之降命而具仁義禮智信之理無所偏倚所謂衷也人之稟命

而得仁義禮智信之理與心俱生所謂性也
猷道也由其理之自然而有仁義禮智信之
行所謂道也以降衷而言則無有偏倚順其
自然固有常性矣以禀受而言則不無清濁
純雜之異故必待君師之職而後能使之安
於其道也故曰克綏厥猷惟后夫天生民有
欲以情言也上帝降衷於下民以性言也仲
虺即情以言人之欲成湯原性以明人之善
聖賢之論互相發明然其意則皆言
君道之係於天下者如此之重也　夏王滅
德作威以敷虐于爾萬方百姓爾萬方百姓
罹其凶害弗忍荼毒並告無辜于上下神祇
天道福善禍淫降災于夏以彰厥罪　罹鄰知反荼音
徒○言桀無有仁愛但爲殺戮天下被其凶
害如荼之苦如螫之毒不可堪忍稱冤於天

地鬼神以冀其拯巳屈原曰人窮則反本故
勞苦倦極未嘗不呼天也天之道善者福之
淫者禍之桀既淫虐故天降災以明其罪意
當時必有災異之事如周語所謂伊洛竭而
夏亡之類　肆台小子將天命明威不敢赦敢用玄
牡敢昭告于上天神后請罪有夏聿求元聖
與之戮力以與爾有衆請命　戮當作勠○肆故也故我小子
奉將天命明威不敢赦桀之罪也玄牡夏尚
黑未變其禮也神后后土也聿遂也元聖伊
尹也　上天孚佑下民罪人黜伏天命弗僭賁若
草木兆民允殖　孚允皆信也僭差也賁文之著也殖生也上天信佑下民
故夏桀竄亡而屈服天命無所僭差燦
然若草木之敷榮兆民信乎其生殖矣　俾予

一人輯寧爾邦家，茲朕未知獲戾于上下，慄慄危懼，若將隕于深淵。輯和，戾罪，隕墜也。天付予之重，恐不足以當之，未知已得罪於天地與否，驚恐憂畏，若將墜於深淵，蓋責愈重則憂愈大也。

凡我造邦，無從匪彝，無卽慆淫，各守爾典，以承天休。夏命已黜，湯命維新，侯邦雖舊，悉與更始，故曰造邦。彝，法；卽，就；慆，慢也。匪彝指法度言，慆淫指逸樂言。典，常也。各守其典常之道，以承天之休命也。

爾有善，朕弗敢蔽；罪當朕躬，弗敢自赦，惟簡在上帝之心。其爾萬方有罪，在予一人；予一人有罪，無以爾萬方。簡閱也。人有善不敢以蔽，不達已有罪不敢以自

商書卷三

恕，簡閱一聽於天。然天以天下付之我，則民之有罪，實君所爲；君之有罪，非民所致。非特聖人厚於責已而薄於責人，是乃理之所在，君道當然也。

嗚呼！尚克時忱，乃亦有終。忱，時壬反。○忱，信也。歎息言庶幾能於是而忱信焉，乃亦有終也。吳氏曰："此兼人已而言。"

伊訓

訓，導也。太甲嗣位，伊尹作書訓導之，史録爲篇。今文無，古文有。

惟元祀十有二月乙丑，伊尹祠于先王，奉嗣王祗見厥祖，侯甸羣后咸在，百官總已以聽冢宰，伊尹乃明言烈祖之成德，以訓于王。見，形甸反。○夏曰歲，商曰祀，周曰年，一也。元祀者，太甲卽位之元年。十二月者，商以建丑爲正

故以十二月爲正也乙丑日也不繫以朔者非朔日也三代雖正朔不同然皆以寅月起數蓋朝覲會同頒曆授時則以正朔行事至於紀月之數則皆以寅爲首也伊姓尹字也伊尹名摯祠者告祭於廟也先王湯也冢長也禮有冢子冢婦之名周人亦謂之冢宰古者王宅憂祠祭則冢宰攝而告廟又攝而臨羣臣太甲服仲壬之喪伊尹祠於先王奉太甲以即位改元之事祗見厥祖則攝而告廟也侯服甸服之羣后咸在百官總已之職以聽冢宰則攝而臨羣臣也烈功也商頌曰衎我烈祖太甲即位改元伊尹於祠告先王之際明言湯之成德以訓太甲此史官敘事之始辭也或曰孔氏言湯崩踰月太甲即位則十二月者湯崩之年建子之月也豈改正朔而不改月數乎曰此孔氏惑於序書之文也太甲繼仲壬之後服仲壬之喪而孔氏曰湯崩奠殯而告固已誤矣至於改正朔而不改

月數則於經史尤可攷周建子矣而詩言四月維夏六月徂暑則寅月起數周未嘗改也秦建亥矣而史記始皇三十一年十二月更名臘曰嘉平夫臘必建丑月也秦以亥正則臘爲三月云十二月者則寅月起數秦未嘗改也至三十七年書十月癸丑始皇出遊十一月行至雲夢繼書七月丙寅始皇崩九月葬酈山先書十月十一月而繼書七月九月者知其以十月爲正朔而寅月起數未嘗改也且秦史制書謂改年始朝賀皆自十月朔夫秦繼周者也若改月數則周之十月爲建酉月矣安在其爲建亥乎漢初史氏所書舊例也漢仍秦正亦書曰元年冬十月則正朔改而月數不改亦已明矣且經曰元祀十有二月乙丑則以十二月爲正朔而改元何疑乎惟其以正朔行事也故後乎此者復政厥辟亦以十二月朔奉嗣王歸於亳蓋嗣告復政皆重事也故皆以正朔行之孔氏不得其

說而意湯崩踰月太甲即位奠殯而告是以崩年改元矣蘇氏曰崩年改元亂世事也不容在伊尹而有之不可以不辨又按孔氏以爲湯崩吳氏曰殯有朝夕之奠何爲而致祠主喪者不離於殯側何待於祗見蓋太甲之爲嗣王嗣仲壬而王也太甲太丁之子仲壬其叔父也嗣叔父而王而爲之服三年之喪爲之後者爲之子也太甲既即位於仲壬之柩前方居憂於仲壬之殯側伊尹乃至商之祖廟徧祀商之先王而以立太甲告之不言太甲祠而言伊尹喪三年不祭也奉太甲徧見商之先王而獨言祗見厥祖者雖徧見先王而尤致意於湯也亦猶周公金縢之冊雖徧告三王而獨眷眷於文王也湯既已祔於廟則是此書初不廢外丙仲壬之事但此書本爲伊尹稱湯以訓太甲故不及外丙仲壬之事爾餘見書序

曰嗚呼古有夏先后方懋厥德罔有天災山川鬼神亦莫不寧曁鳥獸魚鼈咸若于其子孫弗率皇天降災假手于我有命造攻自鳴條朕哉自亳

詩曰殷監不遠在夏后之世商之所宜監者莫近於夏故首以夏事告之也率循也假借也有命有天命者謂湯也桀不率循先王之道故天降災借手於我成湯以誅之夏之先后方其懋德則天之眷命如此及其子孫弗率而覆亾之禍又如此太甲不知率循成湯之德則夏桀覆亾之禍亦可監矣哉始也鳴條夏所宅也亳湯所宅也言造可攻之釁者由桀積惡於鳴條而湯德之修則始於亳都也

惟我商王布昭聖武代虐以寬兆民允懷

布昭敷著也聖武猶易所謂神武而不殺者湯之德威敷著於天下代桀之虐以吾之寬

故天下之民信而懷之也　今王嗣厥德罔不在初立愛惟親立敬惟長始于家邦終于四海　初即位之初言始不可以不謹也謹始之道孝悌而已孝悌者人心之所同非必人人教詔之立植也立愛敬於此而形愛敬於彼親吾親以及人之親長吾長以及人之長始於家達於國終而措之天下矣孔子曰立愛自親始教民睦也立敬自長始教民順也　嗚呼先王肇修人紀從諫弗咈先民時若居上克明爲下克忠與人不求備檢身若不及以至于有萬邦茲惟艱哉　人紀三綱五常孝敬之實也上文欲太甲立其愛敬故此言成湯之所修人紀者如下文所云也綱常之理未嘗泯沒桀廢棄之而湯始修復之也咈逆

商書卷三　十二

也先民猶前輩舊德也從諫不逆先民是順非誠於樂善者不能也居上克明言能盡臨下之道爲下克忠言能盡事上之心○呂氏曰湯之克忠最爲難看湯放桀以臣易君豈可爲忠不知湯之心最忠者也天命未去人心未離事桀之心曷嘗斯須替哉與人之善不求其備檢身之誠有若不及其處上下人己之間又如此是以德日以盛業日以廣天命歸之人心戴之由七十里而至於有萬邦也積累之勤茲亦難矣伊尹前既言夏失天下之易此又言湯得天下之難太甲可不思所以繼之哉　敷求哲人俾輔于爾後嗣　敷廣也廣求賢哲使輔爾後嗣也　制官刑儆于有位曰敢有恒舞于宮酣歌于室時謂巫風敢有殉于貨色恒于遊畋時謂淫風敢有侮聖

言逆忠直遠耆德比頑童時謂亂風惟茲三風十愆卿士有一于身家必喪邦君有一于身國必亡臣下不匡其刑墨具訓于蒙士

潤反遠於願反○官刑官府之刑也巫風者常歌常舞若巫覡然也淫過也過而無度也比昵也倒置悖理曰亂好人之所惡惡人之所好也風風化也三風愆之綱也十愆風之目也卿士諸侯十有其一已喪其家亡其國矣墨墨刑也臣下而不能匡正其君則以墨刑加之具詳悉也童蒙始學之士則詳悉以是訓之欲其入官而知所以正諫也當時太甲欲敗度縱敗禮伊尹先見其微故拳拳及此劉侍講曰墨卽叔向所謂夏書昏墨賊殺皋陶之刑貪以敗官爲墨

嗚呼嗣王祗厥身念哉聖謨洋洋嘉言孔彰惟上帝不常作善降之百祥作不善降之百殃爾惟德罔小萬邦惟慶爾惟不德罔大墜厥宗

歎息言太甲當以三風十愆之訓敬之於身念而勿忘也謨謂其謀言謂其訓洋洋大孔甚也言其謨訓大明不可忽也不常者去就無定也爲善則降之百祥爲惡則降之百殃各以類應也勿以小善而不爲勿以小惡而爲之萬邦之慶積於小厥宗之墜不在大蓋善必積而後成惡雖小而可懼此總結上文而又以天命人事禍福申戒之也

太甲上

商史錄伊尹告戒節次及太甲往復之辭故三篇相屬成文其間或附史臣之語以貫篇意若史家紀傳之所載也唐孔氏曰伊訓

肆命徂后太甲咸有一德皆是告戒
太甲不可皆名伊訓故隨事立稱也
林氏曰此篇亦訓
體今文無古文有
惟嗣王不惠于阿衡惠順也阿倚衡平也阿
衡商之官名言天下之
所倚平也亦曰保衡或曰伊尹之
號史氏錄伊尹之書先此以發之伊尹作書
曰先王顧諟天之明命以承上下神祇社稷
宗廟罔不祇肅天監厥德用集大命撫綏萬
方惟尹躬克左右厥辟宅師肆嗣王丕承基
緒監音鑑左音佐○顧常目在之也諟古是
字明命者上天顯然之理而命之我者在
天爲明命在人爲明德伊尹言成湯常目在
是天之明命以奉天地神祇社稷宗廟無不

敬肅故天視其德用集大命以有天下撫安
萬邦我又身能左右成湯以居民衆故嗣王
得以大承
其基業也惟尹躬先見于西邑夏自周有終
相亦惟終其後嗣王罔克有終相亦罔終嗣
王戒哉祗爾厥辟辟不辟忝厥祖先見如字
相去聲下
同○夏都安邑在亳之西故曰西邑夏周忠
信也國語曰忠信爲周○施氏曰作僞心勞
日拙則缺露而不周忠信則無僞故能周而
無缺夏之先王以忠信有終故其輔相者亦
能有終其後夏桀不能有終故其輔相者亦
不能有終嗣王其以夏桀爲戒哉當敬爾所
以爲君之道君而不君則忝辱成湯矣太甲
之意必謂伊尹足以任天下之重我雖縱欲
未必遽至危亡故伊尹以相亦罔
終之言深折其私而破其所恃也王惟庸罔

念聞、庸常也太甲惟若尋常於伊尹之言無所念聽此史氏之言 伊尹乃言曰先王昧爽丕顯坐以待旦旁求俊彥啓迪後人無越厥命以自覆、昧晦爽明也昧爽云者欲明未明之時也丕大也顯亦明也先王於昧爽之時洗濯澡雪大明其德坐以待旦而行之也旁求者求之非一方也彥美士也言湯孜孜爲善不遑寧處如此而又旁求俊彥之士以開導子孫太甲毋顛越其命以自取覆亡也 愼乃儉德惟懷永圖、太甲欲敗度縱敗禮蓋奢侈失之而無長遠之慮者伊尹言當謹其儉約之德惟懷永久之謀以約失之者鮮矣此太甲受病之處故伊尹特言之 若虞機張往省括于度則釋欽厥止率乃祖攸行惟朕以懌萬

世有辭、虞虞人也機弩牙也括矢括也度法度射者之所準望者也釋發也言若虞人之射弩機既張必往察其括之合於法度然後發之則發無不中矣欽者肅恭收斂止見虞書率循也欽厥止者所以立本率乃祖者所以致用所謂省括于度則釋也王能如是則動無過舉近可以慰悅尹心遠可以有譽於後世矣安汝止者聖君之事生而知者也欽厥止者賢君之事學而知者也 王未克變、不能變其舊習也此亦史氏之言 伊尹曰茲乃不義習與性成予弗狎于弗順營于桐宮密邇先王其訓無俾世迷、狎習也弗順者不順義理之人也桐成湯墓陵之地伊尹指太甲所爲乃不義之事習惡而性成者也我不可使其狎習不順義理之人於是營宮于桐使親近成湯之墓朝夕哀思興

起其善以是訓之無使終身迷惑而不悟也 王徂桐宮居憂克終允德 徂往也允信也有諸己之謂信實有其德於身也凡人之不善必有從臾以導其爲非若太甲桐宮之居伊尹既使其密邇先王陵墓興發其善心又絕其比暱之黨而革其污染此其所以克終允德也次篇伊尹言嗣王克終厥德又曰允德協于下故史氏言克終允德結此篇以發次篇之義

太甲中

惟三祀十有二月朔伊尹以冕服奉嗣王歸于亳 亳商都也太甲終喪明年之正朔也冕冠也唐孔氏曰周禮天子六冕備物盡文惟衮冕此此盖衮冕之服義或然也奉迎也喪既除以衮冕吉服奉迎以歸也 作書曰

民非后罔克胥匡以生后非民罔以辟四方皇天眷佑有商俾嗣王克終厥德實萬世無疆之休 民非君則不能相正以生君非民則誰與爲君者言民固不可無君而君尤不可失民也太甲改過之初伊尹首發此義其警懼之意深矣夫太甲不義有若性成一旦翻然改悟是豈人力所至盖天命眷商陰誘其衷故嗣王能終其德也向也湯緒幾墜今其自是有永豈不爲萬世無疆之休乎 王拜手稽首曰予小子不明于德自底不類欲敗度縱敗禮以速戾于厥躬天作孽猶可違自作孽不可逭既往背師保之訓弗克于厥初尚賴匡救之德

圖惟厥終。逭，胡玩反。○拜手，首至手也；稽首，首至地也。太甲致敬於師保，其禮如此。不類，猶不肖也。多欲則興作，而亂法度；縱肆則放蕩，而隳禮儀。度就事言之也，禮就身言之也。速，召之急也。戾，罪。孽，災。逭，逃也。既往，已往也。已往既不信伊尹之言，不能謹之於始，庶幾正救之力，以圖惟其終也。當太甲不惠阿衡之時，伊尹之言惟恐太甲不聽；及太甲改過之後，太甲之心惟恐伊尹不言。夫太甲困而知之者，然昔之迷，今之復；昔之悔，今之明，如日月昏蝕，一復其舊，而光采炫耀，萬景俱新。湯武不可及已，豈居成王之下乎？

伊尹拜手稽首曰：修厥身，允德協于下，惟明后。伊尹致敬以復太甲也。修身則無敗度、敗禮之事，允德則有誠身誠意之實德，誠于上，協和于下，惟明后然也。先王子惠困窮，民服厥命，罔

有不悅，並其有邦厥鄰，乃曰：徯我后，后來無罰。此言湯德所以協下者，困窮之民若己子而惠愛之。惠之若子，則心之愛者誠矣。未有誠而不動者也，故民服其命，無有不得其懽心。當時諸侯並湯而有國者，其鄰國之民乃以湯為我君，曰待我君，我君來其無罰乎。言除其邪虐，湯之得民心也如此，即仲虺后來其蘇之事。

王懋乃德，視乃烈祖，無時豫怠。盤銘曰：苟日新，日日新，又日新。湯之所以懋其德者如此。太甲亦當勉於其德，視烈祖之所為，不可頃刻而逸豫怠惰也。奉先思孝，接下思恭，視遠惟明，聽德惟聰，朕承王之休無斁。思孝則不敢違其祖，思恭則不敢忽其臣，惟亦思也。思明則所視者遠而不蔽於淺近，思聰則所聽者德而不惑於憸邪。

此懋德之所行事者太甲能是則我承王之美而無所厭斁也

太甲下

伊尹申誥于王曰嗚呼惟天無親克敬惟親民罔常懷懷于有仁鬼神無常享享于克誠天位艱哉申誥重誥也天之所親民之所懷鬼神之所享皆不常也惟克敬有仁克誠而後天親之民懷之鬼神享之也曰敬曰仁曰誠者各因所主而言天謂之敬者天者理之所在動靜語默不可有一毫之慢民謂之仁者民非元后何戴鰥寡孤獨皆人君所當恤鬼神謂之誠者不誠無物誠立於此而後神格於彼三者所當盡如此人君居天之位其可易而為之哉分而言之則三合而言之一德而已太甲遷善未幾而伊尹以

是告之其才固有大過人者歟德惟治否德亂與治同道罔不興與亂同事罔不亡終始慎厥與惟明明后治去聲否俯久反○德者合敬仁誠之稱也有是德則治無是德則亂治固古人有行之者矣亂亦古人有行之者也與古之治者同道則無不興與古之亂者同事則無不亡治而謂之道者蓋治因時制宜或損或益事未必同而道則同也亂而謂之事者亡國喪家不過貨色遊畋作威殺戮等事事同道無不同也治亂之分顧所與如何耳始而與治固可以興終而與亂則亡亦至矣謹其所與終始如一惟明明之君為然也上篇言惟明后此篇言惟明明后蓋明其所已明而進乎前者矣先王惟時懋敬厥德克配上帝今王嗣有令緒尚監茲哉

克敬惟親之敬舉其一以包其二也成湯勉敬其德德與天合故克配上帝今王嗣有令緒庶幾其監視此也

若升高必自下若陟遐必自邇此告以進德之序也中庸論君子之道亦謂譬如行遠必自邇譬如登高必自卑進德修業之喻未有如此之切者呂氏曰自此乃伊尹畫一以告太甲也

無輕民事惟難無安厥位惟危無毋通毋輕民事而思其難毋安君位而思其危

謹終于始人情孰不欲善終者特安於縱欲以為今日姑若是而他日固改之也然始而不善而能善其終者寡矣桐宮之事往已今其即政臨民亦事之一初也

有言逆于汝心必求諸道有言遜于汝志必求諸非道鯁直之言人所難受巽順之言人所易從於其所難受者必求諸道不可

尚書卷三　十八

遽以逆于心而拒之於其所易從者必求諸非道不可遽以遜于志而聽之以上五事蓋欲太甲矯乎情之偏也

嗚呼弗慮胡獲弗為胡成一人元良萬邦以貞胡何也弗慮何得欲其謹思之也弗為何成欲其篤行之也元大良善貞正也一人者萬邦之儀表一人元良則萬邦以正矣

君罔以辯言亂舊政臣罔以寵利居成功邦其永孚于休弗思弗為安於縱弛先王之法廢矣能思能為作其聰明先王之法亂矣亂之為害甚於廢也成功非寵利之所可居者至是太甲德已進伊尹有退休之志矣此咸有一德之所以繼作也君臣各盡其道邦國永信其休美也○吳氏曰上篇稱嗣王不惠于阿衡必其言有與伊尹背違者辯言亂政或太甲所失在此罔以寵利居成功已之所自處者

已素定矣下語既非泛論則上語必有爲而發也

咸有一德 伊尹致仕而去恐太甲德不純一及任用非人故作此篇亦訓體也史氏取其篇中咸有一德四字以爲篇目今文無古文有

伊尹既復政厥辟將告歸乃陳戒于德 伊尹已還政太甲將告老而歸私邑以一德陳戒其君此史氏本序

曰嗚呼天難諶命靡常常厥德保厥位厥德靡常九有以亡 諶信也天之難信以其命之不常也然天命雖不常而常於有德者君德有常則天命亦常而保厥位矣君德不常則天命亦不常而九有以亡矣九有九州也

夏王弗克庸德慢神虐民皇天弗保監于萬方啓迪

有命眷求一德俾作神主惟尹躬暨湯咸有一德克享天心受天明命以有九有之師爰革夏正 上文言天命無常惟有德則可常於是引桀之所以失天命湯之所以得天命者證之一德純一之德不雜不息之義即上文所謂常德也神主百神之主享當也湯之君臣皆有一德故能上當天心受天明命而有天下於是改夏建寅之正而爲建丑也

非天私我有商惟天佑于一德非商求于下民惟民歸于一德 上言一德故得天得民此言天佑民歸皆以一德之故蓋反復言之

德惟一動罔不吉德二三動罔不凶惟吉凶不僭在人惟天降災祥在德 二三則雜

矣德之純則無往而不吉德之雜則無往而不凶僭差也惟吉凶不差在人者惟天之降災祥在德故也

今嗣王新服厥命惟新厥德終始惟一時乃日新

太甲新服天子之命德亦當新然新德之要在於有常而已終始有常而無間斷是乃所以日新也

任官惟賢才左右惟其人臣爲上爲德爲下爲民其難其慎惟和惟一

賢者有德之稱才者能也左右者輔弼大臣非賢才之稱可盡故曰惟其人夫人臣之職爲上爲德左右厥辟也爲下爲民所以宅師也不曰君而曰德者兼君道而言也臣職所係其重如此是必其難其慎難者難於任用慎者慎於聽察所以防小人也惟和惟一和者可否相濟一者終始如一所以任君子也

德無常師主善爲師善無常主協于克一

上文言用人因推取人爲善之要無常者不可執一之謂師法協合也德者善之總稱善者德之實行一者其本原統會者也德兼衆善不主於善則無以得一本萬殊之理善原於一不協于一則無以達萬殊一本之妙謂之克一者能一之謂也博而求之於不一之善約而會之於至一之理此聖學始終條理之序與夫子所謂一貫者幾矣太甲至是而得與聞焉亦異乎常人之改過者歟張氏曰虞書精一數語之外惟此爲精密

俾萬姓咸曰大哉王言又曰一哉王心克綏先王之祿永底烝民之生

人君惟其心之一故其發諸言也大萬姓見其言之大故能知其心之一感應之理自然而然以見人心之不可欺而誠之不可掩也祿者先王所守之天祿也烝衆也天祿安民生厚

一德之效驗也

嗚呼七世之廟可以觀德萬夫之長可以觀政長上聲○天子七廟三昭三穆與太祖之廟七七廟親盡則遷必有德之主則不祧毀故曰七世之廟可以觀德天子居萬民之上必政教有以深服乎人而後萬民悅服故曰萬夫之長可以觀政伊尹歎息言德政修否見於後世服乎當時有不可掩者如此

后非民罔使民非后罔事無自廣以狹人匹夫匹婦不獲自盡民主罔與成厥功盡子忍在忍二反○罔使罔事即上篇民非后罔克胥匡以生后非民罔以辟四方之意中言君民之相須者如此欲太甲不敢忽也無毋同伊尹又言君民之使事雖有貴賤不同至於取人爲善則初無貴賤之間蓋天以一理賦之於人散爲萬善人君合天下之萬善而後理之一者可全也苟自大而狹人匹夫匹婦有一不得自盡於上則一善不備而民主亦無與成厥功矣伊尹於篇終致其警戒之意而言外之旨則又推廣其所謂一者如此蓋道體之純全聖功之極致也嘗因是言之以爲精粹無雜者一也終始無間者一也該括萬善者一也一者通古今達上下萬化之原萬事之幹語其理則無二語其運則無息語其體則并包而無所遺也咸有一德之書而三者之義悉備前乎伏羲堯舜禹湯後乎文武周公孔子同一揆也

盤庚上

盤庚陽甲之弟自祖乙都耿圮於河水盤庚欲遷于殷而大家世族安土重遷胥動浮言小民雖蕩析離居亦惑於利害不適有居盤庚喻以遷都之利不遷之害上中二篇未遷時言下篇既遷後言王氏

曰上篇告羣臣中篇告庶民下篇告百官族姓左傳謂盤庚之誥實誥體也三篇今文古文皆有但今文三篇合爲一

盤庚遷于殷民不適有居率籲衆慼出矢言

籲音諭○殷在河南偃師適往籲呼矢誓也史臣言盤庚欲遷于殷民不肯往適有居盤庚率呼衆憂之人出誓言以諭之如下文所云也○周氏曰商人稱殷自盤庚始自此以前惟稱商自盤庚遷都之後於是殷商兼稱或只稱殷也

曰我王來既爰宅于茲重我民無盡劉不能胥匡以生卜稽曰其如台

爰于怨反○曰盤庚之言也劉殺也盤庚言我先王祖乙來都于耿固重我民之生非欲盡致之死也民適不幸蕩析離居不能相救以生稽之於卜亦曰此地無若我何言耿不可居決當遷也

先王有服恪謹天命茲猶不常寧不常厥邑于今五邦今不承于古罔知天之斷命矧曰其克從先王之烈

服事也先王有事恪謹天命不敢違越先王猶不敢常安不常其邑于今五遷厥邦矣今不承先王而遷且不知上天之斷絕我命況謂其能從先王之大烈乎詳此言則先王遷徙亦必有稽卜之事仲丁河亶甲處亦不可考矣五邦漢孔氏謂湯遷亳仲丁遷囂河亶甲居相祖乙居耿并盤庚遷殷爲五邦然以下文今不承于古文勢考之則盤庚之前當自有五遷史記言祖乙遷邢或祖乙兩遷也

若顛木之有由蘖天其永我命于茲新邑紹復先王之大業底綏四方

蘖牙

葛反又魚列反○顛仆也由古文作甹木生條也顛木譬耿由櫱譬殷也言今自耿遷殷若已仆之木而復生也天其將永我國家之命於殷以繼復先王之大業而致安四方乎

盤庚斅于民由乃在位以常舊服正法度曰無或敢伏小人之攸箴王命衆悉至于庭斅胡敎反○斅敎服事箴規也耿地潟鹵墊隘而有沃饒之利故小民若於蕩析離居而巨室則總于貨寶惟不利於小民而利於巨室故巨室不悅而胥動浮言小民眩於利害亦相與咨怨間有能審利害之實而欲遷者則又往往爲在位者之所排擊阻難不能自達於上盤庚知其然故其敎民必自在位始而其所以敎在位者亦非作爲一切之法以整齊之惟舉先王舊常遷都之事以正其法度而已然所以正法度者亦非有他焉惟曰使在

商書卷三　二十三

位之臣無或敢伏小人之所箴規焉耳蓋小民患瀉鹵墊隘有欲遷而以言箴規其上者汝毋得遏絕而使不得自達也衆者臣民咸在也史氏將述下文盤庚之訓語故先發此

王若曰格汝衆予告汝訓汝猷黜乃心無傲從康若曰者非盡當時之言大意若此也汝猷黜乃心者謀去汝之私心也無傲毋同毋得傲上之命從已之安蓋傲上則不肯遷從康則不能遷二者所當黜之私心也此雖盤庚對衆之辭實爲羣臣而發以斅民由在位故也

古我先王亦惟圖任舊人共政王播告之修不匿厥指王用丕欽罔有逸言民用丕變今汝聒聒起信險膚予弗知乃所訟逸過也盤庚言先王亦惟謀任舊人共政王播告之

修則奉承于內而能不隱匿其指意故王用大敬之宣化于外又無過言以惑衆聽故民用大變今爾在內則伏小人之攸箴在外則不和吉言于百姓譊譊多言凡起信於民者皆險陂膚淺之說我不曉汝所言果何謂也詳此所謂舊人者世臣舊家之人非謂老成人也盖沮遷都者皆世臣舊家之人下文人惟求舊一章可見

非予自荒茲德惟汝含德不惕予一人予若觀火予亦拙謀作乃逸

荒廢也逸過失也盤庚言非我輕易遷徙自荒廢此德惟汝不宣布德意不畏懼於我我視汝情明若觀火我亦拙謀不能制命而成汝過失也

若網在網有條而不紊若農服田力穡乃亦有秋

紊亂也綱舉則目張喻下從上小從大申前無傲之戒勤於田畝則有秋成之望喻今雖遷徙勞苦而有永建乃家之利申前從康之戒

汝克黜乃心施實德于民至于婚友丕乃敢大言汝有積德

蘇氏曰商之世家大族造言以害遷者欲以苟悅小民爲德也故告之曰是何德之有汝曷不去汝私心施實德于民與汝婚姻僚友乎勞而有功此實德也汝能勞而有功則汝乃敢大言曰我有積德曰積德云者亦指世家大族而言申前汝猷黜乃心之戒

乃不畏戎毒于遠邇惰農自安不昬作勞不服田畝越其罔有黍稷

戎大昬強也汝不畏沈溺大害於遠近而憚勞不遷如怠惰之農不強力爲勞苦之事不事田畝安有黍稷之可望乎此章再以農喻申言從康之害

汝不和吉言于百姓惟汝自生毒乃敗禍

姦宄以自災于厥身乃既先惡于民乃奉其恫汝悔身何及相時憸民猶胥顧于箴言其發有逸口矧予制乃短長之命汝曷弗告朕而胥動以浮言恐沈于衆若火之燎于原不可嚮邇其猶可撲滅則惟爾衆自作弗靖非予有咎恫音通燎盧皎反撲普卜反○吉好也先惡爲惡之先也奉承恫痛相視也憸民小民也逸口過言也逸口尚可畏況我制爾生殺之命可不畏乎恐謂恐動之以禍患沈謂沈陷之於罪惡不可嚮邇其猶可撲滅者言其勢焰雖盛而殄滅之不難也靖安咎過也則惟爾衆自爲不安非我有過也此章反復辯論申言傲上之害遲任

商書卷三

有言曰人惟求舊器非求舊惟新○任如林反遲任古之賢人蘇氏曰人舊則習器舊則敝當常使舊人用新器也今按盤庚所引其意在人惟求舊一句而所謂求舊者非謂老人但謂求人於世臣舊家云耳詳下文意可見若以舊人爲老人又何侮老成人之有古我先王暨乃祖乃父胥及逸勤予敢動用非罰世選爾勞予不掩爾善茲予大享于先王爾祖其從與享之作福作災予亦不敢動用非德選須絹反與去聲○胥相也敢不敢也非罰非所當罰也世非一世也勞勞于王家也掩蔽也言先王及乃祖乃父相與同其勞逸我豈敢動用非罰以加汝乎世簡爾勞不蔽爾善茲我大享于先王爾祖亦以功而配食

於廟先王與爾祖父臨之在上質之在旁作福作災皆簡在先王與爾祖父之心我亦豈敢動用非德以加汝乎

予告汝于難若射之有志汝無侮老成人無弱孤有幼各長于厥居勉出乃力聽予一人之作猷

難言謀遷徙之難也蓋遷都固非易事而又當時臣民傲上從康不肯遷徙然我志決遷若射者之必於中有不容但已者弱少之也意當時老成孤幼皆有言當遷者故戒其老成者不可侮孤幼者不可少之也爾臣各謀長遠其居勉出汝力以聽我一人遷徙之謀也

無有遠邇用罪伐厥死用德彰厥善邦之臧惟汝衆邦之不臧惟予一人有佚罰

用罪猶言爲惡用德猶言爲善也伐猶誅也言無有遠近誅賤凡伐死彰善惟視汝爲惡爲善如何爾邦之善惟汝衆用德之故邦之不善惟我一人失罰其所當罰也

凡爾衆其惟致告自今至于後日各恭爾事齊乃位度乃口罰及爾身弗可悔

致告者使各相告戒也自今以往各敬汝事整齊汝位法度汝言不然罰及汝身不可悔也

盤庚中

盤庚作惟涉河以民遷乃話民之弗率誕告用亶其有衆咸造勿褻在王庭盤庚乃登進厥民

亶當旱反造七到反○作起而將遷之辭殷在河南故涉河誕大亶誠也咸造皆至也勿褻戒其毋得褻慢也此史氏之言蘇氏曰民之弗率不以政令齊之而以話言

曉之盤庚之作也 曰明聽朕言無荒失朕命嗚呼古我前后罔不惟民之承保后胥慼鮮以不浮于天時承敬也蘇氏曰古謂過爲浮浮之言勝也后既無不惟民之敬故民亦保后相與憂其憂雖有天時之災鮮不以人力勝之也林氏曰憂民之憂者民亦憂其憂罔不惟民之承慼民之憂也保后胥慼民亦憂其憂也殷降大虐先王不懷厥攸作視民利用遷汝曷弗念我古后之聞承汝俾汝惟喜康共非汝有咎比于罰比毗至反○先王以天降大虐不敢安居其所興作視民利當遷而已爾民何不念我以所聞先王之事凡我所以敬汝使汝者惟喜與汝同安爾非爲汝有罪比于罰而謫

商書卷三　二十三

商書卷三　二十四

遷汝也 予若籲懷茲新邑亦惟汝故以丕從厥志我所以招呼懷來于此新邑者亦惟以爾民蕩析離居之故欲承汝俾汝康共以大從爾志也或曰盤庚遷都民咨胥怨而此以爲丕從厥志何也蘇氏曰古之所謂從衆者非從其口之所不樂而從其心之所不言而同然者夫趨利而避害捨危而就安民心同然也殷亳之遷實斯民所利特其一時爲浮言搖動怨咨不樂使其即安危利害之實而反求其心則固其所大欲者矣今予將試以汝遷安定厥邦汝不憂朕心之攸困乃咸大不宣乃心欽念以忱動予一人爾惟自鞠自苦若乘舟汝弗濟臭厥載爾忱不屬惟胥以沈不其或稽自

商書卷三　二十八

怨曷瘳。恌時壬反乘平聲瘳丑鳩反○上文言先王惟民之承而民亦保后胥感今我亦惟汝故安定厥邦而汝乃不憂我心之所困乃皆不宣布腹心欽念以誠感動於我爾徒為此紛紛自取窮苦譬乘舟不以時濟必敗壞其所資今汝從上之誠間斷不屬安能有濟惟相與以及沈溺而已詩曰其何能淑載胥及溺正此意也利害若此爾民而罔或稽察焉是雖怨疾忿怒何損於困苦乎　汝不謀長以思乃災、汝誕勸憂。今其有今罔後、汝何生在上。汝不爲長久之謀以思其不遷之災是汝大以憂而自勸也孟子曰安其危而利其災樂其所以亡勸憂之謂也有今猶言有今日也罔後猶言無後日也上天也今其有今罔後是天斷棄汝命汝有何生理於天乎下文言迓續乃命于天蓋相首尾之辭　今予命汝

商書卷三

一、無起穢以自臭、恐人倚乃身、迂乃心。迂雲俱反○爾民當一心以聽上無起穢惡以自臭敗恐浮言之人倚汝之身迂汝之心使汝邪僻而無中正之見也　予迓續乃命于天、予豈汝威、用奉畜汝眾。畜許六反○我之所以遷都者正以迓續汝命于天予豈以威脅汝哉用以奉養汝眾而已　予念我先神后之勞爾先、予丕克羞爾、用懷爾然。神后先王也羞養也即上文畜養之意言我思念我先神后之勞爾先人我大克羞養爾者用懷念爾故也　失于政、陳于茲、高后丕乃崇降罪疾、曰曷虐朕民。陳久崇大也耽圮而不遷以病我民是失政而久於此也高后湯也湯必大降罪疾於我曰何為而虐害我民蓋人

君不能爲民圖汝萬民乃不生生暨予一人亥是亦虐之也猷同心先后丕降與汝罪疾曰曷不暨朕幼孫有比故有爽德自上其罰汝汝罔能迪比毗至反○樂生興事則其生也厚是謂生生先后泛言商之先王也幼孫盤庚自稱之辭比同事也爽失也言汝民不能樂生興事與我同心以遷我先后大降罪疾於汝曰汝何不與朕幼小之孫同遷乎故汝有失德自上其罰汝汝無道以自免也古我先后既勞乃祖乃父汝共作我畜民汝有戕則在乃心我先后綏乃祖乃父乃祖乃父乃斷棄汝不救乃死戕慈良反斷都管反○既勞乃祖乃父者申言勞爾先也汝共

商書卷三　二十九

作我畜民者汝皆爲我所畜之民也戕害也綏懷來之意謂汝有戕害在汝之心我先后固已知之懷來汝祖汝父汝祖汝父亦斷棄汝不救汝死也茲予有亂政同位具乃貝玉乃祖乃父丕乃告我高后曰作丕刑于朕孫迪高后丕乃崇降弗祥亂治也具多取而兼有之謂言茲我治政之臣所與共天位者不以民生爲念而務富貝玉者其祖父亦告我成湯作丕刑于其子孫啟成湯丕乃崇降弗祥而不赦也此章先儒皆以爲責臣之辭然詳其文勢曰茲予有亂政同位則亦對民庶責臣之辭非直爲群臣言也按上四章言君有罪民有罪臣有罪我高后與爾民臣祖父一以義斷之無所赦也王氏曰先王設教因俗之善而導之反俗之惡而禁之方盤庚時商俗衰士大夫棄義卽利故盤庚

以具貝玉爲戒此反其俗之惡而禁之者也自成湯以上莫不事死如事生事亡如事存故其俗皆嚴鬼神以經考之商俗爲甚故盤庚特稱先后與臣民之祖父崇降罪疾爲告此因其俗之善而道之者也

嗚呼今予告汝不易永敬大恤無胥絕遠汝分猷念以相從各設中于乃心

告汝不易即上篇告汝于難之意大恤大憂也今我告汝以遷都之難汝當永敬我之所大憂念者君民一心然後可以有濟苟相絕遠而誠不屬則殆矣分猷者分君之所圖而共圖之分念者分君之所念而共念之相從相與也中者極至之理各以極至之理存于心則知遷徙之議爲不可易而不爲浮言橫議之所動搖也

乃有不吉不迪顛越不恭暫遇姦宄我乃劓殄滅之無遺育無俾易種于茲新邑

易夷益反種之勇反○乃有不善不道之人顛隕踰越不恭上命者及暫時所遇爲姦爲宄劫掠行道者我小則加以劓大則殄滅之無有遺育毋使移其種于此新邑也遷徙道路艱關恐姦人乘隙生變故嚴明號令以告敕之

往哉生生今予將試以汝遷永建乃家

往哉往新邑也方遷徙之時人懷舊土之念而未見新居之樂故再以生生勉之振起其怠惰而作其趨事也試用也今我將用汝遷永立乃家爲子孫無窮之業也

盤庚下

盤庚既遷奠厥攸居乃正厥位綏爰有衆

盤庚既遷新邑定其所居正君臣上下之位慰勞臣民遷徙之勞以安有衆之情也此史氏之

言曰無戲怠懋建大命曰盤庚之言也大命非常之命也遷國之初臣民上下正當勤勞盡瘁趨事赴功以爲國家無窮之計故盤庚以無戲怠戒之以建大命勉之今予其敷心腹腎腸歷告爾百姓于朕志罔罪爾衆爾無共怒協比讒言予一人是恐反比毘至反○歷盡也百姓畿內民庶百官族姓亦在其中古我先王將多于前功適于山用降我凶德嘉績于朕邦古我先王湯也適于山往于亳也契始居亳其後屢遷成湯欲多于前人之功故復往居亳按立政三亳鄭氏曰東成皋南轘轅西降谷以亳依山故曰適于山也降下也依山地高水下而無河圮之患故曰用下我凶德嘉績美功也今我民用蕩析

離居罔有定極爾謂朕曷震動萬民以遷今耿爲河水圮壞沉溺墊隘民用蕩析離居無有定止將陷於凶德而莫之救爾謂我何故震動萬民以遷也肆上帝將復我高祖之德亂越我家朕及篤敬恭承民命用永地于新邑乃上天將復我成湯之德而治及我國家我與一二篤敬之臣敬承民命用長居于此新邑也肆予沖人非廢厥謀弔由靈各非敢違卜用宏茲賁沖童弔至由用靈善也宏賁皆大也言我非廢爾衆謀乃至用爾衆謀之善者指當時臣民有審利害之實以爲當遷者言也爾衆亦非敢固違我卜亦惟欲宏大此大業爾言爾衆亦非有他意也蓋盤庚於既遷之後申彼此之情釋疑懼之意明吾前日之用謀

畧彼既往之傲惰委曲忠厚之意藹然於言辭之表大事以定大業以興成湯之澤於是而益永盤庚其賢矣哉

嗚呼邦伯師長百執事之人尚皆隱哉隱痛也盤庚復歎息言爾諸侯公卿百執事之人庶幾皆有所隱痛於心哉

予其懋簡相爾念敬我衆相爾雅曰導也我懋勉簡擇導汝以念敬我之民衆也

朕不肩好貨敢恭生生鞠人謀人之保居敘欽肩任敢勇也鞠人謀人未詳或曰鞠養也我不任好賄之人惟勇於敬民以其生生爲念使鞠人謀人之保居者吾則敘而用之欽而禮之也

今我既羞告爾于朕志若否罔有弗欽否俯久反○蔡進也若者如我之意即敢恭生生之謂否者非我之意即不肩好貨之謂二者爾當深念

無有不敬我所言也

無總于貨寶生生自庸無毋同總聚也庸民功也此則直戒其所不可爲勉其所當爲也

式敷民德永肩一心式敬也敷布爲民之德永任一心欲其久而不替也盤庚篇中戒勉之意一節嚴於一節而終以無窮期之盤庚其賢矣哉蘇氏曰民不悦而猶爲之先王未之有也祖乙圯於耿盤庚不得不遷然使先王處之則動民而民不懼勞民而民不怨盤庚德之衰也其所以信於民者未至故紛紛如此然民怨誹逆命而盤庚終不怒引咎自責益開衆言反復告諭以口舌代斧鉞忠厚之至此殷之所以不亡而復興也後之君子厲民以自用者皆以盤庚藉口乎不可以不論

說命上

說命記高宗命傳說之言命之曰以下是也猶蔡仲之命

微子之命後世命官制詞其原蓋出於此上篇記得說命相之辭中篇記說爲相進戒之辭下篇記說論學之辭總謂之命者高宗命說實三篇之綱領故總稱之

今文無古文有

王宅憂亮陰三祀既免喪其惟弗言羣臣咸諫于王曰嗚呼知之曰明哲明哲實作則天子惟君萬邦百官承式王言惟作命不言臣下罔攸稟令亮龍張反陰烏含反○亮亦作諒陰古作闇按喪服四制高宗諒陰三年鄭氏註云諒古作梁楣謂之梁闇讀如鶉鶴之鶴闇謂廬也即倚廬之廬儀禮剪屛柱楣鄭氏謂柱楣所謂梁闇是也宅憂亮陰言宅憂於梁闇也先儒以亮陰爲信默不言則於諒陰三年不言爲語復而不可解矣君薨百官總已聽於冢宰居憂亮陰不言禮之常也高宗喪父小乙惟既免喪而猶弗言羣臣以其過於禮也故咸諫之歎息言有先知之德者謂之明哲明哲實爲法於天下今天子君臨萬邦百官皆奉承法令王言則爲命不言則臣下無所禀令矣

王庸作書以誥曰以台正于四方台恐德弗類玆故弗言恭默思道夢帝賚予良弼其代予言庸用也高宗用作書告喻羣臣以不言之意言以我表正四方任大責重恐德不類于前人故不敢輕易發言惟恭敬淵默以思治道夢帝與我賢輔其將代我言矣蓋高宗恭默思道之心純一不二與天無間故夢寐之間帝賚良弼其念慮所孚精神所格非偶然而得者也

乃審厥象俾以形

旁求于天下說築傅巖之野惟肖審詳也詳所夢之人繪其形象旁求于天下旁求者求之非一方也築居也今言所居猶謂之上築傅巖在虞虢之間肖似也與所夢之形相似爰立作相王置諸其左右於是立以為相按史記高宗得說與之語果聖人乃舉以為相書不言省文也未接語而遽命相亦無此理置諸左右蓋以冢宰兼師保也荀卿曰學莫便乎近其人置諸左右者近其人以學也史臣將記高宗命說之辭先敘事如此命之曰朝夕納誨以輔台德此下命說之辭朝夕納誨者無時不進善言也孟子曰人不足與適也政不足與間也惟大人為能格君心之非高宗既相說處之以師傅之職而又命之朝夕納誨以輔台德可謂知所本矣呂氏曰高宗見道明故知頃刻不可無賢人之言

商書卷三　三十四

若金用汝作礪若濟巨川用汝作舟楫若歲大旱用汝作霖雨三日雨為霖高宗託物以喻望說納誨之切三語雖若一意然一節深一節也啓乃心沃朕心啓開也沃灌溉也啓乃心者開其心而無隱沃朕心者溉我心而厭飫也若藥弗瞑眩厥疾弗瘳若跣弗視地厥足用傷瞑眠見反眩熒絹反跣蘇典反○方言曰飲藥而毒海岱之間謂之瞑眩瘳愈也弗宜眩喻臣之言不苦口也弗視地喻我之行無所見也惟暨乃僚罔不同心以匡乃辟俾率先王迪我高后以康兆民辟必益反○匡正率循也先王商先哲王也說既作相總百官則卿士而下皆其僚屬高宗欲傅說暨其僚屬同心正救使循先王

之道蹈成湯之迹以安天下之民也嗚呼欽予時命其惟有終敬我是命其思有終也是命上文所命者說復于王曰惟木從繩則正后從諫則聖后克聖臣不命其承疇敢不祗若王之休命答欽予時命之語木從繩喻后從諫明諫之決不可不受也然高宗當求受言於已不必責進言於臣若果從諫臣雖不命猶且承之況命之如此誰敢不敬順其美命乎

說命中

惟說命總百官說受命總百官冢宰之職也乃進于王曰嗚呼明王奉若天道建邦設都樹后王君公

承以大夫師長不惟逸豫惟以亂民后王天子也君公諸侯也治亂曰亂明王奉順天道建邦設都立天子諸侯承以大夫師長制爲君臣上下之禮以尊臨卑以下奉上非爲一人逸豫之計而已也惟欲以治民焉耳惟天聰明惟聖時憲惟臣欽若惟民從乂天之聰明無所不聞無所不見無他公而已矣人君法天之聰明一出於公則臣敬順而民亦從治矣惟口起羞惟甲胄起戎惟衣裳在笥惟干戈省厥躬王惟戒茲允茲克明乃罔不休胄直又反○言語所以文身也輕出則有起羞之患甲胄所以衛身也輕動則有起戎之憂二者所以爲已當慮其患於人也衣裳所以命有德必謹於在笥者戒其有所輕予干戈所以討

有罪必嚴於省躬者戒其有所輕動二者所以加人當審其用於己也王惟戒此四者信此而能明焉則政治無不休美矣

惟治亂在庶官官不及私昵惟其能爵罔及惡德惟其賢昵尼乙反○庶官治亂之原也庶官得其人則治不得其人則亂王制曰論定而後官之任官而後爵之六卿百執事所謂官也公卿大夫士所謂爵也官以任事故曰能爵以命德故曰賢惟賢惟能所以治也私昵惡德所以亂也○按古者公侯伯子男爵之於侯國公卿大夫士爵之於朝廷此言庶官則爵爲公卿大夫士也○吳氏曰惡德猶凶德也人君當用吉士凶德之人雖有過人之才爵亦不可及

慮善以動動惟厥時善當乎理也時時措之宜也慮固欲其當乎理然動非其時猶無益也聖人酬酢斯世亦其時而已

有其

尚書卷三

善喪厥善矜其能喪厥功自有其善則己不加勉而德虧矣自矜其能則人不效力而功隳矣

惟事事乃其有備有備無患惟事其事乃其有備有備故無患也張氏曰修車馬備器械事乎兵事則兵有其備故外侮不能爲之憂簡稼器修稼政事乎農事則農有其備故水旱不能爲之害所謂事事有備無患者如此

無啓寵納侮無恥過作非毋開寵幸而納人之侮毋恥過誤而遂己之非過誤出於偶然作非出於有意

惟厥攸居政事惟醇居止而安之義安於義理之所止也義理出於勉強則猶二也義理安於自然則一矣一故政事醇而不雜也

黷予祭祀時謂弗欽禮煩則亂事神則難黷徒谷反○祭不欲黷黷則不敬禮不欲煩煩則擾亂皆非所

以交鬼神之道也商俗尚鬼高宗或未能脫於流俗事神之禮必有過焉祖已戒其祀無豐昵傳說蓋因其失而正之也

王曰旨哉說乃言惟服乃不良于言予罔聞于行、

旨美也古人於飲食之味美者必以旨言之蓋有味其言也服行也高宗贊美說之所言謂可服行使汝不善於言則我無所聞而行之也蘇氏曰說之言譬如藥石雖散而不一然一言一藥皆足以治天下之公患所謂古之立言者

說拜稽首曰非知之艱行之惟艱王忱不艱允協于先王成德惟說不言有厥咎、

高宗方味說之所言而說以爲得於耳者非難行於身者爲難王忱信之亦不爲難信可合成湯之成德說於是而猶有所不言則有其罪矣上篇言后克聖臣不命其承所以廣其從諫之

尚書卷三　三十七

量而將告以爲治之要也此篇言允協先王成德惟說不言有厥咎所以責其躬行之實將進其爲學之說也皆引而不發之義

說命下、

王曰來汝說台小子舊學于甘盤既乃遯于荒野入宅于河自河徂亳暨厥終罔顯、

甘盤臣名君奭言在武丁時則有若甘盤遯退也高宗言我小子舊學於甘盤已而退于荒野後又入居于河自河徂亳遷徙不常歷敘其廢學之因而歎其學終無所顯明也無逸言高宗舊勞于外爰曁小人與此相應國語亦謂武丁入于河自河徂亳唐孔氏曰高宗爲王子時其父小乙欲其知民之艱苦故使居民間也蘇氏謂甘盤遯于荒野以台小子語脉推

之非是爾惟訓于朕志若作酒醴爾惟麴糵若作和羹爾惟鹽梅爾交修予罔予棄予惟克邁乃訓心之所之謂之志邁行也范氏曰酒非麴糵不成羹非鹽梅不和人君雖有美質必得賢人輔導乃能成德作酒者麴多則太苦糵多則太甘麴糵得中然後成酒作羹者鹽過則鹹梅過則酸鹽梅得中然後成羹臣之於君當以柔濟剛可濟否左右規正以成其德故曰爾交修予爾無我棄我能行爾之言也孔氏曰交者非一之義說曰王人求多聞時惟建事學于古訓乃有獲事不師古以克永世匪說攸聞求多聞者資之人學古訓者反之已古訓者古先聖王之訓載修身治天下之道二典三謨之類是也說稱王而告

尚書卷三　三十八

之曰人求多聞者是惟立事然必學古訓深識義理然後有得不師古訓而能長治久安者非說所聞甚言無此理也○林氏曰傅說稱王而告之與禹稱舜曰帝光天之下文勢正同惟學遜志務時敏厥修乃來允懷于茲道積于厥躬遜謙抑也務專力也時敏者無時而不敏也遜其志如有所不能敏於學如有所不及虛以受人勤以勵已則其所修如泉始達源源乎其來矣茲此也篤信而深念乎此則道積於身不可以一二計矣夫修之來來之積其學之得於已者如此惟斅學半念終始典于學厥德修罔覺斅胡教反○斅教也言教人居學之半蓋道積厥躬者體之立斅學于人者用之行兼體用合內外而後聖學可全也始之自學學也終之教人亦學也一念終始常在於學無少間斷則德

之所修有不知其然而然者矣或曰受教亦
曰斆斆於爲學之道半之半須自得此說極
爲新巧但古人論學語皆平正的實此章句
數非一不應中間一語獨爾巧險此蓋後世
釋教機權而誤以
論聖賢之學也 監于先王成憲其永無愆
憲法愆過也言德雖造於罔覺而法必監于
先王先王成法者子孫之所當守者也孟子
言遵先王之法而過
者未之有也亦此意 惟說式克欽承旁招俊
乂列于庶位 式用也言高宗之德苟至於無
愆則說用能敬承其意廣求俊
乂列于衆職蓋進賢雖大臣之責然高
宗之德未至則雖欲進賢有不可得者 王曰
嗚呼說四海之内咸仰朕德時乃風 風教也天下皆
仰我德是 股肱惟人良臣惟聖 手足備而成人良臣輔而
汝之教也

君聖高宗初以舟楫霖雨爲喻繼以麴糵鹽
梅爲喻至此又以股肱惟人爲喻其所造益
深所望益切矣 昔先正保衡作我先王乃曰予弗克
俾厥后惟堯舜其心愧恥若撻于市一夫不
獲則曰時予之辜佑我烈祖格于皇天爾尚
明保予罔俾阿衡專美有商 先正先世長官
之臣保安也保
衡猶阿衡作興起也撻于市恥之甚也不獲
不得其所也高宗舉伊尹之言謂其自任如
此故能輔我成湯功格于皇天爾庶幾明以
輔我無使伊尹專美於我商家也傅說以成
湯望高宗故曰協于先王成德監于先王成
憲高宗以伊尹望傅說故曰罔俾阿衡專美
有商 惟后非賢不乂惟賢非后不食其爾克紹

乃辟于先王求綏民說拜稽首曰敢對揚天子之休命 君非賢臣不與共治賢非其君不與共食言君臣相遇之難如此克者責望必能之辭敢者自信無慊之辭對荅對以巳揚者揚於衆休命上文高宗所命也至是高宗以成湯自期傅說以伊尹自任君臣相勉勵如此異時高宗爲商令主傅說爲商賢佐果無愧於成湯伊尹也宜哉

高宗肜日 高宗肜祭有雊雉之異祖巳訓王史氏以爲篇亦訓體也不言訓者以旣有高宗之訓故只以篇首四字爲題今文古文皆有

高宗肜日越有雊雉 肜音融雊居候反○肜祭明日又祭之名殷曰肜周曰繹雊鳴也於肜日有雊雉之異蓋祭禰廟也序言湯廟者非是 祖巳曰

商書卷三　四十

惟先格王正厥事 格正也猶格其非心之格詳下文高宗祀豐于昵昵者禰廟也豐於昵失禮之正故有雊雉之異祖巳自言當先格王之非心然後正其所失之事惟天監民以下格王之言王司敬民以下正事之言也 乃訓于王曰

惟天監下民典厥義降年有永有不永非天夭民民中絕命 監音鑑天於兆反○典主也義者理之當然行而宜之之謂言天監視下民其禍福予奪惟主義如何爾降年有永有不永者義則永不義則不永非天夭折其民民自以非義而中絕其命也意高宗之祀必有祈年請命之事如漢武帝五時祀之類祖巳言永年之道不在禱祠在於所行義與不義而已禱祠非永年之道也言民而不言君者不敢斥也

民有不若德不聽罪天旣孚

命正厥德乃曰其如台不若德不順於德不聽罪不服其罪謂不改過也孚命者以妖孽爲符信而譴告之也言民不順德不服罪天既以妖孽爲符信而譴告之欲其恐懼修省以正德民乃曰孽祥其如我何則天必誅絕之矣祖己意謂高宗當因雊雉以自省不可謂適然而自恕夫數祭豐昵徼福於神不若德也瀆於祭祀傅說嘗以進戒意或吝改不聽罪也雊雉之異是天既孚命正厥德矣其可謂妖孽其如我何耶

嗚呼王司敬民罔非天胤典祀無豐于昵司主胤嗣也王之職主於敬民而已徼福於神非王之事也況祖宗莫非天之嗣主祀其可獨豐於昵廟乎

西伯戡黎戡音堪○西伯文王也名昌姓姬氏戡勝也黎國名在上黨壺關之地按史記文王脫羑里之囚獻洛西之地紂賜弓矢鈇鉞使得專征伐爲西伯文王既受命黎爲不道於是舉兵伐而勝之祖伊知周德日盛既已戡黎紂惡不悛勢必及殷故恐懼奔告于王庶幾王之改之也史錄其言以爲此篇誥體也今文古文皆有○或曰西伯武王也史記嘗載紂使膠鬲觀兵膠鬲問之曰西伯曷爲而來則武王亦繼文王爲西伯矣

西伯既戡黎祖伊恐奔告于王下文無及戡黎之事史氏特標此篇首以見祖伊告王之因也祖姓伊名祖己後也奔告自其邑奔走來告紂也

曰天子天既訖我殷命格人元龜罔敢知吉

非先王不相我後人惟王淫戲用自絕祖伊將言天訖殷命故特呼天子以感動之訖絕也格人猶言至人也格人元龜皆能先知吉凶者言天既已絕我殷命格人元龜皆無敢知其吉者甚言凶禍之必至也非先王在天之靈不佑我後人我後人淫戲用自絕於天耳故天棄我不有康食不虞天性不迪率典康安虞度也典常法也紂自絕於天故天棄殷不有康食饑饉荐臻也不虞天性民失常心也不迪率典廢壞常法也今我民罔弗欲喪曰天曷不降威大命不摯今王其如台大命非常之命摯至也史記云大命胡不至民苦紂虐無不欲殷之亡曰天何不降威於殷而受大命者何不至乎今王其無如我何言紂不復能君長我也上章言天棄殷

此章言民棄殷祖伊之言可謂痛切明著矣王曰嗚呼我生不有命在天紂歎息謂民雖欲亡我我之生獨不有命在天乎祖伊反曰嗚呼乃罪多參在上乃能責命于天參倉含反○紂既無改過之意祖伊退而言曰爾罪衆多參列在上乃能責其命於天耶呂氏曰責命於天惟與天同德者方可殷之即喪指乃功不無戮于爾邦功事也言殷即喪亡矣指汝所爲之事其能免戮於商邦乎蘇氏曰祖伊之諫盡言不諱漢唐中主所不能容者紂雖不改而終不怒祖伊得全則後世人主有不如紂者多矣愚讀是篇而知周德之至也祖伊以西伯戡黎不利於殷故奔告於紂意必及西伯戡黎不利於殷之語而入以告后出以語人未嘗有一毫及周者是知周家初無利天下之

心其戡黎也義之所當伐也使紂遷善改過則周將終守臣節矣祖伊殷之賢臣也知周之興必不利於殷又知殷之亡初無與於周故因戡黎告紂反覆乎天命民情之可畏而略無及周者文武公天下之心於是可見

微子 微國名子爵也微子名啓帝乙長子紂之庶母兄也微子痛殷之將亡謀於箕子比干史錄其問答之語亦誥體也以篇首有微子二字因以名篇今文古文皆有

微子若曰父師少師殷其弗或亂正四方我祖底遂陳于上我用沈酗于酒用亂敗厥德于下 酗吁句反○父師太師三公箕子也少師孤卿比干也弗或者不能或如此也

亂治也言紂無道無望其能治正天下也底致陳列也我祖成湯致功陳列于上而子孫沈酗于酒敗亂其德於下沈酗言我而不言紂者過則歸已猶不忍斥言之也

殷罔不小大好草竊姦宄卿士師師非度凡有辠辜乃罔恒獲小民方興相爲敵讎今殷其淪喪若涉大水其無津涯殷遂喪越至于今 殷之人民無小無大皆好草竊姦宄上而卿士亦皆相師非法上下容隱凡有冒法之人無有得其罪者小民無所畏懼強凌弱衆暴寡方起讎怨爭鬭侵奪綱紀蕩然淪喪之形茫無畔岸若涉大水無有津涯殷之喪亡乃至於今日乎微子上陳祖烈下述喪亂哀怨痛切言有盡而意無窮數千載之下猶使人傷感悲憤後世人主觀此亦可深監矣

曰父

師少師我其發出狂吾家耄遜于荒今爾無指告予顛隮若之何其出尺類反隮牋西反○曰者微子更端之辭也何其語辭言紂發出顛狂暴虐無道我家老成之人皆逃遁于荒野危亡之勢如此今爾無所指示告我以顛隮隕墜之事將若之何哉蓋微子憂危之甚特更端以問救亂之策言我而不言紂者亦上章我用沈酗之義父師若曰王子天毒降災荒殷邦方興沈酗于酒此下箕子之答也王子微子也自紂言之則紂無道故天降災自天下言之則紂之無道亦天之數箕子歸之天者以見其忠厚敬君之意與小旻詩言旻天疾威敷于下土意同方興者言其方興而未艾也此答微子沈酗于酒之語而有甚之之意下同乃罔畏畏咈其耇長

舊有位人乃罔畏畏者不畏其所當畏孔子曰君子有三畏畏天命畏大人畏聖人之言咈逆也耇長老成之人也紂惟不畏其所當畏故老成舊有位者紂皆咈逆而棄逐之即武王所謂播棄黎老者此答微子發狂耄遜之語以上文將發問端故此先答之今殷民乃攘竊神祇之犧牷牲用以容將食無災攘如羊反牷音全○色純曰犧體完曰牷牛羊豕曰牲犧牷牲祭祀天地之物禮之最重者猶爲商民攘竊而去有司用相容隱將而食之且無災禍豈特草竊姦宄而已哉此答微子草竊姦宄之語降監殷民用乂讎斂召敵讎不怠罪合于一多瘠罔詔讎斂若仇敵掊斂之也不怠力行而不息也詔告也下視殷民凡上所用以治之者無非讎斂之事夫上以讎而斂下則

下必爲敵以讎上下之敵讎實上之讎斂以召之而紂方且召敵讎不怠君臣上下同惡相濟合而爲一故民多飢殍而無所告也此答微子小民相爲敵讎之語

商今其有災我興受其敗商其淪喪我罔爲臣僕詔王子出迪我舊云刻子王子弗出我乃顛隮

商今其有災我出當其禍敗商若淪喪我斷無臣僕他人之理詔告也告微子以去爲道蓋商祀不可無人微子去則可以存商祀也刻害也箕子舊以微子長且賢勸帝乙立之帝乙不從卒立紂紂必忌之是我前日所言適以害子子若不去則禍必不免我商家宗祀始隕墜而無所托矣箕子自言其義決不可去而微子之義決不可不去也此答微子淪喪顛濟之語

自靖人自獻于先王我不顧行遯

上既答微子所言至此則告以彼此去就之靖安也各安其義之所當盡以自達其志於先王使無愧於神明而已如我則不復顧行遯也按此篇微子謀於箕子比干箕子答如上文而比干獨無所言者得非比干安於義之當死而無復言歟孔子曰殷有三仁焉三仁之行雖不同而皆出乎天理之正各得其心之所安故孔子皆許之以仁而所謂自靖者卽此也○又按左傳楚克許許男面縛啣璧衰絰輿櫬以見楚子楚子問諸逢伯逢伯曰昔武王克商微子啓如是武王親釋其縛受其璧而祓之焚其櫬禮而命之然則微子適周乃在克商之後而此所謂去者特去其位而逃遯於外耳論微子之去者當詳於是

書經卷之四　　蔡沉集傳

周書周文王國號後武王因以爲有天下之號書凡三十二篇

泰誓上泰大同國語作大武王伐殷史錄其誓師之言以其大會孟津編書者因以泰誓名之上篇未渡河作後二篇既渡河作今文無古文有○按伏生二十八篇本無泰誓武帝時僞泰誓出與伏生今文書合爲二十九篇孔壁書雖出而未傳於世故漢儒所引皆用僞泰誓如曰白魚入于王舟有火復于王屋流爲烏太史公記周本紀亦載其語然僞泰誓雖知剽竊經傳所引而古書亦不能盡見故後漢馬融得疑其僞謂泰誓按其文若淺露吾又見書傳多矣所引泰誓而不在泰誓者甚多至晉

書經卷之四　一　摩青閣

孔壁古文書行而僞泰誓始廢○吳氏曰湯武皆以兵受命然湯之辭裕武王之辭迫湯之數桀也恭武之數紂也傲學者不能無憾疑其書之晚出或非盡當時之本文也

惟十有三年春大會于孟津十三年者武王即位之十三年也春者孟春建寅之月也孟津見禹貢○按漢孔氏言虞芮質成爲文王受命改元之年凡九年而文王崩武王立二年而觀兵三年而伐紂合爲十有三年此皆惑於僞書泰誓之文而誤解九年大統未集與夫觀政于商之語也古者人君即位則稱元年以計其在位之久近常事也自秦惠文始改十四年爲後元年漢文帝亦改十七年爲後元年自後說春秋因以改元爲重歐陽氏曰果重事歟西伯即位已改元年中間不宜改元而又改

元至武王即位宜改元而反不改元乃上冐先君之元年并其在喪稱十一年及其滅商而得天下其事大於聽訟遠矣而又不改元由是言之謂文王受命改元武王冐文王之元年者皆妄也歐陽氏之辨極爲明著但其曰十一年者亦惑於書序十一年之誤也詳見序篇又按漢孔氏以春爲建子之月蓋謂三代改正朔必改月數改月數必以其正爲四時之首序言一月戊午旣以一月爲建子之月而經又係之以春故遂以建子之月爲春夫改正朔不改月數於太甲辨之詳矣而四時改易尤爲無義冬不可以爲春寒不可以爲暖固不待辨而明也或曰鄭氏箋詩維暮之春亦言周之季春於夏爲孟春曰此漢儒承襲之誤耳且臣工詩言維暮之春亦又何求如何新畬於皇來牟將受厥明蓋言暮春則當治其新畬矣今如何哉然牟麥將熟可以受上帝之明賜夫牟麥將熟則建辰之

月夏正季春審矣鄭氏於詩且不得其義則其攷之固不審也不然則商以季冬爲春周以仲冬爲春四時反逆皆不得其正豈三代聖人奉天之政乎

王曰嗟我友邦冢君越我御事庶士明聽誓

王曰者史臣追稱之也友邦親之也冢君尊之也越及也御事治事者庶士衆士也告以伐商之意且欲其聽之審也

惟天地萬物父母惟人萬物之靈亶聰明作元后元后作民父母

亶誠實無妄之謂言聰明出於天性然也大哉乾元萬物資始至哉坤元萬物資生天地者萬物之父母也萬物之生惟人得其秀而靈具四端備萬善知覺獨異於物而聖人又得其最秀而最靈者天性聰明無待勉強其知先知其覺先覺首出庶物故能爲大君於天下而天下之疲癃殘疾得其生鰥寡孤

獨得其養舉萬民之衆無一而不得其所焉
則元后者又所以爲民之父母也夫天地生
物而厚於人天地生人而厚於聖人其所以
厚於聖人者亦惟欲其君長乎民而推天地
父母斯民之心而已天之爲民如此則任元
后之責者可不知所以作民父母之義乎商
紂失君民之道故武王發此是雖一時誓
師之言而實萬世人君之所當體念也 今
商王受弗敬上天降災下民受紂名也言紂慢天虐民不知
所以作民父母也慢天虐沈湎冒色敢行暴
民之實卽下文所云
虐罪人以族官人以世惟宮室臺榭陂池侈
服以殘害于爾萬姓焚炙忠良刳剔孕婦皇
天震怒命我文考肅將天威大勳未集湎彌兗反

陂班糜反刳空胡反○沈湎溺於酒也冒色
冒亂女色也族親族也一人有罪刑及親族
也世子弟也官使不擇賢才惟因父兄而寵
任子弟也土高曰臺有木曰榭澤障曰陂停
水曰池侈奢也焚炙炮烙之類刳剔割剝
也皇甫謐云紂剖比干妻以視其胎未知何
據紂虐害無道如此故皇天震怒命我文王
敬將天威以除邪虐大功未集而文王崩愚
謂大勳在文王時未嘗有意至紂惡貫盈武
王伐之敘文王之辭不得不爾學者當言外
得之肆予小子發以爾友邦冢君觀政于商惟
受罔有悛心乃夷居弗事上帝神祇遺厥先
宗廟弗祀犧牲粢盛既于凶盜乃曰吾有民
有命罔懲其侮悛且緣反○肆故也觀政猶伊尹所謂萬夫之長可以觀

政八百諸侯背商歸周則商政可知先儒以
觀政爲觀兵誤矣悛改也夷蹲踞也武王言
故我小子以爾諸侯之向背觀政之失得於
商今諸侯背叛既已如此而紂無有悔悟改
過之心夷踞而居廢上帝百神宗廟之祀犧
牲粢盛以爲祭祀之備者皆盡于凶惡盜賊
之人卽箕子所謂攘竊神祇之犧牷牲者也
受之慢神如此乃謂我有民社我有天命而
無有懲戒其
侮慢之意　天佑下民作之君作之師惟其
克相上帝寵綏四方有罪無罪予曷敢有越
厥志　佑助寵愛也天助下民爲之君以長之
爲之師以教之君師者惟其能左右上
帝以寵安天下則夫有罪之當討無罪之當
赦我何敢有過用其心乎言一聽於天而已
同力度德同德度義受有臣億萬惟億萬心

予有臣三千惟一心　度量度也德得也行道
有得於身也義宜也制
事達時之宜也同力度德同德度義意古者
兵志之詞武王舉以明伐商之必克也林氏
曰左傳襄三十一年魯穆叔曰年鈞擇賢義
鈞以卜昭二十六年王子朝曰年鈞以德德
鈞以卜蓋亦舉古人之語文勢正與此同百
萬曰億紂雖有億萬臣而有億萬心衆叛親
離寡助之至力且
不同況德與義乎　商罪貫盈天命誅之予弗
順天厥罪惟鈞　貫通盈滿也言紂積惡如此
天命誅之今不誅紂是長惡
也其罪豈不與紂鈞乎
如律故縱者與同罪也　予小子夙夜祗懼受
命文考類于上帝宜于冢土以爾有衆底天
之罰　底致也冢土大社也祭社曰宜上文言
縱紂不誅則罪與紂鈞故此言予小子

畏天之威早夜敬懼不敢自寧受命于文王之廟告于天神地祇以爾有衆致天之罰於商也王制曰天子將出類乎上帝宜乎社造乎禰受命文考卽造乎禰也王制以神尊卑爲序此先言受命文考者以伐紂之舉天本命之文王武王特禀文王之命以卒其伐功而巳

天矜于民民之所欲天必從之爾尚弼予一人永清四海時哉弗可失

天矜憐於民民之今民欲亡紂如此則天意可知爾庶幾輔我一人除其邪穢永清四海是乃天人合應之時不可失也

泰誓中

惟戊午王次于河朔羣后以師畢會王乃徇師而誓

戊音茂○次止徇循也河朔河北也戊午以武成考之是一月二十八日

曰嗚呼西土有衆咸聽朕言

周都豐鎬其地在西從武王渡河者皆西方諸侯故曰西土有衆

我聞吉人爲善惟日不足凶人爲不善亦惟日不足今商王受力行無度播棄犁老昵比罪人淫酗肆虐臣下化之朋家作仇脅權相滅無辜籲天穢德彰聞

惟日不足者言終日爲之而猶爲不足也將言紂力行無度故以古人語發之無度者無法度之事播放也犁黧通黑而黃也微子所謂耄遜于荒是也老成之臣所當親近者紂乃放棄之罪惡之人所當斥逐者紂乃親比之酗醉怒也肆縱也臣下亦化紂惡各立朋黨相

爲侁儺脅上權命以相誅滅流毒天下無辜之人呼天告寃腥穢之德顯聞于上呂氏曰爲善至極則至治馨香爲惡至極則穢德彰聞惟天惠民惟辟奉天有夏桀弗克若天流毒下國天乃佑命成湯降黜夏命言天惠愛斯民君當奉承天意昔桀不能順天流毒下國故天命成湯降黜夏命惟受罪浮于桀剝喪元良賊虐諫輔謂已有天命謂敬不足行謂祭無益謂暴無傷厥鑒惟不遠在彼夏王天其以予乂民朕夢協朕卜襲于休祥戎商必克浮過剝落喪去也古者去國爲喪元良微子也諫輔比干也謂已有天命如荅祖伊我生不有命在天之類下三句

亦紂所當言者鑒視也其所鑒視初不在遠有夏多罪天既命湯黜其命矣今紂多罪天其以我乂民乎襲重也言我之夢協我之卜重有休祥之應知伐商而必勝之也此言天意有必克之理受有億兆夷人離心離德予有亂臣十人同心同德雖有周親不如仁人夷平也夷人言其智識不相上下也治亂曰亂十人周公旦召公奭太公望畢公榮公太顛閎夭散宜生南宮括其一文母孔子曰有婦人焉九人而已劉侍讀以爲子無臣母之義蓋邑姜也九臣治外邑姜治內言紂雖有夷人之多不如周治臣之少而盡忠也周至也紂雖有至親之臣不如周仁人之賢而可恃也此言人事有必克之理天視自我民視天聽自我民聽百姓有過在予一人今朕必

往過廣韻責也武王言天之視聽皆自乎民今民皆有責於我謂我不正商罪以民心而察天意則我之伐商斷必往矣蓋百姓畏紂之虐望周之深而責武王不即拯已於水火也如湯東面而征西夷怨南面而征北狄怨之意我武惟揚侵于之疆取彼凶殘我伐用張于湯有光揚舉侵入也凶殘紂也猶孟子謂之殘賊武王弔民伐罪於湯之心為益明白於天下也自世俗觀之武王伐湯之子孫覆湯之宗社謂之湯讎可也然湯放桀武王伐紂皆公天下為心非有私於已者武之事質之湯而無愧湯之心驗之武而益顯是則伐商之舉豈不於湯為有光也哉朂哉夫子罔或無畏寧執非敵百姓懍懍若崩厥角嗚呼乃一德一心立定厥功惟克永

世朂勉也夫子將士也勉哉將士無或以紂為不足畏寧執心以為非我所敵也商民畏紂之虐懍懍若崩摧其頭角然言人心危懼如此汝當一德一心立定厥功以克永世也

泰誓下

時厥明王乃大巡六師明誓衆士厥明戊午之明日也古者天子六軍大國三軍是時武王未備六軍牧誓敘三卿可見此曰六師者史臣之詞也王曰嗚呼我西土君子天有顯道厥類惟彰今商王受狎侮五常荒怠弗敬自絕于天結怨于民天有至顯之理其義類甚明至顯之理即典常之理也紂於君臣父子兄弟夫婦典常之道褻狎侮慢荒棄怠惰無所敬畏上自絕于天下結怨于民結怨者

非一之謂下文自 斮朝涉之脛剖賢人之心
絕結怨之實也
作威殺戮毒痡四海崇信姦回放黜師保屛
棄典刑囚奴正士郊社不修宗廟不享作奇
技淫巧以悅婦人上帝弗順祝降時喪爾其
孜孜奉予一人恭行天罰 斮側略反痡音鋪○斮斫也孔氏曰
冬月見朝涉水者謂其脛耐寒斫而視之史
記云比干強諫紂怒曰吾聞聖人心有七竅
遂剖比干觀其心痡病也作刑威以殺戮爲
毒痡病四海之人言其禍之所及者遠也回
邪也正士箕子也郊所以祭天社所以祭地
奇技謂奇異技能淫巧爲過度之巧列女傳
紂膏銅柱下加炭命有罪者行輒墮炭中妲
己乃笑夫欲妲己之笑至爲炮烙之刑則其

奇技淫巧以悅之者宜無所不至矣祝斷也
言紂於姦邪則尊信之師保則放逐之屛棄
先王之法囚奴中正之士輕褻奉祀之禮專
意汚褻之行悖亂天常故天弗順而斷然降
是喪亡也爾衆士其勉力不怠奉我一人而敬行天罰乎 古人有言曰撫
我則后虐我則讎獨夫受洪惟作威乃汝世
讎樹德務滋除惡務本肆予小子誕以爾衆
士殄殲乃讎爾衆士其尚迪果毅以登乃辟
功多有厚賞不迪有顯戮 洪大也獨夫言天命已絕人心已去
但一獨夫耳孟子曰殘賊之人謂之一夫武
王引古人之言謂撫我則我之君也虐我則
我之讎也今獨夫受大作威虐以殘害于爾
百姓是乃爾之世讎也務專力也植德則務

其滋長去惡則務絕根本兩句意亦古語喻紂爲衆惡之本在所當去故我小子大以爾衆士而殄絕殲滅汝之世讎也迪蹈登成也殺敵爲果致果爲毅爾衆士其庶幾蹈行果毅以成汝君若功多則有厚賞非特一爵一級而已不迪果毅則有顯戮謂之顯戮則必肆諸市朝以示衆庶

嗚呼惟我文考若日月之照臨光于四方顯于西土惟我有周誕受多方

若日月照臨言其德之輝光也光于四方言其德之遠被也顯于西土言其德尤著於所發之地也文王之地止於百里文王之德達于天下多方之受非周其誰受之文王之德實天命人心之所歸故武王於誓師之末歎息而言之

予克受非予武惟朕文考無罪受克予非朕文考有罪惟予小子無良

無罪猶言無過也無良猶言無善也商周之不敵久矣武王猶有勝負之慮恐爲文王羞者聖人臨事而懼也如此

牧誓

牧地名在朝歌南即今衛州治之南也武王軍於牧野臨戰誓衆前既有泰誓三篇因以地名別之今文古文皆有

時甲子昧爽王朝至于商郊牧野乃誓王左杖黃鉞右秉白旄以麾曰逖矣西土之人

甲子二月四日也昧冥爽明也昧爽將明未明之時也鉞斧也以黃金爲飾王無自用鉞之理左杖以爲儀耳旄軍中指麾白則見遠麾非右手不能故右秉白旄也按武成言癸亥陳于商郊則癸亥之日周師已陳牧野矣甲子昧爽武王始至而誓師焉曰者武王之言也

逖遠也以其行役之遠而慰勞之也王曰嗟我友邦冢君御事司徒司馬司空亞旅師氏千夫長百夫長司徒司馬司空三卿也武王是時尚爲諸侯故未備六卿唐孔氏曰司徒主民治徒庶之政令司馬主兵治軍旅之誓戒司空主土治壘壁以營軍亞次旅衆也大國三卿下大夫五人士二十七人亞者卿之貳大夫是也旅者卿之屬士是也師氏以兵守門者猶周禮師氏王舉則從者也千夫長統千人之帥百夫長統百人之帥也及庸蜀羌髳微盧彭濮人羌驅羊反髳莫侯反○左傳庸與百濮伐楚庸濮在江漢之南羌在西蜀髳微在巴蜀盧彭在西北武王伐紂不期會者八百國今誓師獨稱八國者蓋八國近周西都素所服役乃受約束以戰者若上文所言友邦冢君則泛指諸侯而誓者

也稱爾戈比爾干立爾矛予其誓稱舉戈戟干楯矛亦戟之屬長二丈唐孔氏曰戈短人執以舉之故言稱楯則並以扞敵故言比矛長立之於地故言立器械嚴整則士氣精明然後能聽誓命王曰古人有言曰牝雞無晨牝雞之晨惟家之索索蕭索也牝雞而晨則陰陽反常是爲妖孽而家道索矣將亡紂惟婦言是用故先發此今商王受惟婦言是用昏棄厥肆祀弗荅昏棄厥遺王父母弟不迪乃惟四方之多罪逋逃是崇是長是信是使是以爲大夫卿士俾暴虐于百姓以姦宄于商邑婦房缶反○肆陳荅報也婦妲己也列女傳云紂好酒淫

纍不離妲巳妲巳所舉者貴之所憎者誅之
惟妲巳之言是用故顛倒昏亂祭所以報本
也紂以昏亂棄其所當陳之祭祀而不報昆
弟先王之胤也紂以昏亂棄其王父母弟而
不以道遇之廢宗廟之禮無宗族之義乃惟
四方多罪逃亡之人尊崇而信使之以爲大
夫卿士使暴虐于百姓姦宄于商邑蓋紂惑
於妲巳之嬖背常亂理遂至流毒如此也
今予發惟恭行天之罰今日之事不愆于六
步七步乃止齊焉夫子勖哉愆過勖勉也步
進趨也齊齊整
也今日之戰不過六步七步乃止而齊此
告之以坐作進退之法所以戒其輕進也不
愆于四伐五伐六伐七伐乃止齊焉勖哉夫
子伐擊刺也少不下四五多不過六七而齊
此告之以攻殺擊刺之法所以戒其貪殺

也上言夫子勖哉此言勖哉夫子者反
覆成文以致丁寧勸勉之意下倣此尚桓
桓如虎如貔如熊如羆于商郊弗迓克奔以
役西土勖哉夫子桓胡官反貔頻脂反○桓
桓威武貌貔執夷也虎屬
欲將士如四獸之猛而奮擊于商郊也迓迎
也能奔來降者勿迎擊之以勞役我西土之
人此勉其武勇
而戒其殺降也爾所弗勖其于爾躬有戮
謂不勉於前三者愚謂此篇嚴肅而溫厚與
湯誓誥相表裏眞聖人之言也泰誓武成一
篇之中似非盡出於一人之口
豈獨此爲全書乎讀者其味之

武成史氏記武王往伐歸獸祀羣神
告羣后與其政事共爲一書篇
中有武成二字遂以
名篇今文無古文有

惟一月壬辰旁死魄越翼日癸巳王朝步自周于征伐商、一月建寅之月不曰正而曰一者商建丑以十二月爲正朔故曰一月也詳見太甲泰誓篇壬辰以泰誓戊午推之當是一月二日死魄朔也二日故曰旁死魄翼明也先記壬辰旁死魄然後言癸巳伐商者猶後世言某日必先言其朔也周鎬京也在京兆鄠縣上林卽今長安縣昆明池北鎬陂是也底商之罪告于皇天后土所過名山大川曰惟有道曾孫周王發將有大正于商今商王受無道暴殄天物害虐烝民爲天下逋逃主萃淵藪予小子旣獲仁人敢祇承上帝以遏亂略華夏蠻

周書卷四　一二

貊罔不率俾、底至也后土社也句龍爲后土周禮大祝云王過大山川則用事焉孔氏曰名山謂華大川謂河蓋自豐鎬往朝歌必道華涉河也曰者舉武王告神之語有道指其父祖而言周王二字史臣追尊之也正卽湯誓不敢不正之正萃聚也紂殄物害民爲天下逋逃罪人之主如魚之聚淵如獸之聚藪也仁人孔氏曰太公周召之徒略謀畧也俾廣韻曰從也仁人所得則可以敬承上帝而遏絕亂謀內而華夏外而蠻貊無不率從矣或曰太公歸周在文王之世周召周之懿親不可謂之獲此蓋仁人自商而來者愚謂獲者得之云爾卽泰誓之所謂仁人非必自外來也不然經傳豈無傳乎○正當在于征伐商之下也惟爾有神尚克相予以濟兆民、無作神羞旣戊午師渡孟津癸亥陳于商郊、

俟天休命甲子昧爽受率其旅若林會于牧
野罔有敵于我師前徒倒戈攻于後以北血
流漂杵一戎衣天下大定乃反商政政由舊
釋箕子囚封比干墓式商容閭散鹿臺之財
發鉅橋之粟大賚于四海而萬姓悅服散先盱友
○休命勝商之命也武王頓兵商郊雍容不
迫以待紂師之至而克之史臣謂之俟天休
命可謂善形容者矣若林即詩所謂其會如
林者紂衆雖有如林之盛然皆無有肯敵我
師之志紂之前徒倒戈反攻其在後之衆以
走自相屠戮遂至血流漂杵史臣指其實而
言之蓋紂衆離心離德特劫於勢而未敢動
耳一旦因武王弔伐之師始乘機投隙奮其

周書卷四　十三

忿怒反戈相戮其酷烈遂至如此此亦足以見
紂積怨于民若是其甚而武王之兵則蓋不
待血刃也此所以一被兵甲而天下遂大定
乎乃者繼事之辭反紂之虐政由商先王之
舊政也式車前橫木有所敬則俯而憑之商
容商之賢人閭族居里門也賚予也武王除
殘去暴顯忠遂良賑窮賙乏澤及天下天下
之人皆心悅而誠服之帝王世紀云殷民言
王之於仁人也死者猶封其墓況生者乎王
之於賢人也亡者猶表其閭況存者乎王之
於財也聚者猶散之況其復籍之乎唐孔氏
曰是爲悅服之事○正當在罔不率俾之下
厥四月哉生明王來自商至于豐乃偃武修
文歸馬于華山之陽放牛于桃林之野示天
下弗服哉始也始生明月三日也豐文王舊
都也在京兆鄠縣即今長安縣西北

靈臺豐水之上周先王廟在焉山南曰陽桃林今華陰縣潼關也樂記曰武王勝商渡河而西馬散之華山之陽而弗復乘牛放之桃林之野而弗復服車甲衅而藏之府庫倒載干戈包以虎皮天下知武王之不復用兵也○正當在萬姓悅服之下

既生魄庶邦冢君暨百工受命于周。生魄望後也四方諸侯及百官皆於周受命蓋武王新即位諸侯百官皆朝見新君所以正始也○正當在示天下弗服之下

丁未祀于周廟邦甸侯衛駿奔走執豆籩越三日庚戌柴望大告武成。駿爾雅曰速也周廟周祖廟也武王以克商之事祭告祖廟近而邦甸遠而侯衛皆駿奔走執事以助祭祀豆木豆籩竹豆祭器也既告祖廟燔柴祭天望祀山川以告武功之成由近而遠由親而尊也○正當在百工受命于周之下

王若曰嗚呼羣后惟先王建邦啓土公劉克篤前烈至于太王肇基王迹王季其勤王家我文考文王克成厥勳誕膺天命以撫方夏大邦畏其力小邦懷其德惟九年大統未集予小子其承厥志。羣后諸侯也先王后稷武王追尊之也后稷始封於邰故曰建邦啓土公劉后稷之曾孫史記云能修后稷之業太王古公亶父也避狄去邠居岐邠人仁之從之者如歸市詩曰居岐之陽實始翦商太王雖未始有翦商之志然太王始得民心王業之成實基於此王季能勤以繼其業至於文王克成厥功大受天命以撫安方夏大邦畏其威而不敢肆小邦懷其德而得自立自爲

西伯尊征而威德益著於天下凡九年崩大
統未集者非文王之德不足以受天下是時
紂之惡未至於亡天下也文王以安天下爲
心故予小子亦以安天下爲心〇正當在大
告武成之下

恭天成命肆予東征綏厥士女惟其
士女篚厥玄黄昭我周王天休震動用附我
大邑周 成命黜商之定命也篚竹器玄黄色
幣也敬奉天之定命故我東征安其
士女士女喜周之來筐篚盛其玄黄之幣明
我周王之德者是蓋天休之所震動故民用
歸附我大邑周也或曰玄黄天地之色篚厥
玄黄者明我周王有天地之德也〇正當在
其承厥志之下

列爵惟五分土惟三建官惟賢位事
惟能重民五教惟食喪祭惇信明義崇德報

周書卷四　十五

功垂拱而天下治 列爵惟五公侯伯子男也
分土惟三公侯百里伯七
十里子男五十里之三等也建官惟賢不肖
者不得進位事惟能不才者不得任五教君
臣父子夫婦兄弟長幼五典之教也食以養
生喪以送死祭以追遠五教三事所以立人
紀而厚風俗聖人之所甚重焉者惇厚也厚
其信明其義信義立而天下無不勵之俗有
德者尊之以官有功者報之以賞官賞行而
天下無不勸之善夫分封有法官使有要五
教修而三事舉信義立而官賞行武王於此
復何爲哉垂衣拱手而天下自治矣史臣述
武王政治之本末言約而事博也如此哉〇
正當在大邑周之下而上猶有缺文按此篇
編簡錯亂先後失序
今考正其文于後

右今考定武成

洪範。漢志曰禹治洪水錫雒書法而陳之洪範是也史記武王克殷訪問箕子以天道箕子以洪範陳之按篇内曰而曰汝者箕子告武王之辭意洪範發之於禹箕子推衍增益以成篇歟今文古文皆有

惟十有三祀王訪于箕子。商曰祀周曰年此曰祀者因箕子之辭也箕子嘗言商其淪喪我罔爲臣僕史記亦載箕子陳洪範之後武王封于朝鮮而不臣也蓋箕子不可臣武王亦遂其志而不臣之也訪就而問之也箕國名子爵也○蘇氏曰箕子之不臣周也而曷爲爲武王陳洪範也天以是道畀之禹傳至於我不可使自我

而絶以武王而不傳則天下無可傳者矣王故爲箕子之道者傳道則可仕則不可

乃言曰嗚呼箕子。惟天陰騭下民相協厥居我不知其彝倫攸敘。騭職日反相去聲○乃言者難辭重其問也箕子稱舊邑爵者方歸自商未新封爵也騭定協合彝常倫理也所謂秉彝人倫也武王之問蓋曰天於冥冥之中黙有以安定其民輔相保合其居止而我不知其彝倫之所以敘者如何也

箕子乃言曰我聞在昔鯀陻洪水汨陳其五行帝乃震怒不畀洪範九疇彝倫攸斁鯀則殛死禹乃嗣興天乃錫禹洪範九疇彝倫攸敘。陻音因汨音骨斁音妒○乃言者重其答也陻塞汨亂陳列畀與洪大範

法疇類數敗錫賜也帝以主宰言天以理言也洪範九疇治天下之大法其類有九即下文初一至次九者箕子之答蓋曰洪範九疇原出於天鯀逆水性汨陳五行故帝震怒不以與之此彝倫之所以敗也禹順水之性地平天成故天出書于洛禹別之以為洪範九疇此彝倫之所以敘也彝倫之敘即九疇之所敘者也○按孔氏曰天與禹神龜負文而出列於背有數至九禹遂因而第之以成九類易言河出圖洛出書聖人則之蓋治水功成洛龜呈瑞如簫韶奏而鳳儀春秋作而麟至亦其理也世傳戴九履一左三右七二四為肩六八為足即洛書之數也

初一曰五行次二曰敬用五事次三曰農用八政次四曰協用五紀次五曰建用皇極次六曰乂用三德次七曰明用稽疑次八曰念用庶徵次九曰嚮用五福威用六極

此九疇之綱也在天惟五行在人惟五事以五事參五行天人合矣八政者人之所以因乎天五紀者天之所以示乎人皇極者君之所以建極也三德者治之所以應變也稽疑者以人而聽於天也庶徵者推天而徵之人也福極者人感而天應也五事曰敬所以誠身也八政曰農所以厚生也五紀曰協所以合天也皇極曰建所以立極也三德曰乂所以治民也稽疑曰明所以辨惑也庶徵曰念所以省驗也五福曰嚮所以勸也六極曰威所以懲也五行不言用無適而非用也皇極不言數非可以數明也本之以五行敬之以五事厚之以八政協之以五紀皇極之所以建也乂之以三德明之以稽疑驗之以庶徵勸懲之以福極皇極之所以行也人君治天下之法是孰有加於此哉

一五行一曰水二曰火三曰木四曰金五曰土水曰潤下火曰炎上木曰曲直金曰從革土爰稼穡潤下作鹹炎上作苦曲直作酸從革作辛稼穡作甘

此下九疇之目也水火木金土者五行之生序也天一生水地二生火天三生木地四生金天五生土唐孔氏曰萬物成形以微著爲漸五行先後亦以微著爲次五行之體水最微爲一火漸著爲二木形實爲三金體固爲四土質大爲五潤下炎上曲直從革以性言也稼穡以德言也潤下者潤而又下也炎上者炎而又上也曲直者曲而又直也從革者從而又革也稼穡者稼而又穡也稼穡獨以德言者土兼五行無正位無成性而其生之德莫盛於稼穡故以稼穡言也稼穡不可以爲性也故不曰曰而曰爰爰於也於是稼穡而已非所以名也作爲也鹹苦酸辛甘者五行之味也五行有聲色氣味而獨言味者以其切於民用也

二五事一曰貌二曰言三曰視四曰聽五曰思貌曰恭言曰從視曰明聽曰聰思曰睿恭作肅從作乂明作哲聰作謀睿作聖

睿俞芮反○貌言視聽思者五事之叙也貌澤水也言揚火也視散木也聽收金也思通土也亦人事發見先後之叙人始生則形色具矣既生則聲音發矣既又而後能視而後能聽而後能思也恭者敬也從者順也明者無不見也聰者無不聞也睿者通乎微也肅乂哲謀聖者五德之用也肅者嚴整也乂者條理也哲者智也謀者度也聖者無不通也

三八政一

曰食二曰貨三曰祀四曰司空五曰司徒六曰司寇七曰賓八曰師。食者民之所急貨者民之所資故食爲首而貨次之食貨所以養生也祭祀所以報本也司空掌土所以安其居也司徒掌教所以成其性也司寇掌禁所以治其姦也賓者禮諸侯遠人所以往來交際也師者除殘禁暴也兵非聖人之得已故居末也 四五紀。一曰歲二曰月三曰日四曰星辰五曰曆數。歲者序四時也月者定晦朔也日者正躔度也星經星緯星也辰日月所會十二次也曆數者占步之法所以紀歲月日星辰也 五皇極皇建其有極斂時五福用敷錫厥庶民惟時厥庶民于汝極錫汝保極。皇君建立也極猶北

極之極至極之義標準之名中立而四方之所取正焉者也言人君當盡人倫之至語父子則極其親而天下之爲父子者於此取則焉語夫婦則極其別而天下之爲夫婦者於此取則焉語兄弟則極其愛而天下之爲兄弟者於此取則焉以至一事一物之接一言一動之發無不極其義理之當然而無一毫過不及之差則極建矣極者福之本福者極之效極之所建福之所集也人君集福於上非厚其身而已用敷其福以與庶民使人人觀感而化所謂敷錫也當時之民亦皆於君之極與之保守不敢失墜所謂錫保也言皇極君民所以相與者如此也 凡厥庶民無有淫朋人無有比德惟皇作極。淫朋邪黨也人有位之人比德私相比附也言庶民與有位之人而無淫朋比德者惟君爲之極而使之有所取正耳重言君不可以不建極也

凡厥庶民有猷有爲有守汝則念之不協于極不罹于咎皇則受之而康而色曰予攸好德汝則錫之福時人斯其惟皇之極

此言庶民也有猷有謀慮者有爲有施設者有守有操守者是三者君之所當念也念之者不忘之也亦念哉之念不協于極未合於善也不罹于咎不陷於惡也未合於善不陷於惡所謂中人也進之則可與爲善棄之則流於惡君之所當受也受之者不拒之也歸斯受之之受念之受之隨其才而輕重以成就之也見於外而有安和之色發於中而有好德之言汝於是則錫之以福而是人斯其惟皇之極矣福者爵祿之謂或曰錫福即上文斂福錫民之福非自外來也曰祿亦福也上文指福之全體而言此則爲福之一端而發苟謂非祿之福則於下文于其無好德汝雖錫之福其作汝用咎爲不通矣

無虐煢獨而畏高明

煢獨庶民之至微者也高明有位之尊顯者也各指其甚者而言庶民之至微者有善則當勸勉之有位之尊顯者有不善則當懲戒之此結上章而起下章之義

人之有能有爲使羞其行而邦其昌凡厥正人既富方穀汝弗能使有好于而家時人斯其辜于其無好德汝雖錫之福其作汝用咎

此言有位者也有能有才智者羞進也使進其行則官使者皆賢才而邦國昌盛矣正人者在官之人如康誥所謂惟厥正人者富祿之也穀善也在官之人有祿可仰然後可責其爲善廩祿不繼衣食不給不能使其和好于而家則是人將陷於罪戾矣於其不好德

之人而與之以祿則爲汝用咎惡之人也此言祿以與賢不可及惡德也必富之而後責其善若聖人設教欲中人以上皆可能也

無偏無陂遵王之義無有作好遵王之道無有作惡遵王之路無偏無黨王道蕩蕩無黨無偏王道平平無反無側王道正直會其有極歸其有極

偏不中也陂不平也作好作惡好惡加之意也黨不公也反倍常也側不正也偏陂好惡巳私之生於心也偏黨反側巳私之見於事也王之義王之道王之路皇極之所由行也蕩蕩廣遠也平平平易也正直不偏邪也皇極正大之體也遵義遵道遵路會其極也蕩蕩平平正直歸其極也會者合而來也歸者來而至也此章蓋詩之體所以使人吟詠而得其情性者也夫歌

周書卷四

詠以協其音反復以致其意戒之以私而懲創其邪思訓之以極而感發其善性諷詠之間怳然而悟悠然而得忘其傾斜狹小之念達乎公平廣大之理人欲消熄天理流行會極歸極有不知其所以然而然者其功用深切與周禮大師教以六詩者同一機而尤要者也後世此意不傳皇極之道其不明於天下也宜哉

曰皇極之敷言是彝是訓于帝其訓

曰起語辭敷言上文敷衍之言也言人君以極之理而反復推衍爲言者是天下之常理是天下之大訓非君之訓也天之訓也蓋理出乎天言純乎天則天之言矣此贊敷言之妙如此

凡厥庶民極之敷言是訓是行以近天子之光曰天子作民父母以爲天下王

光者道德之光華也天子之於庶民性一而已庶民於極

之敷言是訓是行則可以近天子道德之光華也曰者民之辭也謂之父母者指其恩育而言親之之意謂之王者指其君長而言尊之之意言天子恩育君長乎我者如此其至也言民而不言人者舉小以見大也

六三德一曰正直二曰剛克三曰柔克平康正直彊弗友剛克燮友柔克沈潛剛克高明柔克

克治友順燮和也正直剛柔三德也正者無邪直者無曲剛克柔克者威福予奪抑揚進退之用也彊弗友者彊梗弗順者也燮友者和柔委順者也沈潛者沈深潛退不及中者也高明者高亢明爽過乎中者也蓋習俗之偏氣稟之過者也故平康正直無所事乎矯拂無爲而治是也彊弗友剛克以剛克剛也燮友柔克以柔克柔也沈潛剛克以剛克柔也高明柔克以柔克剛也正直之用一而剛柔之用四也聖人撫世酬物因時制宜三德乂用陽以舒之陰以斂之執其兩端用其中于民所以納天下民俗於皇極者蓋如此

惟辟作福惟辟作威惟辟玉食臣無有作福作威玉食

福威者上之所以御下玉食者下之所以奉上也曰惟辟者戒其權不可下移曰無有者戒其臣不可上僭也

臣之有作福作威玉食其害于而家凶于而國人用側頗僻民用僭忒

忒惕德反○頗不平也僻不公也僭踰忒過也臣而僭上之權則大夫必害于而家諸侯必凶于而國有位者固側頗僻而不安其分小民者亦僭忒而踰越其常甚言人臣僭上之患如此

七稽疑擇建立卜筮人乃命卜筮

稽考也有所疑則卜筮以考之龜曰卜蓍曰筮

著龜者至公無私故能紹天之明卜筮者亦
必至公無私而後能傳蓍龜之意必擇是人
而建立之然後使之卜筮也　曰雨曰霽曰蒙曰驛曰克　卜
兆也雨者如雨其兆爲水霽者開霽其兆爲
火蒙者蒙昧其兆爲木驛者絡繹不屬其兆
爲金克者交錯有相勝之意其兆爲土　曰貞曰悔　此占卦也內
卦爲貞外卦爲悔左傳蠱之貞風其悔山是也又有以遇
卦爲貞之卦爲悔國語貞屯悔豫皆八是也　凡七卜五占用二衍忒
凡七雨霽蒙驛克貞悔也卜五雨霽蒙驛克也占二貞悔也衍推忒過
也所以推人事之過差也　立時人作卜筮
三人占則從二人之言　凡卜筮必立三人以相參考舊說卜有玉
兆瓦兆原兆筮有連山歸藏周易者非是謂之三人非三卜筮也　汝則有大

周書卷四　二十三

疑謀及乃心謀及卿士謀及庶人謀及卜筮
汝則從龜從筮從卿士從庶民從是之謂大
同身其康彊子孫其逢吉汝則從龜從筮從
卿士逆庶民逆吉卿士從龜從筮從汝則逆
庶民逆吉庶民從龜從筮從汝則逆卿士逆
吉汝則從龜從筮逆卿士逆庶民逆作內吉
作外凶龜筮共違于人用靜吉用作凶　稽疑以龜
筮爲重人與龜筮皆從是之謂大同固吉也
人一從而龜筮不違者亦吉龜從筮逆則可
作內不可作外內謂祭祀等事外謂征伐等
事龜筮共違則可靜不可作靜謂守常作謂

周書卷四　二十三

動作也然有龜從筮逆而無筮從龜逆者龜在聖人所重也故禮記大事卜小事筮傳謂筮短龜長是也自夫子贊易極著蓍卦之德蓍重而龜書不傳云

八庶徵曰雨曰暘曰燠曰寒曰風曰時五者來備各以其敘庶草蕃廡

徵驗也庶豐茂所驗者非一故謂之庶徵雨暘燠寒風各以時至故曰時也備者無缺少也敘者應節候也五者備而不失其敘庶草且蕃廡矣則其他可知也雨屬水暘屬火燠屬木寒屬金風屬土吳仁傑曰易以坎為水北方之卦也又曰雨以潤之則雨為水矣離為火南方之卦也又曰日以烜之則暘為火矣小明之詩首章云我征徂西二月初吉二章云昔我往矣日月方燠夫以二月為燠則燠之為春為木明矣漢志引狐突金寒之言顏師古謂金行在西故謂之寒則寒之為秋為金明矣又按稽疑以雨屬水以霽屬火霽暘也則庶徵雨之為水暘之為火類例亦又甚明蓋五行乃生數自然之敘五事則本於五行庶徵則本於五事其條理次第相為貫通有秩然而不可紊亂者也

一極備凶一極無凶

極備過多也極無過少也唐孔氏曰雨多則澇雨少則旱是極備亦凶極無亦凶餘准是

曰休徵曰肅時雨若曰乂時暘若曰哲時燠若曰謀時寒若曰聖時風若曰咎徵曰狂恒雨若曰僭恒暘若曰豫恒燠若曰急恒寒若曰蒙恒風若

狂妄僭差豫怠急迫蒙昧也在天為五行在人為五事五事修則休徵各以類應之五事失則咎徵各以類應之自然之理也然必曰某事得則某休徵應某事失則某咎徵應則亦膠

固不通而不足與語造化之妙矣天人之際未易言也失得之機應感之微非知道者孰能識之哉

曰王省惟歲卿士惟月師尹惟日 歲月日以尊卑為徵也王者之失得其徵以歲卿士之失得其徵以月師尹之失得其徵以日蓋雨暘燠寒風五者之休咎有係一歲之利害有係一月之利害有係一日之利害各以其大小言也

歲月日時無易百穀用成乂用明俊民用章家用平康 歲月日三者雨暘燠寒風各順其時則其效如此休徵所感也

日月歲時既易百穀用不成乂用昏不明俊民用微家用不寧 日月歲三者雨暘燠寒風既失其時則其害如此咎徵所致也休徵言歲月日者總於大也咎徵言日月歲者著其小也

庶民惟

星星有好風星有好雨日月之行則有冬有夏月之從星則以風雨 民之麗乎上猶星之麗乎天也好風者箕星好雨者畢星漢志言軫星亦好雨意者星宿皆有所好也日有中道月有九行中道者黃道也北至東井去極近南至牽牛去極遠東至角西至婁去極中是也九行者黑道二出黃道北赤道二出黃道南白道二出黃道西青道二出黃道東并黃道為九行也日極南至于牽牛則為冬至極北至於東井則為夏至南北中東至角西至婁則為春秋分月立春春分從青道立秋秋分從白道立冬冬至從黑道立夏夏至從赤道所謂日月之行則有冬有夏也月行東北入于箕則多風月行西南入于畢則多雨所謂月之從星則以風雨也民不言省者庶民之休咎係乎上人之得失故但以月之從星以見所以從民之

欲者如何爾夫民生之衆寒者欲衣饑者欲食鰥寡孤獨者之欲得其所此王政之所先而卿士師尹近民者之責也然星雖有好風好雨之異而日月之行則有冬有夏之常以月之常行而從星之異好以卿士師尹之常職而從民之異欲則其從民者非所以狥民矣言日月而不言歲者有冬有夏所以成歲功也言月而不言日者從星惟月爲可見耳

九五福一曰壽二曰富三曰康寧四曰攸好德五曰考終命人有壽而後能享諸福故壽先之富者有廩祿也康寧者無患難也攸好德者樂其道也考終命者順受其正也以福之急緩爲先後 **六極一曰凶短折二曰疾三曰憂四曰貧五曰惡六曰弱**凶者不得其死也短折者橫夭也禍莫大於凶短折故先言之疾者身不

書卷四　二十六

安也憂者心不寧也貧者用不足也惡者剛之過也弱者柔之過也以極之重輕爲先後五福六極在君則係於極之建不建在民人則由於訓之行不行感應之理微矣

旅獒西旅貢獒召公以爲非所當受作書以戒武王亦訓體也因以旅獒名篇今文無古文有

惟克商遂通道于九夷八蠻西旅底貢厥獒（通道路于）（西戎國名　致）（大犬）

太保乃作旅獒用訓于王（召公奭）獒牛刀反○九夷八蠻多之稱也職方言四夷八蠻爾雅言九夷八蠻但言其非一而已武王克商之後威德廣被九州之外蠻夷戎狄莫不梯山航海而至曰通道云者蓋蠻夷來王則道路自通非武王有意於開四夷而斥大境土也西旅西方蠻夷國名犬高四尺曰獒按說文曰犬知人心可使者公

羊傳曰晉靈公欲殺趙盾盾躇階而走靈公
呼獒而屬之獒亦躇階而從之則獒能曉解
人意猛而善搏人者異於常犬非特以其高
大也太保召公奭也史記云與周同姓姬氏
此旅獒之本序 曰嗚呼明王慎德四夷咸賓無有遠
邇畢獻方物惟服食器用、謹德蓋一篇之綱
領也方物方土所
生之物明王謹德四夷咸賓其所貢
獻惟服食器用而已言無異物也 王乃昭
德之致于異姓之邦無替厥服分寶玉于伯
叔之國時庸展親人不易物惟德其物、昭示
也德
之致謂上文所貢方物也昭示方物于異姓
之諸侯使之無廢其職分寶玉于同姓之諸
侯使之益厚其親如分陳以肅慎氏之矢分
魯以夏后氏之璜之類王者以其德所致方

物分賜諸侯故諸侯亦不敢
輕易其物而以德視其物也 德盛不狎侮狎
侮君子罔以盡人心狎侮小人罔以盡其力、
盡子忍反○德盛則動容周旋皆中禮然後
能無狎侮之心言謹德不可不極其至也德
而未至則未免有狎侮之心狎侮君子則色
斯舉矣彼必高蹈遠引望望然而去安能盡
其心狎侮小人雖其微賤畏威易
役然至愚而神亦安能盡其力哉 不役耳目、
百度惟貞、貞正也不役於耳目之所
好百爲之度惟其正而已 玩人喪
德玩物喪志、玩人即上文狎侮君子之事玩
物即上文不役耳目之事德者
巳之所得志
者心之所之 志以道寧言以道接、道者所當
由之理也
巳之志以道而寧則不至於妄發人之言以
道而接則不至於妄受存乎中者所以應乎

外制乎外者所以養其中古昔聖賢相授心法也不作無益害有益功乃成不貴異物賤用物民乃足犬馬非其土性不畜珍禽奇獸不育于國不寶遠物則遠人格所寶惟賢則邇人安孔氏曰遊觀爲無益奇巧爲異物蘇氏曰周穆王得白狐白鹿而荒服因以不至此章凡三節至所寶惟賢則益切至矣嗚呼夙夜罔或不勤不矜細行終累大德爲山九仞功虧一簣或猶言萬一也呂氏曰此即謹德工夫或之一字最有意味一擧止息則非謹德矣矜矜持之矜八尺曰仞細行一簣指受獒而言也允迪茲生民保厥居惟乃世王信能行此則生民保其居而王

業可永也蓋人苟一身實萬化之原主於理有毫髮之不盡即遺生民無窮之害而非創業垂統可繼之道矣以武王之聖召公所以警戒之者如此後之人君可不深思而加念之哉

金縢

縢徒登反○武王有疾周公以王室未安殷民未服根本易搖故請命三王欲以身代武王之死史錄其冊祝之文幷敘其事之始末合爲一篇以其藏於金縢之匱編書者因以金縢名篇今文古文皆有○唐孔氏曰發首至王季文王史敘將告神之事也史乃冊祝至屏璧與珪記告神之辭也自乃卜至乃瘳記卜吉及王病瘳之事也自武王既喪已下記周公流言居東及成王迎歸之事也

既克商二年，王有疾，弗豫。記年見其克商之未久也。弗豫，不悦豫也。二公曰：我其爲王穆卜。二公，太公、召公也。李氏曰：穆者，敬而有和意。穆卜，猶言共卜也。愚謂古者國有大事，卜則公卿百執事皆在，誠一而和同以聽卜焉，故名其卜曰穆卜。下文成王因風雷之變，王與大夫盡弁啓金縢之書以卜者，是也。先儒專以穆爲敬，而於所謂其勿穆卜，則義不通矣。周公曰：未可以戚我先王。戚，憂惱之意。未可以武王之疾而憂惱我先王也。蓋卻二公之卜。公乃自以爲功，爲三壇同墠，爲壇於南方北面，周公立焉，植璧秉珪，乃告太王、王季、文王。墠，上演、時戰二反。○功，事也。築土曰壇，除地曰墠。三壇，三王之位，皆南向。三壇之南別爲一壇，

北向，周公所立之地也。植，置也。圭璧，所以禮神。詩言圭璧既卒，周禮祼圭以祀先王。周公郤二公之卜，而乃自以爲功者，蓋二公不過卜武王之安否爾，而周公愛兄之切，危國之至，忠誠懇懇於祖父之前，如下文所云者，有不得盡焉，此其所以自以爲功也。又二公穆卜，則必禱於宗廟，用朝廷卜筮之禮，如此則上下喧騰而人心搖動，故周公不於宗廟，而特爲壇墠以自禱也。史乃冊祝曰：惟爾元孫某，遘厲虐疾。若爾三王，是有丕子之責于天，以旦代某之身。遘，居候反。○史，太史也。冊祝，如今祝版之類。元孫某，武王也。遘，遇。厲，惡。虐，暴也。丕子，元子也。旦，周公名也。言武王遇惡暴之疾，若爾三王是有元子之責于天，蓋武王爲天元子，三王當任其保護之責于天，不可令其死也。如欲其死，則請以旦代武王之身，于

天之下疑有缺文舊說謂天責取武王者非是詳下文予仁若考能事鬼神等語皆主祖父人鬼爲言至於乃命帝庭無墜天之降寶命則言天命武王如此之大而三王不可墜天之寶命文意可見又按死生有命周公乃欲以身代武王之死或者疑之蓋方是時天下未安王業未固使武王死則宗社傾危生民塗炭變故有不可勝言者周公忠誠切至欲代其死以輸危急其精神感動故卒得命於三王今世之匹夫匹婦一念誠孝猶足以感格鬼神顯有應驗而況於周公之元聖乎是固不可謂無此理也

予仁若考能多材多藝能事鬼神乃元孫不若旦多材多藝不能事鬼神周公言我仁順祖考多材幹多藝能可任役使能事鬼神武王不如旦多材多藝不任役使不能事鬼神材藝但指服事役使而言

乃命于帝庭敷佑四方用能定爾子孫于下地四方之民罔不祗畏嗚呼無墜天之降寶命我先王亦永有依歸言武王乃受命於上帝之庭布文德以佑助四方用能定爾子孫於下地使四方之民無不敬畏其任大其責重未可以死故又歎息中言三王不可墜失天降之寶命庶先王之祀亦永有所賴以存也寶命卽帝庭之命也謂之寶者重其事也

今我卽命于元龜爾之許我我其以璧與珪歸俟爾命爾不許我我乃屏璧與珪卽就也歸俟爾命俟武王之安也屏藏也屏璧與珪言不得事神也蓋武王喪則周之基業必墜雖欲事神不可得也其稱爾稱我無異人子之在膝下以語其親者此亦終身慕

父母與不死其親之意以見公之達孝也乃卜三龜一習吉啓籥見書乃并是吉籥與鑰通○卜筮必立三人以相參考三龜者三人所卜之龜也習重也謂三龜之兆一同開籥見卜兆之書乃并是吉公曰體王其罔害予小子新命于三王惟永終是圖茲攸俟能念予一人體兆之體也言視其卜兆之吉王疾其無所害我新受三王之命而永終是圖矣茲攸俟者即上文所謂歸俟也一人武王也言三王能念我武王使之安也詳此言新命于三王不言新命于天以見求非謂天責取武王也公歸乃納冊于金縢之匱中王翼日乃瘳冊祝冊也匱藏卜書之匱金縢以金緘之也翼日公歸之明日也瘳愈也按金縢之匱乃周家藏卜筮書

周書卷四　三十二

之物每卜則以告神之辭書於冊既卜則納冊於匱而藏之前後卜皆如此故前周公乃卜三龜一習吉啓籥見書者啓此匱也後成王遇風雷之變欲卜啓金縢者亦啓此匱也蓋卜筮之物先王不敢褻故金縢其匱而藏之非周公始爲此匱藏此冊祝爲後來自解計也武王既喪管叔及其羣弟乃流言於國曰公將不利於孺子管叔名鮮武王弟周公兄也羣弟蔡叔度霍叔處也流言無根之言如水之流自彼而至此也孺子成王也商人兄死弟立者多武王崩成王幼周公攝政商人固已疑之又管叔於周公爲兄尤所覬覦故武庚管蔡流言於國以危懼成王而動搖周公也史氏言管叔及其羣弟而不及武庚者所以深著三叔之罪也周公乃告二公曰我之弗辟我無以告我先

王辟讀爲避鄭氏詩傳言周公以管蔡流言辟居東都是也漢孔氏以爲致辟於管叔之辟謂誅殺之也夫三叔流言以公將不利於成王周公豈容遽與兵以誅之耶且是時王方疑公公將請王而誅之耶將自誅之也請之固未必從不請自誅之亦非所以爲周公矣我之弗辟我無以告我先王言我不避則於義有所不盡無以告先王於地下也公豈自爲身計哉亦盡其忠誠而已矣周公居東二年則罪人斯得居東居國之東也鄭氏謂避居東都未知何據孔氏以居東爲東征非也方流言之起成王未知罪人爲誰二年之後王始知流言之爲管蔡斯得者遲之之辭也于後公乃爲詩以貽王名之曰鴟鴞王亦未敢誚公鴟鴞惡鳥也以其破巢取卵比武庚之敗管蔡及王室也誚讓也上文言罪人斯得

則是時成王之疑十已去其四五矣秋大熟未穫天大雷電以風禾盡偃大木斯拔邦人大恐王與大夫盡弁以啓金縢之書乃得周公所自以爲功代武王之說穫胡郭反弁皮變反〇王與大夫盡弁以啓金縢之書將卜天變而偶得周公冊祝請命之說也孔氏謂二公倡王啓之者非是按秋大熟係于二年之後則成王迎周公之歸蓋二年秋也東山之詩言自我不見于今三年則居東之非東征明矣蓋周公居東二年成王因風雷之變既親迎以歸三叔懷流言之罪遂脅武庚以叛成王命周公征之其東征往反首尾又自三年也二公及王乃問諸史與百執事對曰信噫公命我勿敢言

于之疾二公未必不知之周公冊祝之文二公蓋不知也諸史百執事蓋卜筮執事之人成王使卜天變者即前日周公使卜武王疾之人也二公及成王得周公自以爲功之說因以問之故皆謂信有此事巳而歎息言此實周公之命而我勿敢言爾孔氏謂周公使之勿道者非是

王執書以泣曰其勿穆卜昔公勤勞王家惟予冲人弗及知今天動威以彰周公之德惟朕小子其新逆我國家禮亦宜之

新當作親成王啓金縢之書欲卜天變既得公冊祝之文遂感悟執書以泣言不必更卜昔周公勤勞王室我幼不及知今天動威以明周公之德我小子其親迎公以歸於國家禮亦宜也按鄭氏詩傳成王既得金縢之書親迎周公鄭氏學出於伏生而此篇則伏生所傳

當以親爲正親誤作新正猶大學新誤作親也

王出郊天乃雨反風禾則盡起二公命邦人凡大木所偃盡起而築之歲則大熟

國外曰郊王出郊者成王自往迎公即上文所謂親迎者也天乃反風感應如此之速洪範庶徵孰謂其不可信哉又按武王疾瘳四年而崩羣叔流言周公居東二年罪人斯得成王迎周公以歸凡六年事也編書者附于金縢之末以見請命事之首末

金縢書之顯晦也

大誥

武王克殷以殷餘民封受子武庚命三叔監殷武王崩成王立周公相之三叔流言公將不利於孺子周公避位居東後成王悟迎周公歸三叔懼遂與武庚叛成王命周公東征以討之大誥天下書言武庚而

不言管叔者爲親者諱也篇首有大誥二字編書者因以名篇今文古文皆有○按此篇誥語多主卜言如曰寧王遺我大寶龜曰朕卜并吉曰予得吉卜曰王害不違卜曰寧王惟卜用曰例亦惟卜用曰予曷其極卜曰矧今卜并吉至於篇終又曰卜陳惟若茲意邦君御事有曰艱大不可征欲王違卜故周公以討叛卜吉之義與天命人事之不可違者反復誥諭之也

王若曰猷大誥爾多邦越爾御事弗弔天降割于我家不少延洪惟我幼冲人嗣無疆大歷服弗造哲迪民康矧曰其有能格知天命

周書卷四　三十四

猷發語辭也猶虞書咨嗟之例按爾雅猷訓最多曰謀曰言曰已曰圖未知此何訓也弔恤也猶詩言不弔昊天之弔言我不爲天所恤降害于我周家武王遂喪而不少待也冲人成王也歷歷數也服五服也哲明哲也格格物之格言大思我幼冲之君嗣守無疆之大業弗能造明哲以導民於安康是人事且有所未至而況言其能格知天命乎

已予惟小子若涉淵水予惟往求朕攸濟敷賁敷前人受命茲不忘大功予不敢閉于天降威用

已承上語辭已而有不能已之意若涉淵水者愉其心之憂懼求朕攸濟者冀共事之必成敷布賁飾也敷賁者修明其典章法度敷前人受命者增益開大前王之基業若此者所以不忘武王安天下之大功也今武庚不靖天固誅之予豈敢閉抑天之威

用而不行討乎寧王遺我大寶龜紹天明即命曰有
大艱于西土西土人亦不靜越茲蠢寧王武王也下
文又曰寧考蘇氏曰當時謂武王爲寧王以
其克殷而安天下也蠢動而無知之貌寧王
遺我大寶龜者以其可以紹介天命以定吉
凶暴嘗即龜所命而其兆謂將有大艱難之
事于西土西土之人亦不安靜是武庚未叛
之時而龜之兆蓋已預告矣及此果蠢蠢然
而動其卜可驗如此將言下文伐殷卜
吉之事故先發此以見卜之不可違也殷小
腆誕敢紀其敘天降威知我國有疵民不康
曰予復反鄙我周邦腆他典反疵才支反○腆厚誕大敘緒疵病也
言武庚以小腆之國乃敢大紀其既亡之緒
是雖天降威于殷然亦武庚知我國有三叔

疵隙民心不安故敢言我將復殷業而欲反鄙我周邦也今蠢今翼日
民獻有十夫予翼以于敉寧武圖功我有大
事休朕卜并吉敉音弭○于往敉撫武繼也謂今武庚蠢動今之明日民
之賢者十夫輔我以往撫定商邦而繼嗣武
王所圖之功也大事戎事左傳云國之大事
在祀與戎休美也言知我有戎事休美者以
朕卜三龜而并吉也按上文即命曰有大艱
于西土蓋卜於武王方崩之時此云朕卜并
吉乃卜於將伐武庚之日先儒合以為一誤
矣肆予告我友邦君越尹氏庶士御事曰予
得吉卜予惟以爾庶邦于伐殷逋播臣此舉嘗以
卜吉之故告邦君御事往伐武庚之詞也肆
故也尹氏庶官之正也殷逋播臣者謂武庚

及其羣臣本諸十播遷之臣也爾庶邦君越庶士御事罔不反曰艱大民不靜亦惟在王宮邦君室越予小子考翼不可征王害不違卜此舉邦君御事不欲征欲王違卜之言也邦君御事無不反曰艱難甚大不可輕舉且民不靜雖由武庚然亦在於王之宮邦君之室謂三叔不睦之故實兆釁端不可不自反害猶曷也越我小子與父老敬事者皆謂不可征王曷不違卜而勿征乎肆予沖人永思艱曰嗚呼允蠢鰥寡哀哉予造天役遺大投艱于朕身越予沖人不卬自恤義爾邦君越爾多士尹氏御事綏予曰無毖于恤不可不成乃寧

考圖功卬五剛反毖音秘○造為卬我也敢我沖人亦永思其事之艱大歎息言信四國蠢動害及鰥寡深可哀也然我之所為皆天之所役使今日之事天實以其甚大者遺於我之身以其甚艱者投於我之身於我沖人固不暇自恤矣然以義言之於爾邦君於爾多士及官正治事之臣當安我曰無勞於憂誠不可不成武王所圖之功相與戮力致討可也此章深責邦君御事之避事已予惟小子不敢替上帝命天休于寧王興我小邦周寧王惟卜用克綏受茲命今天其相民矧亦惟卜用嗚呼天明畏弼我丕丕基卜伐武庚而吉是上帝命伐之也上帝之命其敢廢乎昔天眷武王由百里而有天下亦惟卜用所謂朕夢協朕卜襲于休祥是也今天

相佑助民避凶趨吉況亦惟卜是用是上而
先王下而小民莫不用卜而我獨可廢卜乎
故又歎息言天之明命可畏如此是蓋輔成
我丕丕基業其可違也天明即上文所謂紹
天明
者
王曰爾惟舊人爾丕克遠省爾知寧王
若勤哉天閟毖我成功所予不敢不極卒寧
王圖事肆予大化誘我友邦君天棐忱辭其
考我民予曷其不于前寧人圖功攸終天亦
惟用勤毖我民若有疾予曷敢不于前寧人
攸受休畢閟音秘○當時邦君御事有武王
之舊臣者亦憚征役上文考翼不
可征是也故周公專呼舊臣而告之曰爾惟
武王之舊人爾大能遠省前日之事爾豈不

知武王若此之勤勞哉閟者否閉而不通毖
者艱難而不易言天之所以否閉艱難國家
多難者乃我成功之所在我不敢不極卒武
王所圖之事也化者化其固滯誘者誘其順
從棐輔也寧人武王之大臣當時謂武王爲
寧王因謂武王之大臣爲寧人也民獻十夫
以爲可伐是天輔以誠信之辭考之民而可
見矣我曷其不於前寧人而圖功所終乎勤
毖我民若有疾者四國勤毖我民如人有疾
必速攻治之我曷其不於前寧人所受休美
而畢之乎按此三節謂不可不卒終畢寧王
寧人事功休美之意言寧人則舊人之不欲
征者亦可愧矣
王曰若昔朕其逝朕言艱日思若考
作室既底法厥子乃弗肯堂矧肯構厥父菑
厥子乃弗肯播矧肯穫厥考翼其肯曰予有

後弗棄基肆予曷敢不越卬敉寧王大命、

昔前日也猶言于昔者之昔若昔我之欲往我亦謂其事之難而日思之矣非輕舉也以作室喻之父既底定廣狹高下其子不肯爲之堂基况肯爲之造屋乎以耕田喻之父既反土而菑矣其子乃不肯爲之播種况肯俟其成而刈穫之乎考翼父敬事者也爲其子者如此則考翼其肯曰我有後嗣弗棄我之基業乎蓋武王定天下立經陳紀如作室之底法如治田之既菑今三監叛亂不能討平以終武王之業則是不肯堂不肯播况望其肯構肯穫而延綿國祚於無窮乎武王在天之靈亦必不肯自謂其有後嗣而不棄墜其基業矣故我何敢不及我身之存以撫存武王之大命乎按此三節申喻不可不終武功之意

若兄考乃有友伐厥子民養其勸弗救、

民養未詳蘇氏曰養廝養也謂人之臣僕大意言若父兄有友攻伐其子爲之臣僕者其可勸其攻伐而不救乎父兄以喻武王友以喻四國子以喻百姓民養以喻邦君御事今王之四國毒害百姓而邦君臣僕乃憚於征役是畏其患而不救其可哉此言民被四國之害不可不救援之意

王曰嗚呼肆哉爾庶邦君越爾御事、爽邦由哲亦惟十人迪知上帝命越天棐忱、爾時罔敢易法矧今天降戾于周邦惟大艱人誕鄰胥伐于厥室爾亦不知天命不易、

肆放也欲其舒放而不畏縮也爽明也爽厥師之爽桀昏德湯伐之故言爽師受昏德武王伐之故言爽邦言昔武王之明大命於邦皆由明智之士亦惟亂臣十人蹈知天命及天輔

武王之誡以克商受爾於是時不敢違越武王法制憚於征役矧今武王死又降禍於周首大難之四國大近相攻於其室事危勢迫如此爾乃以爲不可征爾亦不知天命之不可違越矣此以今昔互言責邦君御事之不知天命按先儒皆以十人爲十夫然十夫民之賢者爾恐未可以爲廸知帝命未可以爲越天棐忱所謂廸知者蹈行眞知之詞也越大棐忱天命已歸之詞也非亂臣昭武王以受天命者不足以當之況君奭之書周公歷舉虢叔閎夭之徒亦曰廸知天威於受殷命亦曰若天棐忱詳周公前後所言則十人之爲亂臣又何疑哉

予永念曰天惟喪殷若穡夫予曷敢不終朕畝天亦惟休于前寧人天之喪殷若農夫之去草必絶其根本我何敢不終我之田畝乎我之所以終畝者是天亦惟欲休美於前寧人也

予曷其極卜敢弗于從率寧人有指疆土矧今卜并吉肆朕誕以爾東征天命不僭卜陳惟若茲我何敢盡欲用卜敢不從爾勿征蓋率循寧人之功當有指定先王疆土之理卜而不吉固將伐之況今卜而并吉乎故我大以爾東征天命斷不僭差卜之所陳蓋如此按此篇專主卜言然其上原天命下述得人從率寧王寧人不可不成之功近指成王邦君御事不可不終之責諄諄乎民生之休戚家國之興喪懇惻切至不能自已而反復終始乎卜之一說以通天下之志以斷天下之疑以定天下之業非聰明睿知神武而不殺者孰能與於此哉

微子之命微國名子爵也成王既殺武庚封微子於宋以奉湯

祀史錄其誥命以爲此篇今文無古文有

王若曰猷殷王元子惟稽古崇德象賢統承先王修其禮物作賓于王家與國咸休永世無窮元子長子也微子帝乙之長子紂之庶兄也崇德謂先聖王之有德者則尊崇而奉祀之也象賢謂其後嗣子孫有象先聖王之賢者則命之以主祀也言考古制尊崇成湯之德以微子象賢而奉其祀也禮典禮物文物也修其典禮文物不使廢壞以備一王之法也孔子曰夏禮吾能言之杞不足徵也殷禮吾能言之宋不足徵也文獻不足故也殷之典禮微子修之至孔子時已不足徵矣故夫子惜之賓以客禮遇之也振鷺言我客戾止左氏謂宋先代之後天子有事膰焉有喪拜焉者也呂氏曰先王之心公乎廣大

非若後世滅人之國惟恐苗裔之存爲子孫害成王命微子方且撫助愛養欲其與國咸休永世無窮公平廣大氣象於此可見

嗚呼乃祖成湯克齊聖廣淵皇天眷佑誕受厥命撫民以寬除其邪虐功加于時德垂後裔齊肅也齊則無不敬聖則無不通廣言其大淵言其深也誕大也皇天眷佑誕受厥命即伊尹所謂天監厥德用集大命者撫民以寬除其邪虐即伊尹所謂代虐以寬兆民允懷者功加于時言其所及者衆德垂後裔言其所傳者遠也後裔即微子也此崇德之意

爾惟踐修厥猷舊有令聞恪慎克孝肅恭神人予嘉乃德曰篤不忘上帝時歆下民祗協庸建爾于上公尹茲

東夏。猷道令善聞譽也微子踐履修舉成湯
克孝肅恭神人指微子實德而言抱祭器歸
周亦其一也篤厚也我善汝德曰厚而不忘
也歆饗庸用也王者之後稱公故曰上公
尹治也宋亳在東故曰東夏此象賢之意。欽
哉往敷乃訓慎乃服命率由典常以蕃王室
弘乃烈祖律乃有民永綏厥位毗予一人世
世享德萬邦作式俾我有周無斁。斁音亦○此因戒勉
之也服命上公服命也宋王者之後成湯之
廟當有天子禮樂慮有僭擬之失故曰謹其
服命率由典常以戒之也弘大律範毗輔式
法斁厭也即詩言在此無斁之意○林氏曰
偪生於僭僭生於疑非疑無僭非僭無偪謹
其服命遵守典常安有偪僭之過哉魯實侯

爵乃以天子禮樂祀周公亦既不謹矣其後
遂用於羣公之廟甚至季氏僭八佾三家僭
雍徹其原一開末流無所不至成王於宋謹
慎如此必無賜周公以天子禮樂之事豈周
室既衰魯竊僭用託為
成王之賜伯禽之受乎嗚呼往哉惟休無替
朕命。歎息言汝往之國當休美其政
而無廢棄我所命汝之言也

康誥。康叔文王之子武王之弟武王
誥命為衛侯今文古文皆有○
按書敘以康誥為成王之書今詳本
篇康叔於成王為叔父成王不應以
弟稱之說者謂周公以成王命誥故
曰弟然既謂之王若曰則為成王之
言周公何遽自以弟稱之也且康誥
酒誥梓材三篇言文王者非一而略
無一語以及武王何耶說者又謂寡
兄朂為稱武王尤為非義寡兄云者

自謙之辭寡德之稱苟語他人猶之可也武王康叔之兄家人相語周公安得以武王爲寡兄而告其弟乎或又謂康叔在武王時尚幼故不得封然康叔武王同母弟武王分封之時年已九十安有九十之兄同母弟尚幼不可封乎且康叔文王之子叔虞成王之弟周公東征叔虞已封於唐豈有康叔猶封反在叔虞之後必無是理也又按汲冢周書克殷篇言王即位於社南羣臣畢從毛叔鄭奉明水衛叔封傳禮召公奭贊采師尚父牽牲史記亦言衛康叔封布茲與汲書大同小異康叔在武王時非幼亦明矣特序書者不知康誥篇首四十八字爲洛誥脱簡遂因誤爲成王之書是知書序果非孔子所作也康誥酒誥梓材篇次當在金縢之前

惟三月哉生魄周公初基作新大邑于東國洛四方民大和會侯甸男邦采衛百工播民和見士于周周公咸勤乃洪大誥治三月周公攝政七年之三月也始生魄十六日也百工百官也士說文曰事也詩曰勿士行枚呂氏曰斧斤版築之事亦甚勞矣而民大和會悉來赴役即文王作靈臺庶民子來之意蘇氏曰此洛誥之文當在周公拜手稽首之上王若曰孟侯朕其弟小子封王武王也孟長也言爲諸侯之長也封康叔名舊說周公以成王命誥康叔者非是惟乃丕顯考文王克明德慎罰左氏曰明德謹罰文王所以造周也明德務崇之之謂謹罰務去之之謂明德謹罰一篇之綱領不敢侮鰥寡以下

文王明德謹罰也𢍰念哉以下欲康叔明德敬明乃罰以下欲康叔謹罰也爽惟民以下欲其以德行罰也封敬哉以下欲其不用罰而用德也終則以天命殷民結之

不敢侮鰥寡庸庸祗祗威威顯民用肇造我區夏越我一二邦以修我西土惟時怙冒聞于上帝帝休天乃大命文王殪戎殷誕受厥命越厥邦厥民惟時敘乃寡兄勗肆汝小子封在茲東土

殪壹計反○鰥寡人所易忽也於人易忽者而不忽焉以見聖人無所不敬畏也即堯不虐無告之意論文王之德而首發此非聖人不能也庸用也用其所當用敬其所當敬威其所當威言文王用能敬賢討罪一聽於理而已無與焉故德著於民用始造我區夏及我一二友邦漸以修治至鑿西土之人怙之如父冒之如天明德昭升聞于上帝帝用休美乃大命文王殪滅大殷大受其命萬邦萬民各得其理莫不時敘汝寡德之兄亦勉力不怠故爾小子封得以在此東土也吳氏曰殪戎殷武王之事也此稱文王者武王不敢以為己之功也○又按東土云者武王克商分紂城朝歌以北為邶南為鄘東為衛意邶鄘為武庚之封而衛即康叔也漢書言周公善康叔不從管蔡之亂似地相比近之辭然不可攷矣

王曰嗚呼封汝念哉今民將在祗遹乃文考紹聞衣德言往敷求于殷先哲王用保乂民汝丕遠惟商耇成人宅心知訓別求聞由古先哲王用康保民弘于天若

德裕乃身不廢在王命。遹音聿，音述。○此下明德也。遹，述。衣，服也。今治民將在敬述文考之事，繼其所聞而服行文王之德言也。往，之國也。宅心，處心也。安汝止之意。知訓，知所以訓民也。由，行也。曰保乂，曰知訓，曰康保，經緯以成文。爾武王既欲康叔祗遹文考，又欲敷求商先哲王，又不遠惟商耇成人，又別聞由古先哲王，近述諸今，遠稽諸古，不一而足，以見義理之無盡。易曰：君子多識前言往行，以蓄其德。弘者，廓而大之也。天者，理之所從出也。康叔博學以聚之，集義以生之，真積力久，衆理該通，此心之天理之所從出者，於恢廓而有餘用矣。若是則心廣體胖，動無違禮，斯能不廢在王之命也。○呂氏曰：康叔歷求聖賢，問學至於弘于天，德裕身，可謂盛矣。止能不廢王命，才可免過而已。此見人臣職分之難盡。若欲爲子，必須如舜與曾閔，方能不廢父命；若欲爲臣，必須如舜與周公，方能不廢君命。

周書卷四　四十四

王曰：嗚呼！小子封，恫瘝乃身，敬哉！天畏棐忱，民情大可見，小人難保。往盡乃心，無康好逸豫，乃其乂民。我聞曰：怨不在大，亦不在小；惠不惠，懋不懋。恫音通。瘝，姑還反。○恫，痛。瘝，病也。視民之不安，如疾痛之在乃身，不可不敬之也。天命不常，雖甚可畏，然誠則輔之。民情好惡，雖大可見，而小民至爲難保。汝往之國，所以治之者，非他，惟盡汝心，無自安而好逸豫，乃其所以治民也。古人言怨不在大，亦不在小，惟在順不順、勉不勉耳。順者順於理，勉者勉於行，即上文所謂往盡乃心，無康好逸豫者也。已！汝惟小子，乃服惟弘王，應保殷民，亦惟助王宅天命，作新民。

服事應和也汝之事惟在廣上德意和保殷
民使之不失其所以助王安定天命而作新
斯民也此言明德之終也大
學言明德亦舉新民終之
王曰嗚呼封敬
明乃罰人有小罪非眚乃惟終自作不典式
爾有厥罪小乃不可不殺乃有大罪非終乃
惟眚災適爾既道極厥辜時乃不可殺此下
謹罰
也式用適偶也人有小罪非過誤乃其固為
亂常之事用意如此其罪雖小乃不可不殺
即舜典所謂刑故無小也人有大罪非是故
犯乃其過誤出於不幸偶爾如此既自稱道
盡輸其情不敢隱匿罪雖大時乃不可殺即
舜典所謂宥過無大也諸葛孔明治蜀服罪
輸情者雖重必釋其既道極
歌辜時乃不可殺之意歟
王曰嗚呼封有

殺時乃大明服惟民其敕懋和若有疾惟民
其畢棄咎若保赤子惟民其康乂有敘者刑
罰有次序
也明者明其罰服者服其民也左氏曰乃大
明服已則不明而殺人以逞不亦難乎敕戒
敕也民其戒敕而勉於和順也若有疾者以
去疾之心去惡也故民皆棄咎若保赤子者
以保子之心保善
也故民其安治
非汝封刑人殺人無或刑
人殺人非汝封又曰劓刵人無或劓刵人刑
殺
者天之所以討有罪非汝封得以刑之殺之
也汝無或以己而刑殺之刵截耳也刑殺刑
之大者劓刵刑之小者兼舉小大以申戒之
也又曰當在無或刑人殺人之下又按刵周
官五刑所無呂刑
以為苗民所制
王曰外事汝陳時臬司師

茲殷罰有倫、外事未詳陳氏曰外事有司之事也臬法也爲準限之義言汝於外事但陳列是法使有司師此殷罰之有倫者用之爾〇呂氏曰外事衛國事也史記言康叔爲周司寇司寇王朝之官職任內事故以衛國對言爲外事今按篇中言往敷求往盡乃心篇終曰往哉封皆令其之國之辭而未見其留王朝之意但詳此篇康叔蓋深於法者異時成王或舉以任司寇之職而此則未必然也 又曰要囚服念五六日至于旬時丕蔽要囚、要囚獄詞之要者也服念服膺而念之旬十日時三月爲囚求生道也蔽斷也 王曰汝陳時臬事罰蔽殷彝用其義刑義殺勿庸以次汝封乃汝盡遜曰時敘惟曰未有遜事、義宜也次次舍之次遜順也申

言敷陳是法與事罰斷以殷之常法矣又慮其泥古而不通又謂其刑其殺必察其宜於時者而後用之既又慮其趨時而徇已又謂刑殺不可以就汝封之意既又慮其刑殺雖已當罪而矜喜之心乘之又謂使汝刑殺盡順於義雖曰是有次敘汝當惟謂未有順義之事蓋矜喜之心生乃怠惰之心起刑殺之所由不中也可不戒哉 巳汝惟小子、未其有若汝封之心、朕心朕德惟乃知、巳者語辭之不能已也小子幼小之稱言年雖少而心獨善也爾心之善固朕知之朕心朕德亦惟爾知之將言用罰之事故先發其良心焉 凡民自得罪、寇攘姦宄殺越人于貨、暋不畏死罔弗憝、暋音敏憝徒對反〇越顛越也盤庚云顛越不恭暋強憝惡也自得罪非爲人誘陷以得罪也凡民自犯罪爲

盜賊姦宄殺人顛越人以取財貨強很亡命者人無不憎惡之也用罰而加是人則人無不服以其出乎人之同惡而非卽乎吾之私心也特舉此以明用罰之當罪

王曰封元惡大憝矧惟不孝不友子弗祗服厥父事大傷厥考心于父不能字厥子乃疾厥子于弟弗念天顯乃弗克恭厥兄兄亦不念鞠子哀大不友于弟惟弔茲不于我政人得罪天惟與我民彝大泯亂曰乃其速由文王作罰刑茲無赦 弔音的○大憝卽上文之罔弗憝言寇攘姦宄固爲大惡而大可惡矣況不孝不友之人而尤爲可惡者當商之季禮義不明人紀廢壞子不敬事其父

大傷父心父不能愛子乃疾惡其子是父子相夷也天顯猶孝經所謂天明尊卑顯然之序也弟不念尊卑之序而不能敬其兄兄亦不念父母鞠養之勞而大不友其弟是兄弟相賊也父子兄弟至於如此苟不於我爲政之人而得罪焉則天之與我民彝必大泯滅而紊亂矣曰者言如此則汝其速由文王作罰刑此無赦而懲戒之不可緩也

不率大戛矧惟外庶子訓人惟厥正人越小臣諸節乃別播敷造民大譽弗念弗庸瘝厥君時乃引惡惟朕憝已汝乃其速由茲義率殺 戛訖黠反○戛法也言民之不率教者固可大寘之法矣況外庶子以訓人爲職與庶官之長及小臣之有符節者乃別布條教違道干譽弗念其君弗用其法以病君上是乃長惡於

下我之所深惡也臣之不忠如此刑其可已
乎汝其速由此義而率以誅戮之可也○按
上言民不孝不友則速由文王作罰刑茲無
赦此言外庶子正人小臣背上立私則速由
茲義率殺其曰刑曰殺若用法峻急者蓋殷
之臣民化紂之惡父子兄弟之無其親君臣
上下之無其義非繩之以法示之以威殷民
孰知不孝不義之不可干哉周禮所謂刑亂
國用重典者是也然曰速由文王曰速
由茲義則其刑其罰亦仁厚而已矣　**亦惟**
君惟長（指康叔）**不能厥家人**（齊其家人）**越**（及）**厥小臣外正惟威惟**
虐大放（廢棄）**王命乃非德用乂**（治）君長指康叔而言
也康叔而不能齊
其家不能訓其臣惟威惟虐大廢棄天子之
命乃欲以非德用治是康叔且不能用上命
矣亦何以責其臣
之瘝厥君也哉　**汝亦罔不克敬典**（常法）**乃由裕**（由是）

民惟文王之敬忌乃裕民曰我惟有及則予
一人以懌（悅）汝罔不能敬守國之常法由是而
求裕民之道惟文王之敬忌敬則
有所不忽忌則有所不敢期裕其民曰我惟
有及於文王則予一人以悅懌矣此言謹罰
之終也穆王訓
刑亦曰敬忌云　**王曰封爽**（明）**惟民**（思）**迪**（導）**吉康**（祥安）**我時**
其惟殷先哲王德用康乂（治）**民作求**（等）**矧今民罔**（無有）
迪（導之而不從）**不適不迪則罔政在厥邦**　此下欲其以德
用罰也求等也
詩曰世德作求言明思夫民當開導之以吉
康我亦將其惟殷先哲王之德用以安治其
民爲等匹於商先王也迪即迪吉康之迪況
今民無導之而不從者苟不有以導之則爲
無政於國矣迪言德而政言刑也前既嚴之
民又嚴之臣又嚴之康叔此則武王之自嚴

畏也

王曰封予惟不可不監告汝德之說于罰之行今惟民不靜未戾厥心迪屢未同爽惟天其罰殛我我其不怨惟厥罪無在大亦無在多矧曰其尚顯聞于天 戾止也又言民不安靜未能止其心之狠疾迪之者雖屢而未能使之上同乎治明思天其殛罰我我何敢怨乎惟民之罪不在大亦不在多茍爲有罪即在朕躬况曰今庶羣腥穢之德其尚顯聞于天乎

王曰嗚呼封敬哉無作怨勿用非謀非彝蔽時忱丕則敏德用康乃心顧乃德遠乃猷裕乃以民寧不汝瑕殄 此欲其不用罰而用德也歎息言汝敬哉毋作可怨之事勿用非善之謀非常之法惟斷以是誠大法古人之敏德用以安汝之心省汝之德遠汝之謀寬裕不迫以待民之自安若是則不汝瑕疵而棄絕矣

王曰嗚呼肆汝小子封惟命不于常汝念哉無我殄享明乃服命高乃聽用康乂民 肆未詳惟命不于常善則得之不善則失之汝其念哉毋我殄絕所享之國也明汝侯國服命高其聽不可畀忽我言用安治爾民也

王若曰往哉封勿替敬典聽朕告汝乃以殷民世享 勿廢其所敬之常法聽我所命而服行之乃能以殷民而世享其國也世享對上文殄享而言

酒誥 商受酗酒天下化之妹土商之都邑其染惡尤甚武王以其地

封康叔故作書誥教之云今文古文皆有○按吳氏曰酒誥一書本是兩書以其皆爲酒而誥故誤合而爲一自王若曰明大命于妹邦以下武王告受故都之書也自王曰封我西土棐徂邦君以下武王告康叔之書也書之體爲一人而作則首稱其人爲衆人而作則首稱其衆爲一方而作則首稱一方爲天下而作則首稱天下君奭書首稱君奭君陳書首稱君陳爲一人而作也甘誓首稱六事之人湯誓首稱格汝衆此爲衆人而作也湯誥首稱萬方有衆大誥首稱大誥多邦此爲天下而作也多方書爲四國而作則首稱四國多士書爲多士而作則首稱多士今酒誥爲妹邦而作故首言明大命于妹邦其自爲一書無疑按吳氏分篇引證固爲明

甚但既謂專誥毖妹邦不應有乃穆考文王之語意酒誥專爲妹邦而作而妹邦在康叔封圻之內則明大命之責康叔實任之故篇首專以妹邦爲稱至中篇始名康叔以致誥其曰尚克用文王教者亦申言首章文王誥毖之意其事則主於妹邦其書則付之康叔雖若二篇而實爲一書雖若二事而實相首尾反復參究蓋自爲誥之一體也

王若曰明大命于妹邦、妹邦即詩所謂沬鄉篇首稱妹邦者誥命專爲妹邦發也乃穆考文王肇國在西土、厥誥毖庶邦庶士、越少正御事、朝夕曰祀茲酒、惟天降命肇我民惟元祀、穆敬也詩曰穆穆文王是也上篇言文王明德則曰顯考此篇言文王誥毖則曰穆考言各有當也或曰文王世次爲穆亦通毖戒謹也少正官之副貳也文王朝夕勑戒之曰惟祭祀則用此酒天始令民作酒者爲大祭祀而已酉土庶邦遠去商邑文王誥毖亦諄諄以酒爲戒則商邑可知矣文王爲西伯故得誥毖庶邦云

天降威我民用大亂喪德亦罔非酒惟行越小大邦用喪亦罔非酒惟辜

酒之禍人也而以爲天降威者禍亂之成是亦天爾箕子言受酗酒亦曰天毒降災正此意也民之喪德君之喪邦皆由於酒喪德故言行喪邦故言辜

文王誥教小子有正有事無彝酒越庶國飲惟祀德將無醉

小子少子之稱以其血氣未定尤易縱酒喪德故文王專誥教之有正有官守者有事有職業者無毋同彝常也毋常於酒其飲惟於祭祀之時然亦必以德將之無至於醉也

惟曰我民迪小子惟土物愛厥心臧聰聽祖考之彝訓越小大德小子惟一

文王言我民亦常訓導其子孫惟土物之愛勤稼穡服田畝無外慕則心之所守者正而善日生爲子孫者亦當聰聽其祖父之常訓不可以謹酒爲小德小德大德小子惟一視之可也

妹土嗣爾股肱純其藝黍稷奔走事厥考厥長肇牽車牛遠服賈用孝養厥父母厥父母慶自洗腆致用酒

此武王教妹土之民也嗣續純大肇敏服事也言妹土民當嗣續汝四肢之力無有怠惰大修農功服勞田畝奔走以事其父兄或敏於貿易牽車牛遠事賈以孝養其父母父母

喜慶然後可自洗腆致用酒洗以致其絜腆以致其厚也薛氏曰或大修農功或遠服商賈以養父母父母慶則汝可以用酒也　庶士有正越庶伯君子其爾典聽朕教爾大克羞耇惟君爾乃飲食醉飽丕惟曰爾克永觀省作稽中德爾尚克羞饋祀爾乃自介用逸茲乃允惟王正事之臣茲亦惟天若元德永不忘在王家此武王教妹土之臣也伯長也曰君子者賢之也典常也羞養也言其大能養老也惟君未詳丕惟曰者大言也介助也用逸者用以宴樂也言爾能常常反觀內省使念慮之發營爲之際悉稽乎中正之德而無過不及之差則德全於身而可以交於神明矣如是則庶幾能進饋祀

尚書卷四　五十二

爾亦可自副而用宴樂也如此則信爲王治事之臣如此亦惟天順元德而永不忘在王家矣按上文父母慶則可飲酒克羞耇則可飲酒羞饋祀則可飲酒本欲禁絕其飲今乃反開其端者不禁之禁也聖人之教不迫而民從者此也孝養羞耇饋祀皆因其良心之發而利導之人果能盡此三者且爲成德之士矣而何憂其湎酒也哉　王曰封我西土棐徂邦君御事小子尚克用文王教不腆于酒故我至于今克受殷之命徂往也輔佐文王往日之邦君御事小子也言文王毖酒之教其大如此　王曰封我聞惟曰在昔殷先哲王迪畏天顯小民經德秉哲自成湯咸至于帝乙成王畏相惟御事厥棐

尚書卷四　五十三

有恭不敢自暇自逸，矧曰其敢崇飲。以商君臣之不暇逸者告康叔也。殷先哲王，湯也。迪畏者，畏之而見於行也。畏天之明命，畏小民之難保，經其德而不變，所以處己也。秉其哲而不惑，所以用人也。湯之垂統如此，故自湯至于帝乙，賢聖之君六七作，雖世代不同，而皆能成就君德，敬畏輔相，故當時御事之臣，亦皆盡忠輔翼，而有責難之恭，自暇自逸猶且不敢，況曰其敢尚飲乎。越在外服，侯甸男衛邦伯；越在內服，百僚庶尹惟亞惟服宗工，越百姓里居，罔敢湎于酒。不惟不敢，亦不暇，惟助成王德顯，越尹人祗辟。自御事而下，在外服則有侯甸男衛諸侯與其長伯，在內服則有百僚庶尹惟亞惟服宗工，國中百姓與夫里

居者亦皆不敢沉湎于酒。不惟不敢，亦不暇。不敢者有所畏，不暇者有所勉。惟欲上以助成君德而使之昭著，下以助尹人祗辟而使之益不怠耳。成王，顧上文成王而言。祗辟，顧上文有恭而言。呂氏曰：尹人者，百官諸侯之長也，指上文御事而言。我聞亦惟曰：在今後嗣王酣身，厥命罔顯于民，祗保越怨不易，誕惟厥縱淫泆于非彝，用燕喪威儀，民罔不衋傷心，惟荒腆于酒，不惟自息乃逸，厥心疾很，不克畏死，辜在商邑，越殷國滅無罹。弗惟德馨香祀，登聞于天，誕惟民怨庶羣自酒，腥聞在上，故天降喪于殷，罔愛于殷，惟

逸天非虐惟民自速辜盡乞力反狠下墾反罹鄰知反○以商受
荒腆于酒者告康叔也後嗣王受也受沈酣
其身昏迷於政命令不著於民其所祗保者
惟在於作怨之事不肯悛改大惟縱淫泆於
非彝泰誓所謂奇技淫巧也燕安也用安逸
而喪其威儀史記受爲酒池肉林使男女裸
而相逐其威儀之喪如此此民所以無不痛
傷其心悼國之將亡也而受方且荒怠益厚
于酒不思自息其逸力行無度其心疾狠雖
殺身而不畏也辜在商邑雖滅國而不憂也
弗事上帝無馨香之德以格天大惟民怨惟
羣酗腥穢之德以聞于上故上天降喪于殷
無有眷愛之意者亦惟受縱逸故也天豈虐
殷惟殷人酗酒自速其辜爾曰民者猶曰先民君臣之通稱也王曰封予不
惟若茲多誥古人有言曰人無於水監當於

周書卷四　五十四

民監今惟殷墜厥命我其可不大監撫于時
我不惟如此多言所以言湯言受如此其詳
者古人謂人無於水監水能見人之姸醜而
已當於民監則其得失可知今殷民自速辜
既墜厥命矣我其可不以殷民之失爲大監
戒以撫安斯時乎
予惟曰汝劼毖殷獻臣侯甸男衛
矧太史友内史友越獻臣百宗工矧惟爾事
服休服采矧惟若疇圻父薄違農父若保宏
父定辟矧汝剛制于酒劼丘八反圻與畿同○劼用力也汝當用
力戒謹殷之賢臣與鄰國之侯甸男衛使之
不湎于酒也毖殷獻臣侯甸男衛與文王毖
庶邦庶士同義殷之賢臣諸侯固欲知所謹
矣況太史掌六典八法八則内史掌八柄之

周書卷四　三十四

法汝之所友者及其賢臣百寮大臣可不謹於酒乎大史内史獻臣百宗工固欲知所謹矣況爾之所事服休坐而論道之臣服采起而作事之臣可不謹於酒乎曰友曰事者國君有所友有所事也然盛德有不可友者故孟子曰古之人曰事之云乎豈曰友之云乎服休服采固欲知所謹矣況爾之疇匹而位三卿者若圻父迫逐違命者乎若農父之順保萬民者乎若宏父之制其經界以定法者乎皆不可不謹于酒也圻父政官司馬也主封圻農父教官司徒也主農宏父事官司空也主廓地居民謂之父者尊之也先言圻父者制殷人湎酒以政為急也圻父農父宏父固欲知所謹矣況汝之身所以為一國之視傚者可不謹於酒乎故曰剛汝剛制于酒剛制亦劼毖之意剛果用力以制之也此章自遠而近自卑而尊等而上之則欲其自康叔之身始以是為治孰能禦之而況毖於酒德

也哉 **厥或誥曰、羣飲汝勿佚、盡執拘以歸于周、予其殺、** 羣飲者商民羣聚而飲為姦惡者也佚失也其者未定辭也蘇氏曰予其殺者未必殺也猶今法曰當斬者皆具獄以待命不必死也然必立法者欲人畏而不敢犯也羣飲蓋亦當時之法有羣聚飲酒謀為大姦者其詳不可得而聞矣如今之法有曰夜聚曉散者皆死罪蓋聚而為妖逆者也使後世不知其詳而徒聞其名凡民夜相過者輒殺之可乎 **又惟殷之迪諸臣惟工乃湎于酒、勿庸殺之、姑惟教之、** 殷受導迪為惡之諸臣百工雖湎于酒未能遽革而非羣聚為姦惡者無庸殺之且惟教之 **有斯明享、乃不用我教辭、惟我一人弗恤、弗蠲乃事、時同于殺、** 有者不忘之也斯此也指教辭而言享上享下之享言殷諸臣百工不忘教辭不湎于酒我則明享之其不用我教辭惟我一人不恤於汝弗蠲汝事時則同汝于羣飲誅殺之罪矣　**王曰封汝典聽朕毖**常**勿辯**治**乃司民湎于酒**辯治也乃司有司也郎上文諸臣百工之類言康叔不治其諸臣百工之湎酒則民之湎酒者不可禁矣

梓材亦武王誥康叔之書諭以治國之用而篇中有梓材二字此稽田作室爲雅故以爲篇編之别非有他義也今文古文皆有○按此篇文多不類自今王惟曰以下若人臣進戒之辭以書例推之曰今王惟曰者猶洛誥之今王卽命曰也肆王惟德用者

周書卷四　五十三

猶召誥之肆惟王其疾敬德王其德之用也已若茲監者猶無逸嗣王其監于茲也惟王子子孫孫永保民者猶召誥惟王受命無疆惟休也反覆參考與周公召公進戒之言若出一口意者此篇得於簡編斷爛之中文旣不全而進戒爛簡有用明德之語編書者以與同屬殺人等意合又武王之誥有曰王曰監云者而進戒之書亦有曰王曰監云者遂以爲文意相屬編次其後而不知前之所謂王者指先王而言非若今王之爲自稱也後之所謂監者乃監視之監而非啓監之監也其非命康叔之書亦明矣讀書者優游涵泳沉潛反覆繹其文義審其語脉一篇之中前則尊諭卑之辭後則臣告君之語蓋有不可得而強合者矣

周書卷四　五十六

王曰封以厥庶民暨厥臣達大家以厥臣達王惟邦君大家巨室也孟子曰爲政不難不得罪於巨室孔氏曰卿大夫及都家也以厥庶民暨厥臣達大家則下之情無不通矣以厥臣達王則上之情無不通矣王言臣而不言民者率土之濱莫非王臣也邦君上有天子下有大家能通上下之情而使之無間者惟邦君也汝若恒越曰我有師師司徒司馬司空尹旅曰予罔厲殺人亦厥君先敬勞肆徂厥敬勞肆往姦宄殺人歷人宥肆亦見厥君事戕敗人宥恒常也師師以官師爲師也尹正官之長旅衆大夫也敬勞恭敬勞來也徂往也歷人者罪人所過律所謂知情藏匿資給也戕敗者毀傷四肢面

周書卷四　五十七

目漢律所謂疻也此章文多未詳王啓監厥亂爲民曰無胥戕無胥虐至于敬寡至于屬婦合由以容王其效邦君越御事厥命曷以引養引恬自古王若茲監罔攸辟監三監之監康叔所封亦受畿內之民當時亦謂之監故武王以先王啓監意而告之也言王者所以開置監國者其治本爲民而已其命監之辭蓋曰無相與戕殺其民無相與虐害其民人之寡弱者則哀敬之使不失其所婦之窮獨者則聯屬之使有所歸保合其民率由是而容蓄之也且王所以責效邦君御事者其命何以哉亦惟欲其引掖斯民於生養安全之地而已自古王者之命監若此汝今爲監其無所用乎刑辟以戕虐人可也惟曰若稽田既勤敷菑惟

其陳修爲厥疆畎若作室家既勤垣墉惟其塗墍茨若作梓材既勤樸斲惟其塗丹雘墍奇寄反雘屋郭反○稽治也敷菑廣去草棘也疆畔也畎通水渠也塗墍泥飾也茨蓋也梓良材可爲器者雘采色之名敷菑以喻除惡垣墉以喻立國樸斲以喻制度武王之所已爲也疆畎墍茨丹雘則望康叔以成終云爾 今王惟曰先王既勤用明德懷爲夾庶邦享作兄弟方來亦既用明德后式典集庶邦丕享 夾音協○先王文懷遠爲近也兄弟言友愛也泰誓曰友邦冢君方來者方方而來也既盡也先王盡勤用明德而懷來於上諸侯亦盡用明德而視效於下也后後王也式用也典舊典也集和輯

也此章以後若臣下進戒之辭疑簡脫誤於此 皇天既付中國民越厥疆土于先王 越及也皇天既付中國民越其疆土于先王也 肆王惟德用和懌先後迷民用懌先王受命 肆今也德用用明德也和懌和悅之也先後勞來之也迷民迷惑染惡之民也命天命也用慰悅先王之克受天命者也 已若茲監惟曰欲至于萬年惟王子子孫孫永保民 已語辭監視也此人臣祈君永命之辭也按梓材有自古王若茲監罔攸辟之言而編書者誤以監爲句讀而爛簡適有已若茲監之語以爲語意相類合爲一篇而不知其句讀之本不同文義之本不類也孔氏依阿其說於篇意無所發明王氏謂成王自言必稱王者以覲禮考之天子以正過諸侯則稱王亦強釋難

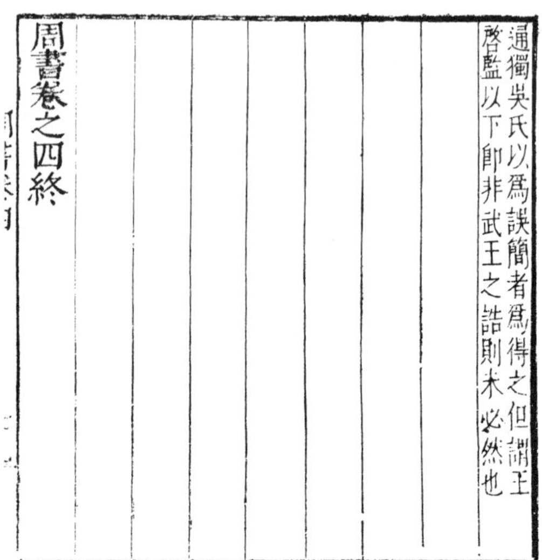

通獨吳氏以爲誤簡者爲得之但謂王
啓監以下即非武王之誥則未必然也

周書卷之四終

書經卷之五

召誥、左傳曰武王克商遷九鼎于洛邑史記載武王言我南望三塗北望嶽鄙顧詹有河粵詹洛伊毋遠天室營周居于洛邑而後去則宅洛者武王之志周公成王成之召公實先經理之洛邑既成成王始政召公因周公之歸作書致告達之於王其書拳拳於歷年之久近反復乎夏商之廢興究其歸則以諴小民為祈天命之本以疾敬德為諴小民之本一篇之中屢致意焉古之大臣其為國家長遠慮蓋如此以召公之書因以召告名篇今文古文皆有

惟二月既望、越六日乙未、王朝步自周、則至于豐、日月相望謂之望既望十六日也乙未二十一日也周鎬京也去豐二十五里文武廟在焉成王至豐以宅洛之事告廟也

惟太保先周公相宅、越若來三月惟丙午朏、越三日戊申太保朝至于洛卜宅、厥既得卜則經營、朏敷尾反戊音茂○成王在豐使召公先周公行相視洛邑越若來古語辭言召公於豐迤邐而來也朏孟康曰月出也三日明生之名戊申三月五日也卜宅者用龜卜宅都之地既得吉卜則經營規度其城郭宗廟郊社朝市之位

越三日庚戌太保乃以庶殷攻位于洛汭越五日甲寅位成、庶殷殷之衆庶也用庶殷者意是時殷民已遷于洛故就役之也位成者左祖右社前朝後市之位成也

若翼

日乙卯周公朝至于洛則達觀于新邑營周公至則徧觀新邑所經營之位越三日丁巳用牲于郊牛二越翼日戊午乃社于新邑牛一羊一豕一郊祭天地也故用二牛社祭用太牢禮也皆告以營洛之事越七日甲子周公乃朝用書命庶殷侯甸男邦伯書役書也春秋傳曰士彌牟營成周計丈數揣高低度厚薄仞溝洫物土方議遠邇量事期計徒庸慮材用書餱糧以令役於諸侯亦此意王氏曰邦伯者侯甸男服之邦伯也庶邦冢君咸在而獨命邦伯者公以書命邦伯而邦伯以公命命諸侯也厥既命殷庶庶殷丕作丕作者言皆趨事赴功也殷之頑民若未易役使者然召公率以攻位而位成

周公用以書命而丕作殷民之難化者猶且如此則其悅以使民可知也太保乃以庶邦冢君出取幣乃復入錫周公曰拜手稽首旅王若公誥告庶殷越自乃御事呂氏曰洛邑事畢周公將歸宗周召公因陳戒成王乃取諸侯贄見幣物以與周公且言其拜手稽首所以陳王及公之意蓋召公雖與周公言乃欲周公聯諸侯之幣與召公之誥併達之王謂洛邑已定欲誥告殷民其根本乃自爾御事不敢指言成王謂之御事猶今稱人爲執事也嗚呼皇天上帝改厥元子茲大國殷之命惟王受命無疆惟休亦無疆惟恤嗚呼曷其奈何弗敬此下皆告成王之辭託周公達之王也曷何也其語辭商受嗣

天位爲元子矣元子不可改而天改之大國未易亡而天亡之皇天上帝其命之不可恃如此今王受命固有無窮之美然亦有無窮之憂於是歎息言曰曷其柰何弗敬乎蓋深言不可以弗敬也又按此篇專主敬言敬則誠實無妄視聽言動一循乎理好惡用捨不違乎天與天同德固能受天明命也人君保有天命其有要於此哉伊尹亦言皇天無親克敬惟親敬則天與我一矣尚何疎之有

天既遐終大邦殷之命、兹殷多先哲王在天越厥後王後民兹服厥命厥終智藏瘝在夫知保抱攜持厥婦子以哀籲天徂厥亡出執嗚呼天亦哀于四方民其眷命用懋王其疾敬德、

後王後民指受也此章語多難解大意謂天既欲遠絕大邦殷之命矣而此殷先哲王其精爽在天宜若可恃者而商紂受命卒致賢智者退藏病民者在位民困虐政保抱攜持其妻子哀號呼天往而逃亡出見拘執無地自容故天亦哀民而眷命用歸於勉德者天命不常如此今王其可不疾敬德乎

相古先民有夏天迪從子保面稽天若今時既墜厥命今相有殷天迪格保面稽天若今時既墜厥命、

從子保者從其子而保之謂禹傳之子也面鄉也視古先民有夏天固啓迪之又從其子而保佑之禹亦面考天心敬順無違宜若可爲後世憑藉者今時已墜厥命矣今視有殷天固啓迪之又使其格正夏命而保佑之湯亦面考天心敬順無違宜亦可爲後世憑藉者今時已墜厥命矣以此知天命誠不可恃以爲安也

今

沖子嗣則無遺壽耇曰其稽我古人之德矧曰其有能稽謀自天稽考矧况也幼冲之主於老成之臣尤易疏遠故召公言今王以童子嗣位不可遺棄老成言其能稽古人之德是固不可遺也况言其能稽謀自天是尤不可遺也稽古人之德則於事有所證稽謀自天則於理無所遺無遺壽耇蓋君天下者之要務故召公特首言之嗚呼有王雖小元子哉其丕能諴于小民今休王不敢後用顧畏于民碞召公歎息言王雖幼冲乃天之元子哉謂其年雖小其任則大也其者期之辭也諴和碞險也王其大能諴和小民爲今之休美乎小民雖至微而至爲可畏王當不敢緩於敬德用顧畏於民之碞險可也王來紹上帝自服于土

中旦曰其作大邑其自時配皇天毖祀于上下其自時中乂王厥有成命治民今休洛邑天地之中故謂之土中王來洛邑繼天出治當自服行於土中是時洛邑告成成王始政故召公以自服土中爲言又舉周公嘗言作此大邑自是可以對越上天可以饗答神祇自是可以宅中圖治成命者天之成命也成王而能紹上帝服土中則庶幾天有成命治民今卽休美矣○王氏曰成王欲宅洛邑者以天事言則日東景夕多風日西景朝多陰日南景短多暑日北景長多寒洛天地之中風雨之所會陰陽之所和也以人事言則四方朝聘貢賦道里均焉故謂之土中王先服殷御事比介于我有周御事節性惟日其邁言治人當先服乎臣也王先服殷之御事

以親近副貳我周之御事使其漸染陶成相
觀爲善以節其驕淫之性則日進於善而不
已矣**王敬作所不可不敬德**、言化臣必謹乎身也所處所也猶所
其無逸之所王能以敬爲所則動靜語默出
入起居無往而不居敬矣不可不敬德者甚
言德之不可不敬也**我不可不監于有夏亦不可不監**
于有殷我不敢知曰有夏服天命惟有歷年、
我不敢知曰不其延惟不敬厥德乃早墜厥
命、我不敢知曰有殷受天命惟有歷年、我不
敢知曰不其延惟不敬厥德乃早墜厥命、夏商
歷年長短所不敢知我所知者惟不敬厥德
即墜其命也與上章相古先民之意相爲出

入但上章主言天眷之不足恃此則直言不敬德則墜厥命爾**今王嗣受厥**
命、我亦惟茲二國命、夏商**嗣若功、**有功如禹湯者**王乃初服、**初行政教今王繼受
天命我謂亦惟此夏商之命當嗣其有功者
謂繼其能敬德而歷年者也況王乃新邑初
政服行教化之始乎**嗚呼若生子罔不在厥初生、自貽**遺
哲命、明智之命**今天其命哲命吉凶命歷年、知今我初**
服、歎息言王之初服若生子無不在於初生習爲善則善矣自貽其哲命爲政之道亦
猶是也今天其命王以哲乎命以吉凶乎命以歷年乎皆不可知所可知者今我初服如
何爾初服而敬德則亦自貽哲命而吉與歷年矣**宅新邑、肆惟王其**
疾敬德、王其德之用祈天永命、宅新邑所謂初服也王其

疾敬德各可綏乎王其德
之用而祈天以歷年也 其惟王勿以小民
淫用非彝亦敢殄戮用乂民若有功 刑者德之反疾
於敬德則當緩於用刑勿以小民過用非法
之故亦敢於殄戮用治之也惟順導民則可
有功民猶水也水泛濫橫流失其性矣然壅
而遏之則害愈甚惟順而導之則可以成功
其惟王位在德元小民乃惟刑用于天下越
王顯 元首也居天下之上必有首天下之德
王位在德元則小民皆儀刑用德于下
於王之德益以顯矣 上下勤恤其曰我受天命丕若有
夏歷年式勿替有殷歷年欲王以小民受天
永命 其亦期之辭也君臣勤勞期曰我受天
命大如有夏歷年用勿替有殷歷年欲

兼夏殷歷年之永也召公又繼以欲王以小
民受天永命蓋以小民者勤恤之實受天永
命者歷年之實也蘇氏曰君臣一心以勤恤
民庶幾王受命歷年如夏商且以民心爲天
命也 拜手稽首曰予小臣敢以王之讎民百君
子越友民保受王威命明德王末有成命王
亦顯我非敢勤惟恭奉幣用供王能祈天永
命 讎民殷之頑民與三監叛者百君子殷之
御事庶士也友民周之友順民也保者保
而不失受者受而無拒威命明德者德威德
明也末終也召公於篇終致敬言予小臣敢
以殷周臣民保受王威命明德王當終有天
之成命以顯于後世我非敢以此爲勤惟恭
奉幣帛用供王能祈天永命而已蓋奉幣之
禮臣職之所當恭而祈天之實則在王之所

自盡也又按恭奉幣意即上文取幣以錫周公而旅王者蓋當時成王將舉新邑之祀故召公奉以助祭云

洛誥洛邑既定周公遣使告卜史氏錄之以爲洛誥又并記其君臣答問及成王命周公留治洛之事今文古文皆有○按周公拜手稽首以下周公授使者告卜之辭也王拜手稽首以下成王授使者復公之辭也王肇稱殷禮以下周公教成王宅洛之事也公明保予沖子以下成王命公留後治洛之事也王命予來以下周公許成王留洛君臣各盡其責難之辭也伻來以下成王錫命毖殷命寧之事也戊辰以下史又記其祭祀冊誥等事及周公居洛歲月久近以附之以見周公作洛之始終而成王

秉祀發政之後即歸于周而未嘗都洛也

周公拜手稽首曰朕復子明辟此下周公授使者告卜之辭也拜手稽首者史記周公遣使之禮也復如逆復之復成王命周公往營成周周公得卜復命于王也謂成王爲子者親之也謂成王爲明辟者尊之也周公相成王尊則君親則兄之子也明辟者明君之謂先儒謂成王幼周公代王爲辟至是反政成王故曰復子明辟夫有失然後有復武王崩成王立未嘗一日不居君位何復之有哉蔡仲之命言周公位冢宰正百工則周公以冢宰總百工而已豈不彰彰明甚矣乎王莽居攝幾傾漢鼎皆儒者有以啓之是不可以不辨蘇氏曰此上有脫簡在康誥自惟三月哉生魄至洪大誥治四十八字**王如弗敢及天基命定命予乃胤保**

大相東土其基作民明辟。凡有造基之而後命所以成始也定命所以成終也言成王幼沖退託如不敢及知天之基命定命予乃繼太保而往大相洛邑其庶幾爲王始作民明辟之地也洛邑在鎬京東故曰東土

予惟乙卯朝至于洛師我卜河朔黎水我乃卜澗水東瀍水西惟洛食我又卜瀍水東亦惟洛食伻來以圖及獻卜。瀍音廛伻補耕反○乙卯即召誥之乙卯也洛師猶言京師也河朔黎水河北黎水交流之内也澗水東瀍水西王城也朝會之地瀍水東下都也處商民之地王城在澗瀍之間下都在瀍水之外其地皆近洛水故兩云惟洛食也食者史先定墨而灼龜之兆正食其墨也伻使也圖洛之地圖也獻卜獻其卜

之兆辭也

王拜手稽首曰公不敢不敬天之休來相宅其作周匹休公既定宅伻來來視予卜休恒吉我二人共貞公其以予萬億年敬天之休拜手稽首誨言。此王授使者復公之辭也王拜手稽首者成王尊異周公而重其禮也匹配也公不敢不敬天之休命來相宅爲周匹休之地言卜洛以配周命於無窮也視示也示我以卜之休美而常吉者也二人成王周公也貞猶當也十萬曰億言周公宅洛規模宏遠以我萬億年敬天休命故又拜手稽首以謝周公告卜之誨言

周公曰王肇稱殷禮祀于新邑咸秩無文。此下周公告成王宅洛之事也殷盛也與五年再殷祭之殷同秩序也無文祀典不載也

言王始舉盛禮祀于洛邑皆序其所當祭者雖祀典不載而義當祀者亦序而祭之也呂氏曰定都之初肇舉盛禮大饗羣祀雖祀典不載者咸秩序而祭之有告焉有報焉有祈焉始建新都昭假上下告成事也雨暘時若大役以成報神賜也自今以始永奠中土祈鴻休也後世不知祭祀之義鬼神之德觀周公首以祀于新邑爲言若闊於事情者抑不知人主臨鎮新都之始齊祓一心對越天地遠邇精明之德放諸四海無所不準而助祭諸侯下逮胞翟之賤亦皆有孚顒若收其放而合其離蓄格君心萃天下之道莫要於此宜周公以爲首務也

予齊百工伻從王于周予惟曰庶有事

周公言予整齊百官使從成王于周謂將適洛時也予惟謂之曰庶幾其有所事乎公但微示其意以待成王自教詔之也

今王即命曰記功宗以功作元祀惟命曰汝受命篤弼

功宗功之尊顯者祭法曰聖王之制祭祀也法施於民則祀之以死勤事則祀之以勞定國則祀之能禦大災則祀之能捍大患則祀之蓋功臣皆祭於大烝而勲勞之最尊顯者則爲之冠故謂之元祀周公告成王即命曰記功之尊顯者以功作元祀矣又惟命之曰汝功臣受此褒賞之命當益厚輔王室蓋作元祀既以慰答功臣而又勉其左右王室益圖久大之業也

丕視功載乃汝其悉自教工

丕大視示也功載者記功之載籍也大視功載而無不公則百工效之亦皆公也大視功載而或出於私則百工效之亦皆私也其公其私悉自汝教之所謂乃汝其悉自教工也上章告以褒賞功臣故戒其大視功載者如此

孺子其朋孺子其朋其往無若火始燄

燄厥攸灼敍弗其絕、孺子稚子也朋比也上文百工之觀傚如此則論功行賞孺子其可少徇比黨之私乎孺子其少徇比黨之私則自是而往有若火然始雖燄燄尚微而其灼爍將次第延爇不可得而撲滅矣言論功行賞徇私之害其初甚微其終至於不可遏絕所以嚴其辭而禁之於未然也厥若彝及撫事如予惟以在周工往新邑伻嚮即有僚明作有功惇大成裕汝永有辭、其順常道及撫國事常如我爲政之時惟周兄在周官勿參以私人往新邑使百工知上意嚮各就有僚明白奮揚而赴功惇厚博大以裕裕則王之休聞亦永有辭于後世矣公曰已汝惟沖子惟終、周之王業文武始之成王當終之也此上詳於記功教工內治之事此下則統御諸

侯教養萬民之道也汝其敬識百辟享亦識其有不享享多儀儀不及物惟曰不享惟不役志于享、凡民惟曰不享惟事其爽侮此御諸侯之道也百辟諸侯也享朝享也儀禮物幣也諸侯享上有誠有僞惟人君克敬者能識之識其誠於享者亦識其不誠於享者享不在幣而在於禮幣有餘而禮不足亦所謂不享也諸侯惟不用志於享則國人化之亦皆謂上不必享矣衆國無享上之誠則政事安得不至於差爽僭侮隳王度而爲叛亂哉人君可不以敬存心辨之於早察之於微乎乃惟孺子頒朕不暇聽朕教汝于棐民彝汝乃是不蘉乃時惟不永哉篤敘乃正父罔不若予不敢廢

乃命汝往敬哉兹予其明農哉彼裕我民無遠用戾

蘉謨郎反○此教養萬民之道也頒朕不暇未詳或曰成王當頒布我汲汲不暇者聽我教汝所以輔民常性之道汝於是而不勉焉則民彝泯亂而非所以長久之道矣正父武王也猶今稱先正云者篤若篤厚而不忘叙者先後之不紊言篤叙武王之道無不如我則人不敢廢汝之命矣呂氏曰武王沒周公如武王故天下不廢周公之命周公去成王如周公則天下不廢成王之命戾至也王往洛邑其敬之哉我其退休田野惟明農事蓋公有歸老之志矣彼謂洛邑也王於洛邑和裕其民則民將無遠而至焉

王若曰公明保予沖子公稱丕顯德以予小子揚文武烈奉答天命和恒四方民居師

此成王答周公及留公也大抵與上章參錯相應明顯明之也保保佑之也稱舉也和者使不乖也恒者使可久也居師若宅其衆也言周公明保成王總大明德使其上之不忝於文武仰不愧天俯不作人也

惇宗將禮稱秩元祀咸秩無文、

宗功宗之宗也下文宗禮同將大也

惟公德明光于上下勤施于四方旁作穆穆迓衡不迷文武勤教予沖子夙夜毖祀、

旁無方所也因上下四方爲言穆穆和敬也迓迎也言周公之德昭著於上下勤施于四方旁作穆穆以迎治平不迷失文武所勤之教於天下公之德教加於時若如此予沖子夫何爲哉惟早夜以謹祭祀而已蓋成王知周公有退休之志故示其所以留之之意也

王曰公功棐迪篤罔不若時、

言周公之功所以輔我啟我者厚矣當常如是未可以言去也王曰公予小子其退即辟於周命公後此下成王留周公治洛也成王言我退即居於周命公留後治洛蓋洛邑之作周公本欲成王遷都以宅天下之中而成王之意則未欲捨鎬京而廢祖宗之舊故於洛邑舉祀發政之後即欲歸居於周而留周公治洛謂之後者先成王之辭猶後世留守留後之義先儒謂封伯禽以為魯後者非是攷之費誓東郊不開乃在周公東征之時則伯禽就國蓋已久矣下文惟告周公其後其序之義益可見其為周公不為伯禽也四方迪亂未定於宗禮亦未克敉公功宗禮即功宗之禮也亂治也四方開治公之功也未定功宗之禮故未能敉公功也敉功者安定其功之謂即下文命寧者也迪將其後監我

士師工誕保文武受民亂為四輔誕大也周公居洛將大其後使我士師工有所監視大保文武所受於天之民而治為宗周之四輔也漢三輔蓋本諸此今按先言將大其後而繼以亂為四輔則命周公留後於洛明矣王曰公定予往已公功肅將祗歡公無困哉我惟無斁其康事公勿替刑四方其世享斁音亦○定爾雅曰止也成王欲周公止洛而自歸往宗周言周公之功人皆肅而將之欽而悅之宜頌撫洛邑以慰懌人心毋求去以困我也我惟無厭其安民之事公勿替所以監我士師工者四方得以世世享公之德也吳氏曰前漢書兩引公無困哉皆以哉作我當以我為正周公拜手稽首曰王命予來承保乃文祖受

命民越乃光烈考武王弘朕恭此下周公許成王留等事也來者來洛邑也承保乃文祖受命民及光烈考武王者答誕保文武受民之言也責難於君謂之恭弘朕恭者大共責難之義也孺子來相宅其大惇典殷獻民亂爲四方新辟作周恭先曰其自時中乂萬邦咸休惟王有成績典典章也殷獻民殷之賢者也言當大厚其典章及殷之獻民蓋文獻者爲治之大要也亂治也言成王於新邑致治爲四方新主也作周恭先者人君恭以接下以恭而倡後王也公又言其自是宅中圖治萬邦咸底休美則王其有成績矣此周公以治洛之效望之成王也予旦以多子越御事篤前人成烈荅其師作周孚先考

周書卷之五　十三

朕昭子刑乃單文祖德多子者衆卿大夫也唐孔氏曰子者有德之稱大夫皆稱子師衆也周公言我以衆卿大夫及治事之臣篤厚文武成功以荅天下之衆也孚信也作周孚先者人臣信以事上以信而倡後人也考成也昭子猶所謂明辟也親之故曰子刑儀刑也單殫也言成我明子儀刑而殫盡文王之德蓋周公與羣臣篤前人成烈者所以成成王之刑乃殫文祖德也此周公以治洛之事自效也伻來毖殷乃命寧予絕句以秬鬯二卣曰明禋拜手稽首休享秬臼許反鬯丑亮反卣音由禋音因○此謹毖殷民而命寧周公也秬黑黍也一稃二米和氣所生鬯鬱金香草也卣中尊也明絜禋敬也以事神之禮事公也蘇氏曰以黑黍爲酒合以鬱鬯所以祼也宗廟之禮莫盛於祼王使人來戒敕虔殷且

以秬鬯二卣綏寧周公曰明禋曰休享者何
也事周公如事神明也古者有大賓客以享
禮禮之酒清人渴而不飲肉乾人饑而不食
也故享有禮爲豈非敬之至者則其禮如祭
也歟**予不敢宿則禋于文王武王**、宿與夙同命三宿之宿同禋
祭名周公不敢受此禮而祭於文武也**惠篤敍無有遘自疾萬**
年厭于乃德殷乃引考、遘居侯反厭於豔反○此祭之祝辭周公
爲成王禱也惠順也篤敍與篤敍乃正父同
順篤敍文武之道身其康強無有遘遇自罹
疾害者子孫萬年厭飽乃德殷人亦永壽考也**王伻殷乃承敍萬年**、
其永觀朕子懷德、承聽受也敍敍條次第也王使殷人承敍萬年其永
觀法我孺子而懷其德也蓋周公雖許成王
留洛然且謂王伻殷者若曰遷洛之民我固

任之至於使其承敍萬年則實繫於王也亦
責難之意與召誥末用供王能祈天永命語脈
相類**戊辰王在新邑烝祭歲文王騂牛一、武王**
騂牛一、王命作冊逸祝冊惟告周公其後王
賓殺禋咸格王入太室祼、戊音茂祼古玩反○此下史官記祭
祀冊誥等事以附篇末也戊辰十二月之戊
辰日也是日成王在洛舉烝祭之禮曰歲云
者歲舉之祭也周尚赤故用騂宗廟禮太牢
此用特牛者命周公留後於洛故舉盛禮也
逸史佚也作冊者冊書也逸祝冊者史逸爲
祝冊以告神也惟告周公其後者祝冊所載
更不他及惟告周公留守其後之意重其事
也王賓猶虞賓杞宋之屬助祭諸侯也諸侯
以王殺牲禋祭祖廟故咸至也太室清廟中
央室也祼灌也以圭瓚酌秬鬯灌地以降神

也
王命周公後作冊逸誥在十有二月逸誥者史
逸誥周公治洛留後也在十有
二月者明戊辰爲十二月日也惟周公誕保
文武受命惟七年、吳氏曰周公自留洛之後
凡七年而薨也成王之留
公也言誕保文武受民公之復成王也亦言
承保乃文祖受命民越乃光烈考武王故史
臣於其終計其年曰惟周公誕保文
武受命惟七年蓋終始公之辭云
多士、商民遷洛者亦有有位之士故
周公洛邑初政以王命總呼多
士而告之編書者因以名篇亦誥體
也今文古文皆有○吳氏曰方遷商
民於洛之時成周未作其後王與周
公患四方之遠鑒三監之叛於是始
作洛邑欲徙周而居之其曰昔朕來
自奄大降爾四國民命我乃明致天
周書卷五 二十五

周書卷五
罰移爾遐逖比事臣我宗多遜者述
遷民之初也曰今朕作大邑於茲洛
予惟四方罔攸賓亦惟爾多士攸服
奔走臣我多遜者言遷民而後作洛
也故洛誥一篇終始皆無欲遷商民
之意惟周公既誥成王留治於洛之
後乃曰伻來毖殷又曰王伻殷乃承
敘當時商民已遷於洛故其言如此
愚謂武王已有都洛之志故周公黜
殷之後以殷民反覆難制卽遷於洛
至是建成周造廬舍定疆埸乃告命
與之更始焉爾此多士之所以作也
由是而推則召誥攻位之庶殷其已
遷洛之民歟不然則受都今衛州也
洛邑今西京也相去四百餘里召公
安得舍近之友民而役遠之讐民哉
書序以爲成周既成遷殷頑民者
謬矣吾固以爲非孔子所作也
二十五

惟三月周公初于新邑洛用告商王士、此多士之本序也三月成王祀洛次年之三月也周公至洛从矣此言初者成王既不果遷留公治洛至是公始行治洛之事故謂之初也曰商王士者貴之也　王若曰爾殷遺多士弗弔旻天大降喪于殷我有周佑命、將天明威致王罰勑殷命終于帝、弗弔未詳意其爲歎憫之辭當時方言爾也旻天秋天也主肅殺而言歎憫言旻天大降災害而喪殷我周受眷佑之命奉將天之明威致王罰之公勑正殷命而格之以終上帝之事蓋惟革命之公以開諭之也　肆爾多士非我小國敢弋殷命惟天不畀允罔固亂弼我我其敢求位、肆與康誥肆汝小子

封同弋取也弋鳥之弋言有心於取之也呼多士而之謂以勢而言我小國亦豈敢弋取殷命蓋栽者培之傾者覆之固其治而不固其亂者天之道也惟天不與殷信其不固毁之亂矣惟天不固殷之亂故輔我周之治而天位自有所不容辭若我其敢有求位之心哉　惟帝不畀惟我下民秉爲惟天明畏、秉持也言天命之所不與即民心之所秉爲民心之所秉爲即天威之所明畏者也反覆天民相因之理以見天之果不外乎民民之果不外乎天也詩言秉彝此言秉爲者彝以理言爲以用言也　我聞曰上帝引逸有夏不適逸則惟帝降格嚮于時夏弗克庸帝大淫泆有辭惟時天罔念聞厥惟廢元命降致罰、引導逸安也降格與呂刑

降格同呂氏曰上帝引逸者非有形聲之接
也人心得其安則亹亹而不能已斯則上帝
引之也是理坦然亦何間於桀第桀喪其良
心自不適於安耳帝實引之桀實避之帝猶
未遽絕也乃降格災異以示意嚮於桀桀猶
不知警懼不能敬用帝命乃大肆淫逸雖有
矯誣之辭而天罔念聞之仲虺所謂帝用不
臧是也廢其大命降致其罰而夏祚終矣
乃命爾先祖成湯革夏俊民甸四方甸治也
伊尹稱湯旁求俊彥孟子稱湯立賢無方蓋明揚俊
民分布遠邇甸治區書成湯立政之大經也
周公反復以夏商爲言者蓋夏之亡即殷之
亡湯之興即武王之興也商民觀是亦可以
自反矣
自成湯至于帝乙罔不明德恤祀明德者所
以修其身恤祀者所以敬乎神也
亦惟天丕建保乂有殷

王亦罔敢失帝罔不配天其澤亦惟天大建立保治有殷
殷之先王亦皆操存此心無敢失帝之則無不配天以澤民也
在今後嗣王
誕罔顯于天矧曰其有聽念于先王勤家誕
淫厥泆罔顧于天顯民祇後嗣王紂也紂大不明於天道況曰
能聽念商先王之勤勞於邦家者乎大肆淫泆無復顧念天之顯道民之敬畏者也
惟時上帝不保降若茲大喪大喪者國亡而身戮也
惟天不畀不明厥德商先王以明德而天丕建則商後王不明德而天不畀矣
凡四方小大邦喪罔非有辭於罰凡四方小大邦國喪
亡其致罰皆有可言者況商罪貫盈而周奉辭以伐之者乎
王若曰爾殷

多士今惟我周王丕靈承帝事靈善也大善承天之所爲也武成言祗承上帝以遏亂畧是也有命曰割殷告勑于帝有命曰割殷則不得不戡定翦除告其勑正之事於帝也武成言告於皇天后土所有大正于商者是也惟我事不貳適惟爾王家我適上帝臨汝毋貳爾心惟我事不貳適之謂上帝既命侯于周服惟爾王家我適之謂割殷之事非有私心一於從帝而無貳適則爾殷王家自不容不我適矣周不貳于帝殷其能貳於周乎蓋亦以確然不可動揺之意而潛消頑民反側之情爾然聖賢事不貳適日用飲食莫不皆然蓋所以事天也豈特割殷之事而已哉予其曰惟爾洪無度我不爾動自乃邑三監倡亂予其曰乃汝大爲非法非我爾動發自爾

邑猶伊訓所謂造攻自鳴條也予亦念天即于殷大戾肆不正予亦念天就殷邪屢降大戾紂既死武庚又死故邪慝不正言當遷徙也王曰猷告爾多士予惟時其遷居西爾非我一人奉德不康寧時惟天命無違朕不敢有後無我怨時是也指上文殷大戾而言謂惟是之故所以遷居西爾非我一人樂如是之遷徙震動也是惟天命如此汝毋違越我不敢有後命謂有他罰爾無我怨也惟爾知惟殷先人有冊有典殷革夏命即其舊聞以開諭之也殷之先世有冊書典籍載殷改夏命之事正如是耳爾何獨疑於今乎今爾其曰夏迪簡在王庭有服在百僚予一人惟聽

用德肆予敢求爾于天邑商予惟率肆矜爾

非予罪時惟天命 周公既舉商革夏事以諭責周謂商革夏命之初比夏之士皆啟迪簡拔在商王之庭有服列於百僚之間今周於商士未聞有所簡拔也周公舉其言以大義折之言爾頑民雖有是言然予一人所聽用者惟以德而已故予敢求爾於天邑商而遷之於洛者以冀率德改行爲予惟循商故事矜恤於爾而已其不爾用者非我之罪也是惟天命如此蓋章德者天之命今頑民滅德而欲求用得乎

王曰多士昔朕來自奄予大降爾四國民命我乃明致天罰移爾遐逖比事臣我宗多遜 降猶今決降等云者言昔我來自商奄之時汝四國之民罪皆應死我大降爾命不忍誅戮乃止明致天罰移爾遠居于洛以親比臣我宗周有多遜之美其罰蓋亦甚輕其恩固已甚厚今乃猶有所怨望乎詳此章則商民之遷固已久矣

王曰告爾殷多士今予惟不爾殺予惟時命有申今朕作大邑于茲洛予惟四方罔攸賓亦惟爾多士攸服奔走臣我多遜 以自奄之命爲初命則此命爲中命也言我惟不忍爾殺故申明此命且我所以營洛者以四方諸侯無所賓禮之地亦惟爾等服事奔走臣我多遜而無所處故也詳此章則遷民在營洛之先矣呂氏曰來自奄稱昔者遠日之辭也作大邑稱今者近日之辭也移爾遐逖比事臣我宗多遜者期之之辭也攸服奔走臣我多遜者果能之辭也以此又知遷民在前而作洛在後也

爾

乃尚有爾土爾乃尚寧幹止幹事止居也爾
業庶幾安爾所事安爾所居也詳此章所言
皆仍舊有土田居止之辭信商民之遷舊矣
孔氏不得其說而以得反所生爾克敬天惟
穉之於文義似矣而事則非也
畀矜爾爾不克敬爾不啻不有爾土予亦致
天之罰于爾躬敬則言動無不循理天之所
莫不違悖天之所禍刑戮所加也豈特竄
徙不有爾土而已哉身亦有所不能保矣今
爾惟時宅爾邑繼爾居爾厥有幹有年于茲
洛爾小子乃興從爾遷邑四井爲邑之邑繼
者承續安居之謂有
營爲有壽考皆於茲洛焉爾之子孫乃興自
爾遷始也夫自亡國之末裔爲起家之始祖

周書卷之五　二十七

周書卷之五

頑民雖愚亦王曰又曰時予乃或言爾攸居
知所擇矣
王曰之下當有闕文以多方篇末王曰又曰
推之可見時我或有所言皆以爾之所居止
爲念也申結上
文爾居之意

無逸逸者人君之大戒自古有國家
者未有不以勤而興以逸而廢
也益戒舜曰罔遊於逸罔淫於樂舜
大聖也益猶以是戒之則時君世主
其可忽哉成王初政周公懼其知逸
而不知無逸也故作是書以訓之言
則古昔必稱商王者時之近[illegible]必稱
先王者王之親也舉三宗者繼世之
君也詳文祖者耳目之所逮也上自
天命精微下至畎畝艱難閭里怨詛
無不具載豈獨成王之所當知哉實
天下萬世人主之龜鑑也是篇凡七

延端周公皆以嗚呼發之深嗟永歎其意深遠矣亦訓體也今文古文皆有

周公曰嗚呼君子所其無逸、所猶處所也君子以無逸爲所動靜食息無不在是焉行輟則非所謂所矣 先知稼穡之艱難乃逸則知小人之依 先知稼穡之艱難乃逸者以勤居逸也依者指稼穡而言小民所恃以爲生者也農之依田猶魚之依水木之依土魚無水則死木無土則枯民非稼穡則無以生也故舜自耕稼以至爲帝禹稷躬稼以有天下文武之基起於后稷四民之事莫勞於稼穡生民之功莫盛於稼穡周公發無逸之訓而首及乎此有以哉

相小人厥父母勤勞稼穡厥子乃不知稼穡之艱難乃逸乃諺既誕否則侮厥父母曰昔

周書卷五 二二

之人無聞知、諺疑戰反○不知稼穡之艱難乃逸者以逸爲逸也俚語曰諺言視小民其父母勤勞稼穡其子乃生於豢養不知稼穡之艱難乃縱逸自恣乃習俚巷鄙語既又誕妄無所不至不然則又訕侮其父母曰古老之人無聞無知徒自勞苦而不知所以自逸也昔劉裕奮農畝而取江左一再傳後子孫見其服用反笑曰田舍翁得此亦過矣此正所謂昔之人無聞知也使成王非周公之訓安知其不以公劉后稷爲田舍翁也

周公曰嗚呼我聞曰昔在殷王中宗嚴恭寅畏天命自度治民祗懼不敢荒寧肆中宗之享國七十有五年、中宗太戊也嚴則莊重恭則謙抑寅則欽肅畏則戒懼天命即天理也中宗嚴恭寅畏以天理而自檢律其身至於治民之際亦祗敬恐

周書卷五 二二

懼而不敢怠荒安寧中宗無逸之實如此故能有享國永年之效也按書序太戊有原命咸乂等篇意述其當時敬天治民之事今無所攷矣 其在高宗時舊勞于外爰暨小人作其即位乃或亮陰三年不言其惟不言言乃雍不敢荒寧嘉靖殷邦至于小大無時或怨肆高宗之享國五十有九年 亮音梁陰音菴○高宗武丁也未即位之時其父小乙使久居民間與小民出入同事故於小民稼穡艱難備嘗知之也雍和也發言和順當於理也嘉美靖安也嘉靖者禮樂教化蔚然於安居樂業之中也漢文帝與民休息謂之靖則可謂之嘉則不可小大無時或怨者萬民咸和也乃雍者和之發於身嘉靖者和之達於政無怨者和之著於民也

餘見說命高宗無逸之實如此故亦有享國永年之效也 其在祖甲不義惟王舊爲小人作其即位爰知小人之依能保惠于庶民不敢侮鰥寡肆祖甲之享國三十有三年 史記高宗崩子祖庚立祖庚崩弟祖甲立則祖甲高宗之子祖庚之弟也鄭玄曰高宗欲廢祖庚立祖甲祖甲以爲不義逃於民間故云不義惟王○按漢孔氏以祖甲爲太甲蓋以國語稱帝甲亂之七世而殞孔氏見此等記載意爲帝甲必非周公所稱者又以不義惟王與太甲茲乃不義文似遂以此稱祖甲者爲太甲然詳此章舊爲小人作其即位與上章爰暨小人作其即位文勢正類所謂小人者皆指微賤而言非謂儉小之人也作其即位亦不見太甲復政思庸之意又按邵子經世書高宗五十九年

祖庚七年祖甲三十三年世次歷年皆與書合亦不以太甲爲祖甲殆殷世二十有九以甲名者五帝以大以小以沃以陽以祖別之不應二人俱稱祖甲國語傳訛承謬旁記曲説不足盡信要以周公之言爲正又下文周公言自殷王中宗及高宗及祖甲及我周文王及云者因其先後次第而枚舉之辭也則祖甲之爲祖甲而非太甲明矣

自時厥後立王生則逸、生則逸不知稼穡之艱難、不聞小人之勞、惟耽樂之從、自時厥後亦罔或克壽、或十年、或七八年、或五六年、或四三年、

過樂謂之耽泛言自三宗之後卽君位者生則逸豫不知稼穡之艱難不聞小人之勞惟耽樂之從伐性喪生故自三宗之後亦無能壽考遠者不過十年七八年近者五六年三四年爾耽樂愈甚則享年愈促也凡人莫不欲壽而惡夭此篇專以享年永不永爲言所以開其所欲而禁其所當戒也

周公曰、嗚呼厥亦惟我周、太王王季克自抑畏、

商猶異世也故又卽我周先王告之言太王王季能自謙抑謹畏者蓋將論文王之無逸故先述其源流之深長也大抵抑畏者無逸之本縱肆怠荒皆矜誇無忌憚者之爲故下文言文王曰柔曰恭曰不敢皆原太王王季抑畏之心發之耳

文王卑服、卽康功田功、

卑服猶禹所謂惡衣服也康功安民之功田功養民之功言文王於衣服之奉所性不存而專意於安養斯民也卑服蓋舉一端而言宮室飲食自奉之薄皆可類推

徽柔懿恭、懷保小民、惠鮮鰥寡、自朝至于日中昃、不遑暇食、用

咸和萬民、徽懿皆美也昃日昳也柔謂之徽則非柔懦之柔恭謂之懿則非足恭之恭文王有柔恭之德而極其徽懿之盛和易近民於小民則懷保之於鰥寡則惠鮮之惠鮮云者鰥寡之人垂首喪氣賚予賙給之使之有生意也自朝至于日之中自中至于日之昃一食之頃有不遑暇欲咸和萬民使無一不得其所也文王心在乎民自不知其勤勞如此豈奉始皇衡石程書隋文帝衛士傳餐代有司之任者之爲哉立政言罔攸兼于庶言庶獄庶慎則文王又若無所事事者不讀無逸則無以知文王之勤不讀立政則無以知文王之逸合二書觀之則文王之所從事可知矣文王不敢盤于遊田、以庶邦惟正之供、文王受命惟中身、厥享國五十年、遊田國有常制文王不敢盤遊無度上不濫費故下無過

取而能以庶邦惟正之供於常貢正數之外無橫斂也言庶邦則民可知文王爲西伯所統庶邦皆有常供春秋貢於霸主者班班可見至唐猶有送使之制則諸侯之供方伯舊矣受命言爲諸侯也中身者漢孔氏曰文王九十七而終即位時年四十七言中身舉全數也上文崇素儉恤孤獨勤政事戒遊佚皆文王無逸之實故其享國有歷年之永周公曰、嗚呼、繼自今嗣王、則其無淫于觀、于逸、于遊、于田、以萬民惟正之供、則法也其指文王而言淫過也言自今日以往嗣王其法文王無過于觀逸遊田以萬民惟正賦之供上文言遊田而不言觀逸以大而包小也言庶邦而不言萬民以遠而見近也無皇曰今日耽樂、乃非民攸訓、非天攸若、時人丕則有愆、

無若殷王受之迷亂、酗于酒德哉、無與毋通皇與遑通訓法若順則法也毋自寬假曰今日姑爲是耽樂也一日耽樂固若未害然下非民之所法上非天之所順時人大法其過逸之行猶商人化受而崇飲之類故繼之曰毋若商王受之洸迷酗于酒德哉酗酒謂之德者德有凶有吉韓子所謂道與德爲虛位是也周公曰、嗚呼、我聞曰、古之人猶胥訓告、胥保惠、胥教誨、民無或胥譸張爲幻、譸張䛁反幻音患○胥相訓誡惠順譸誣張誕也變名易實以眩觀者曰幻歎息言古人德業已盛其臣猶且相與誡告之相與保惠之相與教誨之保惠者保養而將順之非特誡告而已也教誨則有規正成就之意又非特保惠而已也惟其若是是以視聽思慮無所蔽塞好惡取予明而不悖故

當時之民無或敢誑誕爲幻也此厥不聽、人乃訓之、乃變亂先王之正刑、至于小大、民否則厥心違怨、否則厥口詛祝、否俯久反詛莊助反祝音咒○正刑正法也言成王於上文古人胥訓告保惠教誨之事而不聽信則人乃法則之君臣上下師師非度必變亂先王之正法無小無大莫不盡取而紛更之蓋先王之法甚便於民甚不便於縱侈之君如省刑罰以重民命民之所便也而君之殘酷者則必變亂之如薄賦歛以厚民生民之所便也而君之貪侈者則必變亂之厥心違怨者怨之蓄于中也厥口詛祝者怨之形於外也爲人上而使民心口交怨其國不危者未之有也此蓋治亂存亡之機故周公懍懍言之周公曰、嗚呼、自殷王中宗、及高宗、及祖甲、及

我周文王茲四人迪哲
迪蹈哲智也孟子以知而弗去爲智之實迪云者所謂弗去是也人主知小人之依而或怨戾之者是不能蹈其知者也惟中宗高宗祖甲文王允蹈其知故周公以迪哲稱之
厥或告之曰小人怨
汝詈汝則皇自敬德厥愆曰朕之愆允若時
不啻不敢含怒
詈力智反○詈罵言也其或有告之曰小人怨汝詈汝汝則皇自敬德反諸其身不尤其人其所誣毀之愆安而受之曰是我之愆允若時者誠實若是非止隱忍不敢藏怒也蓋三宗文王於小民之依心誠知之故不暇責小人之過言且因以察吾身之未至怨詈之語乃所樂聞是豈特止於隱忍含怒不發而已哉
此厥不聽人乃或譸張爲幻曰小人怨汝詈汝

書經卷五 二十五

則信之則若時不永念厥辟不寬綽厥心亂
罰無罪殺無辜怨有同是叢于厥身
綽尺約反○綽人叢聚也言成王於上文三宗文王迪哲之事不肯聽信則小人乃或誣誕變亂虛實曰小民怨汝詈汝汝則聽信之則如是不能永念其爲君之道不能寬大其心以誣誕無實之言羅織疑似亂罰無罪殺戮無辜天下之人受禍不同而同於怨皆叢於人君之一身亦何便於此哉大抵無逸之書以知小人之依爲一篇綱領而此章則申言旣知小人之依則當蹈其知也三宗文王能蹈其知故其存心寬平人之怨詈不足以介蔕其心如天地之於萬物一於長育而已其悍疾憤戾天豈私怒於其間哉天地以萬物爲心人君以萬民爲心故君人者要當以民之怨詈爲已責不當以民之怨詈爲已怒以爲已責則民

書經卷五 二十六

安而君亦安以爲已怒則民危而君亦危矣吁可不戒哉周公曰嗚呼嗣王其監于茲茲者指上文而言也無逸一篇七章章首皆先致其咨嗟詠歎之意然後及其所言之事至此章則於嗟歎之外更無他語惟以嗣王其監于茲結之所謂言有盡而意則無窮成王得無深警於此哉

君奭召公告老而去周公留之史氏錄其告語爲篇亦誥體也以周公首呼君奭因以君奭名篇篇中語多未詳今文古文皆有○按此篇之作史記謂召公疑周公當國踐祚唐孔氏謂召公以周公嘗攝王政今復在臣位葛氏謂召公未免常人之情以爵位先後介意故周公作是篇以諭之陋哉斯言要皆爲序文所誤獨蘇氏謂召公之意欲周公告老而歸

周書卷五　二十七

周書卷五　二十八

爲近之然詳本篇旨意迺召公自以盛滿難居欲避權位退老厥邑周公反復告諭以留之爾熟復而詳味之其義固可見也

周公若曰君奭君者尊之之稱奭召公名也古人尚質相與語多名之弗弔天降喪于殷殷既墜厥命我有周既受我不敢知曰厥基永孚于休若天棐忱我亦不敢知曰其終出于不祥不祥者休之反也天既下喪亡于殷殷既失天命我有周既受之矣我不敢知曰其基業長信於休美乎如天果輔我之誠耶我亦不敢知曰其終果出於不祥乎○按此篇周公留召公而作此其言天命吉凶雖曰我不敢知然其懇惻危懼之意天命吉凶之決實主於召公留不留如何也嗚呼

君已曰時我我亦不敢寧于上帝命弗永遠念天威越我民罔尤違惟人在我後嗣子孫大弗克恭上下遏佚前人光在家不知尤怨違背也周公歎息言召公已嘗曰是在我而已周公謂我亦不敢苟安天命而不永遠念天之威於我民無尤怨背違之時也天命民心去就無常實惟在人而已今召公乃忘前日之言翻然求去使在我後嗣子孫大不能敬天敬民驕慢肆侈遏絕佚墜文武光顯可得謂在家而不知乎天命不易天難諶乃其墜命弗克經歷嗣前人恭明德諶時壬反○天命不易猶詩曰命不易哉命不易保天難諶信乃其墜失天命者以不能經歷繼嗣前人之恭明德也吳氏曰弗克恭故不能

嗣前人之恭德遏佚前人光故不能嗣前人之明德在今予小子旦非克有正迪惟前人光施于我冲子吳氏曰小子自謙之辭也非克有正亦自謙之辭也言在今我小子旦非能有所正也凡所開導惟以前人光大之德使益焜燿而付于冲子而已以前言後嗣子孫遏佚前人光而言也又曰天不可信我道惟寧王德延天不庸釋于文王受命又曰者以上文言天命不易天難諶此又申言天不可信故曰又曰天固不可信然在我之道惟以延長武王之德使天不容捨文王所受之命也公曰君奭我聞在昔成湯既受命時則有若伊尹格于皇天在太甲時則有若保衡在太戊時則

有若伊陟臣扈、格于上帝、巫咸乂王家、在祖乙時則有若巫賢、在武丁、時則有若甘盤、則

有若者言當其時有如此人也保衡即伊尹臣也見說命太戊太甲之孫伊陟伊尹之子臣扈與湯時臣扈二人而同名者也巫氏咸名祖乙太戊之孫巫賢巫咸之子也武丁高宗也甘盤見說命呂氏曰此章序商六臣之烈蓋勉召公匹休於前人也伊尹佐湯以聖輔聖其治化與天無間伊陟臣扈之佐太戊以賢輔賢其治化克厭天心自其徧覆言之謂之天自其主宰言之謂之帝書或稱天或稱帝各隨所指非有重輕於此章對言之則聖賢之分而深淺見矣巫咸止言其乂王家若咸之爲治功在王室精微之蘊猶有愧於二臣也以書有咸乂四篇其乂王家之實歟巫賢甘盤而無指言者意必又次於巫咸也○

周書卷之五　二十九

蘇氏曰殷有聖賢之君七此獨言五下文云殷禮陟配天豈配祀于天若止此五王而其臣皆配食于廟乎在武丁時不言傅說豈傅說不配食於廟天之上乎其詳不得而聞矣

率惟茲有陳、保乂有殷、故殷禮陟配天、多歷年所、

陟升遐也言六臣循惟此道有陳列之功以保乂有殷故殷先王終以德配天而享國長久也

天惟純佑命、則商實百姓王人、罔不秉德明恤、小臣屏侯甸、矧咸奔走、惟茲惟德稱、用乂厥辟、故一人有事于四方、若卜筮罔不是孚、

佑助也實虛實之實國有人則實孟子言不信仁賢則國空虛是也稱舉也亦秉持之義事征伐會同之類承上章六臣輔君格天致治遂言天佑命有商純一而

周書卷之五　二十二

不雜故商國有人而實內之百官著姓與夫王臣之微者無不秉持其德明致其憂外之小臣與夫藩屏侯甸矧皆奔走服役惟此之故惟德是舉用乂其君故君有事于四方如龜之卜如蓍之筮天下無不敬信之也

公曰君奭天壽平格保乂有殷有殷嗣天滅威今汝永念則有固命厥亂明我新造邦

呂氏曰坦然無私之謂平格者通徹三極而無間者也天無私壽惟至平通格于天者則壽之伊尹而下六臣能盡平格之實故能保乂有殷多歷年所至于殷紂亦嗣天位乃驟罹滅亡之威天曾不私壽之也固命者不墜之天命也今召公勉爲周家久永之念則有天之固命其治效亦赫然明著於我新造之邦而身與國俱顯矣

公曰君奭在昔上帝割申勸寧王之德其集大命于厥躬

申重勸勉也在昔上帝降割于殷申勸武王之德而集大命於其身使有天下也

惟文王尚克修和我有夏亦惟有若虢叔有若閎夭有若散宜生有若泰顛有若南宮括

號叔文王弟閎散泰南宮皆氏夭宜生顛括皆名言文王庶幾能修治燮和我所有諸夏者亦惟有虢叔等五臣爲之輔也康誥言一二邦以修無逸言用咸和萬民即文王修和之實也

又曰無能往來茲迪彝教文王蔑德降于國人

蔑莫結反○蔑無也夏氏曰周公前既言文王之興本此五臣故又反前意而言曰若此五臣者不能爲文王往來奔走於此導迪其常教則文王亦無德降及於國人矣周公反覆以明其意故以又曰更端發之

亦惟純佑秉德迪知天威乃惟時昭文王迪見冒聞于上帝惟時受有殷命哉言文王有此五臣者故亦如殷爲天純佑命百姓王人罔不秉德也上既及言文王若無此五臣爲迪彝教則亦無德下及國人故此又正言亦惟天乃純佑文王蓋以如是秉德之臣蹈履至到實知天威以是昭明文王啓迪其德使著見於上覆冒於下而升聞于上帝惟是之故遂能受有殷之天命也武王惟茲四人尚迪有祿後暨武王誕將天威咸劉厥敵惟茲四人昭武王惟冒不單稱德單與殫通稱平聲○號叔先死故曰四人劉殺也單盡也武王惟此四人庶幾迪有天祿其後暨武王盡殺其敵惟此四人能昭武王遂覆冒天下天下大盡

稱武王之德謂其達聲教于四海也文王冒西土而已不單稱德惟武王爲然於文王言命於武王言祿者文王但受天命至武王方富有天下也呂氏曰師尚父之事文武烈莫盛焉不與五臣之列蓋一時議論或詳或畧隨意而言主於留召公而非欲爲人物評也今在予小子旦若游大川予往暨汝奭其濟小子同未在位誕無我責收罔勗不及耇造德不降我則鳴鳥不聞矧曰其有能格小子旦自謙之稱也浮水曰游周公言承文武之業懼不克濟若浮大川罔知津涯豈能獨濟哉予往與汝召公共濟可也小子成王也成王幼冲雖已即位與未即位同誕大也大無我責丨疑有缺文收罔勗不及未詳耇造德不降言召公去則耇老成人之德不下於民在

在郊之鳳將不復得聞其鳴矣况敢言進此有感格乎是時周方隆盛鳴鳳在郊詠卷阿鳴于高岡者乃詠其實故周公云爾也**公曰嗚呼君肆其監于茲我受命無疆惟休亦大惟艱告君乃猷裕我不以後人迷**肆大猷謀也茲指上文所言周公歎息欲召公大監視上文所陳也我文武受命固有無疆之美矣然迹其積累締造蓋亦艱難之大者不可不相與竭力保守之也告君謀所以寬裕之道勿狹隘求去我不欲後人迷惑而失道也○吕氏曰大臣之位百責所萃震撼擊撞欲其鎮定辛甘燥濕欲其調齊盤錯棼結欲其解紓黯闇汚濁欲其茹納自非曠度洪量與夫患失乾沒者未嘗無翩然捨去之意况召公親遭大變破斧缺斨之時屈折調護心勞力瘁又非平時大臣之比顧以成王未親政不敢乞身

書經卷五　三十二

儻一旦政柄有歸眷然去志固人情之所必至然思文武王業之艱難念成王守成之無助則召公義未可去也今乃汲汲然求去之不暇其迫切已甚矣盍謀所以寬裕之道圖功攸終展布四體為久大規模使君德開明未可捨去而聽後人之迷惑也**公曰前人敷乃心乃悉命汝作汝民極曰汝明勗偶王在亶乘茲大命惟文王德丕承無疆之恤**偶配也蘇氏曰周公與召公同受武王顧命輔成王故周公言前人敷乃心腹以命汝召公位三公以為民極且曰汝當明勉輔孺子如耕之有偶也在於相信如車之有馭併力一心以載天命念文考之舊德以丕承無疆之憂武王之言如此而可以去乎**公曰君告汝朕允保奭其汝克敬以予監于**

殷喪大否肆念我天威大否大亂也告汝以之言汝能敬以我所言監視殷之喪亡大亂可不大念我天威之可畏乎予不允惟若兹誥予惟曰襄我二人汝有合哉言曰在時二人天休滋至惟時二人弗戡其汝克敬德明我俊民在讓後人于丕時戡勝也戡堪古通用周公言我不信於人而若此告語乎予惟曰王業之成在我與汝而已汝聞我言而有合哉亦曰在是二人但天休滋至惟是我二人將不堪勝汝若以盈滿爲懼則當能自敬德益加寅畏明揚俊民布列庶位以盡大臣之職業以荅滋至之天休毋徒惓惓而欲去爲也他日在汝推遜後人于大盛之時超然肥遯誰復汝禁今豈汝辭位之時乎嗚呼

篤棐時二人我式克至于今日休我咸成文王功于不怠丕冒海隅出日罔不率俾周公復歎息言篤於輔君者是我二人我用能至於今日休盛然我欲與召公共成文王功業于不怠大覆冒斯民使海隅日出之地無不臣服然後可也周都西土去東爲遠故以日出言呉氏曰周公未嘗有其功以其留召公故言之蓋欲其所已然而勉其所未至亦人所說而從者也公曰君予不惠若兹多誥予惟用閔于天越民周公言我不順於理而若兹諄復之多誥耶予惟用憂天命之不終及斯民之無賴也韓子言畏天命而悲人窮亦此意前言若兹誥故此言若兹多誥周公之告召公其言語之際亦可悲矣公曰嗚呼君惟乃知民德亦

罔不能厥初，惟其終，祗若茲，往敬用治。上章言天命民心，而民心又天命之本也。故卒章專言民德以終之。周公歎息謂召公踐歷諳練之久，惟汝知民之德，民德謂民心之嚮順者不能其初，今日罔厥尤，違矣。當思其終則民之難保者，尤可畏也。其祗順此誥，往敬用治，不可忽也。此召公已留，周公飭遣就職之辭。厥後召公既相成王，又相康王，再世猶未釋其政，有味於周公之言也夫。

蔡仲之命。蔡，國名；仲，字，蔡叔之子也。叔沒，周公以仲賢，命諸成王，復封之蔡。此其誥命之詞也。今文無，古文有。○按此篇次敘當在洛誥之前。

惟周公位冢宰，正百工，羣叔流言，乃致辟管叔于商，囚蔡叔于郭鄰，以車七乘；降霍叔于庶人，三年不齒。蔡仲克庸祗德，周公以為卿士，叔卒，乃命諸王邦之蔡。周公位冢宰，正百工，武王崩時也。郭鄰，孔氏曰中國之外地名，蘇氏曰郭虢也。周禮六遂五家為鄰。管、霍，國名，武王崩，成王幼，周公居冢宰，百官總已以聽者，古今之通道也。當是時，三叔以主少國疑，乘商人之不靖，謂可惑以非義，遂相與流言倡亂，以搖之，是豈周公一身之利害，乃欲傾覆社稷，塗炭生靈，天討所加，非周公所得已也。故致辟管叔于商，致辟云者，誅戮之也。囚蔡叔于郭鄰，以車七乘，囚云者，制其出入而猶從以七乘之車也。降霍叔于庶人，三年不齒，三年之後方齒錄以復其國也。三叔刑罰之輕重，因其罪之大小而已。仲，叔之子，克庸祗德，周公以為

周書卷三　三十五

卿士叔卒乃命之成王而封之蔡也周公留佐成王食邑於圻內圻內諸侯孟仲二卿故周公用仲爲卿非魯之卿也蔡左傳在淮汝之間仲不別封而命邦之蔡者所以不絕叔於蔡也封仲以他國則絕叔於蔡矣呂氏曰象欲殺舜舜在側微其害止於一身故舜得遂其友愛之心周公之位則繫于天下國家雖欲遂友愛於三叔不可得也舜與周公易地皆然史臣先書惟周公位冢宰正百工而繼以羣叔流言所以結正三叔之罪也後言蔡仲克庸祗德周公以爲卿士叔卒即命之正以爲諸侯以見周公處然於三叔之刑幸仲克庸祗德則亟擢用分封之也吳氏曰此所謂冢宰正百工與詩所謂攝政皆在成王諒闇之時非以幼沖而攝而其攝也不過位冢宰之位而已亦非如荀卿所謂攝天子位之事也三年之喪二十五月而畢方其畢時周公固未嘗攝亦非有七年而後還政之事

周書卷五　三十三

也百官總已以聽冢宰未知其所從始如殷之高宗已然不特周公行之此皆論周公者所當先知也

王若曰、小子胡惟爾率德改行克愼厥猷肆予命爾侯于東土、往即乃封敬哉、胡仲名言仲循祖文王之德改父蔡叔之行能謹其道故我命汝爲侯於東土往就汝所封之國其敬之哉呂氏曰敬哉者欲其無失此心也命書之辭雖稱成王實周公之意

爾尚蓋前人之愆惟忠惟孝爾乃邁迹自身克勤無怠以垂憲乃後率乃祖文王之彝訓、無若爾考之違王命、蔡叔之罪在於不忠不孝故仲能掩前人之愆者惟在於忠孝而已叔違王命仲無所因故曰邁迹自身克勤無怠所謂自身[illegible]垂憲乃後所

罰邁迹也率乃祖文王之彝訓無若爾考之違王命上文所謂率德改行也皇天無親惟德是輔民心無常惟惠之懷爲善不同同歸于治爲惡不同同歸于亂爾其戒哉此章與伊尹申誥太甲之言相類而有深淺不同者太甲蔡仲之有間也善固不一端而無不可行之善惡亦不一端而無可爲之惡爾其可不戒之哉慎厥初惟厥終終以不困不惟厥終終以困窮惟思也窮困之極也思其終者所以謹其初也懋乃攸績睦乃四鄰以蕃王室以和兄弟康濟小民勉汝所立之功親汝四鄰之國蕃屏王家和協同姓康濟小民五者諸侯職之所當盡也率自中無作聰明亂舊

章詳乃視聽罔以側言改厥度則予一人汝嘉率循也無毋同詳審也中者心之理而無過不及之差者也舊章者先王之成法厥度者吾身之法度皆中之所出者作聰明則喜怒好惡皆出於私而非中矣其能不亂先王之舊章乎戒其本於已者然也側言一偏之言也視聽不審惑於一偏之說則非中矣其能不改吾身之法度乎戒其徇於人者然也仲能戒是則我一人汝嘉矣呂氏曰作聰明者非天之聰明特浩浩小智耳作與不作而天人判焉王曰嗚呼小子胡汝往哉無荒棄朕命汝往就國戒其毋廢棄我命汝所言也

多方成王即政奄與淮夷又叛成王滅奄歸作此篇按費誓言徂茲淮夷徐戎並興即其事也疑當時扇亂不特殷人如徐戎淮夷四方容或

有之故及多方亦誥體也今文古文皆有○蘇氏曰大誥康誥酒誥梓材召誥洛誥多士多方八篇雖所誥不一然大畧以殷人心不服周而作也予讀泰誓武成常怪周取殷之易及讀此八篇又怪周安殷之難也多方所誥不止殷人乃及四方之士是紛紛焉不心服者非獨殷人也予乃今知湯已下七王之德深矣方殷之虐人如在膏火中歸周如流不暇念先王之德及天下粗定人自膏火中出即念殷先七王如父母雖以武王周公之聖相繼撫之而莫能禦也夫以西漢道德比之殷猶碔砆之與美玉然王莽公孫述隗囂之流終不能使人忘漢光武成功若建瓴然使周無周公則亦殆矣此周公之所以畏而不敢去也

周書卷五　三十七

周書卷五

惟五月丁亥王來自奄（商奄）至于宗周（鎬京）成王即政之明年商奄又叛成王征滅之杜預云奄不知所在宗周鎬京也呂氏曰王者定都天下之所宗也東遷之後定都于洛則洛亦謂之宗周衛孔悝之鼎銘曰隨難于漢陽即宮于宗周是時鎬已封秦宗周蓋指洛也然則宗周初無定名隨王者所都而名耳周公曰王若曰猷告爾四國多方惟爾殷侯尹民我惟大降爾命（宥）爾罔不知呂氏曰先曰周公曰而復曰王若曰何也明周公傳王命而非周公之命也周公之命誥終於此篇故發例於此以見大誥諸篇凡稱王曰者無非周公傳成王之命也成王滅奄之後告諭四國殷民而因以曉天下也所主殷民故又專提殷侯之正民者告之言殷民罪應誅殺我大降宥爾命爾宜無不知也洪

惟圖天之命弗永寅念于祀圖謀也言桀奄大惟私意圖謀天命自底滅亡不深長敬念以保其祭祀呂氏曰天命可受而不可圖圖則人謀之私而非天命之公矣此蓋深示以天命不可妄干乃多方一篇之綱領也下文引夏商所以失天命受天命者以明示之惟帝降格于夏有夏誕厥逸不肯感言于民乃大淫昏不克終日勸于帝之迪乃爾攸聞言帝降災異以譴告桀桀不知戒懼乃大肆逸豫憂民之言尚不肯出諸口況望其有憂民之實乎勸勉也迪啟迪也視聽動息日用之間洋洋乎昔上帝所以啟迪開導斯人者桀乃大肆淫昏終日之間不能少勉於是天理或幾乎息矣況望有惠迪而不違乎此乃爾之所聞欲其因桀而知紂也厥逸與多士引逸不同者循亂

之為亂為治耳逸豫以民言淫昏以帝言各以其義也此章上疑有缺文厥圖帝之命不克開于民之麗乃大降罰崇亂有夏因甲于內亂不克靈承于旅罔丕惟進之恭洪舒于民亦惟有夏之民叨懫日欽劓割夏邑叨他刀反懫陟利反○此章文多未詳麗猶日月麗乎天之麗謂民之所依以生者也依於土依於衣食之類甲始也言桀矯誣上天圖度帝命不能開民衣食之原於民依恃以生者一皆抑塞遏絕之猶乃大降威虐于民以增亂其國其所因則始于內嬖蠱其心敗其家不能善承其衆不能大進於恭而大寬裕其民亦惟夏邑之民貪叨忿懫者則日欽崇而尊用之以戕害於其國也天惟時求民主乃大降顯

休命于成湯、刑殄有夏、言天惟是爲民求主耳桀既不能爲民之主天乃大降顯休命於成湯使爲民主而伐夏殄滅之也〇呂氏曰曰求曰降豈眞有求之降之者哉天下無統渙散漫流勢不得不歸其所聚而湯之一德乃所謂顯休命之實一聚離而聚之者也民不得不聚於湯湯不得不受斯民之聚是豈人爲之私哉故曰天求之天降之也惟天不畀純、乃惟以爾多方之義民、不克永于多享、惟夏之恭多士、大不克明保享于民、乃胥惟虐于民、至于百爲、大不克開、純大也義民賢者也言天不與桀者大乃以爾多方賢者不克永于多享以至于亡也言桀於義民不能用其所敬之多士率皆不義之民上文所謂叨懫日欽者同惡相濟大不

能明保享于民乃相與播虐于民民無所措其手足凡百所爲無一能達上文所謂不克開于民之麗者政暴民窮所以速其亡也此雖指桀多士爾殷侯尹民嘗逮事紂者寧不惕然內愧乎乃惟成湯克以爾多方簡、代夏作民主、簡擇也民擇湯而歸之慎厥麗乃勸、厥民刑用勸、湯深謹其所依以勸勉其民故民皆儀刑而用勸勉也人君之於天下仁而已矣仁者君之所依也君仁則莫不仁矣以至于帝乙、罔不明德慎罰、亦克用勸、明德則民愛慕之謹罰則民畏服之自成湯至于帝乙雖歷世不同而皆知明其德謹其罰故亦能用以勸勉其民也明德謹罰所以謹厥麗也明德仁之本也謹罰仁之政也要囚殄戮多罪、亦克用勸、開釋無辜、

亦克用勸德明之而已罰有辟焉有宥焉故再言辟而當罪亦能用以勉勸宥而赦過亦能用以勸勉言辟與宥皆足以使人勉於善也今至于爾辟弗克以爾多方享天之命呂氏曰爾辟謂紂也商先哲王世傳家法積累維持如此今一旦至于汝居乃以爾全盛之多方不克坐享天命而亡之是誠可閔也天命至公操則存舍則亡以商先王之多基圖之大紂曾不得席其餘蔭其亡忽焉危微操舍之幾周公所以示天下深矣豈徒曰懲辭之而已哉嗚呼王若曰誥告爾多方非天庸釋有夏非天庸釋有殷外言嗚呼而後言王若曰者唐孔氏曰周公先自歎息而後稱王命以誥之也庸用也有心之謂釋去之也上文言夏殷之亡因言非天有心於去夏亦非天有心於去殷下文遂

言乃惟桀紂自取亡滅也○呂氏曰周公先自歎息而始宣布成王之誥告以見周公未嘗稱王也入此篇之始周公曰王若曰復語相承書無此體也至於此章先嗚呼而後王若曰書亦無此體也周公居聖人之變史官豫憂來世傳疑襲誤蓋有竊之爲口實矣故於周公誥命終篇發新例二著周公實未嘗稱王所以別嫌明微而謹萬世之防也乃惟爾辟以爾多方大淫圖天之命屑有辭紂以多方之富大肆淫泆圖度天命瑣屑有辭與多士言桀大淫泆有辭義同殷之亡非自取此以下二章推之此章之上當有闕文乃惟有夏圖厥政不集于享天降時喪有邦間之集萃也享享有之桀圖其政不集于享而集于亡故天降是喪亂而俾有殷代之夏之亡非自取乎乃惟爾商

後王逸厥逸圖厥政不蠲烝天惟降時喪烝進也紂以逸居逸淫湎無度故其爲政不蠲潔而穢惡不烝進而怠惰天以是降喪亡于殷殷之亡非自取乎此上三節皆應上文非天庸釋之語惟聖罔念作狂惟狂克念作聖天惟五年須暇之子孫誕作民主罔可念聽聖通明之稱言聖而罔念則爲狂矣愚而能念則爲聖矣紂雖昏愚亦有可改過遷善之理故天又未忍遽絶之猶五年之久須待暇寬於紂冀其克念大爲民主而紂無可念可聽者五年必有指實而言孔氏牽合歲月者非是或曰狂而克念果可爲聖乎曰聖固未易爲也狂而克念則作聖之功知所向方太甲其庶幾矣聖而罔念果至於狂乎曰聖固無所謂罔念也禹戒舜曰無若丹朱傲惟慢遊是好

一念之差雖未至於狂而狂之理亦在是矣此人心惟危聖人拳拳告戒豈無意哉天惟求爾多方大動以威開厥顧天惟爾多方罔堪顧之紂既罔可念聽天於是求民主於爾多方大警動以禨祥譴告之威以開發其能受眷顧之命者而爾多方之衆皆不足以堪眷顧之命也惟我周王靈承于旅克堪用德惟典神天天惟式教我用休簡畀殷命尹爾多方典主式用也克堪者能勝之謂也德輶如毛民鮮克舉之言德舉者莫能勝也文武善承其衆克堪用德是誠可以爲神天之主矣故天式教文武用以休美簡擇畀付殷命以正爾多方也吕氏曰式教用休者知之何而教之也文武既得乎天天德日新左右逢原其思也若或起之其行也若或翼

之乃天之所以教而用以昌大休明者也非諄諄然而教之也此章深諭天下向背天命未定眷求民主之時能者則得之孰有避汝者乃無一能當天之眷今天既命我周而定于一矣爾猶洶洶不靖欲何爲耶明指天命而讋服四海姦雄之心者莫切於是

今我曷敢多誥我惟大降爾四國民命言今我何敢如此多誥我惟大降宥爾四國民命舉其宥過之恩而責其遷善之實也

爾曷不忱裕之于爾多方爾曷不夾介乂我周王享天之命今爾尚宅爾宅畋爾田爾曷不惠王熙天之命夾説治反○夾夾輔之夾介賓介之介爾何不誠信寬裕於爾之多方乎爾何不夾輔介助我周王享天之命乎今爾猶得居爾宅耕爾田爾何不順我王室各守爾典以廣天命乎此三節責其何不如此也

爾乃迪屢不靜爾心未愛爾乃不大宅天命爾乃屑播天命爾乃自作不典圖忱于正爾乃屢蹈不靜自取亡滅爾心其未知所以自愛耶爾乃大不安天命耶爾乃輕棄天命耶爾乃自爲不法欲圖見信于正者以爲當然邪此四節責其不可如此也

我惟時其教告之我惟時其戰要囚之至于再至于三乃有不用我降爾命我乃其大罰殛之非我有周秉德不康寧乃惟爾自速辜我惟是教告而誨諭之我惟是戒懼而要囚之今至于再至于三矣爾不用我降宥爾命而猶狃於

叛亂反覆我乃其大罰殛殺之非我有周秉德不安靜乃惟爾自爲凶逆以速其罪爾

王曰嗚呼猷告爾有方多士暨殷多士今爾奔走臣我監五祀監監洛邑之遷民者也猶諸侯之分民有君道焉所以謂之臣我監也言商士遷洛奔走臣服我監於今五年矣不曰年而曰祀者因商俗而言也又按成周既成而成王即政成王即政而商奄繼叛事皆相因纔一二年耳今言五祀則商民之遷固在作洛之前矣尤爲明驗

越惟有胥伯小大多正爾罔不克臬臬事也周官多以胥以伯以正爲名胥伯小大衆多之正蓋殷多士授職於洛共長治遷民者也其奔走臣我監亦久矣宜相體悉竭力其職無或反側偷惰而

自作不和爾惟和哉爾室不睦不能事也

爾惟和哉爾邑克明爾惟克勤乃事心不安靜則身不和順矣身不安靜則家不和順矣言爾惟和哉者所以勸勉之也和其身睦其家而後能協于其邑驩然有恩以相愛粲然有文以相接爾邑克明始爲不負其職而可謂克勤乃事矣前既戒以罔不克臬故以克勤乃事期之也

爾尚不忌于凶德

亦則以穆穆在乃位克閱于乃邑謀介忌畏也穆穆和敬貌頑民誠可畏矣然如上文所言爾多士庶幾不至畏忌頑民凶德亦則以穆穆和敬端處爾位以潛消其悍逆悖戾之氣又能簡閱爾邑之賢者以謀其助則民之頑者且革而化矣尚何可畏之有哉成王誘掖商士之善以化殷商民之惡其轉移感動之機微矣

爾乃自時洛邑尚永力畋爾田天惟畀哉

矜爾我有周惟其大介賚爾迪簡在王庭尚爾事有服在大僚爾乃自時洛邑庶幾可以保有其業力畋爾田天亦將畀予矜憐於爾我有周亦將大介助賚錫於爾洛迪簡拔置之王朝矣其庶幾勉爾之事有服在大僚不難至也多士篇商民嘗以夏迪簡在王庭有服在百僚爲言故此因以勸勵之也王曰嗚呼多士爾不克勸忱我命爾亦則惟不克享凡民惟曰不享爾乃惟逸惟頗大遠王命則惟爾多士探天之威我則致天之罰離逖爾土誥告將終乃歎息言爾多士如不能相勸信我之誥命爾亦則惟不能享上凡爾之民亦惟曰上不必享矣爾乃放逸頗僻大違我命則惟爾多士

自取天威我亦致天之罰播流蕩析俾爾離遠爾土矣爾雖欲宅爾宅畋爾田尚可得哉多方疑當作多士上章既勸之以休此章則董之以威商民不惟有所慕而不敢違越且有所畏而不敢違越矣王曰我不惟多誥我惟祗告爾命我豈若是多言哉我惟敬告爾以上文勸勉之命而已又曰時惟爾初不克敬于和則無我怨與之更始只曰時惟爾初也爾民至此尚又不能敬于和猶復乖亂則自底誅戮毋我怨尤矣開其爲善禁其爲惡周家忠厚之意於是篇尤爲可見○呂氏曰又曰二字所以形容周公之惓惓斯民命已畢而猶有餘情誥已終而猶有餘語顧盻之光藹藹然溢於簡冊也

立政吳氏曰此書戒成王以任用賢才之道而其旨意則又上戒成

王專擇百官有司之長如所謂常伯常任準人等云者蓋古者外之諸侯一卿已命於君內之卿大夫則亦自擇其屬如周公以蔡仲爲卿士伯冏謹簡乃僚之類其長旣賢則其所舉用無不賢者矣葛氏曰誥體也今文古文皆有

周公若曰拜手稽首告嗣天子王矣用咸戒于王曰王左右常伯常任準人綴衣虎賁周公曰嗚呼休茲知恤鮮哉 綴陟衛切 賁音奔○此篇周公所作而記之者周史也故稱若曰言周公帥羣臣進戒于王贊之曰拜手稽首告嗣天子王矣羣臣用皆進戒曰王左右之臣有牧民之長曰常伯有任事之公卿曰常任有守法之有司曰準人三事之外掌服器者曰綴衣執射御者曰虎賁皆任用之所當謹者周公於是歎息言曰美矣此官然知憂恤者鮮矣言五等官職之美而知憂其得人者少也吳氏曰綴衣虎賁近臣之長也葛氏曰綴衣周禮司服之類虎賁周禮之虎賁氏也

古之人迪惟有夏乃有室大競籲俊尊上帝迪知忱恂于九德之行乃敢告教厥后曰拜手稽首后矣曰宅乃事宅乃牧宅乃準茲惟后矣謀面用丕訓德則乃宅人茲乃三宅無義民 恂音荀○古之人有行此道者惟有夏之君當王室大强之時而求賢以爲事大之實也迪知者蹈知而非苟知也忱恂者誠信而非輕信也言夏之臣蹈知誠信于九德之

行乃敢告教其君曰拜手稽首后矣云者致敬以尊其爲君之名也曰宅乃事宅乃牧宅乃準茲惟后矣云者致告以敘其爲君之實也茲者此也言如此而後可以爲君也即臯陶與禹言九德之事謀面者謀人之面貌也言非迪知忱恂于九德之行而徒謀之面貌用以爲大順於德乃宅而任之如此則三宅之人豈復有賢者乎蘇氏曰事則向所謂常任也牧則向所謂常伯也準則向所謂準人也一篇之中所論宅俊者參差不齊然大要不出是三者其餘則皆小臣百執事也吳氏曰古者凡以善言語人皆謂之教不必自上教下而後謂之教也

桀德惟乃弗作往任是惟暴德罔後、夏桀惡德弗作往昔先王任用三宅而所任者乃惟暴德之人故桀以喪亡無後

亦越成湯陟丕釐上帝之耿命乃用三有宅、

克即宅曰三有俊克即俊嚴惟丕式克用三宅三俊其在商邑用協于厥邑其在四方用丕式見德、亦越者繼前之辭也耿光也湯自七十里升爲天子典禮命討昭著於天下所謂陟丕釐上帝之光命也三宅謂居常伯常任準人之位者三俊謂有常伯常任準人之才者克即者言湯所用三宅實能就是位而不曠其職所稱三俊實能就是德而不浮其名也三俊說者謂他日次補三宅者詳宅以位言俊以德言意其儲養待用或如說者所云也惟思式法也湯於三宅三俊嚴思而丕法之故能盡其宅俊之用而宅者得以效其職俊者得以著其才賢智奮庸登于至治其在商邑用協于厥邑近者察之詳其情未易齊畿甸之協則純之至也其在四方用丕式見德遠者及之難其德未易徧觀

法之同則大之至也至純至大治道無餘嗚
蘊矣曰邑曰四方者各極其遠近而言耳
呼其在受德暋惟羞刑暴德之人同于厥邦
乃惟庶習逸德之人同于厥政帝欽罰之乃
伻我有夏式商受命奄甸萬姓暋音敏奄衣檢反○羞刑
進任刑戮者也庶習備諸衆醜者也言紂德
強暴又所與共國者惟羞刑暴德之諸侯所
與共政者惟庶習逸德之臣下上帝敬致其
罰乃使我周有此諸夏用商所受之命而奄
甸萬姓焉甸者井牧其地什伍其民也 亦越文王武王克知三
有宅心灼見三有俊心以敬事上帝立民長
伯三宅三俊文武克知灼見皆曰心者卽所
謂迪知忱恂而非謀面也三宅已授之位

司誓卷五　四十七

故曰克知三俊未任以事故曰灼見以起敬
事上帝則天職修而上有所承以是立民長
伯則體統立而下有所寄人君位天人之兩
間而俯仰無怍者以是也夏之尊帝商之丕
釐周之敬事其義一也長如王制所謂五國
以爲屬屬有長伯如王制所謂二百一十國
以爲州州有伯是也 立政任人準夫牧作三事言文武立政三
宅之官也任人常任也準夫準人也牧常伯也以職言故曰事 虎賁綴衣趣
馬小尹左右攜僕百司庶府此侍御之官也趣馬掌馬之官
小尹小官之長攜僕攜持僕御之人百司若司裘司服庶府若內府大府之屬也 大
都小伯藝人表臣百司太史尹伯庶常吉士
此都邑之官也呂氏曰大都小伯者謂大都之伯小都之伯也大都言都不言伯小伯言

伯不言都互見之也藝人者卜祝巫匠執技以事上者表臣百司表外也表對裏之詞上文百司蓋內百司若內府內司服之屬所謂裏臣也此百司蓋外百司若外府外司服之屬所謂表臣也大史者史官也尹伯者有司之長如庖人內饔膳夫則是數尹之伯也鍾師尹鍾磬師尹磬大師司樂則是數尹之伯也凡所謂官吏莫不在內外百司之中至於特見其名者則皆有意焉虎賁綴衣趣馬小尹左右攜僕以扈衛親近而見庶府以冗賤人所易忽而見藝人恐其或興淫巧機詐以蕩上心而見太史以奉諱惡公天下後世之是非而見尹伯以大小相維體統所係而見若大都小伯則分治郊畿不預百司之數者既條陳歷數文武之衆職而總結之曰庶常吉士庶衆也言在文武之廷無非常德吉士也

司徒司馬司空亞旅此諸侯之官也司徒主邦教司馬主邦政司空主邦土餘見牧誓言諸侯之官莫不得人也諸侯之官獨舉此者以其名位通於天子歟

夷微盧烝三亳阪尹此王官之監於諸侯四夷者也微盧見經亳見史三亳蒙爲北亳穀熟爲南亳偃師爲西亳烝或以爲衆或以爲夷名阪未詳古者險危之地封疆之守或不以封而使王官治之參錯於五服之間是之謂尹地志載王官所治非一此特舉其重者耳自諸侯三卿以降惟列官名而無他語承上庶常吉士之文以內見外也夫上自王朝內而都邑外而諸侯遠而夷狄莫不皆得人以爲官使何其盛歟

文王惟克厥宅心乃克立茲常事司牧人以克俊有德文王惟能其三宅之心能者能之也知之至信之篤之謂故能立此常任常伯用能俊有德也不言準人者因上章言文王用人而申克知三有宅心之

說故略之也 文王罔攸兼于庶言庶獄庶慎惟有司之牧夫是訓用違 庶言號令也庶獄獄訟也庶慎國之禁戒儲備也有司有職主者牧夫牧人也文王不敢下侵庶職惟於有司牧夫訓勅用命及違命者而已漢孔氏曰勞於求才逸於任賢 庶獄庶慎文王罔敢知于茲 上言罔攸兼則猶知之特不兼其事耳至此罔敢知則若未嘗知有其事盖信任之益專也上言庶言此不及者號令出於君有不容不知者故也呂氏曰不曰罔知于茲而曰罔敢知于茲者徒言罔知則是莊老之無爲也雖言罔敢知然後見文王敬畏思不出位之意毫釐之辨學者宜精察之 亦越武王率惟敉功不敢替厥義德率惟謀從容德以並受此丕丕基

率循也敉功安天下之功義德義德之人容德容德之人盖義德者有撥亂反正之才容德者有休休樂善之量皆成德之人也周公上文言武王率循文王之功而不敢替其所用義德之人率循文王之謀而不敢違其容德之士意如虢叔閎夭散宜生泰顛南宮括之徒所以輔成王業者文用之於前武任之於後故周公於君奭言五臣克昭文王受有殷命武王惟茲四人尚迪有祿正猶此敘文武用人而言並受此丕丕基也 嗚呼孺子王矣繼自今我其立政立事準人牧夫我其克灼知厥若丕乃俾亂相我受民和我庶獄庶慎時則勿有間之 我者指王而言若順也周公既述文武基業之大歎息而言曰孺子今既爲王矣繼此以往王其於立政立事準人牧夫之任

當能明知其所順順者其心之安也孔子曰察其所安人焉廋哉察其所順者知人之要也夫既明知其所順果正而不他然後惟心而大委任之使展布四體以爲治相助左右所受之民和調均齊獄慎之事而又戒其勿以小人間之使得終始其治此任人之要也民而謂之受者言民者乃受之於大受之於祖宗非成王之所自有也

自一話一言我則末惟成德之彥以乂我受民

也自一話一言之間我則終思成德之美士以治我所受之民而不敢斯須忘也

嗚呼予旦已受人之徽言咸告孺子王矣繼自今文子文孫其勿誤于庶獄庶慎惟正是乂之

前所言禹湯文武任人之事無非至美之言我聞之於人者已皆告孺子王矣文子文孫者成王武王之文子文王之文孫也成王之時法度彰禮樂著守成尚文故曰文誤失也有所兼有所知不付之有司而以己誤之也正猶康誥所謂正人與宮正酒正之正指當職者爲言不以己誤庶獄庶慎惟當職之人是治之下文言其勿誤庶獄惟有司之牧夫即此意

自古商人亦越我周文王立政立事牧夫準人則克宅之克由繹之茲乃俾乂

古及商人及我周文王於立政所以用三宅之道則克宅之者能得賢者以居其職也克由繹之者能紬繹用之而盡其才也既能宅其才以安其職又能繹其才以盡其用茲其所以能俾乂也歟

國則罔有立政用憸人不訓于德是罔顯在厥世繼自今立政其勿以憸人其惟

吉士用勱相我國家勱音邁○自古爲國無有立政用憸利小人者小人而謂之憸者形容其沾沾便捷之狀也憸利小人不順于德是無能光顯以在厥世王當繼今以往立政勿用憸利小人其惟用有常吉士使勉力以輔相我國家也呂氏曰君子陽類用則升其國於明昌小人陰類用則降其國於晻昧陰陽升降亦各從其類也今文子文孫孺子王矣其勿誤于庶獄惟有司之牧夫始言和我庶獄庶慎時則勿有間之繼言其勿誤于庶獄庶慎惟正是乂之至是獨曰其勿誤于庶獄惟有司之牧夫蓋刑者天下之重事挈其重而獨舉之使成王尤知刑獄之可畏必專有司牧夫之任而不可以已誤之也其克詰爾戎兵以陟禹之迹方行天下至于海表罔有

不服以覲文王之耿光以揚武王之大烈詰治也治爾戎服兵器也陟升也禹迹禹服舊迹也方四方也海表四裔也言德威所及無不服也覲見也耿光德也大烈業也於文王稱德於武王稱業各於其盛者稱之呂氏曰兵刑之大也故既言庶獄而繼以治兵之戒焉或曰周公之訓稽其所弊得無啓後世好大喜功之患乎曰周公詰兵之訓繼勿誤庶獄之後犴獄之間尚恐一刑之誤況六師萬衆之命其敢不審而誤舉乎推勿誤庶獄之心而奉克詰戎兵之戒必非得已不已而輕用民命者也嗚呼繼自今後王立政其惟克用常人幷周家後王而戒之也常人常德之人也皋陶曰彰厥有常吉哉常人與吉士同實而異名者也周公若曰太史司寇蘇公式敬爾由獄

以長我王國茲式有慎以列用中罰此周公因言慎罰而以蘇公敬獄之事告之太史使其并書以爲後世司獄之式也蘇國名也左傳蘇忿生以溫爲司寇周公告太史以蘇忿生爲司寇用能敬其所由之獄培植基本以長我王國令於此取法而有謹焉則能以輕重條列用其中罰而無過差之患矣

書經卷之六

周官

成王訓迪百官史錄其言以周官名之亦訓體也今文無古文有按此篇與今周禮不同如三公三孤周禮皆不載或謂公孤兼官無正職故不載然三公論道經邦三孤貳公弘化非職乎職任之大無踰此矣或又謂師氏即太師保氏即太保然以師保之尊而反屬司徒之職亦無是理也又此言六年五服一朝而周禮六服諸侯有一歲一見者二歲一見者三歲一見者亦與此不合是固可疑然周禮非聖人不能作也意周公方條治事之官而未及師保之職所謂未及者鄭重而未及言之也書未成而公亡其間法制有未施用故與此異而冬官亦缺要之周禮首末

周書卷六　一　摩青閣

未備周公未成之書也惜哉讀書者參互而考之則周公經制可得論矣

惟周王撫萬邦、巡侯甸、四征弗庭、綏厥兆民、六服羣辟、罔不承德、歸于宗周、董正治官、

此書之本序也庭直也葛氏曰弗庭弗來庭者六服侯甸男采衛幷畿內為六服也禹貢五服通畿內周制五服在王畿外也周禮又有九服侯甸男采衛蠻夷鎮蕃與此不同宗周鎬京也董督也治官凡治事之官也言成王撫臨萬國巡狩侯甸四方征討不庭之國以安天下之民六服諸侯之君無不奉承周德成王歸于鎬京督正治事之官外攘之功舉而益嚴內治之修也唐孔氏曰周制無萬國惟伐淮夷非四征也大言之爾

王曰若昔大猷、制治于未亂、保邦于未危、

治去聲若昔大道

之世制治保邦于未亂未危之前即下文明王立政是也曰唐虞稽古建官惟百内有百揆四岳外有州牧侯伯庶政惟和萬國咸寧夏商官倍亦克用乂明王立政不惟其官惟其人倍蒲亥反○百揆無所不總者四岳總其方岳者州牧各總其州者侯伯次州牧而總諸侯者也百揆四岳總治于内州牧侯伯總治于外内外相承體統不紊故庶政惟和而萬國咸安夏商之時世變事繁觀其會通制其繁簡官數加倍亦能用治明王立政不惟其官之多惟其得人而已今予小子祗勤于德夙夜不逮仰惟前代時若訓迪厥官逮徒耐反又湯亥大計二反○逮及時是若順也成王祗勤于德早夜若有所不及

然蓋修德者任官之本也立太師太傅太保茲惟三公論道經邦燮理陰陽官不必備惟其人立始辭也三公非始於此立爲周家定制則始於此也賈誼曰保者保其身體傅者傅之德義師道之教訓此所謂三公也陰陽以氣言道者陰陽之理恒而不變者也易曰一陰一陽之謂道是也論者講明之謂經者經綸之謂燮理者和調之也非經綸天下之大經參天地之化育者豈足以任此責故官不必備惟其人也少師少傅少保曰三孤貳公弘化寅亮天地弼予一人少失照反○孤特也三少雖三公之貳而非其屬官故曰孤天地以形言化者天地之用運而無迹者也易曰範圍天地之化是也弘者張而大之寅亮者敬而明之也公論道孤弘化公燮理陰陽孤寅亮

天地公論於前孤弼於後公孤之分如此冢宰掌邦治統百官均四海冢大宰治也天官卿治官之長是爲冢宰內統百官外均四海蓋天子之相也百官異職管攝使歸于一是之謂統四海異宜調劑使得其平是之謂均司徒掌邦教敷五典擾兆民擾馴也地官卿主國敎化敷君臣父子夫婦長幼朋友五者之敎以馴擾兆民之不順者而使之順也唐虞司徒之官固已職掌如此宗伯掌邦禮治神人和上下春官卿主邦禮治天神地祇人鬼之事和上下尊卑等列春官於四時之序爲長故其官謂之宗伯成周合樂於禮官謂之和者蓋以樂而言也司馬掌邦政統六師平邦國夏官卿主戎馬之事掌國征伐統御六軍平治邦國平謂強不得陵弱衆不得暴寡而人皆得

其平也軍政莫急於馬故以司馬名官何莫非政獨戎政謂之政者用以征伐而正彼之不正王政之大者也司寇掌邦禁詰姦慝刑暴亂秋官卿主寇賊法禁羣行攻刼曰寇詰姦慝刑彊暴作亂者掌刑不曰刑而曰禁者禁於未然也呂氏曰姦慝隱而難知故謂之詰推鞫窮詰而求其情也暴亂顯而易見直刑之而已司空掌邦土居四民時地利冬官卿主國邦土以居士農工商四民順天時以興地利按周禮冬官則記考工之事與此不同蓋本闕冬官漢儒以考工記當之也六卿分職各率其屬以倡九牧阜成兆民六卿分職各率其屬官以倡九州之牧自內達之於外政治明敎化洽兆民之衆莫不阜厚而化成也按周禮每卿六十屬六卿三百六十屬也呂氏曰冢宰相天子統百官

則司徒以下無非冢宰所統乃均列一職而併數之爲六者綱在綱中也乾坤之與六子並列於八方冢宰之與五卿並列於六職也　六年五服一朝又六年王乃時巡考制度于四岳諸侯各朝于方岳大明黜陟　五服侯甸男采衛也六年一朝會京師十二年王一巡狩時巡者猶舜之四仲巡狩也考制度者猶舜之協時月正日同律度量衡等事也諸侯各朝方岳者猶舜之肆覲東后也大明黜陟者猶舜之黜陟幽明也疏數異時繁簡異制帝王之治因時損益者可見矣　王曰嗚呼凡我有官君子欽乃攸司愼乃出令令出惟行弗惟反以公滅私民其允懷　建官之體統前章既訓廸之矣此則居守官職者咸在曰凡有官君

子者合尊卑小大而同訓之也反者令出不可行而壅逆之謂言敬汝所主之職謹汝所出之令令出欲其行不欲其壅逆而不行也以天下之公理滅一己之私情則令行而民莫不敬信懷服矣　學古入官議事以制政乃不迷其爾典常作之師無以利口亂厥官蓄疑敗謀怠忽荒政不學牆面莅事惟煩　蓄敕六反○學古學前代之法也制裁度也迷錯謬也典常當代之法也周家典常皆文武周公之所講畫至精至備凡莅官者謹師之而已不可喋喋利口更改而紛亂之也積疑不決必敗其謀怠惰忽略必荒其政人而不學其猶正墻面而立必無所見而舉錯煩擾也○蘇氏曰鄭子産鑄刑書晉叔向譏之曰昔先王議事以制不爲刑辟其言蓋取諸此先王人法並任而任人

爲多故律設大法而已其輕重之詳則付之人臨事而議以制其出入故刑簡而政清自唐以前治罪科條止於今律令而已人之所犯日變無窮而律令有限以有限治無窮不聞有所闕豈非人法兼行吏猶得臨事而議乎今律令之外科條數萬而不足於用有司請立新法者日益不已烏呼任法之弊一至於此哉

戒爾卿士功崇惟志業廣惟勤惟克果斷乃罔後艱 斷都玩反○此下中戒卿士也王氏曰功以志崇業以仁廣斷以勇克此三者天下之達道也呂氏曰功者業之成也業者功之積也崇其功者存乎志廣其業者存乎勤勤由志而生志待勤而遂雖有二者當幾而不能果斷則志與勤虛用而終蹈後艱矣

位不期驕祿不期侈恭儉惟德無載爾僞作德心逸日休作

僞心勞日拙 載作代反○貴不與驕期而驕自至祿不與侈期而侈自至故居是位當知所以恭儉當知所以儉然恭儉豈可以聲音笑貌爲哉當有實得於已不可從事於僞作德則中外惟一故心逸而日休休爲作僞則揜護不暇故心勞而日著其拙矣或曰期待也位所以崇德非期於爲驕祿所以報功非期於爲侈亦通

居寵思危罔不惟畏弗畏入畏 居寵盛則思危辱當無所不致其祗畏苟不知祗畏則入于可畏之中矣後之患失者與思危相似然思危者以寵利爲憂患失者以寵利爲樂所存大不同也

推賢讓能庶官乃和不和政龐舉能其官惟爾之能稱匪其人惟爾不任 推通回切龐莫江反○賢有德者也能有才者也王氏曰道二義利而已推賢讓能

所以爲義大臣出於義則莫不出於義此庶官所以不爭而和蔽賢害能所以爲利大臣出於利則莫不出於利此庶官所以爭而不和庶官不和則政必雜亂而不理矣稱亦舉也所舉之人能修其官是亦爾之所能舉非其人是亦爾不勝任古者大臣以人事君其責如此

王曰嗚呼三事暨大夫敬爾有官亂爾有政以佑乃辟永康兆民萬邦惟無斁辟必益反斁音亦○三事即立政三事也亂治也篇終歎息上自三事下至大夫而申戒勑之也其不及公孤者公孤德尊位隆非有待於戒勑也

君陳君陳臣名唐孔氏曰周公遷殷頑民於下都周公親自監之周公既歿成王命君陳代周公此其策命之詞史錄其書以君陳名篇今文無古文有

王若曰君陳惟爾令德孝恭惟孝友于兄弟克施有政命汝尹茲東郊敬哉言君陳有令德事親孝事上恭惟其孝友於家是以能施政於邦孔子曰居家理故治可移于官陳氏曰天子之國五十里爲近郊自王城言之則下都乃東郊之地故君陳畢命皆指下都爲東郊

昔周公師保萬民民懷其德往慎乃司茲率厥常懋昭周公之訓惟民其乂周公之在東郊有師之尊有保之親師教之保安之民懷其德君陳之往但當謹其所司率循其常勉明周公之舊訓則民其治矣蓋周公既歿民方思慕周公之訓君陳能發明而光大之固宜其翕然聽順也

我聞曰至治馨香感于神明黍稷非馨明德惟馨爾尚式時周公之猷訓惟日孜孜無敢逸豫呂氏曰成王既勉君陳昭周公之訓復下四語所謂周公之訓也既言此而揭之以爾尚式時周公之猷訓則是四言爲周公之訓明矣物之精華固無二體然形質止而氣臭升止者有方升者無間則馨香者精華之上達者也至治之極馨香發聞感格神明不疾而速凡昭薦黍稷之苾芬是豈黍稷之馨哉所以苾芬者實明德之馨也至治舉其成明德循其本非有二馨香也周公之訓固爲精微而舉以告君陳尤當其可自殷頑民言之欲其感格非可刑驅而勢迫所謂洞達無間者蓋當深省也自周公法度言之典章雖具苟無前人之德則索然萎薾徒爲陳迹也

故勉之以用是猷訓惟日孜孜無敢逸豫焉是訓也至精至微非日新不已深致敬篤之功孰能與於斯**凡人未見聖若不克見既見聖亦不克由聖爾其戒哉爾惟風下民惟草**未見聖如不能得見既見聖亦不能由聖人情皆然君陳親見周公故特申戒以此君子之德風也小人之德草也草上之風必偃君陳克由周公之訓則商民亦由君陳之訓矣**圖厥政莫或不艱有廢有興出入自爾師虞庶言同則繹**師衆虞度也言圖謀其政無小無大莫或不致其難有所當廢有所當興必出入反覆與衆共虞度之衆論既同則又紬繹而深思之而後行也蓋出入自爾師虞者所以合乎人之同庶言同則繹者所以斷於己之獨孟子曰國人皆曰賢然後察之國人皆

曰可殺然後察之庶言同則繹之謂也 爾有嘉謀嘉猷則入告爾后于內爾乃順之于外曰斯謀斯猷惟我后之德嗚呼臣人咸若時惟良顯哉 言切於事謂之謀言合於道謂之猷道與事非二也各舉其甚者言之良以德言顯以名言或曰成王舉君陳前日已陳之善而歎息以美之也○葛氏曰成王殆失斯言矣欲其臣善則稱君人臣之細行也然君既有是心至於有過則將使誰執哉禹聞善言則拜湯改過不吝端不爲此言矣嗚呼此其所以爲成王歟 王曰君陳爾惟弘周公丕訓無依勢作威無倚法以削寬而有制從容以和 從七恭反○此篇言周公訓者三曰懋昭□式時至此則弘周公之丕訓欲其

益張而大之也君陳俗至依勢以爲威倚法以侵削者然勢我所有也法我所用也喜怒予奪毫髮不於人而於己是私意也非公理也安能不作威以削乎君陳之世當寬和之時也然寬不可一於寬必寬而有其制和不可一於和必從容以和之而後可以和厥中也 殷民在辟予曰辟爾惟勿辟予曰宥爾惟勿宥惟厥中 辟毗亦反○上章成王慮君陳之徇己此則慮君陳之徇君也言殷民之在刑辟者不可徇君以爲生殺惟當審其輕重之中也 有弗若于汝政弗化于汝訓辟以止辟乃辟 其有不順于汝之政不化于汝之訓刑之可也然刑期無刑刑而可以止刑者乃刑之此終上章之辟 狃于姦宄敗常亂俗三細不宥 狃女九反○狃習也常典常也

俗風俗也狃于姦宄與夫毀敗典常壞亂風俗人犯此三者雖小罪亦不可宥以其所關者大也此終上章之宥 爾無忿疾于頑無求備于一夫、無忿疾人之所未化無求備人之所不能 必有忍其乃有濟有容德乃大、孔子曰小不忍則亂大謀必有所忍而後能有所濟然此猶有堅制力蓄之意若洪裕寬綽恢恢乎有餘地者斯乃德之大也忍言事容言德各以深淺言也 簡厥修亦簡其或不修進厥良以率其或不良、王氏曰修謂其職業良謂其行義職業有修與不修當簡而別之則人勸功進行義之良者以率其不良則人勵行 惟民生厚因物有遷違上所命從厥攸好爾克敬典在德時乃罔不變允升

于大猷惟予一人膺受多福其爾之休終有辭於永世、言斯民之生其性本厚而所以澆薄者以誘於習俗而爲物所遷耳然厚者既可遷而薄則薄者豈不可反而厚乎反薄歸厚特非聲音笑貌之所能爲爾民之於上固不從其令而從其好大學言其所令反其所好則民不從亦此意也敬典者敬其君臣父子兄弟夫婦朋友之常道也在德者得其典常之道而著之於身也蓋知敬典而不知在德則典與我猶二也惟敬典而在德焉則所敬之典無非實有諸己實之感人捷於桴鼓所以時乃罔不變而信升于大猷也如是則君受其福臣成其美而有令名於永世矣

顧命、顧還視也成王將崩命羣臣立康王史序其事爲篇謂之顧命

者鄭玄云回首曰顧臨死回顧而發
命也今文古文皆有○呂氏曰成王
經三監之變王室幾搖故此正其終
始特詳焉顧命成王所以正其終康
王之誥康王
所以正其始
惟四月哉生魄王不懌始生魄十六日王甲
有疾故不悅懌
子王乃洮頮水相被冕服憑玉几洮音桃頮
音悔○王
發大命臨羣臣必齊戒沐浴今疾病危殆故
但洮盥頮面扶相者被以衮冕憑玉几以發
命乃同召太保奭芮伯彤伯畢公衛侯毛公
師氏虎臣百尹御事召直笑反芮如稅反彤
音今○同召六卿下至
御治事者太保芮伯彤伯畢公衛侯毛公六
卿也冢宰第一召公領之司徒第二芮伯爲

之宗伯第三彤伯爲之司馬第四畢公領之
司寇第五衛侯爲之司空第六毛公領之太
保畢毛三公兼也芮彤畢衛毛皆國名入爲
天子公卿師氏大夫官虎臣虎賁氏百尹百
官之長及諸御治事者平時則召六卿使率
其屬此則將發顧命自六卿至御事同以王
命召
王曰嗚呼疾大漸惟幾病日臻既彌留恐
不獲誓言嗣茲予審訓命汝此下成王之顧
命也自歎其疾
大進惟危殆病日至既彌甚而留連恐遂死
不得誓言以嗣續我志此我所以詳審發訓
命汝綐言曰
疾甚言曰病昔君文王武王宣重光奠麗陳
教則肄肄不違用克達殷集大命武猶文謂
之重光猶
舜如堯謂之重華也奠定麗依也言文武宣
布重明之德定民所依陳列教條則民習服

昏而不違天下化之用能達於殷邦而集大命於周也在後之侗敬迓天威嗣守文武大訓無敢昏逾侗音同○侗愚也成王自稱言其敬迎上天威命而不敢少忽嗣守文武大訓而無敢昏逾天威天命也大訓述天命者也於大言天威於文武言大訓非有二也今天降疾殆弗興弗悟爾尚明時朕言用敬保元子釗弘濟于艱難釗音昭○釗康王名成王言今天降疾我身殆將必死弗興弗悟爾庶幾明是我言用敬保元子釗大濟于艱難曰元子者正其統也柔遠能邇安勸小大庶邦懷來馴擾安寧勸導皆君道所當盡者合遠邇小大而言又以見君德所施公平周溥而不可有所偏滯也思夫人自亂于威儀爾無

周書卷六 二十二

以釗冒貢于非幾亂治也威者有威可畏儀者有儀可象舉一身之則而言也蓋人受天地之中以生是以有動作威儀之則成王思夫人之所以為人者自治於威儀耳自治云者正其身而不假於外求也貢進也成王又言羣臣其無以元子而冒進於不善之幾也蓋幾者動之微而善惡之所由分也非幾則發於不善而陷於惡矣威儀舉其著於外者而勉之也非幾舉其發於中者而戒之也威儀之治皆本於一念一慮之微可不謹乎孔子所謂知幾子思所謂謹獨周子所謂幾善惡者皆致意於是也成王垂絕之言而拳拳及此其有得於周公者亦深矣○蘇氏曰死生之際聖賢之所甚重也成王將崩之一日被冕服以見百官出經遠保世之言其不死於燕安婦人之手也明矣其致刑措宜哉茲既受命還出綴衣于庭越翼日乙

周書卷六

王崩還音旋○綴衣幄帳也羣臣旣退徹出幄帳於庭喪大記云疾病君徹懸東首於北牖下是也於其明日王崩太保命仲桓南宫毛俾爰齊侯呂伋以二干戈虎賁百人逆子釗於南門之外延入翼室恤宅宗桓毛二臣名伋太公望子爲天子虎賁氏延引也翼室路寢旁左右翼室也太保以冢宰攝政命桓毛二臣使齊侯呂伋以二干戈虎賁百人逆太子釗于路寢門外引入路寢翼室爲憂居宗主也呂氏曰發命者冢宰傳命者兩朝臣承命者勳戚顯諸侯體統尊嚴樞機周密防危慮患之意深矣入自端門萬姓咸覩與天下共之也延入翼室爲憂居之宗示天下不可一日無統也唐穆敬文武以降閹寺執國命易主於宫掖而外廷猶不聞然後知周家之制曲盡備豫雖一條一

節亦不可廢也丁卯命作冊度命史爲冊書法度傳顧命於康王越七日癸酉伯相命士須材伯相召公也召公以西伯爲相須取也命士取材木以供喪用狄設黼扆綴衣扆隱豈反○狄下士祭統云狄者樂吏之賤者也喪大記狄人設階蓋供喪役而與設張之事者也黼扆屏風畫爲斧文者設黼扆幄帳如成王生存之日也牖間南嚮敷重篾席黼純華玉仍几篾莫結反○此平時見羣臣覲諸侯之坐也敷設重席所謂天子之席三重者也篾席桃竹枝席也黼白黑雜繒純緣也華彩色也華玉以飾几仍因也因生時所設也周禮吉事變几凶事仍几是也西序東嚮敷重底席綴純文貝仍几此旦夕聽事之坐也東西廂謂之序底席蒲席也綴雜彩文貝

有文之貝以飾几也東序西嚮敷重豐席畫純雕玉仍几此養國老饗羣臣之坐也豐席筍席也畫彩色雕刻鏤也西夾南嚮敷重筍席玄紛純漆仍几此親屬私燕之坐也西廂夾室之前筍席竹席也紛雜也以玄黑之色雜爲之緣漆漆几也牖間兩序西夾其席有四牖戶之間謂之扆天子負扆朝諸侯則牖間南嚮之席坐之正也其三席各隨事以時設也將傳先王顧命知神之在此乎在彼乎故兼設平生之坐也越玉五重陳寶赤刀大訓弘璧琬琰在西序大玉夷玉天球河圖在東序胤之舞衣大貝鼖鼓在西房兌之戈和之弓垂之竹矢在東房於東西序坐北列玉五重及陳

周書卷六　十三

周書卷六　十三

先王所寶器物赤刀赤削也大訓三皇五帝之書訓誥亦在焉文武之訓亦曰大訓弘璧大璧也琬琰圭名夷常也球鳴球也河圖伏羲時龍馬負圖出於河一六位北二七位南三八位東四九位西五十居中者易大傳所謂河出圖是也胤國名胤國所制舞衣大貝如車渠鼖鼓長八尺兌和皆古之巧工垂舜時共工舞衣鼖鼓戈弓竹矢皆制作精巧中法度故歷代傳寶之孔子曰弘璧琬琰大玉夷玉天球玉之五重也呂氏曰西序所陳不惟赤刀弘璧而大訓參之東序所陳不惟大玉夷玉而河圖參之則其所寶者斷可識矣愚謂寶玉器物之陳非徒以爲國容觀美意者成王平日之所觀閱手澤在焉陳之以象其生存也楊氏中庸傳曰宗器於祭陳之示能守也於顧命陳之示能傳也大輅在賓階面綴輅在阼階面先輅在左塾之前

次輅在右塾之前大輅玉輅也綴輅金輅也先輅木輅也次輅象輅革輅也王之五輅玉輅以祀不以封爲最貴金輅以封同姓爲次之象輅以封異姓爲又次之革輅以封四衛爲又次之木輅以封蕃國爲最賤其行也貴者宜自近賤者宜遠也王乘玉輅綴之者金輅也故金輅謂之綴輅最遠者木輅也故木輅謂之先輅以木輅爲先輅則革輅象輅爲次輅矣賓階西階也阼階東階也面南嚮也塾門側堂也五輅陳列以象成王之生存也周禮典輅云若有大祭祀則出輅大喪大賓客亦如之是大喪出輅爲常禮也又按所陳寶玉器物皆以西爲上者成王殯在西序故也二人雀弁執惠立于畢門之內四人綦弁執戈上刃夾兩階戺一人冕執劉立於東堂一人冕執鉞

周書卷六　十四

立于西堂一人冕執戣立于東垂一人冕執瞿立于西垂一人冕執銳立于側階戺鉏里反戣音逵○弁士服雀弁赤色弁也綦弁以文鹿子皮爲之惠三隅矛路寢門一名畢門上刃刃外嚮也堂廉曰戺冕大夫服劉鉞屬戣瞿皆戟屬銳當作鈗說文曰鈗侍臣所執兵從金允聲周書曰一人冕執鈗讀若允東西堂路寢東西廂之前堂也東西垂路寢東西序之階上也側階北階之階上也○呂氏曰古者執戈戟以宿衛王宮皆士大夫之職無事而奉燕私則從容養德而有摩之潤有事而司禦侮則堅明守義而無倦心之虞下及秦漢陛楯執戟尚餘一二此制既廢人主接士大夫者僅有視朝數刻而周廬陛楯或環以椎埋嚚悍之徒有志於復古者當深繹也王麻冕黼裳由賓階隮

卿士邦君麻冕蟻裳入即位、隮牋西反○麻冕三十升麻爲
冕也隮升也秉王吉服自西階升堂以受先
王之命故由賓階也蟻玄色公卿大夫及諸
侯皆同服亦廟中之禮不言升階者從王賓
階也入即位者各就其位也○呂氏曰麻冕
黼裳王祭服也卿士邦君祭服之裳皆纁今
蟻裳者蓋無事於奠祝不欲純用吉服有位
於班列不可純用凶服酌
吉凶之閒示禮之變也　太保太史太宗皆
麻冕彤裳太保承介圭上宗奉同瑁由阼階
隮太史秉書由賓階隮御王冊命、太宗宗伯也彤纁也
太保受遺太史奉冊太宗相禮故皆祭服也
介大也大圭天子之守長尺有二寸同爵名
祭以酌酒者瑁方四寸邪刻之以冒諸侯之
珪璧以齊瑞信也太保宗伯以先王之命奉

周書卷六　一五

周書卷六　一三

符寶以傳嗣君有主道焉故升自阼階太史
以冊命御王故持書由賓階以升蘇氏曰凡
王所臨所服
用皆曰御　曰皇后憑玉几道揚末命命汝
嗣訓臨君周邦率循大卞燮和天下用答揚
文武之光訓、成王顧命之言書之冊矣此太史口陳者也皇太后君也言大
君成王力疾親憑玉几道揚臨終之命命汝
嗣守文武大訓曰汝者父前子名之義卞法
也臨君周邦位之大也率循大卞法之大也
燮和天下和之大也居大位由大法致大和
然後可以對揚
文武之光訓也　王再拜興答曰眇眇予末小
子其能而亂四方以敬忌天威　眇少而如亂治也王拜受
顧命起答太史曰眇眇然予微末小子其能
如父祖治四方以敬忌天威乎謙辭退托於

不能也覩命有敬迓天威嗣守文武大訓之語故太史所告康王所答皆於是致愼焉

乃受同瑁王三宿三祭三咤上宗曰饗咤陟嫁反○王受瑁爲主受同以祭宿進爵也祭祭酒也咤奠爵也禮成於三故三宿三祭三咤葛氏曰受上宗同瑁則受太保介圭可知宗伯曰饗者傳神命以饗告也

太保受同降盥以異同秉璋以酢授宗人同拜王荅拜酢疾各反○太保受王所咤之同而下堂盥洗更用他同秉璋以酢酢報祭也祭禮君執圭瓚祼尸太宗執璋瓚亞祼報祭亦亞祼之類故亦秉璋也以同授宗人而拜尸王荅拜者代尸拜也宗人小宗伯之屬相太保酢者也太保供王故宗人供太保

太保受同祭嚌宅授宗人同拜王荅拜嚌才詣反○以酒至齒曰嚌太保復受同以祭飲福至齒宅居也太保退居其所以同授宗人又拜王復荅拜太保飲福至齒者方在喪疚歆神之賜而不甘其味也若王則喪之主非徒不甘味雖飲福亦廢也

太保降收諸侯出廟門俟太保下堂有司收撤器用廟門路寢之門也成王之殯在焉故曰廟言諸侯則卿士以下可知俟者俟見新君也

康王之誥今文古文皆有但今文合于顧命

王出在應門之內太保率西方諸侯入應門左畢公率東方諸侯入應門右皆布乘黃朱賓稱奉圭兼幣曰一二臣衛敢執壤奠皆再拜稽首王義嗣德荅拜漢孔氏曰王出畢門立應門內鄭氏曰周

禮五門一曰臯門二曰雉門三曰庫門四曰應門五曰路門路門一曰畢門外朝在路門外則應門之內蓋內朝所在也周中分天下諸侯主以二伯自陝以東周公主之自陝以西召公主之召公率西方諸侯蓋西伯舊職畢公率東方諸侯則繼周公為東伯矣諸侯入應門列于左右布陳也乘四馬也諸侯皆陳四黃馬而朱其鬣以為廷實或曰黃朱若篚厥玄黃之類賓諸侯也稱舉也諸侯舉所奉圭兼幣曰一二臣衛一二見非一也為王蕃衛故曰臣衛敢執壤地所出奠贄皆再拜首至地以致敬義宜也義嗣德云者史氏之辭也康王宜嗣前人之德故荅拜也吳氏曰穆公使人弔公子重耳重耳稽顙而不拜穆公曰仁夫公子稽顙而不拜則未為後也蓋為後者拜不拜故未為後也弔者含者未者升堂致命主孤拜稽顙成為後者也康王之見諸侯若以為不當拜而不拜則疑未為後

也且純乎吉也荅拜既正其為後且知其以喪見也太保暨芮伯咸進相揖皆再拜稽首曰敢敬告天子皇天改大邦殷之命惟周文武誕受羑若克恤西土冢宰及司徒與羣臣皆進相揖定位又皆再拜稽首陳戒於王曰敢敬告天子示不敢輕告且尊稱之所以重其聽也曰大邦殷者明有天下不足恃也羑若未詳蘇氏曰羑羑里也文王出羑里之囚天命自是始順或曰羑若即下文之厥若也羑厥或字篇能誘西土文武所興之地言文武所以大受命者以其能恤西土之衆也進告不言諸侯以內見外惟新陟王畢協賞罰戡定厥功用敷遺後人休今王敬之哉張皇六師無壞我高祖寡命升陟

遐也成王初崩未葬未謚故曰新陟王畢盡協合也好惡在理不在我故能盡合其賞之所當賞罰之所當罰而克定其功用施及後人之休美今王嗣位其敬勉之哉皇大也張皇六師大戒戎備無廢壞我文武艱難寡得之基命也按召公此言若導王以尚威武者然守成之世多溺宴安而無立志苟不詰爾戎兵奮揚武烈則廢弛怠惰而陵遲之漸見矣成康之時病在是故周公於立政亦懇懇言之後世遂先王之業忘祖父之讎上下苟安甚至於口不言兵亦異於召公之見矣可勝嘆哉

王若曰庶邦侯甸男衛惟予一人釗報誥

報誥而不及羣臣者以外見內康王在喪故稱名春秋嗣王在喪亦書名也

昔君文武丕平富不務咎底至齊信用昭明于天下則亦有熊羆之士不二心之臣保乂王家用端命于上帝皇天用訓厥道付畀四方

丕平富者溥博均平薄斂富民言文武德之廣也不務咎者不務咎惡輕省刑罰言文武罰之謹也底至者推行而底其至也齊信者兼盡而極其誠也文武務德不務罰之心推行而底其至兼盡而極其誠內外充實故光輝發越用昭明于天下蓋誠之至者不可揜也而又有熊羆武勇之士不二心忠實之臣勠力同心保乂王室文武用受正命於天下上天用順文武之道而付之以天下之大也康王言此者求助羣臣諸侯之意

乃命建侯樹屏在我後之人今予一二伯父尚胥暨顧綏爾先公之臣服于先王雖爾身在外乃心罔不在王室用

奉恤厥若無遺鞠子羞天子稱同姓諸侯曰伯父康王言文武所以命建侯邦植立蕃屏者意蓋在我後之人也今我一二伯父庶幾相與顧綏爾祖考所以臣服于我先王之道雖身守國在外乃心當常在王室用奉上之憂勤共順承之毋遺我稚子之耻也羣公既皆聽命相揖趨出王釋冕反喪服始相揖者揖而進也此相揖者揖而退也蘇氏曰成王崩未葬君臣皆冕服禮歟曰非禮也謂之變禮可乎曰不可禮變於不得已嫂非溺終不援也三年之喪既成服釋之而即吉無時而可者曰成王顧命不可以不傳既傳不可以喪服受也曰何爲其不可也孔子曰將冠子未及期日而有齊衰大功之喪則因喪服而冠冠吉禮也猶可以喪服行之受顧命見諸侯獨不可以喪服乎太保使太史奉册授王于次諸侯入哭於路寢

而見王於次王喪服受教戒諫哭踊荅拜聖人復起不易斯言矣春秋傳曰鄭子皮如晉葬晉平公將以幣行子產曰喪安用幣子皮固請以行既葬諸侯之大夫欲因見新君叔向辭之曰大夫之事畢矣而又命孤孤斬焉在衰絰之中其以嘉服見則喪禮未畢其以喪服見是重受弔也大夫將若之何皆無辭以退今康王既以嘉服見諸侯而又受乘黃玉帛之幣使周公在必不爲此然則孔子何取此書也曰至矣其父子君臣之間教戒深切著明足以爲後世法孔子何爲不取哉然其失禮則不可不辨

畢命康王以成周之衆命畢公保釐此其册命也今文無古文有○唐孔氏曰漢律歷志云康王畢命豐刑曰惟十有二年六月庚午朏王命作册書豐刑此僞作者傳聞舊語得其年月不得以下之辭妄言作豐刑

耳亦不知豐刑之言何所道也

惟十有二年六月庚午朏越三日壬申王朝步自宗周至于豐以成周之衆命畢公保釐東郊康王之十二年也畢公嘗相文王故康王就豐文王廟命之成周下都也保安釐理也保釐即下文旌別淑慝之謂蓋一代之治體一篇之宗要也王若曰嗚呼父師惟文王武王敷大德于天下用克受殷命畢公代周公爲太師也文王武王布大德于天下用能受殷之命言得之之難也惟周公左右先王綏定厥家毖殷頑民遷于洛邑密邇王室式化厥訓既歷三紀世變

風移四方無虞予一人以寧十二年曰紀父子曰世周公左右文武成王安定國家謹毖頑民遷于洛邑密近王室用化其敎既歷三紀世已變而風始移今四方無可虞度之事而予一人以寧言化之之難也道有升降政由俗革不臧厥臧民罔攸勸有升有降猶言有隆有汚也周公當世道方降之時至君陳畢公之世則將升於大猷矣爲政者因俗變革故周公毖殷而謹厥始君陳有容而和厥中皆由俗爲政者當今之政旌別淑慝之時也苟不善其善則民無所勸慕矣惟公懋德克勤小物弼亮四世正色率下罔不祗師言嘉績多于先王予小子垂拱仰成懋盛大之義予懋乃德之懋小物猶言細行也言畢公既有盛德又

能勤於細行輔導四世風采㲨峻表儀朝著若大若小罔不祗服師訓休嘉之績蓋多於先王之時矣今我小子復何爲哉垂衣拱手以仰其成而已康王將付畢公以保釐之寄故敘其德業之盛而歸美之也

王曰嗚呼父師今予祗命公以周公之事往哉

今我敬命公以周公化訓頑民之事公其往哉言非周公所爲不敢他公以行也

旌別淑慝表厥宅里彰善癉惡樹之風聲弗率訓典殊厥井疆俾克畏慕申畫郊圻慎固封守以康四海

癉多旱反守錫究反〇淑善慝惡癉病也旌善別惡成周今日由俗革之政也表異善人之居里如後世旌表門閭之類顯其爲善者而病其爲不善者以樹立爲善者風聲使顯於當時而傳於後世所謂

旌淑也其不率訓典者則殊異其井里疆界使不得與善者雜處禮記曰不變移之郊不變移之遂即其法也使能畏爲惡之禍而慕爲善之福所謂別慝也圻與畿同郊圻之制昔固規畫矣曰申云者申明之也封域之險昔固有守矣曰謹云者戒嚴之也疆域障塞歲久則易湮世平則易玩時緝而屢省之乃所以尊嚴王畿王畿安則四海安矣

政貴有恒辭尚體要不惟好異商俗靡靡利口惟賢餘風未殄公其念哉

恒胡登反〇對暫之謂恒對常之謂異趣完具而已之謂體衆體所會之謂要政事純一辭令簡實深戒作聰明趨浮末好異之事凡論治體者皆然而在商俗則尤爲對病之藥也蘇氏曰張釋之諫漢文帝秦任刀筆之吏爭以亟疾苛察相高其弊徒文具無側隱之實以故不聞其過陵夷至於二世天

下土崩今以齊夫口辯而超遷之臣恐天下隨風靡爭口辯無其實允釋之所論則康王以告畢公者也 我聞曰世祿之家鮮克由禮以蕩陵德實悖天道敝化奢麗萬世同流 鮮上聲悖蒲沒反○古人論世祿之家逸樂豢養其能由禮者鮮矣既不由禮則心無所制肆其驕蕩陵蔑有德悖亂天道敝壞風化奢侈美麗萬世同一流也康王將言殷士怙侈滅義之惡故先取古人論世族者發之 茲殷庶士席寵惟舊怙侈滅義服美于人驕淫矜侉將由惡終雖收放心閑之惟艱 侉枯瓜反○呂氏曰殷士憑藉光寵助發其私欲者有自來矣私欲公義相為消長故怙侈必至滅義義滅則無復羞惡之端徒以服飾之美侉之於人而身之不美則

莫之恥也流而不反驕淫矜侉百邪並見將以惡終矣洛邑之遷式化厥訓雖已收其放心而其所以防閑其邪者猶甚難也 資富能訓惟以永年惟德惟義時乃大訓不由古訓于何其訓 言殷士不可不訓之也資資財也資富而能訓則心不遷於外物而可全其性命之正也然訓非外立教條也惟德惟義而已德者心之理義者理之宜也德義人所同有也惟德義以為訓是乃天下之大訓然訓非可以己私言也當稽古以為之說蓋善無證則民不從不由古以為訓于何以為訓乎 王曰嗚呼父師邦之安危惟茲殷士不剛不柔厥德允修 是時四方無虞矣蓋爾殷民化訓三紀之餘亦何足慮而康王拳拳以邦之安危惟繫於此其不苟於小成者如此文武周公之澤

世祭長也宜哉不剛所以保之不柔所以攏之不剛不柔其德信乎其修矣　惟周公克慎厥始惟君陳克和厥中惟公克成厥終三后協心同厎于道道洽政治澤潤生民四夷左衽罔不咸賴予小子永膺多福　殊厥井疆非治之成也使商民皆善然後可謂之成此曰成者預期之也三后所治者洛邑而施及四夷王畿四方之本也呉氏曰道者致治之道也治之中之終之雖時有先後皆能即其行事觀此同心而有以濟之若出於一時若成於一人謂之協心如此　公其惟時成周建無窮之基亦有無窮之聞子孫訓其成式惟乂　聞音問○建立訓順式法也成周指下都而言呂氏曰畢公四

周書卷六

世元老豈區區立後世名者而動德之隆亦豈少此康王所以望之者葢加期以無窮事業乃尊敬之至也　嗚呼罔曰弗克惟既厥心罔曰民寡惟慎厥事欽若先王成烈以休于前政　蘇氏曰曰弗克者畏其難而不敢爲者也曰民寡者易其事以爲不足爲者也前政周公君陳也

君牙　君牙臣名穆王命君牙爲大司徒此其誥命也今文無古文有

王若曰嗚呼君牙惟乃祖乃父世篤忠貞服勞王家厥有成績紀于太常　王穆王也康王孫昭王子周禮司勳云凡有功者銘書於王之太常司常云日月爲常畫日月於旌旗也　惟予小子嗣守文武成康遺緒亦惟先王之臣克左

右亂四方心之憂危若蹈虎尾涉于春冰緒統緒也若蹈虎尾畏其噬若涉春冰畏其陷言憂危之至以見求助之切也今命爾予翼作股肱心膂纘乃舊服無忝祖考膂脊也舊服忠貞服勞之事忝辱也欲君牙以其祖考事先王者而事我也弘敷五典式和民則爾身克正罔敢弗正民心罔中惟爾之中弘敷者大而布之也式和者敬而和之也則有物有則之則君臣之義父子之仁夫婦之別長幼之序朋友之信是也與以設教言故曰弘敷則以民彝言故曰式和此司徒之教也然教之本則在君牙之身正也中也民則之體而人之所同然也正以身言欲其所處無邪行也中以心言欲其所存無邪思也孔子曰子率以正孰敢不正周

公曰率自中此告君牙以司徒之職也夏暑雨小民惟曰怨咨冬祁寒小民亦惟曰怨咨厥惟艱哉思其艱以圖其易民乃寧祁大也暑雨祁寒小民怨咨自傷其生之艱難也厥惟艱哉者歎小民之誠爲艱難也思念其艱以圖其易民乃安也艱者飢寒之艱易者衣食之易司徒敷五典擾兆民兼教養之職此又告君牙以養民之難也嗚呼丕顯哉文王謨丕承哉武王烈啓佑我後人咸以正罔缺爾惟敬明乃訓用奉若于先王對揚文武之光命追配于前人丕大謨謀烈功也文顯於前武承於後曰謨曰烈各指其實而言之咸以正者無一事不出於正咸罔缺者無一事不致

其周密君順對答配匹也前人君牙祖父

王若曰君牙乃惟由先正舊典時式民之治亂在茲率乃祖考之攸行昭乃辟之有乂

先正君牙祖父也君牙由治亂在此而已法則治否則亂也循汝祖父之所行而顯其君之有乂復申戒其守家法以終之按此篇專以君牙祖父爲言曰纘舊服曰由舊典曰無忝曰追配曰由先正舊典曰率祖考攸行然則君牙之祖父嘗任司徒之職而其賢可知矣惜載籍之無傳也陳氏曰康王時芮伯爲司徒君牙豈其後耶

冏命

冏俱永反○穆王命伯冏爲太僕正此其誥命也今文無古文有○呂氏曰陪僕暬御之臣後世視爲賤品而不之擇者曾不知人主朝夕與居氣體移養常必由之潛消默奪於冥冥之中而明爭顯諫於昭昭之際抑末矣自周公作立政而嘆綴衣虎賁知恤者鮮則君德之所繫前此知之者亦罕矣周公表而出之其選始重穆王之用太僕正特作命書至與大司徒畧等其知本哉

王若曰伯冏惟予弗克于德嗣先人宅丕后怵惕惟厲中夜以興思免厥愆

怵勅律反○伯冏臣名穆王言我不能于德繼前人居大君之位恐懼危厲中夜以興思所以免其咎過

昔在文武聰明齊聖小大之臣咸懷忠良其侍御僕從罔匪正人以旦夕承弼厥辟出入起居

罔有不欽發號施令罔有不臧下民祗若萬邦咸休從才用反○侍給侍左右者御車御之官僕從太僕羣僕凡從王者承承順之謂弼正救之謂雖文武之君聰明齊聖小大之臣咸懷忠良固無待於侍御僕從之承弼者然其左右奔走皆得正人則承順正救亦豈小補哉 惟予一人無良實賴左右前後有位之士匡其不及繩愆糾謬格其非心俾克紹先烈無良言其質之不善也匡輔助也繩直糾正也非心非僻之心也先烈文武也 今予命汝作大正正于羣僕侍御之臣懋乃后德交修不逮大正太僕正也周禮太僕下大夫也羣僕謂祭僕隸僕戎僕齊僕之類穆王欲伯冏正其羣僕侍御

書經卷六 二十六

之臣以勉進君德而交修其所不及或曰周禮下大夫不得為正漢孔氏以為太御中大夫蓋周禮太御最長下又有羣僕與此所謂正于羣僕者合且與君同車最為親近也 慎簡乃僚無以巧言令色便辟側媚其惟吉士便毗連反辟匹亦反○巧好令善也好其言善其色外飾而無質實者也便者順人之所欲辟者避人之所惡側者姦邪媚者諛說小人也吉士君子也言當謹擇汝之僚佐無任小人而惟用君子也又按此言謹簡乃僚則成周之時凡為官長者皆得自舉其屬不特辟除府史胥徒而已 僕臣正厥后克正僕臣諛厥后自聖后德惟臣不德惟臣自聖自以為聖也僕臣之賢否係君德之輕重如此呂氏曰自古小人之敗君德為昏為虐為侈為縱曷其有極至於自聖猶

書經卷六 二十七

若淺之爲害穆王獨以是蔽之者蓋小人之蠱其君必使之虛美熏心傲然自聖則謂人莫已若而欲予言莫之違然後法家拂士日遠而快意肆情之事亦莫或齟齬其間自聖之證既見而百疾從之昏虐侈縱皆其枝葉而不足論也

爾無昵于憸人充耳目之官廸上以非先王之典 汝無比近小人充我耳目之官導君上以非先王之典蓋穆王自量其執德未固恐左右以異端進而蕩其心也

非人其吉惟貨其吉若時瘝厥官惟爾大弗克祗厥辟惟予汝辜 戒其以貨賄任羣僕而惟以貨賄爲善則是曠厥官汝大不能敬其君而我亦汝罪矣

王曰嗚呼欽哉永弼乃后于彝憲 彝憲常法也呂氏曰穆王卒章之命望於

周書卷六　二二三

周書卷六　二二二

伯冏者深且長矣此心不繼造父爲御周遊天下將必有車轍馬跡導其侈者果出於僕御之間抑不知伯冏猶在職乎否也穆王豫知所戒憂思深長猶不免躬自蹈之人心操捨之無常可懼哉

呂刑 呂侯爲天子司寇穆王命訓刑以詰四方史錄爲篇今文古文皆有○按此篇專訓贖刑蓋本舜典金作贖刑之語今詳此書實則不然蓋舜典所謂贖者官府學校之刑爾若五刑則固未嘗贖也五刑之寬惟處以流鞭扑之寬方許其贖今穆王贖法雖大辟亦與其贖免矣漢張敞以討羌兵食不繼建爲入穀贖罪之法初亦未嘗及夫殺人及盜之罪而蕭望之等猶以爲如此則富者得生貧者獨死恐開利路以傷治化曾說

唐虞之世而有是贖法哉穆王巡遊無度財匱民勞至其末年無以爲計乃爲此一切權宜之術以歛民財夫子錄之蓋亦示戒然其一篇之書哀矜惻怛猶可以想見三代忠厚之遺意云爾又按書傳引此多稱甫刑史記作甫侯言於王作修刑辟呂後爲甫歟

惟呂命王享國百年耄荒度作刑以詰四方

惟呂命與惟說命語意同先此以見訓刑爲呂侯之言也耄老而昏亂之稱荒忽也孟子曰從獸無厭謂之荒穆王享國百年車轍馬跡遍于天下故史氏以耄荒二字發之亦以見贖刑爲穆王耄荒所訓耳蘇氏曰荒大也大度作刑猶禹曰予荒度土功荒當屬下句亦通然耄亦貶之之辭也

王曰若古有訓蚩尤惟始作亂

周書卷六 三八

延及于平民罔不寇賊鴟義姦宄奪攘矯虔

蚩尤之反鴟處脂反○言鴻荒之世渾厚敦龐蚩尤始開暴亂之端驅扇熏炙延及平民無不爲寇爲賊鴟義者以鴟張跋扈爲義矯虔者矯詐虔劉也

苗民弗用靈制以刑惟作五虐之刑曰法殺戮無辜爰始淫爲劓刵椓黥越茲麗刑并制罔差有辭

劓牛例反刵而志反椓竹角反黥渠京反○苗民承蚩尤之暴不用善而制以刑惟作五虐之刑名之曰法以殺戮無罪於是始過爲劓鼻刵耳椓竅黥面之法於麗法者必刑之并制無罪不復以曲直之辭爲差別皆刑之也

民興胥漸泯泯棼棼罔中于信以覆詛盟虐威庶戮方告無辜于上

上帝監民，罔有馨香德，刑發聞惟腥。

紛○泯泯昏也棼棼亂也民相漸染爲昏爲亂無復誠信相與反覆詛盟而已虐政作威衆被戮者方各告無罪於天天視苗民無有馨香德而刑戮發聞莫非腥穢呂氏曰形於聲嗟窮之反也動於氣臭惡之熟也馨香陽也腥穢陰也故德爲馨香而刑發腥穢也

皇帝哀矜庶戮之不辜，報虐以威，遏絕苗民，無世在下。

皇帝舜也以書攷之治苗民命伯夷禹稷臯陶皆舜之事報苗之虐以我之威絕滅也謂竄與分北之類遏絕之使無繼世在下國

乃命重黎，絕地天通，罔有降格。羣后之逮在下，明明棐常，鰥寡無蓋。

重少昊之後黎高陽之後重即羲黎即和也呂氏曰治世公道昭明

爲善得福爲惡得禍民曉然知其所由則不求之渺茫冥昧之間當三苗昏虐民之得罪者莫知其端無所控訴相與聽於神祭非其鬼天地人神之典雜揉瀆亂此妖誕之所以興人心之所以不正也在舜當務之急莫先於正人心首命重黎修明祀典天子然後祭天地諸侯然後祭山川高卑上下各有分限絕地天之通嚴幽明之分烝蒿妖誕之說舉皆屏息羣后及在下之羣臣皆精白一心輔助常道民卒善而得福惡而得禍雖鰥寡之微亦無有蓋蔽而不得自伸者也○按國語曰少皞氏之衰九黎亂德民神雜揉家爲巫史民瀆齊盟禍災荐臻顓頊受之乃命南正重司天以屬神北正黎司地以屬民使無相侵瀆其後三苗復九黎之德堯復育重黎之後不忘舊者使復典之

皇帝清問下民，鰥寡有辭于苗。德威惟畏，德明惟明。

虐心而聞也有辭聲苗之過也苗以虐爲威以察爲明帝反其道以德威而天下無不畏以德明而天下無不明也乃命三后恤功于民伯夷降典折民惟刑禹平水土主名山川稷降播種農殖嘉穀三后成功惟殷于民恤功致憂民之功也典禮也伯夷降天地人之三禮以折民之邪妄蘇氏曰失禮則入刑禮刑一物也伯夷降典以正民心禹平水土以定民居稷降播種以厚民生三后成功而致民之殷盛富庶也吳氏曰二典不載有兩刑官蓋傳聞之謬也愚意皐陶未爲刑官之時豈伯夷實兼之歟下文又言伯夷播刑之迪不應如此謬誤士制百姓于刑之中以教祗德命皐陶爲士制百姓于刑辟之中所以檢其心而教以祗德也○吳氏曰皐陶不與

書卷六 三十一

三后之列遂使後世以刑官爲輕後漢楊賜拜廷尉自以代非法家言曰三后成功惟殷于民皐陶不與蓋吝之也是後世非獨人臣以刑官爲輕人君亦以爲輕矣觀舜之稱皐陶曰刑期于無刑民協于中時乃功又曰俾予從欲以治四方風動惟乃之休其所繫乃如此是可輕哉呂氏曰呂刑一篇以刑爲主故歷敘本末而歸之於皐陶之刑勢不得與伯夷禹稷雜稱言固有賓主也穆穆在上明明在下灼于四方罔不惟德之勤故乃明于刑之中率乂于民棐彝穆穆者和敬之容也明明者精白之容也灼于四方者穆穆明明煇光發越而四達也君臣之德昭明如是故民皆觀感動盪爲善而不能自已也如是而猶有未化者故士師明于刑之中使無過不及之差率乂于民輔其常性所謂刑罰之精華也

典獄非訖于威惟訖于富敬忌罔有擇言在身惟克天德自作元命配享在下訖盡也威權勢也富賄賂也常時典獄之官非惟得盡法於權勢之家亦惟得盡法於賄賂之人言不爲威屈不爲利誘也敬忌之至無有擇言在身大公至正純乎天德無毫髮不可擧以示人者天德在我則大命自我作而配享在下矣在下若對天之辭蓋推典獄用刑之極功而至於與天爲一者如此 王曰嗟四方司政典獄非爾惟作天牧今爾何監非時伯夷播刑之迪其今爾何懲惟時苗民匪察于獄之麗罔擇吉人觀于五刑之中惟時庶威奪貨斷制五刑以亂

周書卷六

無辜上帝不蠲降咎于苗苗民無辭于罰乃絕厥世司政典獄漢孔氏曰諸侯也爲諸侯主刑獄而言非爾諸侯爲天牧養斯民乎爲天牧民則今爾何所監懲所當監者非伯夷乎所當懲者非有苗乎伯夷布刑以啟迪斯民捨皐陶而言伯夷者探本之論也麗附也苗民不察於獄辭之所麗又不擇吉人俾觀于五刑之中惟是貴者以威亂政富者以貨奪法斷制五刑亂虐無罪上帝不蠲貸而降罰于苗苗民無所辭其罰而遂殄滅之也 王曰嗚呼念之哉伯父伯兄仲叔季弟幼子童孫皆聽朕言庶有格命今爾罔不由慰日勤爾罔或戒不勤天齊于民俾我一日非終惟終在人爾尚敬

逆天命以奉我一人雖畏勿畏雖休勿休惟
敬五刑以成三德一人有慶兆民賴之其寧
惟永此告同姓諸侯也格至也參錯訊鞫極
天下之勞者莫若獄苟有毫髮怠心則
民有不得其死者矣罔不由慰日勤者爾所
用以自慰者無不以日勤故職塞而刑當也
爾罔或戒不勤者刑罰之用一成而不可變
者也苟頃刻之不勤則刑罰失中雖深戒之
而已施者亦無及矣戒固善心也而用刑豈
可以或戒也哉且刑獄非所恃以爲治也天
以是整齊亂民使我爲一日之用而已非終
即康誥大罪非終之謂言過之當宥者惟終
惟終皆非我得輕重惟在夫人所犯耳爾當
敬逆天命以承我一人畏威古通用威辟之
也休宥之也我雖以爲辟爾惟勿辟我雖以

周書卷六

爲宥爾惟勿宥惟敬乎五刑之用以成剛柔
正直之德則君慶於上民賴於下而安寧之
福其永久而不替矣王曰吁來有邦有土告爾祥刑在
今爾安百姓何擇非人何敬非刑何度非及
有民社者皆在所告也夫刑凶器也而謂之
祥者刑期無刑民協于中其祥莫大焉及逮
也漢世詔獄所逮有至數萬人者審度其所
當逮者而後可逮之也曰何曰非問荅以發
其意以明三者之決不可不盡心也兩造具備師聽五辭五辭
簡孚正于五刑五刑不簡正于五罰五罰不
服正于五過兩造者兩爭者皆至也周官以
兩造聽民訟具備者詞證皆在
也師衆也五辭麗於五刑之辭也簡核其實
也孚無可疑也正質也五辭簡核而可信乃

質于五刑也不簡者辭與刑參差不應刑之疑者也罰贖也疑於刑則質于罰也不服者辭與罰又不應也罰之疑者也過誤也疑於罰則質于過而宥免之也 五過之疵惟官惟反惟內惟貨惟來其罪惟均其審克之 疵病也官威勢也反報德怨也內女謁也貨賄賂也來干請也惟此五者之病以出入人罪則以人之所犯坐之也審克者察之詳而盡其能也下文屢言以見其丁寧忠厚之至疵於刑罰亦然但言於五過者舉輕以見重也 五刑之疑有赦五罰之疑有赦其審克之 簡孚有衆惟貌有稽無簡不聽具嚴天威 刑疑有赦正于五罰也罰疑有赦正于五過也簡核情實可信者衆亦惟考察其容貌周禮所謂色聽是也然聽獄以簡核爲本苟無情實在所不聽上帝臨汝不敢有毫髮之不盡也 墨辟疑赦其罰百鍰閱實其罪 劓辟疑赦其罰惟倍閱實其罪 剕辟疑赦其罰倍差閱實其罪 宮辟疑赦其罰六百鍰閱實其罪 大辟疑赦其罰千鍰閱實其罪 墨罰之屬千 劓罰之屬千 剕罰之屬五百 宮罰之屬三百 大辟之罰其屬二百 五刑之屬三千 上下比罪 無僭亂辭 勿用不行 惟察惟法 其審克之 鍰胡關反○墨刻顙而涅之也劓割鼻也剕刖足也宮淫刑也男子割勢婦人幽閉大辟死刑也六兩曰鍰閱視也倍二百鍰也倍差倍

而又差五百鍰也屬類也三千總計之也周禮司刑所掌五刑之屬二千五百刑雖增舊然輕罪比舊為多而重罪比舊為減也比附也罪無正律則以上下刑而比附其罪也無僭亂辭勿用不行未詳或曰亂辭辭之不可聽者不行舊有是法而今不行者戒其無差誤於僭亂之辭勿用今所不行之法惟詳明法意而審克之也○今按皋陶所謂罪疑惟輕者降一等而罪之耳今五刑疑赦而直罰之以金是大辟宮剕劓墨皆不復降等用矣蘇氏謂五刑疑各入罰不降當因古制非也舜之贖刑官府學校鞭扑之刑耳夫刑莫輕於鞭扑入於鞭扑之刑而又情法猶有可議者則是無法以治之故使之贖特不欲遽釋之也而穆王之所謂贖雖大辟亦贖也舜豈有是制哉詳見篇題

上刑適輕下服下刑適重上服輕重諸罰有權刑罰世

周書卷八

輕世重惟齊非齊有倫有要事在上刑而情適輕則服下刑舜之宥過無大康誥所謂大罪非終者是也事在下刑而情適重則服上刑舜之刑故無小康誥所謂小罪非告者是也若諸罰之輕重亦皆有權焉權者進退推移以求其輕重之宜也刑罰世輕世重者周官刑新國用輕典刑亂國用重典刑平國用中典隨世而為輕重者也輕重諸罰有權者權一人之輕重也刑罰世輕世重者權一世之輕重也惟齊非齊者法之權也有倫有要者法之經也言刑罰雖惟權變是適而齊之以不齊焉至其倫要所在蓋有截然而不可紊者矣此兩句總結上意

罰懲非死人極于病非佞折獄惟良折獄罔非在中察辭于差非從惟從哀敬折獄明啓刑書胥占咸庶

中正其刑其罰其審克之獄成而孚輸而孚
其刑上備有并兩刑罰以懲過雖非致人於死然民重出贖亦甚病
矣佞口才也非口才辯給之人可以折獄惟
溫良長者視民如傷者能折獄而無不在中
也此言聽獄者當擇其人也察辭于差者辭
非情實終必有差聽獄之要必於其差而察
之非從惟從者察辭不可偏主猶曰不然而
然所以審輕重而取中也哀敬折獄者惻怛
敬畏以求其情也明啓刑書胥占者言詳明
法律而與衆占度也咸庶中正者皆庶幾其
無過忒也於是刑之罰之又當審克之也此
言聽獄[illegible]盡其心也若是刑成於下而
民信[illegible]有并
兩刑[illegible]情辭[illegible]人而
犯兩[illegible]從重亦[illegible]而[illegible]
之也[illegible]獄者當備其辭也
王曰嗚呼

敬之官伯族姓朕言多懼朕敬于刑有德
惟刑今天相民作配在下明清于單辭民之
亂罔不中聽獄之兩辭無或私家于獄之兩
辭獄貨非寶惟府辜功報以庶尤永畏惟罰
非天不中惟人在命天罰不極庶民罔有令
政在于天下此總告之也官典獄之官也伯諸侯也族同族姓異姓也朕之
於刑言且多懼況用之乎朕敬于刑者畏之
至也有德惟刑厚之至也今天以刑相治斯
民汝實任責作配在下可也明清以下敬刑
之事也獄辭有單有兩單辭者無證之辭也
聽之為尤難明者無一毫之蔽清者無一點
之汙曰明曰清誠敬篤至表裏洞徹無少私

出然後能察其情也亂治也獄貨鬻獄而得貨也府聚也辜功猶云罪狀也報以庶尤者降之百殃也非天不中惟人在命者非天不以中道待人惟人自取其殃禍之命爾此章文有未詳者姑缺之

王曰嗚呼嗣孫今往何監非德于民之中尚明聽之哉哲人惟刑無疆之辭屬于五極咸中有慶受王嘉師監于茲祥刑

此詔來世也嗣孫嗣世子孫也言今往何所監視非用刑成德而能全民所受之中者乎下文哲人卽所當監者五極五刑也明哲之人用刑而有無窮之譽蓋由五刑咸得其中所以有慶也嘉善師衆也諸侯受天子良民善衆當監視於此祥刑申言以結之也

文侯之命

幽王爲犬戎所殺晉文侯與鄭武公迎太子宜臼立之是爲平王遷於東都平王以文侯爲方伯賜以秬鬯弓矢作策書命之史錄爲篇今文古文皆有

王若曰父義和丕顯文武克愼明德昭升于上敷聞在下惟時上帝集厥命于文王亦惟先正克左右昭事厥辟越小大謀猷罔不率從肆先祖懷在位

同姓故稱父文侯名仇義和其字不名者尊之也丕顯者言其德之所成克謹者言其德之所修昭升數聞言其德之所至也文武之德如此故上帝集厥命於文王亦惟爾祖父能左右昭事其君於小大謀猷無敢背違故先王得安在位

嗚呼閔予小子嗣造天丕愆殄資澤于

下民侵戎我國家純即我御事罔或耆壽俊在厥服予則罔克曰惟祖惟父其伊恤朕躬嗚呼有績予一人永綏在位

歎而自痛傷也閔憐也嗣造天丕愆者嗣位之初爲天所大譴父死國敗也殄絶純大也絶其資用惠澤於下民本既先撥故戎狄侵陵爲我國家之害甚大今我御事之臣無有老成俊傑在厥官者而我小子又材劣無能其何以濟難又言諸侯在我祖父之列者其誰能恤我乎又歎息言有能致功于一人則可永安厥位矣蓋悲國之無人無有如上文先正之昭事而先王得安在位也

父義和汝克昭乃顯祖汝肇刑文武用會紹乃辟追孝于前文人汝多修扞我于艱若汝予嘉

扞侯旰反○顯祖文人皆謂唐叔即上文先正昭事厥辟者也後罔或耆壽俊在厥服則刑文武之道絶矣今刑文武自文侯始故曰肇刑文武會者合之而使不離紹者繼之而使不絶前文人循云前寧人汝多所修完扞衛我于艱難若汝之功我所嘉美也

王曰父義和其歸視爾師寧爾邦用賚爾秬鬯一卣彤弓一彤矢百盧弓一盧矢百馬四匹父往哉柔遠能邇惠康小民無荒寧簡恤爾都用成爾顯德

師衆也黑黍曰秬釀以鬯草卣中尊也諸侯受錫命當告其始祖故賜鬯也彤赤盧黑也諸侯有大功賜弓矢然後得專征伐馬供武用四匹曰乘侯伯之賜無常以功大小爲度也簡者簡閱其士恤者惠恤其民都者國

之都鄙也○蘇氏曰予讀文侯篇知東周之
不復興也宗周傾覆禍敗極矣平王宜若衛
文公越句踐然今其書乃旋旋焉與平康之
世無異春秋傳曰厲王之禍諸侯釋位以閒
王政宣王有志而後効官讀文侯之命知平
王之無志也愚按史記幽王娶於申而生太
子宜臼後幽王嬖褒姒廢申后去太子申侯
怒與繒西夷犬戎攻王而殺之諸侯即申侯
而立故太子宜臼是爲平王平王以申侯立
己爲有德而忘其弑父爲當誅方將以復讎
討賊之衆而爲戍申戍許之舉其忘親背義
得罪于天已甚矣何怪其委靡頽墮而不自
振也哉然則是命也孔子以其猶能言文武
之舊而存之歟抑亦以示戒於天下後世而
存之
歟

費誓費地名淮夷徐戎並起爲寇魯
侯征之於費誓衆故以費誓名

篇今文古文皆有○呂氏曰伯禽撫
封於魯夷戎妄意其未更事且乘其
新造之隙而伯禽應之者甚整暇有
序先治戎備次之以除道路又次之
以嚴部伍又次之以立期會先後之
序皆不可紊又按費誓秦誓皆侯國
之事而繫於帝王書末者
猶詩之錄商頌魯頌也

公曰嗟人無譁聽命徂茲淮夷徐戎並興漢孔
氏曰徐戎淮夷並起寇魯伯禽爲方伯帥諸
侯之師以征歎而敕之使無喧譁欲其靜聽
誓命蘇氏曰淮夷叛已久矣及伯禽就國又
脅徐戎並起故曰徂茲淮夷徐戎並興徂茲
者猶曰
往者云**善敹乃甲冑敿乃干無敢不弔備乃**
弓矢鍛乃戈矛礪乃鋒刃無敢不善敹連條
反敿擧

夭反弔音的鍜都玩反○敹縫完也縫完其甲冑勿使斷毀敿鄭氏云猶繫也王肅云敿楯當有紛繫持之弔精至也鍜淬礪磨也甲冑所以衛身弓矢戈矛所以克敵先自衛而後攻人亦其序也

今惟淫舍牿牛馬杜乃擭敜乃穽無敢傷牿牿之傷汝則有常刑

牿音谷擭胡化反敜乃結反穽疾郢反○淫大也牿閑牧也擭機檻也敜塞也師既出牛馬所舍之閑牧大布於野當窒塞其擭穽一或不謹而傷閑牧之牛馬則有常刑此令軍在所之居民也舉此例之凡川梁藪澤險阻屏翳有害於師屯者皆在矣此除道路之事

馬牛其風臣妾逋逃勿敢越逐祗復之我商賚汝乃越逐不復汝則有常刑無敢寇攘踰垣墻竊馬牛誘臣妾汝則有常刑

役人賤者男曰臣女曰妾馬牛風逸臣妾逋亡不得越軍壘而逐之失主雖不得逐而人得以賞汝如或越逐而失伍不復而攘取皆有常刑有故竊奪踰垣墻竊人牛馬誘人臣妾者亦有常刑此嚴部伍之事

甲戌我惟征徐戎峙乃糗糧無敢不逮汝則有大刑魯人三郊三遂峙乃楨榦甲戌我惟築無敢不供汝則有無餘刑非殺魯人三郊三遂峙乃芻茭無敢不多汝則有大刑

峙文理反糗去九反楨音貞芻總俞反茭音交○甲戌用兵之期也峙儲備也糗糧食也不逮若今之乏軍興淮夷徐戎並起今所攻獨徐戎者蓋量敵之堅

瑕緩急而攻之也國外曰郊郊外曰遂天子六軍則六鄉六遂大國三軍故魯三郊三遂也楨榦板築之木題曰楨牆端之木也旁曰榦牆兩邊障土者也以是日征是日築者彼方禦我之攻勢不得擾我之築也無餘刑非殺者刑之非一但不至于殺爾芻茭供軍牛馬之用糧以期會芻糧爲急故皆服大刑楨榦芻茭獨言魯人者地近而致便也

秦誓 左傳杞子自鄭使告于秦曰鄭人使我掌其北門之管若潛師以來國可得也穆公訪諸蹇叔蹇叔曰不可公辭焉使孟明西乞白乙伐鄭晉襄公帥師敗秦師于殽囚其三帥穆公悔過誓告羣臣史錄爲篇今文古文皆有

公曰嗟我士聽無譁予誓告汝羣言之首首之

周書卷六　四十

爲言第一義也將舉古人之言故先發此 古人有言曰民訖自若是多盤責人斯無難惟受責俾如流是惟艱哉 訖盡盤安也凡人盡自若是多安於徇已其責人無難惟受責於人俾如流水畧無扞格是惟難哉穆公悔前日安於自徇而不聽蹇叔之言深有味乎古人之語故舉爲誓言之首也 我心之憂日月逾邁若弗云來 已然之過不可追未遷之善猶可及憂歲月之逝若無復有來日也 惟古之謀人則曰未就予忌惟今之謀人姑將以爲親雖則云然尚猷詢茲黃髮則罔所愆 忌疾姑且也古之謀人老成之士也今之謀人新進之士也非不知其爲老成以其不就已而忌疾之非不知其新進姑

周書卷六

樂其順便而親信之前日之過雖已云然然尚謀詢玆黃髮之人則庶罔有所愆蓋悔其既往之失而冀其將來之善也

番番良士旅力既愆我尚有之仡仡勇夫射御不違我尚不欲惟截截善諞言俾君子易辭我皇多有之

番音波諞毗俾緬二反○番番老貌仡仡勇貌截截辯給貌諞巧也皇遑通旅力既愆之良士前日所詆慕木既拱者我猶庶幾得而有之射御不違之勇夫前日所誇過門超乘者我庶幾不欲用之勇夫我尚不欲則辯給善巧言能使君子變易其辭說者我遑暇多有之哉良士謂蹇叔勇夫謂三師諞言謂杞子先儒皆謂穆公悔用孟明詳其誓意蓋深悔用杞子之言也

昧昧我思之如有一介臣斷斷猗無他技其心休休焉其如有容人之有技若已有之人之彥聖其心好之不啻如自其口出是能容之以保我子孫黎民亦職有利哉

斷都玩反○昧昧而思者深潛而靜思也介獨也大學作箇斷斷誠一之貌猗語辭大學作兮休休易直好善之意容有所受也彥美士也聖通明也技才聖德也心之所好甚於口之所言也職主也

人之有技冒疾以惡之人之彥聖而違之俾不達是不能容以不能保我子孫黎民亦曰殆哉

冒大學作媢忌也違背違之也達窮達之達殆危也蘇氏曰至哉穆公之論此二人也前一人似房玄齡後一人似李林甫後之人主監此足矣

邦之杌隉曰

由一人邦之榮懷亦尚一人之慶杌隉不安也懷安也

言國之危殆繫於所任一人之非國之榮安繫於所任一人之是申繳上二章意

書經卷之六終